CAMILA NEGREIROS A. DE SOUZA

NASCIDA NO BRASIL. ¡PERO HIJA DE CUBA!

 Relato sobre os frutos de uma Revolução

Copyright © 2020 de Camila Negreiros A. de Souza
Todos os direitos desta edição reservados à Editora Labrador.

Coordenação editorial
Pamela Oliveira

Revisão
Laura Folgueira

Projeto gráfico, diagramação e capa
Felipe Rosa

Imagem de capa
Camila Negreiros A. de Souza

Assistência editorial
Gabriela Castro

Imagens de miolo
Pixabay.com

Preparação de texto
Maurício Katayama

Dados Internacionais de Catalogação na Publicação (CIP)
Angélica Ilacqua — CRB-8/7057

Souza, Camila Negreiros A. de
  Nascida no Brasil. ¡Pero hija de Cuba! : relato sobre os frutos de uma Revolução / Camila Negreiros A. de Souza. — São Paulo : Labrador, 2020.
  416 p.

ISBN 978-65-5625-061-8

1. Cuba - Descrições e viagens 2. Cuba - História I. Título

20-3192   CDD 917.291

Índice para catálogo sistemático:
1. Cuba - Descrições e viagens

Editora Labrador
Diretor editorial: Daniel Pinsky
Rua Dr. José Elias, 520 – Alto da Lapa
05083-030 – São Paulo – SP
+55 (11) 3641-7446
contato@editoralabrador.com.br
www.editoralabrador.com.br
facebook.com/editoralabrador
instagram.com/editoralabrador

A reprodução de qualquer parte desta obra é ilegal e configura uma apropriação indevida dos direitos intelectuais e patrimoniais da autora.

A editora não é responsável pelo conteúdo deste livro. A autora conhece os fatos narrados, pelos quais é responsável, assim como se responsabiliza pelos juízos emitidos.

Dedico este livro à memória de meus pais, Maria do Carmo Negreiros Alves e Bruno Rodrigues de Souza, que, mesmo sem sua presença física, continuam me incentivando e inspirando; que suas sementes sigam florescendo na figura dos meus amados sobrinhos: Victória, Pedro, Miguel e Manuella.

AGRADECIMENTOS

Agradeço às pessoas queridas que ajudaram na elaboração desta obra. Amigos que encorajaram e inclusive leram e comentaram alguns textos, como Érica B. Souza, Maria Sagradinha N. Alves, Stephanie F. Nuñez, Marcelo A. de Souza, David Alderete, Hanoi L. Yanez e Ivens R. Lima. Pelo grande apoio na revisão dos textos, agradeço à professora Márcia Lígia Guidin e à querida amiga Natacha M. Bittencourt, cujo apoio foi fundamental também na reflexão sobre muitos temas abordados. Agradeço aos professores do Departamento de História da Universidade de São Paulo, muitos dos quais não tive o privilégio de conhecer pessoalmente, mas que me orientaram sobre algumas bibliografias que embasaram a parte teórica deste livro; entre eles estão Stella Maris S. Franco, Mariana M. Villaça, Silvia Miskulin, Horácio Gutiérrez e Bruno R. Rodrigues; incluo também o professor Giliard Prado, da Universidade Federal de Uberlândia. Em Cuba, agradeço pelo apoio da dra. Rosa Maria Mitil, da sra. Maritza Yuliet Téllez, da Faculdade de Medicina da Universidade de Camagüey, e, sobretudo à querida amiga Marisia Myrna Betancourt Basulto, que acreditou em mim e neste projeto desde o início e, mesmo com a distância física, sempre esteve presente, inclusive buscando informações atuais e incentivando-me com sua alegria – mas que, infelizmente, faleceu no início de 2020, sem poder conhecer este trabalho com o qual sonhamos juntas.

Agradeço imensamente a todos os professores que tive e, sobretudo, aos queridos docentes cubanos, que foram e seguem sendo fonte de inspiração em meu labor diário. Também agradeço muito aos meus pacientes, com quem sigo aprendendo continuamente.

Agradeço a diversos familiares e amigos pelo fortalecimento emocional nos momentos de tribulações. Foram muitas as pessoas que, mesmo longe, apoiaram e acreditaram na realização deste trabalho.

Agradeço especialmente à espiritualidade que me permitiu chegar até aqui e sobretudo ao povo cubano, por suas lutas e conquistas, por todo o aprendizado que me proporcionou e pela voz que me outorgou.

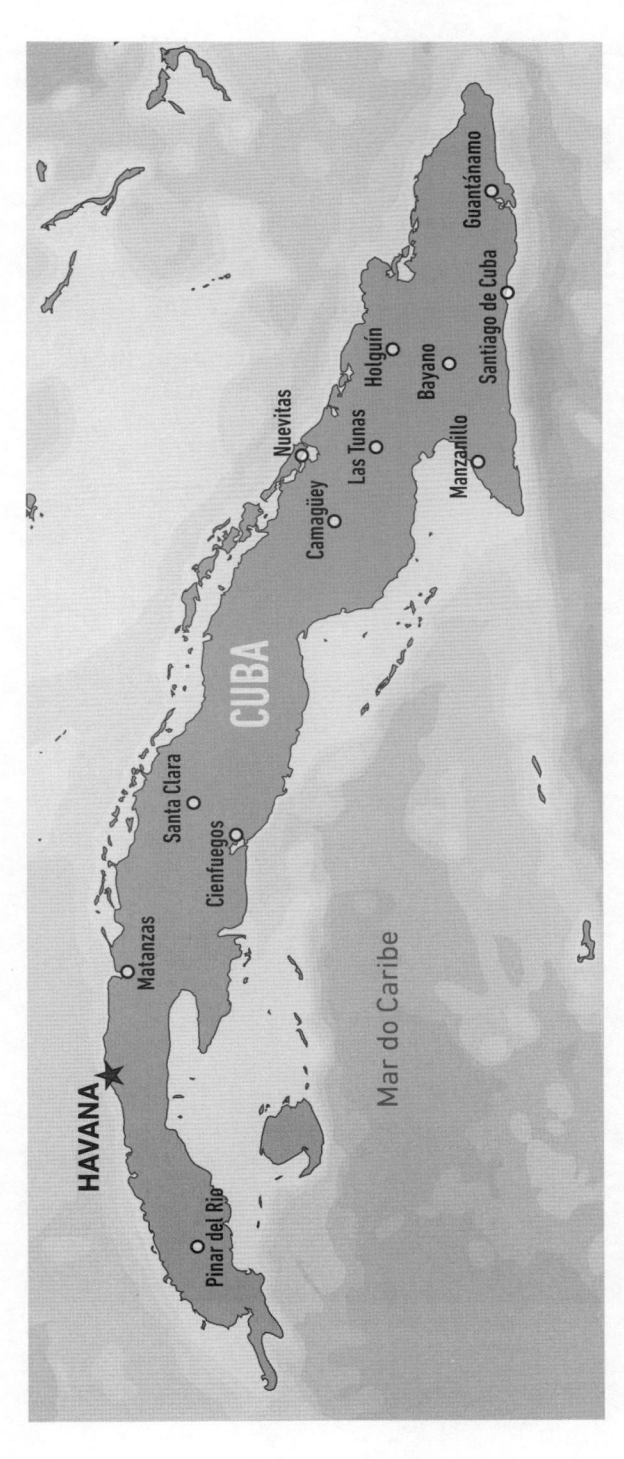

*Tu uma vez comparaste a vida a um transatlântico
e te perguntaste a ti mesmo: estarei fazendo uma
viagem agradável? Mas eu asseguro que o mais humano
seria perguntar: estarei sendo um bom companheiro de viagem?*

Erico Verissimo

Só a educação liberta.
Epicteto

SUMÁRIO

INTRODUÇÃO **19**

CAPÍTULO 1 – RESUMO HISTÓRICO DE CUBA **27**
    A história por trás da (minha) história **27**
    Cuba: origem e independência **28**
        Cuba antes da Revolução 31
    A Revolução Cubana **35**
        Primeiros embates: piora da relação com os Estados Unidos
        e a declaração do caráter socialista da Revolução Cubana 40
        Nova organização social da ilha 47
        O episódio da Baía dos Porcos e a Crise dos Mísseis 49
        O bloqueio mais longo da história 51
    A situação econômica da ilha após a Revolução **54**
        Período Especial 55
        Reformas econômicas e o impacto na sociedade 57
        O turismo na ilha antes e após o Período Especial 58
        Novas leis que aprimoram o bloqueio econômico:
        Lei Torricelli e Lei Helms-Burton 61

A questão migratória de Cuba 66
    Camarioca 70
    Porto de Mariel 71
    Crisis de los Balseros 73
As novas relações políticas de Cuba no final do século XX 76
    Projeto ALBA 76
    Operación Milagro 77

CAPÍTULO 2 – MINHA VIDA ANTES DE CUBA 80
Um pouco sobre minha família 80
Infância 82
O trágico dia que mudou o curso de minha vida 85
Vivendo uma nova realidade 92
Adolescência e estudos 99
Sobre suicídio 105
Expectativas de trabalho 107
Frustração e obstinação para estudar 112
Em busca de uma oportunidade de estudo 115
Preparativos para a viagem 123
A partida 125

CAPÍTULO 3 – O CURSO DE PRÉ-MÉDICO 128
A chegada à ilha 128
Victoria de Girón 129
Antes de começar o pré-médico 134
    A alimentação e outros desafios da convivência 135
    Operação Meteoro e o programa de medicina 138
    O primeiro passeio por Havana 139
    Colegas com dificuldades de adaptação 141
    Lidando com a nova economia 142
Viviendo el español 144
Atividades acadêmicas no pré-médico 149
Playa de Varadero 151
Transportes 152

1º de Maio 153
La noche cultural 155
Copa do Mundo de 2002 158
Vivendo a história: *desde adentro* 160
Brasil: uma ilha na América Latina 161
Televisão e educação em saúde na ilha 164
De frente com Fidel: visita do ex-presidente
estadunidense Jimmy Carter 165
A prostituição em Cuba 170
Férias do pré-médico 174
    Uma agência de notícias internacional na ilha 177
Conclusão do pré-médico 178

**CAPÍTULO 4 – A ESCUELA LATINOAMERICANA
DE MEDICINA (ELAM)** **179**
  Histórico do internacionalismo cubano 179
    Períodos da política internacionalista cubana 181
  A ELAM e sua história 182
    A catástrofe produzida pelo furacão Mitch 182
    Bolsas de estudo em Cuba e o Projeto ELAM 185
    Fatos que falam por si mesmos 189
  A Escola e sua estrutura 190
  A grande organização e a rotina 192
    As aulas na ELAM 194
    Sobre *la exoneración* 198
    Anatomia 199
    Demais disciplinas 201
        Embriologia 201
        Medicina general integral (MGI) 202
        Outras disciplinas igualmente importantes 203
        Atividades extracurriculares 205
        Colar na prova 206
  Feira de Produtos Agrícolas 207
  Eleições presidenciais no Brasil **208**

Sobre o trabalho voluntário na ilha e desafios na medicina 212
Mesmo com todo o rigor e segurança – o caso de Pepe 215
Férias do primeiro ano 217
Convivendo nos alojamentos 220
Contato com a medicina do Brasil: visita do CFM e
de outros estudantes de medicina brasileiros 226
Sobre relacionamentos amorosos 229
Desafios familiares 237

CAPÍTULO 5 – SOBRE O SISTEMA DE SAÚDE EM CUBA 239
O que é um sistema de saúde universalista? Conceitos
básicos sobre o tema 239
Como a APS funciona em Cuba 244
Um breve resumo sobre o sistema de saúde cubano 247
Organização e fases do sistema de saúde na ilha 253
    Policlínica 256
    Programa de Medicina na Comunidade 256
    Programa de Medicina de Família 258
Você acha certo que os médicos de Cuba sejam
"escravizados" pelo governo da ilha? 263

CAPÍTULO 6 – VIVENDO EM CAMAGÜEY 265
O ciclo clínico de estudos 265
Conhecendo a província 268
Terceiro ano 270
    Medicina interna – aprendendo a realidade hospitalar 272
    Chicho: um paciente sonhador 276
    Provas de medicina interna 278
    La quebradita 280
    Sentindo na pele a falta de medicações 281
    Cruz Vermelha cubana 284
Quarto ano 285
    Férias para recordar 285

A experiência de uma epidemia de dengue na ilha 289
Cirurgia – dr. Flores: um cirurgião distinto 293
Violência e armas de fogo 297
A pediatria em Cuba e sua simplicidade complexa 298
As diferentes realidades no grande Brasil, que eu nem imaginava que existissem 308
Ginecologia e obstetrícia (GO) – aprendendo sobre liberdade de escolhas 311
Medicina general integral (MGI) – a medicina ao lado dos pacientes 322
Sobre a doença de Fidel 324

Quinto ano **326**
Psiquiatria e a saúde mental em Cuba 328
Sobre o racismo 334
Últimas férias em Cancún (não tão férias, não tão Cancún) 337

Sexto ano **355**
Medicina interna e os plantões 357
Cirurgia – lidando com expectativas 358
MGI – uma nova oportunidade para os estudantes estrangeiros 365
A GO e seus desafios 367
A pediatria e a preparação para a vida real 369

Prova Estatal **373**
Formatura – *Veni, vidi, vici!* **376**
Depois da formatura, a realidade **377**
A *lucha* (luta) cubana **382**
Coisa de crianças **385**
Vivendo um furacão na ilha **387**
Para finalizar: falando sobre liberdades **394**

CONSIDERAÇÕES FINAIS **399**
POSFÁCIO **405**
BIBLIOGRAFIA **407**

INTRODUÇÃO

Uma das melhores coisas sobre estudar o passado, um país ou uma cultura diferente é que isso pode nos permitir ver nossa realidade de outro ponto de vista.
Aviva Chomsky

Decidi escrever sobre minha vivência em Cuba agora, mais de dez anos depois de ter saído da ilha, para registrar para mim mesma essa grande experiência. Além disso, após ponderar sobre ela e ouvir tantas especulações e fantasias sobre esse país, percebo como pode ser importante compartilhar com outras pessoas um pouco do que aprendi lá, do ponto de vista de uma estrangeira que usufruiu das benesses da educação na área de medicina.

Com o passar do tempo, percebi que mais importante do que viver uma experiência é criar reflexões sobre ela. Após me graduar, vivi um período intenso no qual andei por muitos lugares, e eram tantas as batalhas e obrigações a cumprir que só agora sinto que, finalmente, posso parar e colocar no papel as informações e ideias de uma perspectiva mais ampla e talvez menos acalorada.

Hoje tenho uma lente mais abrangente e uma visão comparativa mais apurada sobre minhas vivências durante a formação em medicina na ilha e a prática como médica no Brasil.

Cheguei a me questionar sobre o motivo de escrever minha história e se o que tenho a dizer poderia fazer alguma diferença na compreensão das pessoas sobre os diversos temas que abordo, como a desigualdade social, o acesso à educação e à saúde pública de qualidade, o cuidado com as mulheres e as crianças etc.

Mesmo que não tenha feito nenhuma descoberta que mudará o curso da humanidade, entendo que a vivência e as conquistas de cada indivíduo devem, sim, ser celebradas, não apenas de forma superficial e festiva, mas como uma vitória do coletivo – um caminho que pode levar à transformação de muitos. Confesso também que fui muito encorajada por alguns colegas com quem já trabalhei a contar minha história para incentivar crianças ou jovens sem perspectivas, situação em que eu mesma estive um dia.

Além do mais, sinto um compromisso ético com Cuba em trazer fatos essenciais que contribuam com outros pontos de vista não tão abordados sobre a ilha e sua medicina, temática que tem sido muito controversa, sobretudo no Brasil.

Penso que minha vivência por mais de seis anos na ilha cursando medicina permite-me descrever situações que nunca vi serem abordadas por outros autores com mais detalhes, sobretudo temas tão delicados como suas conquistas em saúde e educação.

Quando morei no país, sempre me chamou atenção a coragem do povo cubano, que suporta tantas adversidades, desde eventos catastróficos como furacões, os quais inclusive ocorrem várias vezes ao ano, até as graves questões econômicas, em sua maioria geradas ou agravadas pelo bloqueio econômico imposto pelos Estados Unidos, e sobrevive a tudo com tão escassos recursos.

Mesmo sendo um país pequeno, sem grandes riquezas minerais ou hídricas, Cuba sobrevive e mantém um desenvolvimento social adequado para sua população, com índices de mortalidade materno-infantil e expectativa de vida comparáveis aos de países desenvolvidos.

Sempre me intrigou o fato de um país tão pequeno, que sofre tantos infortúnios, conseguir manter seus indicadores de saúde em patamares tão elevados enquanto outros países de dimensões continentais não o fazem.

Neste relato, abordarei essas e outras questões de forma um pouco mais aprofundada, a fim de oferecer informações que possam fomentar discussões mais consistentes.

***

Desde que voltei ao Brasil, quando entro no assunto da minha formação, a pergunta que mais escuto é a seguinte: "Como é Cuba?". Por se tratar de um lugar tão complexo, antes de responder tento compreender o que de fato meu interlocutor deseja saber. Como são realidades muito divergentes em vários pontos, é bastante desafiador explicar sobre Cuba a um brasileiro que nunca viveu lá, assim como eu sentia dificuldade em explicar sobre o Brasil a um cubano que nunca viveu aqui.

Quando um colega médico ou outro profissional de saúde me questiona, logo imagino que esteja interessado na questão sanitária. Foco então essa área na resposta. Quando outra pessoa sem formação na área de saúde me interroga sobre aspectos econômicos ou sociais, concentro-me nessa vertente. Pois, de fato, Cuba é um tema tão amplo que, muitas vezes, até para contextualizar, preciso falar de história e geopolítica, entre outros aspectos, para me fazer entender e evitar criar confusão ou ceticismo, como costuma acontecer nas discussões atuais.

Trabalhando na medicina, quando me perguntam sobre minha especialidade e respondo que sou psiquiatra, pouquíssimas pessoas ficam indiferentes a essa resposta, e as reações em geral são duas: ou me olham com um misto de surpresa e medo (como se eu pudesse ler-lhes a mente), ou, ao contrário, abrem um grande sorriso, mostrando-se abertos para felicitar-me e indagar sobre minha atuação.

Do mesmo modo, aqui no Brasil convivo com reações parecidas quando questionam: "Onde você estudou medicina?".

Acho interessante a comparação com a época em que voltei ao país: em 2010, ao conversar com diversas pessoas, em ambientes sociais ou mesmo no trabalho, era muito comum escutar a pergunta acima com uma curiosidade sincera e um tom de abertura para ouvir o que eu tinha a contar. De alguns anos para cá, falar em Cuba parece ter virado quase um tabu, e, quando digo que estudei medicina lá, imediatamente percebo de todos uma hesitação inicial seguida de três reações principais: nas pessoas mais educadas, uma atitude de espanto discreto; outras, percebo que fecham o semblante automaticamente, inclusive com reações de desdém ou desprezo; no entanto há quem demonstre simpatia à minha resposta.

Nos casos de evidente preconceito (um conceito criado sem um exame crítico), algumas pessoas interrogam na intenção de desejar comprovar suas verdades, com afirmações simplórias do tipo: "É verdade que lá não tem isso ou aquilo?", sem tentar compreender o porquê de tais fatos.

Há situações até vexatórias, como ser atacada com as "verdades alheias", quando a pessoa não quer escutar minha história e experiência e trava uma discussão para fazer valer seu ponto de vista. Porém, para que sua verdade seja reafirmada, ela precisa a todo custo destruir a minha. Essas interjeições são em sua maioria provenientes de indivíduos que sequer estiveram lá, mas se orgulham de dizer: "Eu sei porque eu li a respeito". Leu onde? Ouviu de quem? O pior é pensar que muitos sequer refletem sobre as fontes que lhes chegam.

Nesse contexto, convido você, leitor, a retirar por um momento seus "óculos pessoais" e observar este relato pessoal, não baseado em achismos ou suposições, e sim em minha vivência de seis anos e meio na "ilha misteriosa e enigmática" de Cuba.

Costumo dizer que, se tivesse a possibilidade de voltar no tempo, com a mentalidade que tenho hoje, e me oferecessem a mesma bolsa de estudos em outro local, digamos, Sorbonne, Harvard, Cambridge etc., eu novamente escolheria estudar em Cuba!

O estudo da medicina como profissão é o mesmo em quase todo o mundo ocidental; alguns lugares podem ter mais tecnologia, profissionais renomados ou até melhor didática. Mas foi em Cuba que me formei como profissional e como pessoa, e sou eternamente agradecida ao país.

Digo que cheguei à ilha virgem de tudo e, através de muitas experimentações e de diversos confrontos internos, fui criando uma nova perspectiva de mundo, percebendo a partir de muitas vivências que lá, mais importante do que ter e parecer, é fundamental *ser*.

Posso falar sobre minha experiência no país de uma perspectiva politicamente neutra, visto que nunca tive nenhuma doutrinação; nunca fui militante de partido algum, nem de esquerda, nem de direita, assim como meus familiares – embora alguns deles fossem partidários do malufismo em São Paulo...

***

É importante ressaltar que meu objetivo aqui não é discutir todo o currículo escolar de medicina de Cuba, mas sim mostrar alguns fatos que julgo importantes em minha formação como profissional e comparar aquilo que aprendi e apliquei em outro contexto sociocultural com o que vivencio atualmente em minha prática no Brasil.

Ao longo da obra pretendo fazer uma contextualização histórica da ilha, para que fiquem claras as circunstâncias do país na época em que morei lá. No primeiro capítulo, busco enfatizar dois temas fundamentais, que percebo serem os principais focos de desconhecimento (sobretudo no Brasil): a situação do bloqueio econômico que os cubanos sofrem há mais de sessenta anos e a política migratória de Cuba com os Estados Unidos.

Em seguida, contarei um pouco da minha história pessoal: quem eu era e os motivos que me levaram a essa empreitada. Narrarei minha chegada e as primeiras impressões vividas na ilha, no curso introdutório de pré-médico, e, na sequência, falarei do ciclo básico do curso de medicina, realizado em dois anos na Escuela Latinoamericana de Medicina (ELAM), em Havana. Então farei um breve resumo da história e evolução da medicina cubana, para que compreendam como eles alcançaram seus grandes feitos em saúde. Para finalizar, relatarei o ciclo clínico, correspondente aos quatro últimos anos, quando residi na província de Camagüey.

Nesse sentido, abordarei fatos que vivenciei e algumas situações que percebi serem pouco comentadas sobre a ilha. Por exemplo, o que vi em Cuba:

- O divertimento saudável e simples.
- A prostituição como escolha, não praticada por pessoas à margem da sociedade.
- A medicina não é status, apenas uma profissão muito respeitada.
- População civil com treinamento militar nas escolas – porém nunca vi tiroteios.
- Orfanato provincial com apenas seis crianças a cargo do Estado.
- O fim de uma epidemia de dengue em poucos meses.
- O adoecimento mental tem problemáticas muito distintas às do Brasil.

- Negros em profissões importantes (diretor de hospital, médicos, engenheiros etc.).
- Racismo e machismo, mas discriminação de gênero e raça muito menor se comparada ao que se vê no Brasil.
- Acesso natural à educação, à saúde e à cultura para toda a população.
- A *lucha* cubana e o jeito próprio dos cubanos de driblar as dificuldades cotidianas.

E o que não vi em Cuba:

- Pacientes sem leitos em hospitais.
- Pacientes com ferimento por arma de fogo.
- Crianças em situação de rua, trabalhando ou sem frequentar a escola.
- Pessoas vivendo em situação de rua.
- Crianças que tenham sofrido violência sexual.
- Drogas (maconha, cocaína e menos ainda *crack*, heroína ou drogas sintéticas) de uso comum pela população.
- Pessoas falecendo por falta de atendimento médico.

Considero que, para melhor compreender experiências diferentes, é preciso pôr em prática a empatia, e gosto de uma daquelas definições informais que diz: "Empatia é calçar o sapato do outro e sentir onde lhe doem os calos". Então faço o convite para que, por alguns instantes, você, leitor, exercite a sua empatia (além de retirar os óculos pessoais) e tente calçar esses sapatos, que podem não ser dos mais bonitos, nem dos mais confortáveis, mas, uma vez ajustados, lhe darão uma nova ideia sobre o tema proposto[1].

---
1. Para preservar a privacidade dos envolvidos, o nome de algumas pessoas foi alterado.

CAPÍTULO 1
RESUMO HISTÓRICO DE CUBA

*Se você não for cuidadoso, os jornais o farão
odiar aqueles que estão sendo oprimidos
e amar aqueles que estão oprimindo.*
Malcom X

A HISTÓRIA POR TRÁS DA (MINHA) HISTÓRIA...

Acredito que o desejo de quem abrir este livro seja conhecer minhas experiências como estrangeira na ilha. Entretanto, para uma melhor compreensão da narrativa, iniciarei contextualizando o momento sociopolítico em que vivi lá. Farei um breve panorama da história do país e de suas relações com seu principal antagonista político, os Estados Unidos.

Não é minha intenção escrever um livro sobre a história de Cuba, pois há uma abundante literatura que aborda com profundidade o tema, e parte dela pode ser consultada nas referências bibliográficas no final desta obra.

Quando escuto pessoas no Brasil debatendo sobre Cuba, percebo serem comuns alguns tópicos que são fonte de muita especulação, como:

1) Algumas pessoas pensam que o conflito dos Estados Unidos com a ilha começou após a aproximação desta com a extinta União das Repúblicas Socialistas Soviéticas (URSS). Porém as relações conturbadas entre ambos os países remontam a muito tempo antes.
2) Muitos desconhecem os motivos da existência da base estadunidense localizada na província cubana de Guantánamo – local que ficou famoso no início dos anos 2000 pelas denúncias de torturas realizadas pelo exército dos Estados Unidos contra os presos afegãos.
3) A ideia de que a Revolução Cubana foi criada como comunista e "gestada" pela URSS. Isso também não é verdade.
4) Uma das primeiras (e pouco compreendidas) perguntas que meus compatriotas sempre me fazem é: "Se Cuba é tão boa, por que as pessoas fogem de lá em botes, correndo risco de morte?".

Para responder a essas e muitas outras indagações, há alguns requisitos fundamentais, como um mínimo de conhecimento da história e da geopolítica da ilha. São esses os temas que abordarei a seguir.

CUBA: ORIGEM E INDEPENDÊNCIA

A República de Cuba é um país insular, localizado no mar do Caribe (ou mar das Caraíbas). O Caribe, também conhecido como Antilhas ou, antigamente, Índias Ocidentais, é um subcontinente da América Central, conformado por suas ilhas e Estados insulares. O arquipélago cubano consiste na ilha principal de Cuba, além da ilha da Juventude e de outras ilhas menores.

Cuba é um país relativamente pequeno, com seus 109.884 quilômetros, pouco maior que o estado brasileiro do Pernambuco, e também com quase a mesma população, ou seja, caberiam muitas Cubas no imenso território brasileiro.

O país teve colonização espanhola e era conhecido como "Pérola das Antilhas". Em 1492, foi um dos primeiros lugares no qual desembarcaram as naus de Cristóvão Colombo, e o último território do continente americano a lograr sua independência da coroa espanhola (1).

Durante a colonização cubana, os espanhóis investiram na monocultura de açúcar. No início, o trabalho escravo era indígena; após dizimada, essa mão de obra foi substituída pelos escravos africanos. Como aconteceu no Brasil, Cuba era uma colônia de exploração com forte orientação escravocrata. A abolição da escravidão ocorreu apenas em 1886, como resultado de muitas pressões econômicas e políticas externas (1).

Desde 1805, havia o desejo do governo estadunidense de anexar o território cubano ao seu país. O então presidente, Thomas Jefferson, considerava que adquirir aquele território era importante para sua nação, pois aquela ilha era a "chave do golfo do México", tanto por sua localização estratégica, que permitia o controle do mar do Caribe, como por sua proximidade aos Estados Unidos, que lhe possibilitava servir de base para uma agressão armada europeia contra o país (2).

Nesse contexto, os Estados Unidos da América (EUA) tentaram comprar Cuba da Espanha no início do século XIX. Mas, para a Coroa espanhola, a ilha não era negociável, pois era imprescindível em suas rotas de navegação e considerada um "baluarte militar, marítimo e comercial da Espanha nas Américas" (2).

Ainda no século XIX, a guerra de independência de Cuba se estendeu por um período de trinta anos. Dividiu-se em duas grandes guerras: a primeira, de 1868 a 1878 (Guerra dos Dez Anos), e a segunda, de 1895 a 1898. A independência cubana foi promulgada apenas em 10 dezembro de 1898 (1) e deveu-se às lutas que se estenderam durante a metade final do século; alguns de seus expoentes foram: Carlos Manuel de Céspedes, Antonio Maceo e o grande prócer cubano José Martí.

Em fevereiro de 1898, iniciou-se a Guerra Hispano-Estadunidense, quando os Estados Unidos declararam guerra à Espanha após uma súbita explosão em seu navio *USS Maine*, que estava ancorado no porto de Havana. A intervenção dos Estados Unidos no conflito contra a Coroa espanhola, já no final da guerra, resultou na independência da ilha.

No final de 1898, foi assinado o Tratado de Paris, cujos termos obrigavam a Espanha a aceitar a independência de Cuba, ceder Porto Rico e Guam e ainda entregar o controle das Filipinas aos Estados Unidos, em troca de um pagamento de 20 milhões de dólares (1).

Em decorrência da intervenção na guerra de independência cubana, o governo dos Estados Unidos se recusou a reconhecer a soberania de Cuba. Ainda em 1898 ocorreu a invasão da ilha pelo vizinho do norte, que ali estabeleceu uma ocupação militar por quatro anos (1).

Em 1902, após grande pressão interna cubana, os Estados Unidos articularam com a Assembleia Constituinte de Cuba algumas condições para a retirada de suas forças militares; entre elas, seria necessário incorporar uma emenda à Constituição cubana – a famosa Emenda Platt (1, 3).

A referida emenda concedia ao governo estadunidense "o controle sobre as políticas externas e econômicas de Cuba, o direito de fazer intervenções militares, para proteger propriedades estadunidenses no país, o direito a ampliar a extração de carvão e instalar bases navais na ilha" (3). Assim nasceu a base militar de Guantánamo.

Esse novo período na história cubana, considerado pelos historiadores como neocolonial ou "pseudorrepública", indicava a situação precária da independência do país, pois a ilha estava sob a tutela do vizinho do norte e era governado por uma junta militar desse país, com direito de intervir em temas internos da nova república. Com isso, se negava tanto a Cuba como a Porto Rico a condição jurídica de nação soberana, o que limitaria a autonomia da ilha cubana pelos 58 anos seguintes (3).

A historiadora Aviva Chomsky afirmou:

> A influência política, militar e econômica dos Estados Unidos dominou a ilha até 1959 e foi responsável pela distorção econômica, corrupção política e repressão que caracterizaram esse período de sessenta anos. Com exceção de Porto Rico, nenhum outro país latino-americano desfrutou – ou sofreu – de uma relação tão longa e intensa com os Estados Unidos (3).

Cuba antes da Revolução

Antes da Revolução Cubana, a ilha era um local de prostituição e recreação para a elite dos Estados Unidos. Era considerada uma "ilha de prazeres" para turistas desse país, que se aproveitavam do clima tropical e das paisagens paradisíacas, com toda uma infraestrutura construída para atender essa demanda. Um local estratégico localizado a menos de 170 quilômetros de seu território.

Era um cenário propício para consumar a conjunção de corrupção governamental que favorecia a presença de cassinos e o uso indiscriminado de drogas, bem como o incentivo à prostituição (4).

O jornalista estadunidense T. J. English, que há anos investiga o crime organizado em seu país, escreveu o livro de não ficção *Noturno de Havana – Como a Máfia conquistou Cuba e a perdeu para a Revolução*. A obra, que relata a ação da máfia dos Estados Unidos em Cuba, tornou-se uma leitura imprescindível para entender as relações políticas e econômicas ocorridas na ilha antes e depois da Revolução Cubana.

Em sua narrativa, English descreve que, em um período curto, de 1952–1959, a cidade de Havana foi beneficiária de um impressionante desenvolvimento, com a construção de luxuosos hotéis-cassinos, casas noturnas, resorts turísticos, incluindo grandes obras de infraestrutura, como túneis e autoestradas. Tudo isso devido ao influxo de dinheiro trazido pelo turismo de jogos nos cassinos e das fabulosas casas noturnas repletas de promiscuidade (5).

Esse período foi caracterizado por uma grande discrepância econômica, inclusive dentro da própria ilha: a capital Havana desfrutava de um padrão de vida próximo ao de países ricos industrializados, enquanto grande parte da população era mantida em níveis de profunda miséria e desigualdade.

Além disso, o livro relata também como a fabulosa vida noturna *habanera* era um ardiloso recurso usado pelo governo cubano para atrair investidores estrangeiros, sobretudo dos Estados Unidos. Segundo English, "tudo em Cuba estava à venda e o dinheiro do exterior era facilmente lavado na ilha" (5).

Do final da Segunda Guerra Mundial até o fim da década de 1950, os investimentos dos Estados Unidos em Cuba passaram de 142 milhões para 952 milhões de dólares. Aquela ilha, que não chegava a ter o tamanho do estado do Tennessee, situava-se entre as três primeiras nações no mundo em termos de recebimento de investimentos diretos dos Estados Unidos (5).

Porém, infelizmente, esse grande influxo de dinheiro não ia ao encontro das necessidades da população cubana, mas, ao contrário, destinava-se a contas em bancos privados de grupos de poderosos políticos corruptos e "investidores" do vizinho do norte. Esse alto comando econômico ficou conhecido como a Máfia de Havana (5).

Esse grupo era composto pelos mais notórios gângsteres estadunidenses do submundo do crime da época, que chegaram a Havana no final da década de 1940. Entre eles estavam Charles "Lucky" Luciano,

Meyer Lansky, Santo Trafficante e Albert Anastasia – personagens que conquistaram suas fortunas nos "dias gloriosos" da Lei Seca dos Estados Unidos e acabariam se tornando a realeza local de Cuba. Os mafiosos sempre cultivaram o sonho de algum dia comandar seu próprio país: um lugar onde pudessem promover jogos de azar, narcóticos, álcool, prostituição e outras formas de vícios, livres da intrusão de leis e regimentos governamentais (5).

Como os cassinos eram legais em Cuba, os mafiosos operavam muito mais abertamente que em outros locais. Vários chefes do crime e seus comparsas participavam na direção de bancos, instituições financeiras e poderosas corporações locais. Conseguiram legitimar seu poder justamente devido à cooperação do mais importante dirigente da ilha, o próprio presidente, Fulgencio Batista. Dizia-se que, nessa relação, o presidente Batista era "o músculo" por trás da Máfia de Havana (5).

Em 1950, eram evidentes os graves problemas sociais derivados da profunda desigualdade socioeconômica que imperava no país. Pode-se dizer que havia duas situações predominantes: aquela de cerca de 15% da população cubana mais rica, que detinha até 43% da renda do país, e o restante da população (mais de 80% dela), que vivia em situação de pobreza, sendo que cerca de 25% desse restante estava em situação de pobreza extrema. Em consequência, grande parte da população enfrentava uma situação de baixa expectativa de vida, alta mortalidade materno-infantil, desnutrição e convívio com graves doenças infectocontagiosas (3).

Cerca de 60% dos camponeses (*guajiros*, como são chamados pelos cubanos) residiam em barracos (lá conhecidos como *bohíos*[2]) com a ausência de mínimas condições sanitárias, sem água corrente ou mesmo banheiros nas casas. Destes, até 90% não tinham acesso à

---

2. *Bohíos* são edificações precárias, com teto de palha e piso de terra, sem janelas, comuns nos povoados indígenas da América tropical.

eletricidade, e até 85% dessas moradias tinham apenas um ou dois ambientes para toda uma família. O jornal *The New York Times* na época ressaltava que "a grande maioria dos habitantes de zonas rurais vivem na miséria, em nível de subsistência" (6).

De acordo com o sociólogo estadunidense Lowry Nelson, que fez um amplo trabalho investigativo na ilha antes da Revolução, a população cubana que mais sofria era a da zona rural, pois subsistia por longos períodos convivendo com o desemprego e o subemprego. Em 1953, falava-se de índices de analfabetismo de 20% em todo o país, chegando a até 50% na população rural, principalmente nas províncias orientais de Cuba; era considerado o pior índice de todo o continente americano. Esse fato contrastava com a forte disparidade social predominante no país, que tinha provavelmente a classe média mais poderosa da América Latina (7).

Mesmo defendendo posicionamento contrário à Revolução Cubana, Nelson relatou que, antes dela, havia muita riqueza no país, reconhecendo que os recursos eram parcamente distribuídos e quem sofria diretamente o peso dessa discrepância era, sobretudo, a população rural, marcadamente desfavorecida e esquecida (7).

A desigualdade social antes da Revolução era explícita, pois, embora as pequenas classes média e alta cubanas, que residiam principalmente na capital (Havana), tivessem acesso a níveis elevados de educação, saúde e demais serviços urbanos, a maioria da população era a das zonas rurais – os *guajiros*, que eram em geral extremamente pobres.

Na época, Cuba apresentava uma economia com forte subordinação aos Estados Unidos: 40% das fazendas e até 55% dos moinhos estavam nas mãos de empresas deste país e seus investidores controlavam até 90% do comércio de tabaco, assim como as minas de cobre, ferro e níquel na ilha, além dos serviços de eletricidade e telecomunicações. Empresários estadunidenses possuíam metade das ferrovias do país, além de percentuais significativos dos setores bancários, pecuário, minerador, petrolífero e açucareiro (3).

A REVOLUÇÃO CUBANA

A condição para a ocorrência da Revolução em 1959 foram os anos de impiedosa ditadura que o país vivia, com muitos assassinatos, torturas e perseguição política, como todas as ditaduras militares ocorridas na América Latina ao longo do século XX.

Porém o estopim para o início da Revolução Cubana foi o golpe de Estado perpetrado em 1952 pelo então coronel Fulgencio Batista. Na época, o golpe militar teve franco apoio do governo dos Estados Unidos, interessado em resguardar seus interesses econômicos na ilha (3).

Fulgencio Batista y Zaldívar era natural de Banes, província de Holguín, no oriente cubano. De origem pobre, mudou-se para Havana ainda jovem e uniu-se ao exército; chegou a tornar-se coronel e ascendeu ao cargo de general. Atuou como presidente eleito da ilha entre 1940 e 1944, tendo depois se tornado ditador, entre 1952 e 1959 (1). Era um homem carismático, com a aparência de um galã latino de filmes hollywoodianos; por trás de sua face sedutora, no entanto, escondia uma personalidade muito diferente, promovendo uma cruenta ditadura que levou seu país a uma grave degradação moral, com marcada piora da desigualdade social.

***

Fidel Castro nasceu em 13 de agosto de 1926, em Birán, também na província de Holguín. Seu pai, Don Ángel Castro, foi enviado da Galícia (Espanha), analfabeto e com condições de vida muito precárias, a Cuba pelo exército espanhol para a segunda guerra de independência de Cuba em 1895. Lá, conseguiu estudar modestamente por conta própria e, através, de muito trabalho e investimentos tornou-se um respeitável fazendeiro e latifundiário, dono de grandes arrendamentos de terra. Assim, conquistou uma abastada condição financeira (4).

Fidel era o terceiro filho de uma prole de sete, fruto da união entre o pai galego e sua segunda esposa cubana, Lina Ruz González, de origem pobre, natural de Pinar del Río, no ocidente cubano. Ele cresceu estudando em colégios católicos e jesuítas renomados. Relatou em sua última biografia que conviver com os campesinos na fazenda e ver as grandes diferenças sociais desde tenra idade o impulsionaram desde cedo a refletir sobre sua própria situação, como filho de latifundiário, e sobre as desigualdades que de forma precoce presenciou.

Tais reflexões podem ter sido estimuladas em seu próprio meio familiar, pois descreveu seu pai como "um homem bondoso e honesto [...] nunca foi injusto. Jamais deu uma resposta negativa a alguém que lhe solicitasse ajuda, estava sempre atento às necessidades dos demais" (4).

Fidel graduou-se como advogado em 1950, na Universidade de Havana, e candidatou-se a deputado pelo Partido Ortodoxo Cubano nas eleições de 1952. O jovem jurista teve uma forte decepção com o golpe de Estado perpetrado pelo então coronel Fulgencio Batista nesse mesmo ano, situação que o levou a participar na organização de grupos de militantes pelo movimento antiditatorial (1).

Em 26 de julho de 1953, no intenso período de guerrilhas que ocorriam pelo país desde o início do ano, houve a tentativa frustrada de invasão do quartel Moncada, o mais importante da capital. O desfecho foi a morte de grande parte do grupo de guerrilheiros e a prisão dos poucos sobreviventes, incluindo Fidel Castro.

Na prisão, no período de 1953, Fidel Castro escreveu sua famosa defesa intitulada *A história me absolverá*, que teve publicação e distribuição clandestina ao longo do ano de 1954. Na obra, ele admitiu sua participação no ataque e expôs os motivos da insurreição contra o governo ilegítimo, denunciando também a precária situação social em que vivia a maioria dos cubanos. Apresentou ainda o programa de transformações políticas, sociais e econômicas que orientariam o novo governo após a queda do governo de Batista, as chamadas "Leis Revolucionárias". Concluiu o texto com a célebre frase: "Condenem-me, não importa! A história me absolverá" (1, 3).

O documento denunciava a condição de iniquidade vivida no país, revelando o forte contraste com alguns indicadores econômicos que equiparavam Cuba, em termos de tecnologia e bens de consumo, com outros vizinhos latino-americanos mais desenvolvidos, e até com países capitalistas mais avançados (1).

Em 1953, Cuba ocupava o primeiro lugar em número de aparelhos de televisão na América Latina e Caribe, seguida por México, Argentina, Brasil e Venezuela. Em 1958, Cuba estava na sexta posição no *ranking* mundial da média de carros por habitante, atrás apenas de Estados Unidos, Canadá, Inglaterra, Venezuela e Alemanha Ocidental (7). Esses e outros indicadores mostravam que os maiores beneficiários dessa forte desigualdade eram a aristocracia rural, a burguesia vinculada a atividades de especulação imobiliária, a indústria turística e uma classe média constituída por profissionais liberais e funcionários do governo (1).

Mesmo com a forte influência dos Estados Unidos na economia cubana, o texto de Fidel Castro não confrontava esse país; seu principal enfoque era o combate às oligarquias nacionais e o regime político por elas representado (1).

Após intensa pressão popular e protestos contra o governo, foi concedida a anistia a Fidel Castro e, em maio de 1955, ele foi enviado para o exílio no México (1). Permaneceu nesse país por mais de um ano, organizando um grupo de combatentes decididos a retornar à ilha e realizar o confronto com o governo ilegítimo. Fundou-se então o grupo revolucionário Movimento 26 de Julho (M-26-7), em homenagem ao frustrado ataque ao quartel Moncada (1). Antes de voltar a Cuba, Fidel viajou aos Estados Unidos, buscando reunir apoio ideológico e financeiro para sua empreitada (5).

Também estava em exílio no México seu irmão mais novo, Raúl Castro, que lá conheceu o médico argentino Ernesto (Che) Guevara, o qual vinha de embates frustrados contra a ditadura militar instalada na Guatemala. Guevara se interessou pelo processo cubano e uniu-se ao grupo como médico de tripulação do *Yate Granma*, um barco com capacidade para 25 pessoas que, no entanto, levou (com dificuldade) 82 tripulantes até seu destino, Santiago de Cuba, onde desembarcaram em dezembro de 1956 (1).

Os revolucionários do *Granma* tinham planejado um retorno vitorioso a Cuba, juntamente com os rebeldes do M-26-7 presentes na ilha. Mas, por contratempos da viagem, houve atraso em sua chegada e, ao desembarcarem, foram recebidos pela forte repressão do exército de Batista, à época o mais bem equipado (pelos Estados Unidos) da América Latina. Do total de 82 tripulantes guerrilheiros que saíram do barco, apenas doze sobreviveram, refugiando-se nas montanhas de Sierra Maestra (1).

De acordo com Chomsky, essa etapa da guerrilha, vivida no interior do país, talvez tenha sido um dos períodos mais importantes para o grupo revolucionário, pois seus membros depois admitiriam que "conviver com os pobres da zona rural foi uma experiência de conscientização". O fato de os guerrilheiros compartilharem com os campesinos as graves adversidades da vida no campo fez com que se confrontassem com a enorme pobreza que aquela população enfrentava, e esse foi um dos fatores que influenciaram a ideologia pós--revolucionária sobre saúde. Ali perceberam, na própria carne, que a pobreza rural era diferente da das cidades, visto que no campo, além do desemprego, era preciso lidar com a ausência de serviços sociais básicos, incluindo a educação e a saúde (3).

Em fevereiro de 1957, o grupo de revolucionários permitiu a viagem de Herbert L. Matthews, repórter do *New York Times*, até a Sierra Maestra. Durante sua visita, o profissional fez uma ousada entrevista com Fidel Castro, contribuindo com a criação das qualidades míticas do movimento revolucionário, e posteriormente ficaria conhecido como "o homem que inventou Fidel". A reportagem apareceu na primeira página do *New York Times* e chegou a grande parte dos lares estadunidenses e do mundo com a seguinte mensagem: "Ele (Fidel Castro) tem ideias fortes sobre liberdade, democracia, justiça social e sobre a necessidade de restaurar a Constituição e realizar eleições" (3).

Durante a guerrilha, na Sierra Maestra, Fidel Castro e seus companheiros ganharam apoio (com abrigo e alimentação) dos campesinos e inclusive tiveram apoio logístico e bélico de alguns jovens idealistas de outros países. Contudo, não receberam financiamento de nenhum outro país antes de conquistarem a vitória da Revolução, nem mesmo da URSS. Castro ressaltou em sua última biografia: "Em Cuba os soviéticos não deram um centavo para a Revolução, nem um fuzil. [...] O socialismo não veio aqui por clonagem nem por inseminação artificial" (4).

Apesar da preocupação dos Estados Unidos com o comunismo, no início a URSS não apoiava a ideia de revolução armada na América Latina e tampouco ofereceu apoio aos guerrilheiros durante a década de 1950 (3).

A Revolução Cubana que culminaria em 1º de janeiro de 1959 concretizou-se após muitas lutas, e pode-se dizer que a conquista do poder não deve ser atribuída unicamente às ações dos combatentes da Sierra Maestra, pois, apesar do importante papel de vanguarda militar desempenhado por eles, foi decisivo o concurso de outros grupos sociais e políticos no apoio de um movimento que se reivindicava até aquele momento como nacional e democrático, e não de caráter socialista (8).

A formação dessa ampla frente oposicionista pôs em evidência o isolamento político e a insustentabilidade do governo de Fulgencio Batista, que, diante do avanço das guerrilhas, abandonou Cuba em 31 de dezembro de 1958 (8); ele fugiu com sua família e seus aliados inicialmente para a República Dominicana, pois já não tinha o respaldo dos Estados Unidos (2).

Assim configurou-se a queda do regime militar cubano e a tomada do poder pelo grupo de revolucionários.

Primeiros embates: piora da relação com os Estados Unidos e a declaração do caráter socialista da Revolução Cubana

Quando os guerrilheiros da Sierra Maestra chegaram ao poder, a Revolução Cubana não tinha caráter socialista. No entanto, paulatinamente foram implementadas mudanças estruturais que visavam gerar transformações sociais e combater de forma profunda as desigualdades existentes na ilha.

O novo governo cubano ansiava por soberania em suas decisões e propriedades. Nessa conjuntura, os Estados Unidos foram diretamente afetados, pois eram os maiores parceiros comerciais de Cuba até então e tinham aquele território como sua "ilha de recreação". As novas deliberações afetaram não apenas o governo estadunidense, mas também os grupos de poderosos mafiosos – que de fato eram os maiores interessados em recuperar o grande investimento feito na ilha nos anos anteriores.

As principais mudanças estruturais efetuadas logo no início da Revolução Cubana focavam a recuperação de bens malversados. Para lograr tais objetivos, foram realizadas medidas como a nacionalização do capital estrangeiro, a nacionalização geral da indústria e a realização da reforma agrária. Dessa forma, uma considerável riqueza chegou às mãos do novo governo revolucionário (1).

Em 8 de maio de 1959, Fidel Castro fez uma declaração pública sobre a nova política e intenções da Revolução, em resposta à acusação de influência comunista em Cuba. Mais tarde, o próprio embaixador estadunidense em Cuba, Philip W. Bonsal, fez um comentário sobre o evento, no qual resumia a postura de Fidel dizendo: "Trata-se de um governo de um homem só com total aprovação das 'massas' [...] revolução nem capitalista, nem comunista, nem centro, mas um passo rumo ao avanço de todos" (3).

Como relatou Ayerbe, no início de 1959 a reação do governo dos Estados Unidos era de uma simpatia benevolente diante da Revolução Cubana, pois estavam esperançosos de que aquela situação seria passageira, e "um pequeno intervalo de moralização da imagem de Cuba" (1).

Essa postura dos Estados Unidos diante da Revolução, no entanto, aos poucos foi se alterando, principalmente com as significativas modificações estruturais empreendidas pelo novo governo, chamadas pelos revolucionários como "a expropriação dos expropriadores" – sobretudo a reforma agrária efetuada em 17 de maio de 1959, que iniciou o confronto entre os objetivos da Revolução Cubana e a política dos Estados Unidos (1).

É importante enfatizar que cerca de 64% das terras cultiváveis estavam nas mãos de latifundiários e multinacionais estadunidenses, que exploravam o cultivo e a industrialização de açúcar, tabaco e cítricos (9). Logo, a deliberação foi uma atitude crucial para acelerar o desgaste das relações bilaterais entre ambos os países.

A reforma agrária inicial também eliminou os latifúndios, corrigiu os minifúndios e extinguiu legalmente a alienação de terras cubanas ao capital estrangeiro. Na época, foi proposto o pagamento de indenizações pelas terras expropriadas, porém todas as tentativas de acordo foram recusadas pelos empresários e pelo governo dos Estados Unidos (1).

Segundo Chomsky, houve diversas reuniões do então embaixador, Bonsal, com autoridades cubanas de maio a junho de 1959. Mas os cubanos mantiveram-se firmes em sua resolução, e o ministro do Estado cubano respondeu a Bonsal:

> Transformar o sistema de posse de terras [...] é o pré-requisito inevitável em todo país subdesenvolvido para seu progresso industrial, político, social e cultural. A menos que a posse de terras em grande escala seja abolida, Cuba continuará a sofrer estagnação econômica e taxa crescente de desemprego [...]. A reforma agrária é para o bem da nação cubana, um bem que [o governo] coloca acima de todos os outros (3).

Em 1962, foi promulgada a segunda lei de reforma agrária, que tornou as empresas estrangeiras propriedade do Estado. Também estatizou todas as propriedades com mais de 67 hectares e as grandes propriedades exploradas por latifundiários. O novo governo ficou com cerca de 70% das terras cultiváveis do país; os 30% restantes ficaram em mãos dos próprios camponeses que ali residiam e cultivavam; com isso, os agricultores se tornaram senhores de suas terras (9).

Ao cumprir a prometida reforma agrária, Fidel Castro deu novos rumos ao país, incluindo na reforma também as grandes posses de terra de sua família. Isso foi causa de graves desavenças e rupturas dentro da família Castro, e parte dela abandonou o país para viver em Miami logo após a execução das deliberações norteadoras do novo governo.

Em 1964, após o falecimento de sua mãe, Fidel Castro teve um dramático conflito familiar, com a saída de sua irmã mais nova (Juanita) do país. Esta relatou ter graves divergências ideológicas com seus irmãos mais velhos e, posteriormente, trabalhou para a CIA, o serviço de inteligência estadunidense, como uma das principais representantes na luta contrarrevolucionária cubana (9).

O irmão mais velho da família, Ramón Castro Ruiz, relatou anos mais tarde ao jornalista brasileiro Fernando Morais que, no início, resistiu ao processo de reforma agrária proposto pela Revolução, reconhecendo-se como "um latifundiário reacionário". Admitiu que foi duro dar o bom exemplo com a expropriação da fazenda dos pais e, de forma bem-humorada, acrescentou: "Se papai ressuscitasse e visse que seus três filhos são militantes do Partido Comunista, pediria para morrer de novo" (9).

* * *

Nesse novo cenário, catalisado pelas expropriações de terras cubanas que estavam em poder das empresas estrangeiras, as tensões se intensificaram entre os Estados Unidos e Cuba. A partir de 1960, a ilha passou a sofrer diversas sanções em relação ao comércio bilateral com seu vizinho. O governo estadunidense mostraria forte postura antagônica contra a Revolução Cubana e colocaria em marcha uma série de ações para frear as reestruturações implementadas na ilha.

A posição adversa e hostil dos Estados Unidos contra a Revolução propiciou a aproximação do país com a URSS. Esta ofereceu apoio, interessada principalmente na posição geograficamente estratégica que Cuba representa, tão próximo ao principal rival soviético no período da Guerra Fria.

Um dia antes do assassinato do presidente Kennedy, em 1963, houve uma entrevista com Fidel Castro em Havana, na qual o jornalista Jean Daniel confidenciou ao líder cubano que havia estado um mês antes com o presidente dos Estados Unidos, e ele extraoficialmente confiou-lhe uma mensagem ao próprio Castro, que escutou perplexo a seguinte revelação:

> Penso que não há nenhum país no mundo, incluindo todas as regiões da África e incluindo qualquer país sob dominação colonial, onde a colonização econômica, a humilhação, a exploração tenha sido pior que aquela que corrompeu Cuba, resultado, em parte, de políticas de meu país, durante o regime de Batista. Creio que nós geramos, construímos e fabricamos completamente o movimento de Castro sem sabê-lo. Creio que o acúmulo de tais erros colocou em perigo toda a América Latina... Digo ainda mais: de certa maneira é como se Batista fosse a encarnação de algum pecado cometido pelos Estados Unidos. Agora, nós devemos pagar por aqueles pecados... (10)

* * *

É importante fazer uma reconstrução dos principais fatos que marcaram as relações entre Cuba e os Estados Unidos no período de 1960 a 1962, consequência das rápidas mudanças efetuadas na ilha após o início da Revolução, como Ayerbe habilmente relata (1):

- No início de 1960, ocorreu a pressão dos Estados Unidos para restringir a venda de combustíveis a Cuba, o que obrigou o país a recorrer ao fornecimento soviético de petróleo. Em junho daquele ano, a Texaco negou-se a refinar o petróleo soviético, seguida pela Esso e pela Shell.
- Em julho de 1960, o governo estadunidense reduziu em 95% a importação do açúcar cubano.

- Em agosto de 1960, o governo cubano nacionalizou empresas estrangeiras e suas propriedades rurais; em outubro, fez a nacionalização das empresas privadas nacionais.
- Em 3 de janeiro de 1961, os Estados Unidos romperam relações diplomáticas com Cuba. No mesmo mês, Cuba assinou acordos de venda de cota açucareira para a URSS, a preço fixo, independentemente das flutuações do mercado internacional e da importação do petróleo soviético.
- Em 15 de abril de 1961, aviões estadunidenses bombardearam quartéis e aeroportos com a finalidade de minar as defesas militares da ilha, preparando as condições para a invasão do país, no episódio da Baía dos Porcos.
- No dia 16 de abril de 1961, em uma concentração popular para velar as vítimas do bombardeio, Fidel Castro proclamou publicamente – pela primeira vez – o *caráter socialista da Revolução Cubana*.
- No dia 17 de abril de 1961, aconteceu a invasão da Baía dos Porcos.
- Em janeiro de 1962, Cuba foi expulsa da Organização dos Estados Americanos (OEA), por sua relação com a URSS e países do bloco soviético (1, 11).
- Em fevereiro de 1962, os Estados Unidos decretaram o bloqueio econômico de Cuba, incluindo a proibição de produtos de origem cubana ou importados através de Cuba (1). O México foi o único país do continente que não rompeu relações com Cuba (2).
- Em março de 1962, o governo estadunidense estendeu a proibição à importação de produtos fabricados em qualquer país que contivessem, total ou parcialmente, produtos de origem cubana.
- Em outubro de 1962, o presidente Kennedy impôs o bloqueio naval, em resposta à instalação de mísseis soviéticos em Cuba, no temido episódio da Crise dos Mísseis (1).

***

Mesmo após a declaração do caráter socialista da Revolução Cubana, havia desacordos com a URSS na forma como Cuba pretendia direcionar seu novo sistema político-econômico.

O próprio Che Guevara tinha divergências e criticava abertamente a União Soviética e o campo socialista, dizendo que os soviéticos:

> Eram obcecados com a construção econômica do socialismo enquanto desconsideravam os fatores morais e espirituais das sociedades socialistas [...]. Se você desconsiderar os fatores espirituais e só tentar lidar com os fatores econômicos, não vai conseguir livrar-se da alienação (3).

Chomsky afirmou que, "para Che e Fidel, o socialismo não era simplesmente uma questão de desenvolver um novo meio de distribuição do capital. Era também uma questão de libertar as pessoas da ignorância" (3).

A ideia de *hombre nuevo* (homem novo), concebida por Che, julgava a pobreza espiritual e humana do capitalismo e do materialismo; ela inspirou diversos movimentos alternativos e revolucionários ao redor do mundo. Mesmo após a guerra de guerrilha haver desacelerado seu ímpeto, desde os críticos da contracultura dos anos 1960 até movimentos *New Age* dos anos 1990 faziam referências a essa visão (3).

Como consequência das rápidas e constantes mudanças políticas e econômicas no país, durante os três primeiros anos da Revolução Cubana, deixaram o país cerca de 256 mil cubanos, que emigraram principalmente para a Flórida, nos Estados Unidos. Nesse primeiro momento, a onda migratória era composta por profissionais de setores médios e altos da população, o que deixou o país com importante déficit de técnicos e profissionais especializados (1).

Nova organização social da ilha

Uma das primeiras tarefas da Revolução foi a realização de mutirões de vacinação e alfabetização nos lugares mais recônditos do país, devido à marcada desigualdade social, evidenciada principalmente pelo baixo acesso à saúde e à educação, com altos índices de mortalidade infantil e analfabetismo. No ano de 1961, o país foi o primeiro do continente americano a erradicar o analfabetismo (11).

Para tal empreitada, contaram com o apoio dos poucos profissionais remanescentes. As primeiras brigadas eram constituídas, em sua maioria, por trabalhadores voluntários que começaram a estruturar-se como grupos organizados da população civil. Assim formaram-se os Comitês de Defesa da Revolução (CDR) e a Federação das Mulheres Cubanas (FMC), entre outros (3, 11).

Nesse contexto de marcada carência técnica, houve a necessidade de realizar uma rápida e imprescindível expansão dos cursos universitários, dedicada sobretudo à formação de professores e de profissionais da área de saúde, com enfoque fundamental na prevenção.

***

No período entre 1962 e 1964, após as notáveis transformações estruturais realizadas, houve aumento expressivo na produção de cana-de-açúcar, com ênfase na mecanização da colheita, além de crescimento nos setores de energia, transportes e comunicação (3).

Com isso, o país obteve os melhores indicadores sociais até então, registrando: erradicação do desemprego; 100% de escolaridade infantil nas idades de seis a doze anos; crescimento de 2,7 vezes no ensino primário, 6,1 vezes no ensino secundário e 5,5 vezes no ensino universitário. Na área da saúde, a mortalidade infantil passou de sessenta crianças por mil nascidos vivos, em 1959, para 28,9 por mil nascidos vivos em 1974 e, em 1999, registrou-se a taxa de 6,4 por mil nascidos vivos. A expectativa de vida elevou-se de menos de 55 anos antes da Revolução, para setenta anos em 1974 e de oitenta anos no ano de 1999 (1, 12).

Quando houve a declaração do caráter socialista da Revolução em 1961, os cubanos na ilha diziam de forma irônica que ocorreu uma "reforma urbana espontânea", referindo-se à evasão massiva dos milionários cubanos para Miami, os quais pensavam que seria uma situação efêmera e esperavam uma reversão breve do novo sistema político. Muitos destes fugiram, deixando escondidos em suas mansões dinheiro e joias. Locais que foram ocupados posteriormente pelo governo e transformados em casas para estudantes procedentes do interior (9).

Grande parte das antigas instalações dos governos anteriores à Revolução Cubana foi reaproveitada. Antigos quartéis e instalações militares foram inclusive transformados em escolas e museus.

E, principalmente em Havana, o governo criou uma política – que, pensavam, seria provisória – para o auxílio imediato a pessoas sem moradia adequada, na qual uma parte das grandes casas abandonadas onde antes residia apenas uma família seria habitada por muitas outras, numa tentativa de amenizar a situação emergencial de falta de moradias. Com isso, tentavam evitar o surgimento de aglomerações populacionais nas grandes cidades e reduziam os grupos que residiam nos insalubres *bohíos*.

Com a reorganização urbana, se, por um lado, não vemos favelas em Cuba, por outro, criaram-se grandes cortiços, encontrados principalmente nos bairros centrais de Havana, como La Habana Vieja. Mesmo o marcado esforço para construção de conjuntos habitacionais com trabalho voluntário, infelizmente, nunca foi o suficiente para sanar de maneira plena a situação residencial no país.

Com o progressivo abandono da ilha por parte da população com ideias contrárias ao governo revolucionário, sobretudo rumo a Miami; ali, se criou um reduto de grupos contrarrevolucionários, que se somaram às vozes opositoras dos empresários e do governo estadunidense, o que ampliou o afastamento da ilha com o país vizinho. Como consequência direta, ocorreu uma maior aproximação econômica e militar com os soviéticos.

O episódio da Baía dos Porcos e a Crise dos Mísseis

Em abril de 1961, ocorreu o episódio da Baía dos Porcos, na famosa Playa Girón situada na província de Matanzas – evento pelo qual alguns dissidentes da Revolução que residiam em Miami objetivavam retomar o poder em Cuba, reaver suas propriedades e assassinar Fidel Castro. E, para atingir seus planos, fizeram uma malfadada tentativa de invadir a ilha (3).

A invasão foi idealizada pelo alto escalão do governo dos Estados Unidos e do serviço secreto da CIA. Mas, por temer a repercussão negativa pelo envolvimento direto de seu país, o presidente Kennedy não permitiu a atuação direta do exército estadunidense (2, 3). O plano foi executado apenas por cubanos dissidentes, e o episódio acabou sendo rapidamente resolvido pelo exército revolucionário em menos de 72 horas.

Após os recentes atos de terrorismo contra Cuba, no mesmo período, o governo cubano recebeu informações de que a ilha sofreria novo ataque ainda naquele ano, organizado pelos dissidentes políticos e grupos terroristas de Miami (3).

Na sequência, os dirigentes cubanos, em conjunto com a URSS, tomaram a decisão de instalar uma plataforma para foguetes de médio alcance em seu território, o que foi considerado como uma grande afronta pelos Estados Unidos.

Ali se lançaram as bases do que poderia ter sido o princípio do fim. Até aquele momento, foi o mais perto que o mundo chegou de uma temida Terceira Guerra Mundial e consequente hecatombe nuclear (3). Naquela situação extremamente crítica, o presidente Kennedy tinha em mãos todos os motivos para iniciar uma guerra nuclear; mas ele precisou ser prudente em suas atitudes.

A resolução da crise ocorreu após o envio de uma carta do presidente soviético, Nikita Kruschev, ao presidente Kennedy (2), na qual estabelecia que, para a retirada dos mísseis instalados em território cubano, seria necessário que os Estados Unidos cumprissem algumas condições, como: desistir da invasão de Cuba, retirar o bloqueio naval contra a ilha, além de retirar mísseis similares que o governo estadunidense havia instalado em suas bases de foguetes Júpiter na Turquia, em 1961 (4).

Com esse documento, ocorreu o acordo entre ambas as superpotências e evitou-se uma catástrofe mundial. Uma deliberação que se deu sem a presença de nenhum representante do principal país envolvido, ou seja, Cuba (3, 4).

O governo cubano não pôde opinar sobre nenhuma das condições do acordo. Anos mais tarde, o próprio Fidel Castro declarou que, se houvesse tido a oportunidade durante a negociação crucial, talvez pudesse ter negociado melhores termos para seu povo, como o cessar de atos terroristas contra Cuba, a retirada da base militar estadunidense de Guantánamo, a suspensão ou então melhores condições sobre o bloqueio econômico (4). É interessante notar que Cuba foi usada como um simples peão naquilo que parecia um grande jogo de xadrez entre as duas superpotências mundiais.

Alguns anos depois, Fidel Castro relatou ter-se dado conta de que, caso precisassem de verdadeiro apoio para defesa militar de seu território, os cubanos estariam sozinhos. Tal reflexão foi confirmada após uma reunião que teve com antigos líderes soviéticos, antes mesmo da queda da URSS, sobre a qual ele não entrou em detalhes. Contudo, afirmou que aquele fato o fez pensar que precisavam fortalecer-se como revolucionários e refletiu: "Era ingenuidade pensar ou pedir, ou esperar que aquela potência (URSS) lutaria contra os Estados Unidos, se eles intervissem na pequena ilha que estava aqui a 90 milhas do território estadunidense" (4).

Como resultado desse dramático conflito, Kennedy tentou aniquilar Cuba de outra forma e aperfeiçoou o bloqueio econômico já existente.

O bloqueio mais longo da história

Antes de a Revolução ser instaurada, Cuba tinha uma economia extremamente dependente dos Estados Unidos. Até 1930, a ilha abastecia cerca de 59% do mercado de açúcar desse país, o qual, por sua vez, era responsável por até 54% das importações cubanas. Contudo, em 1959, no início da Revolução, a exportação da ilha para esse mercado caiu para 33%, enquanto as importações, provenientes do vizinho do norte chegavam a até 75% do total (1).

O embargo estadunidense contra Cuba iniciou-se em 1960, quando houve a nacionalização de empresas estrangeiras pelo governo revolucionário, e o então presidente, Eisenhower, rejeitou a safra açucareira cubana. Após a Crise dos Mísseis (1962), durante o governo Kennedy, foi determinado o bloqueio econômico completo (13).

Aqui é importante entender a diferença fundamental entre embargo e bloqueio econômico. O *embargo econômico* costuma ser mais específico, no sentido de obstruir uma área de exportação por um determinado período. No *bloqueio econômico* ocorre a proibição de diversos ramos de exportação, definindo-se como: "Ato de usar a força, ou ameaça de força, para paralisar o movimento de pessoas e bens ao interior ou exterior de um país ou zona" (11, 13).

A instalação do bloqueio econômico, comercial e financeiro estadunidense imposto a Cuba, em 1962, afetou as relações comerciais diretas da ilha com diversos outros países. Entre suas premissas, esse bloqueio determinou que, se algum país comercializasse com a ilha, ficaria restrita sua comercialização com os Estados Unidos, e impediu inclusive o ingresso de navios de carga de outras nacionalidades na costa cubana (13). Situação que representa um jogo de forças bastante desproporcional. Como a ilha depende basicamente do transporte marítimo, precisa pagar preços muito superiores aos praticados no mercado para convencer navios internacionais a aportarem em seu território (3).

***

O principal objetivo do bloqueio econômico é produzir uma crise de insatisfação e privações que provoque uma pressão interna contra o governo, causando a desestabilização e possível dissolução do sistema político da ilha (13).

Os motivos para manter as sanções econômicas contra Cuba variam constantemente. Até 1989, no auge da Guerra Fria, justificava-se por sua proximidade com a URSS. Após esse período, o governo estadunidense tinha novas argumentações, entre as quais a tentativa de interferir na autonomia do governo local. Assim sendo, os Estados Unidos mantêm a aplicação dessas penalidades para reafirmar sua política externa com relação à ilha (2).

De acordo com a Conferência Naval de Londres (1909), que rege as leis do Direito Humanitário Internacional, ficou decidido que o bloqueio econômico é um ato de guerra, não sendo justificável em tempos de paz (14).

O parágrafo 102 do documento refere que "a declaração ou estabelecimento do bloqueio é proibido se":

> a) Somente tem o propósito de, literalmente, matar de fome a população civil ou negar a eles outros objetos essenciais para sua sobrevivência; ou,

b) Os danos à população civil são, ou pode ser esperado que seja, excessivos em relação ao uso concreto e direto de forças militares frente ao uso do bloqueio (14).

Em sessão da Assembleia Geral das Nações Unidas (ONU) realizada em 1992, foi aprovada a resolução: "Necessidade de colocar fim ao bloqueio econômico, comercial e financeiro imposto pelos Estados Unidos contra Cuba". Nessa deliberação se condenou o bloqueio, reafirmando-se os princípios de igualdade, soberania, não intervenção, não interferência nos assuntos internos, liberdade de comércio e navegação internacional. Desde então, o documento tem sido apresentado anualmente nessas sessões, exigindo o fim da radical medida; e explicita-se seu caráter ilegal, que infringe as normas do Direito Internacional (2). O voto a favor de Cuba tem sido massivo, excetuando-se o apoio aos Estados Unidos por parte de Israel, Palau e Ilhas Marshall (15), e mais recentemente, em 2019, do Brasil (16).

Como resultado, o bloqueio econômico de Cuba segue acarretando graves prejuízos que impactam profundamente sua população. Atinge praticamente todas as esferas na vida do cidadão cubano na ilha, pois limita a aquisição desde alimentos, maquinário necessário para agricultura e produtos de necessidade básica até insumos hospitalares, novas tecnologias e medicações.

Na área da saúde, as consequências são ainda mais dramáticas, pois quase 80% das patentes médicas são depositadas por transnacionais farmacêuticas estadunidenses e suas subsidiárias, o que impede Cuba de ter acesso a esses avanços científicos. O Alto Comissariado para os Direitos Humanos da ONU se posicionou sobre o tema afirmando que "as restrições impostas pelo Bloqueio ajudaram a privar a ilha de um acesso vital a medicamentos, novas tecnologias médicas e científicas" (3).

A SITUAÇÃO ECONÔMICA DA ILHA APÓS A REVOLUÇÃO

Foi na década de 1970 que se alicerçou a relação direta de Cuba com a URSS. Naquele período, não havia interesse na industrialização da pequena ilha por parte de seus novos parceiros comerciais, entre eles os países participantes no Conselho para Assistência Econômica Mútua (Comecon).

Eram inegáveis as vantagens comerciais para a ilha com os acordos realizados com o bloco socialista. Cuba exportava seu açúcar a preços acima do mercado internacional e recebia em troca o abastecimento do país com petróleo e produtos de primeira necessidade. Até então, praticamente não se sentia o impacto das sanções impostas pelo bloqueio econômico.

Conversando com cubanos mais idosos, que viveram as fases áureas da Revolução, eles contam que viveram relativamente bem naquele período, afirmando que, mesmo convivendo com algumas dificuldades, "naquela época Cuba era para os cubanos".

Relatam também que os grandes hotéis que existiam eram usados pelos diversos trabalhadores do país, e anualmente era possível agendar sua estadia de férias com seus familiares e assim usufruir de toda a comodidade que havia na ilha para o turismo interno. Tal situação também foi descrita pelo jornalista brasileiro Fernando Morais em sua viagem à ilha na década de 1970 (9).

Infelizmente, a situação relativamente confortável que viviam desmoronou a partir da década de 1990, juntamente com a quebra do bloco socialista soviético. Alguns cubanos mais velhos contam que havia racionamento de alimentos e outros produtos no início da Revolução, mas que nunca se comparou ao que estava por vir, como a grave escassez e miséria que ocorreu após o fim da Guerra Fria.

Período Especial

Com a forte dependência econômica da União Soviética, Cuba não conseguiu superar sua condição de país exportador primário. Em consequência, com a queda da URSS, a ilha revelou que sua economia subdesenvolvida não podia sustentar-se sozinha (1). Então os efeitos do bloqueio econômico foram sentidos de forma aguda.

Diante disso, instalou-se na ilha o Período Especial em Tempos de Paz, intitulado dessa maneira pelo governo cubano para explicitar o novo contexto de grave crise econômica, considerado como a fase mais difícil no país desde 1959 (1).

Havia pouco investimento na produção interna de petróleo em Cuba. Em 1991, a ilha não chegava a produzir 10 mil barris por dia, pois recebia da URSS até 250 mil barris de petróleo por dia a preços preferenciais (matéria-prima que também era comercializada pela ilha); isso acarretava uma forte dependência da energia cubana do petróleo soviético (1).

Entre 1989 e 1993, Cuba viveu sua pior fase financeira. Foi uma época caracterizada pela escassez de tudo, inclusive combustível, com impacto marcante no transporte e no abastecimento de suas termoelétricas, que resultou em sérios apagões (17).

Os professores cubanos mais jovens na minha faculdade, que estudaram medicina durante a época mais aguda do período especial, relatavam que, devido aos fortes racionamentos de luz, a população chamava os momentos com energia elétrica de *alumbrones*, algo como "iluminões", pois era mais fácil contar as poucas horas do dia em que havia luz. Muitas vezes, à noite, os estudantes ficavam pelos corredores dos hospitais, onde havia geradores de eletricidade, para estudar e manter as disciplinas em dia.

No início dos anos 1990, as prateleiras de todas as farmácias estavam vazias, e os pacientes precisavam levar sua própria comida e até os lençóis durante sua internação hospitalar. Visitantes em hospitais testemunharam materiais descartáveis sendo reutilizados várias vezes, e os graves apagões afetavam sobremaneira o funcionamento hospitalar. As máquinas, em sua maioria russas, acabavam ficando obsoletas, sem conserto ou peças de reposição (17).

Outros professores cubanos, sobretudo das áreas de pediatria e clínica médica, contavam sobre um período de desnutrição grave e generalizada na população da ilha, que causava síndromes clínicas devido à carência de vitaminas, pelo difícil acesso a uma alimentação adequada.

Foi documentado que muitos cubanos adultos chegaram a perder até dez quilos, devido à reduzida ingesta calórica. Entre 1992 e 2001, houve uma grave epidemia de doenças ópticas e outras neuropatias, devido à deficiência de vitaminas essenciais, que afetou cerca de 60 mil pessoas. A taxa de baixo peso ao nascer cresceu de 7,6% em 1990 para 9% em 1993 (17).

Os médicos da ilha também relatavam que chegou a haver limitação até para conseguir álcool etílico (álcool comum para ingesta), o famoso rum, mesmo os mais baratos. Em decorrência disso, em alguns locais ocorreram intoxicações por uso de álcool do tipo metanol, que algumas pessoas ingeriam para substituir o álcool comum. O metanol, como se sabe, é um composto altamente nocivo, e houve algumas mortes provocadas por sua ingestão; outros pacientes que sobreviveram ficaram com sequelas graves como cegueira, consequência de neuropatia óptica tóxica produzida por esse composto.

Durante a etapa mais crítica do Período Especial, houve uma queda no Produto Interno Bruto (PIB) de mais de 33%, que impactou profundamente todas as formas de desenvolvimento social e econômico conquistados na ilha (1, 13). A grave situação de emergência produzida naquele período levou a limites extremos o sofrimento vivido pela população da ilha, pois privou os cubanos de luz, matérias-primas básicas e inclusive de alimentos e medicações vitais.

Reformas econômicas e o impacto na sociedade

Em 1992, Cuba realizou uma reforma constitucional para fazer frente ao Período Especial. Dentro das principais medidas estavam: a despenalização do dólar, que resultou em um incremento anual de cerca de 1 bilhão de dólares, pelas remessas realizadas por familiares no exterior; a lei de investimentos estrangeiros, que estimulava a participação do capital internacional no desenvolvimento do país, ampliava as alternativas do comércio exterior e trazia uma reorientação das relações econômicas internacionais; e ainda a reabertura da ilha para o turismo, setor escolhido como a maior fonte para a entrada de divisas ao país (1, 17).

Uma área explorada de forma incisiva, naquele período, foi o chamado "turismo médico", pelo qual cerca de 2 mil a 4 mil estrangeiros viajavam anualmente para Cuba e pagavam por tratamentos diversos. Essa situação piorou os fortes embates ideológicos sobre a ilha, pois muitos falavam da criação de um "*apartheid* médico", em que turistas ricos receberiam atendimento médico de qualidade, enquanto a população cubana recebia um "atendimento de segunda linha". Porém, nesse sentido, é preciso observar com uma visão mais ampla todo o processo, pois a entrada do capital estrangeiro era revertida exatamente para o sistema público. E esse tipo de turismo pode diminuir após a melhora dos índices econômicos (17).

Também durante o Período Especial evidenciou-se uma desmoralização entre os diversos profissionais da saúde. Se, por um lado, eles eram capazes de fazer o diagnóstico acurado das distintas patologias que proliferavam, por outro, careciam de recursos terapêuticos, incluindo materiais básicos para seus tratamentos. Muitos médicos, por se sentirem aviltados, abandonaram a profissão e buscaram trabalho nos novos setores criados na área privada; vendiam comida, dirigiam carros particulares ou trabalhavam diretamente no setor turístico (17).

O aspecto moral dessa crise foi muito mais difícil de ser resolvido do que a questão financeira, visto que os valores sociais tão arduamente conquistados nos anos anteriores desmoronaram a níveis jamais vistos. Naquela fase, os médicos, que sempre foram altamente estimados pelo governo revolucionário, questionavam por que seus salários eram uma pequena fração daquela recebida por profissionais de outras áreas com menor qualificação profissional (17).

Devido à despenalização do dólar, o peso cubano sofreu uma grande desvalorização no mercado internacional, e os profissionais da área do turismo acabavam recebendo mais, pela nova atuação de empresas estrangeiras no setor, que pagavam aos trabalhadores diretamente em divisas.

Mesmo com todos os desafios, a resposta do governo cubano foi no sentido de proteger os princípios da saúde pública gratuita. Nenhum hospital foi fechado e a universalidade no atendimento, até em regiões remotas, foi mantida, mesmo com a grave escassez de insumos e medicamentos. Ao invés de cortes no setor de saúde, entre 1990 e 2000, houve um incremento da destinação de parte do PIB para essa área. Utilizou-se o lema "fazer mais com menos", com enfoque ainda maior na medicina preventiva, para que abarcasse os grupos mais vulneráveis, como gestantes, crianças e idosos (17).

O turismo na ilha antes e após o Período Especial

Desde o início da Revolução até meados da década de 1980, havia em Cuba um forte rigor para receber turistas estrangeiros. Era a época de implantação das novas linhas de governo e da estruturação dos principais programas sociais. A precaução aumentava pelo temor de espionagem e terrorismo, que seguia acometendo a ilha ao longo das últimas décadas, sobretudo por parte de dissidentes do regime cubano em Miami, com o crime organizado dos Estados Unidos e a participação indireta do governo estadunidense, que contava com seus órgãos de inteligência, como a CIA (5).

Fernando Morais, escritor e jornalista brasileiro, em seu livro-reportagem *A ilha* (que narra sua primeira viagem a Cuba, ainda na década de 1970), relatou sua surpresa por deparar com situações que pareciam inimagináveis, como ausência de drogas, prostituição e consumismo. Ele conta que a maior restrição a uma abertura massiva do país aos turistas advinha de setores mais conservadores da Revolução que temiam que os jovens na ilha pudessem ser contaminados com "vícios típicos do capitalismo" (9).

Ao limitar o turismo internacional, o governo revolucionário tentava evitar a entrada de pessoas que envolvessem a ilha em qualquer situação "bizarra" que viesse a detratar ainda mais a imagem do país. É o que poderia ter acontecido no caso de Lee Harvey Oswald, o homem acusado do assassinato do presidente Kennedy.

Oswald havia solicitado permissão para visitar Cuba algumas semanas antes do crime, mas, após ter seu pedido negado, ele acabou indo para a URSS. Posteriormente, se constatou que ele era um possível agente duplo (4). Se a visita de Oswald à ilha houvesse se concretizado dias antes do assassinato do presidente estadunidense, não seria muito difícil convencer a comunidade internacional de que Cuba estaria envolvida no terrível ataque. Poderiam facilmente afirmar naquele momento que o governo cubano teria fortes motivos para o crime, devido aos intensos conflitos que ocorreram entre ambos os países durante o curto governo Kennedy.

Ao contrário do que era exposto através das políticas de seu governo, a história mostra que o presidente Kennedy talvez fosse um dos personagens interessados em restabelecer o diálogo pacífico entre seu país e a ilha, como atesta a mensagem enviada a Fidel Castro pelo jornalista Jean Daniel no dia antes de sua morte (10). Possivelmente esse era um dos fatos que incomodavam as alas mais radicais envolvidas naqueles conflitos.

Há relatos que indicam o envolvimento direto do famigerado mafioso Santo Trafficante no homicídio de Kennedy. O criminoso era um dos mais importantes membros da poderosa máfia que atuava em Cuba antes da Revolução (5).

***

Com as mudanças estruturais ocorridas durante o Período Especial, houve abertura para a entrada de capital estrangeiro principalmente na indústria extrativista e no turismo, sendo este o setor mais beneficiado, pois o número de turistas passou de 200 mil, em 1986, para 1,5 milhão, em 1999, e chegou a 2 milhões, em 2003 (1).

A reabertura do país ao turismo foi feita com relutância pelo governo cubano, que entendia a situação como um "pacto com o diabo". Os dirigentes percebiam aquela conjuntura como uma "faca de dois gumes", visto que, por um lado, trazia a entrada de divisas ao país, mas, por outro, a população cubana era exposta a uma inversão da pirâmide social, na qual trabalhadores da indústria do turismo recebiam, muitas vezes, mais que profissionais da educação ou da saúde – setores considerados "joias da coroa" da Revolução (17).

A partir de 1994, com as modificações realizadas pelo governo cubano na economia, foi possível a retomada progressiva de um modesto crescimento econômico, com reversão parcial da grave crise vivida durante a época mais dura do Período Especial; porém os penosos impactos dessa fase prevalecem até os dias atuais, enfatizados pela persistência do bloqueio econômico (17).

Novas leis que aprimoram o bloqueio econômico:
Lei Torricelli e Lei Helms-Burton

Mesmo nos momentos mais críticos do Período Especial, os Estados Unidos criaram novas leis para intensificar os efeitos deletérios do bloqueio econômico contra Cuba.

Em 1989, a Lei Torricelli, conhecida como "Lei de Democracia Cubana", foi inicialmente proposta em forma de emenda pelo senador republicano Connie Mack, conhecido por seu posicionamento anticubano e pelo apoio econômico recebido em suas campanhas eleitorais da Fundação Nacional Cubano-Americana (FNCA). Em princípio, a emenda foi rejeitada pelo então presidente George H. Bush, temeroso do impacto internacional que ela poderia causar no delicado momento da Guerra do Golfo, devido ao seu caráter extraterritorial (2).

Esse episódio colocou em evidência o poder dos exilados cubanos nas eleições estadunidenses: George H. Bush aprovou a emenda apenas duas semanas antes das eleições presidenciais, pois o partido opositor (democrata) já havia sinalizado sua simpatia por sua aprovação (2).

Como a efetivação em 1992 dessa lei, que objetivava atingir principalmente o comércio e a democracia da ilha, houve maior limitação nas relações econômicas cubanas, já gravemente depauperadas (2).

Por esse decreto, os Estados Unidos buscaram entravar e isolar ainda mais o comércio de Cuba, ao incrementar as sanções econômicas por meio de três medidas: impede subsidiárias estadunidenses de comercializar com a ilha; proíbe por seis meses os navios estrangeiros de carregar ou descarregar em portos dos Estados Unidos, caso aportarem na ilha; e inclui sanções econômicas a países que prestem auxílio à ilha. Por exemplo: se um país concede uma ajuda de 100 milhões de dólares a Havana, Washington abaterá essa mesma quantia de sua ajuda econômica ao país que prestou auxílio (2). Com isso, aprofundou-se ainda mais a cisão entre ambos os países.

***

Em 1981, durante a administração Reagan, a FNCA foi criada por Jorge Mas Canosa, cubano exilado em Miami desde 1961 e participante ativo no episódio da Baía dos Porcos.

A FNCA ainda hoje tem relevante papel na política eleitoral dos Estados Unidos. Embora os cubano-estadunidenses constituam cerca de 0,6% população do país, até o início do século XXI eles representavam até 60% dos votos do eleitorado latino da região da Flórida. Além disso, no mesmo período, a FNCA chegou a possuir 25 cadeiras no Congresso, a quarta maior do país, representando uma população de mais de 800 mil pessoas (2).

Em princípios dos anos 2000, depois da organização israelense exilada nos Estados Unidos, a FNCA superava todos os outros grupos étnicos em participação financeira na eleição de membros do Congresso e candidatos presidenciais no país (2).

Até o final da década de 1980, não havia participação significativa dos exilados cubanos nas deliberações políticas dos Estados Unidos. A situação começou a mudar ao constatarem que, além da força eleitoral, a FNCA tinha forte influência no Congresso e capacidade de arrecadar fundos para campanhas eleitorais; competências visadas tanto por políticos democratas quanto republicanos, que recebiam incentivos para campanhas e reconheciam a hegemonia desse grupo nas decisões eleitorais do país (2).

O poder eleitoral da FNCA ficou explícito nas eleições presidenciais de 2000, que elegeu o republicano George W. Bush sob a polêmica suspeita de fraude eleitoral no estado da Flórida, onde seu irmão, Jeb

Bush, era governador à época (2). E, com sua vitória, houve a acentuação de políticas antagonistas ao governo cubano.

Há fatos que parecem extraídos da ficção. Em 2006, por exemplo, a empresa japonesa Nikon impediu a entrega de uma de suas câmeras fotográficas como prêmio a Raysel Sosa Roja, cubano de treze anos, acometido de hemofilia hereditária, que havia vencido o XV Concurso Internacional de Pintura Infantil do Programa das Nações Unidas para o Meio Ambiente (Pnuma). A justificativa: tal equipamento continha componentes estadunidenses, e a Nikon não queria dar a impressão de estar "comercializando" com Cuba (6).

Em julho de 2007, a companhia aérea espanhola Hola Airlines tinha contrato com o governo cubano para transportar pacientes latino-americanos que faziam parte da *Operación Milagro* e realizavam tratamento para doenças oculares na ilha, mas foi obrigada a encerrar suas relações com Cuba. A ordem veio da Casa Branca, quando a companhia solicitou que a Boeing realizasse reparos em uma aeronave (6).

Em maio de 2014, o banco francês BNP Paribas foi multado com uma penalidade recorde de 8,97 bilhões de dólares por infringir os bloqueios contra Cuba, Irã e Sudão, entre 2002 e 2009 (6).

A aplicação extraterritorial de sanções econômicas chega a parecer absurda, mas é real. Outros exemplos são: se uma confeitaria francesa tiver intenção de trabalhar no mercado estadunidense, precisa comprovar ao departamento do tesouro que sua produção não contém um grama de açúcar cubano. Ou ainda, um fabricante de automóveis japonês, alemão ou coreano que deseje vender sua mercadoria nos Estados Unidos precisa antes provar que seus carros não contêm níquel de origem cubana. E se um turista estadunidense experimentar algum charuto ou rum cubanos em uma viagem internacional, poderá ser sentenciado a dez anos de prisão e receber uma multa de até 1 milhão de dólares (6).

Segundo determinações do governo vizinho, essa lei e suas sanções econômicas impostas seriam revogadas apenas se ocorressem eleições "democráticas", de forma similar ao modelo ocidental e com supervisão internacional (2).

★★★

Em 1996, ao final da primeira administração Clinton, houve a implantação da Lei Helms-Burton. Essa deliberação consiste em uma série de medidas que ampliam as condições do bloqueio e visa conter qualquer investimento na ilha que permita sua recuperação econômica.

A lei foi criada pelos congressistas Jesse Helms e Dan Burton, políticos republicanos e conservadores que desejavam mostrar um endurecimento das políticas contra Cuba. As medidas também foram instaladas próximo ao período eleitoral presidencial, visando aproximar-se do colégio eleitoral da Flórida (2).

A Lei Helms-Burton autoriza cidadãos dos Estados Unidos (que eram proprietários de bens na ilha e foram expropriados pela Revolução) a processar empresas estrangeiras que se utilizem dessas propriedades, além de permitir ao governo estadunidense barrar a entrada de empresários e executivos dessas empresas em seu país (1).

Tal lei explicita uma postura imperial por parte do vizinho do norte, pois contradiz inclusive os princípios do Direito Internacional, ao estender a jurisdição de seus tribunais para fora de suas fronteiras, colocando-se imune aos argumentos éticos e jurídicos relatados pela maioria dos países (1).

As leis Torriccelli e Helms-Burton foram criadas com a finalidade única de desalentar o investimento estrangeiro na ilha. Especialistas ressaltam que essas determinações não respondem apenas aos interesses da política externa dos Estados Unidos, tendo em vista que seus autores intelectuais estavam comprometidos com os setores cubano-americanos, que são os maiores interessados em recuperar propriedades na ilha (2, 18).

***

No início dos anos 2000, houve algumas medidas de flexibilização das sanções econômicas impostas, embora persistissem os conflitos políticos entre os Estados Unidos e Cuba. Uma dessas medidas foi o Trade Sanctions Reform and Export Enhancements Act (TSRA), acordo relacionado à venda de produtos alimentícios dos Estados Unidos para Cuba, Irã e Sudão, que se baseava na premissa de atender situações de emergência humanitária nesses países, desde que o pagamento fosse à vista (18).

O acordo foi conquistado pela forte pressão de diversos empresários estadunidenses do agronegócio, que percebiam os prejuízos consequentes do bloqueio, o qual os impossibilitava de disputar um mercado de 11 milhões de pessoas situado a menos de 170 quilômetros de seu território; perdiam assim espaço para empresas de outros países capitalistas, principalmente Canadá e Espanha (1). Como resultado do acordo, as exportações dos Estados Unidos para o mercado cubano passaram de 4 milhões de dólares, em 2001, para 432 milhões de dólares, em 2007 (18).

No final do ano de 2014, também ocorreu outro breve período de refreamento nas tensões políticas e diplomáticas entre ambos os países. Nessa ocasião, o papa Francisco foi um intermediário importante do diálogo, em uma reunião realizada no Vaticano, em março do mesmo ano, entre os então presidentes Barack Obama e Raúl Castro. Contudo, desde o início de 2017, após a eleição do presidente republicano Donald Trump, nos Estados Unidos, a comunicação efetiva entre seu país e a ilha logo se desfez (19).

Anteriormente, algumas sanções propostas pelas leis que endureciam o bloqueio contra Cuba ficavam apenas no papel. Porém, desde abril de 2019, a Lei Helms-Burton foi colocada totalmente em prática pelo presidente Trump (19), que se empenhou em trazer consequências ainda mais adversas aos poucos países que ainda têm relações diretas com a ilha. Com tais medidas, ele almejava recriar um novo Período Especial no país.

Mesmo diante das novas dificuldades enfrentadas, os próprios cubanos e seus governantes não imaginam que seja possível um recrudescimento da economia aos níveis vividos ao final da Guerra Fria, devido às mudanças constitucionais realizadas e ao *know-how* adquirido pela população da ilha.

A QUESTÃO MIGRATÓRIA DE CUBA

Aqui, discutirei a última e mais polêmica questão que meus compatriotas fazem com frequência: "Se Cuba é tão boa, por que as pessoas fogem de lá em botes, correndo risco de morte?".

Quando nos lembramos dessas imagens que chegaram ao Brasil, no início da década de 1990, é fundamental contextualizar com a grave crise econômica do Período Especial, que ocorreu na ilha após o final da Guerra Fria e levou grande parte de sua população a um profundo desespero pela sobrevivência. Essa situação somava-se à política migratória estadunidense específica para os cubanos, que promovia e premiava esse tipo de deslocamento ilegal.

Gostaria que imaginassem a seguinte situação: se aos cidadãos brasileiros (ou de outros países do mundo) fosse dito que, caso chegassem aos Estados Unidos e pisassem em terra firme, seriam recebidos como heróis, com direito a casa, alimentação, acesso a trabalho e ao visto de permanência legal no país, que porcentagem da população você acha que aceitaria o desafio e tentaria chegar lá de alguma forma?

Dados revelam um número incontável de brasileiros, e outros estrangeiros, sobretudo latino-americanos, que se arriscam anualmente em travessias muito mais perigosas com destino aos Estados Unidos, sem esse tipo de oferta (20, 21).

***

Desde o início da Revolução, houve diversos períodos de piora dos conflitos relacionados à questão migratória. Foi o caso de Camarioca, em 1965; posteriormente, em 1980, houve o famoso caso do porto de Mariel, que gerou forte deterioração no já intenso conflito entre os Estados Unidos e Cuba; mais tarde, em 1994, tudo culminou no mais triste evento durante o Período Especial, com a Crise dos Balseiros (2).

Para discutir os antecedentes das relações migratórias entre ambos os países, é preciso regressar um pouco mais no histórico delas, que remontam ao século XIX. Naquele período, havia um fluxo migratório sistemático, em que nem todos os cubanos emigravam de forma permanente (22). A emigração cubana aos Estados Unidos, é importante enfatizar, sempre ocorreu, nas diversas fases de sua história. Como na maioria dos países latino-americanos, em geral esse movimento ocorria por questões econômicas ou pelos momentos sociais e políticos, mas também em decorrência da proximidade geográfica entre os dois territórios. Até o final do século XIX, mais de 15 mil cubanos residiam no país vizinho (22).

No início do século XX, os fatores para a emigração cubana permaneciam os mesmos, somados a outros de índole familiar. Algumas famílias já estabilizadas no exterior encorajavam a ida de outras e proporcionavam suporte durante o processo. A emigração dos cubanos para os Estados Unidos, temporária ou permanente, era relativamente alta, mesmo sem ser estimulada (22).

Durante a década 1950, a situação política da ilha levou muitos cubanos, sobretudo os jovens, a emigrarem para o vizinho do norte em busca de segurança e preparação para retornar depois ao país, decididos a lutar contra a violenta ditadura militar de Fulgencio Batista. Muitos deles voltaram à ilha e se incorporaram na luta revolucionária que acontecia em Cuba. No ano de 1958, viajaram 72 mil cubanos com vistos de não imigrante (22).

***

Ao triunfar a Revolução Cubana, em 1959, residiam mais de 100 mil cubanos nos Estados Unidos, incluindo seus descendentes diretos (22).

O perfil de migração para o país vizinho mudou sobremaneira já nos primeiros anos do governo revolucionário – etapa na qual a saída da ilha em geral ganhava o caráter de dissidência política. A partir de então, as migrações passaram a ter relação com a oposição cubana residente nos Estados Unidos, ávida por provocar piora nos conflitos entre ambos os países (3). Dessa forma, o governo estadunidense implementou uma série de medidas que promoviam a migração de forma indiscriminada, privilegiada e extremamente perigosa para os cubanos, os quais arriscavam a vida nos momentos de crise econômica na ilha.

Até a eclosão da Revolução, os cidadãos cubanos tinham as mesmas restrições que qualquer outro migrante para entrar nos Estados Unidos. Era requisito obrigatório conseguir o visto de entrada. Após a instalação do novo governo, a situação foi rapidamente modificada, dando *status* de refugiado político a todo e qualquer cubano que desejasse abandonar a ilha (2, 3).

No início do processo revolucionário em Cuba, o fluxo migratório para o país vizinho começou a ser utilizado como um fator de pressão para frustrar o novo regime. Em janeiro de 1959, grande parte dos imigrantes eram pessoas que tinham relação direta com o governo do ditador Batista, muitas delas involucradas em delitos graves, como tortura e assassinato. Foram seguidas por membros da antiga burguesia cubana e outros indivíduos que nunca simpatizaram com o processo revolucionário (22).

Em dezembro de 1960, durante o governo Kennedy, em Miami, foi criado o Centro de Emergências para Refugiados Cubanos, o qual originou o programa de acolhida aos exilados cubanos, que outorgava o *status* de refugiado para qualquer cubano que emigrasse para os Estados Unidos (22).

O programa tinha dois focos principais. Um deles tratava do caráter humanitário, e o outro financiava campanhas contrarrevolucionarias. Como objetivo principal, visava o apoio às pessoas que discordassem do governo cubano e desejassem emigrar ao país vizinho, oferecendo "garantias de um nível de vida melhor". Como prerrogativa, oferecia assistência à moradia, saúde, educação, alimentação e emprego aos refugiados cubanos que chegassem aos Estados Unidos (2, 22).

O programa pode ser visto como uma plataforma altruísta de amparo aos imigrantes ilegais procedentes de Cuba. No entanto, com tal brecha jurídica criou-se o constante conflito sobre o tema migratório de Cuba para os Estados Unidos (2).

Em junho de 1962, o então presidente J. F. Kennedy assinou a Lei Pública 87-510 ("Ata de Assistência a Migração e Refugiados do Hemisfério Ocidental"), dirigida especialmente aos cubanos que desejassem emigrar. Essa medida permitia a aplicação de recursos financeiros federais para cobrir as despesas dos programas especiais aos cubanos que chegavam ao país (22).

Até o ano de 1965, foram outorgados vistos especiais a diferentes instituições e entidades nos Estados Unidos. Um exemplo importante foi a chamada Operação Peter Pan, ocorrida entre 1960 e 1962, na qual cerca de 14 mil crianças cubanas foram retiradas da ilha sem seus pais e levadas ao território vizinho, numa ação estimulada e tutelada pela Igreja católica. Muitas dessas crianças jamais voltaram a reencontrar a família (3, 22).

Camarioca

É importante ressaltar que, desde o início da Revolução, os vistos legais oferecidos pelo governo estadunidense para os cubanos que vivessem na ilha e tentassem emigrar legalmente não eram facilmente outorgados pelo país vizinho (2).

Devido à interrupção do fluxo migratório lícito, no período de agudização dos conflitos políticos entre ambos os países, houve um aumento do incentivo para as saídas ilegais por parte de grupos contrarrevolucionários residentes em Miami (2).

Em 28 de setembro de 1965, para estabelecer um êxodo de forma mais ordenada e amenizar o impacto do cancelamento da outorga dos vistos pelos Estados Unidos, Fidel Castro disponibilizou o porto de Camarioca, na província de Matanzas. Com isso, forçaria o país vizinho a lidar com o tema de estimular as saídas massivas de migrantes da ilha. Entre outubro e novembro de 1965, saíram 2.800 cubanos por essa via (22).

Diante da grande onda de imigrantes cubanos, o governo vizinho foi obrigado a negociar com Cuba. A partir de então, realizaram um memorando de entendimento, que permitiu a instalação de uma ponte aérea entre os países. A proposta, para regular o fluxo migratório, era baseada no processo de reunificação familiar para cubanos na ilha que tivessem familiares nos Estados Unidos. Chegou a custar cerca de 727 milhões de dólares para os cofres estadunidenses. Por meio desse acordo, que durou até 1973, 268 mil cubanos emigraram (22).

Em novembro de 1966, foi assinada pelo presidente Lyndon B. Johnson a Lei Pública 89-732, chamada "Ata para Ajustar o Status dos Refugiados Cubanos a Residentes Permanentes Legais nos Estados Unidos", mais conhecida como "Lei de Ajuste Cubano". Segundo esta, o cidadão cubano que tivesse chegado ao país depois de 1959 e permanecido durante um ano poderia ser "ajustado", pelas autoridades estadunidenses, como estrangeiro admitido legalmente, para residir de forma permanente no país, incluindo seus cônjuges e filhos (22).

A lei reafirmava de maneira explícita o tratamento especial para a emigração cubana; concedia asilo político de forma quase automática, eximindo-se das cotas por países, estabelecidas desde 1965 pelas leis imigratórias estadunidenses (3, 22).

A nova deliberação foi criada essencialmente para oferecer privilégios aos cubanos que chegassem aos Estados Unidos. Os imigrantes cubanos eram então os únicos que, sem importar a forma ou via utilizada, poderiam entrar no país de forma imediata e automática, com direito a permissão para trabalho, sem necessidade de apresentar uma declaração juramentada de manutenção (*Affidavit of Support*) para receber sua residência legal. Além disso, recebiam um número de seguro social, benefícios públicos de alimentação e moradia e não necessitavam de advogados ou nenhum gasto extra durante todo o processo (22).

Essa deliberação regularizava o status de exilados cubanos, transformando-os em residentes permanentes no país. Situação que de fato piorava ainda mais o incentivo à migração ilegal, pois concedia a esses imigrantes o tratamento de refugiados políticos (2).

Porto de Mariel

Durante a década de 1970, devido à situação de marcada incerteza econômica nos Estados Unidos, cresceram as críticas à chegada expressiva de imigrantes. No início de 1973, o então presidente estadunidense Nixon fechou a ponte aérea, devido às constantes críticas recebidas pelo exorbitante custo do antigo acordo. Esse procedimento agudizou novamente as tensões sobre o tema migratório de Cuba (22).

Em março de 1980, o então presidente, James Carter, aprovou uma nova lei que, pela primeira vez, tratava os imigrantes cubanos como todos os demais. Seguia o estabelecido pelo protocolo para refugiados das Nações Unidas, o qual proibia o status de refugiados aos que entrassem naquele território de maneira ilegal. Foi uma atitude inédita na política estadunidense relativa ao tema. Segundo a deliberação, os imigrantes ilegais precisariam ser submetidos a análise para determinar se receberiam ou não asilo (22).

Porém os grupos contrarrevolucionários residentes em Miami seguiam incentivando as saídas irregulares de migrantes cubanos. E o porto de Mariel, localizado na costa norte e ocidental da ilha, era onde as embarcações clandestinas frequentemente os buscavam. Mais uma vez, o governo cubano decidiu permitir às pessoas que desejavam emigrar e encontravam obstáculos que o fizessem de forma mais segura, o que levou a abertura daquele porto. Durante os cinco meses de existência desse processo de saída, migraram cerca de 125 mil cubanos (22).

No final de dezembro de 1980, com a chegada massiva de novos imigrantes cubanos, o governo estadunidense realizou uma série de reuniões com representantes da ilha para chegarem a um acordo sobre a migração legal e ordenada dos cubanos aos Estados Unidos. Foi proposta uma quota de até 20 mil vistos anuais, com a condição de que Cuba aceitasse o retorno de indivíduos que o governo estadunidense considerava "excluíveis" e não admitia em seu país. A seleção levava em consideração sobretudo a formação profissional do imigrante e o grau de parentesco da família nos Estados Unidos. Enquanto aguardavam a permissão, alguns eram enviados a prisões improvisadas (22) – episódio que foi brevemente retratado no famoso filme *Scarface*, de 1983, do diretor Brian de Palma.

Durante as negociações, Cuba solicitou que aumentassem a cota de vistos e propôs aceitar apenas o retorno daqueles que desejassem regressar ao país. Solicitou também que o governo vizinho aceitasse o Tratado sobre Sequestros de Aeronaves e Embarcações Marítimas, que haviam assinado em 1973. Porém apenas esta última menção foi aceita pelos Estados Unidos (22).

Durante toda a década de 1980, a questão da imigração cubana aos Estados Unidos teve muitos altos e baixos. Mas a cifra deliberada previamente, de 20 mil vistos anuais, nunca foi cumprida pelo vizinho do norte. Entre 1985 e 1994, apenas 11.222 cubanos puderam emigrar legalmente para aquele país; desse total, apenas 910 foram em 1992, chegando em 1994 à cifra mais baixa de todas, de apenas 544 vistos (22). Situação que criou novos focos de tensão e culminou na mais famosa crise migratória que se seguiu, pois os estímulos para a imigração ilegal permaneciam, e continuavam aceitando os imigrantes cubanos ilegais pela Lei de Ajuste Cubano.

Crisis de los Balseros

No início da década de 1990, com o fim da Guerra Fria, Cuba sofreu sua pior crise econômica até então. No verão de 1994, auge do Período Especial, ocorreu uma enorme onda de imigração cubana rumo aos Estados Unidos, produzindo-se assim a chamada *Crisis de los Balseros*, período no qual emigraram ao país vizinho de forma desordenada cerca de 36 mil cubanos, muitos dos quais eram considerados "excluíveis" pelo governo estadunidense (22).

Houve forte manifestação do governo cubano contra a crise migratória de milhares de seus habitantes que arriscavam a vida ao tentar sair da ilha. As autoridades locais cobravam atitudes do governo dos Estados Unidos para que bloqueassem o incentivo àquelas perigosas viagens.

No mesmo período, em 1991, após a deposição do presidente eleito do Haiti, Jean-Bertrand Aristide, por um golpe militar, houve um forte êxodo de haitianos em direção à costa dos Estados Unidos, porém o governo estadunidense não lhes permitia aportar no país. Os refugiados eram recolhidos pela guarda costeira e enviados à base militar de Guantánamo, de onde regressariam ao Haiti. Ao contrário, os cubanos que eram apreendidos pela guarda costeira daquele país recebiam asilo automático, o que incentivava fortemente as saídas ilegais de Cuba. Contudo o governo vizinho limitava cada vez mais a emissão de vistos que permitisse uma emigração organizada e segura à população da ilha (23).

Em 1993, o então presidente estadunidense Bill Clinton aprovou um novo plano para o controle migratório e outorgou maior poder e investimentos para o Serviço de Imigração e Naturalização (INS), junto com uma nova legislação sobre o tema. Com a Lei de Reforma da Imigração Ilegal e Responsabilidade de Imigração, houve um incremento ainda maior no controle de imigrantes ilegais. Foram estabelecidas pautas pelas quais os estrangeiros sofreriam deportação obrigatória caso realizassem delitos, incluindo retroatividade para casos que enfrentassem deportação por pendências legais no passado (23).

A nova lei objetivava restringir a categoria de refúgio político e solucionar o problema das solicitações de asilo pendentes. Com isso, limitava a entrada de pessoas sem documentação a partir do aumento de patrulhamento pela guarda fronteira e pelo aprimoramento dos controles para detecção de passaportes, além de duplicar as condenações de contrabandistas de imigrantes ilegais (23).

Para evitar uma chegada em grandes proporções, como ocorreu nos eventos de Camarioca e do porto de Mariel, o governo Clinton mudou as regras da Lei de Ajuste Cubano e determinou que os cubanos que fossem recolhidos em águas estadunidenses deveriam ser levados para Guantánamo e aguardar ali os trâmites referentes à imigração ou deportação ao território de origem (2). No final de 1995, foi criada a famosa "política do pé seco, pé molhado", segundo a qual cubanos interceptados em alto-mar eram repatriados, mas os que pisassem em terra firme teriam garantidas as regalias ofertadas pela Lei de Ajuste Cubano (2).

Para não parecer que Clinton estava negociando com Cuba, ele anunciou uma série de medidas para apertar ainda mais o bloqueio já existente contra a ilha. Entre elas, estavam a Lei Helms-Burton, o fim das permissões de viagens concedidas a membros de famílias cubanos e pesquisadores acadêmicos, a proibição de remessas familiares dos Estados Unidos para a ilha e um incremento nas transmissões da Rádio Martí, radio contrarrevolucionária localizada em Miami. Com exceção do aumento do financiamento da Rádio Martí, as outras medidas não chegaram a ser efetivadas plenamente na época (2, 18).

Em maio de 1995, foi assinada a Declaração Conjunta, um acordo complementar que destinava parte dos 20 mil vistos para os grupos de cubanos que estavam na base de Guantánamo, interceptados em alto-mar, durante o início da crise migratória (22).

No final desse mesmo ano, foi assinado um novo acordo migratório para normalizar e regularizar uma migração cubana segura e ordenada. No documento, ambas as partes se comprometeram a não utilizar a violência nos casos de emigração, ao mesmo tempo que garantia ao governo estadunidense a não admissão de imigrantes ilegais capturados em alto-mar, levando-os a instalações de refúgio fora de seu território (22).

No acordo dos 20 mil vistos anuais outorgados pelo governo vizinho, estabeleceu-se uma categoria de sorteio especial para Cuba, o qual permitia aos Estados Unidos realizar um levantamento do potencial migratório e selecionar, levando em conta fatores como idade e qualificação profissional, aqueles que tivessem um perfil mais adequado, segundo seus critérios (22).

AS NOVAS RELAÇÕES POLÍTICAS DE CUBA NO FINAL DO SÉCULO XX

A situação econômica na ilha começou a melhorar dos drásticos efeitos do Período Especial quase ao final da década de 1990. Em parte devido às modificações estruturais feitas em sua economia, mas também após a vitória de Hugo Chávez, nas eleições presidenciais da Venezuela, em 1998. Houve então um estreitamento nas relações entre ambos os países e, a partir de então, a Venezuela foi se tornando o maior parceiro econômico de Cuba.

Instaurou-se uma relação na qual Hugo Chávez tinha Fidel Castro como seu mentor e manifestava a intenção de implantar em seu país os avanços sociais implementados na ilha, pois se um país tão pequeno, que passava por tantas adversidades e sem grandes recursos materiais ou econômicos, conseguiu tanto progresso social, o que dizer do país com as maiores reservas de petróleo das Américas?

Hugo Chávez era o mais recente expoente do ideal de criação do *hombre nuevo* e falava do compromisso de seu país com esse princípio, declarando que "Os velhos valores do capitalismo, do individualismo, e do egoísmo precisam ser demolidos" (3).

Projeto ALBA

Em 2004, surgiu uma aliança multifacetada, entre ambos os países, chamada Alternativa Bolivariana para las Americas (ALBA). Um pacto que evidenciava as mais ambiciosas visões desses líderes. O trato tinha como base duas principais vertentes: 1) promover a estrutura para um amplo espectro de acordos bilaterais/programas de desenvolvimento cooperativo, com o foco de Cuba em projetos de auxílio médico; e 2) servir como veículo para uma integração socioeconômica inspirada no libertador venezuelano, Simón Bolívar, que já aspirava à unificação da América Latina, que fosse independente de Washington de maneira definitiva, com o objetivo primordial de colocar as comunidades hemisféricas, definidas como latino-americanas e países caribenhos, unidas como um poder econômico de grande alcance, suficiente para se equiparar ao dos Estados Unidos (17).

O presidente Hugo Chávez foi o principal articulador do Projeto ALBA, que tinha como ideia fundamental desenvolver uma rede de suporte para as nações envolvidas, que compartilhassem seus recursos diretamente, rejeitando a dominação neoliberal dogmática e extrema fruto da globalização (17).

De forma errônea, o Projeto ALBA é comumente entendido como um programa de integração comercial, mas esse é apenas um dos aspectos, pois os objetivos iam muito além da perspectiva meramente econômica e incluíam aspectos de saúde, cultura, educação e cooperações diversas entre os países implicados. Como declarou o então ministro de Relações Exteriores cubano, Felipe Pérez Roque, "o ALBA é uma nova forma de integração, que visa acordos e investimentos, não como fins em si mesmos, mas como instrumentos para alcançar um desenvolvimento sustentável entre as pessoas" (17).

O acordo, inicialmente realizado entre Cuba e Venezuela, posteriormente ampliou-se para incorporar Bolívia, Nicarágua, Dominica e Honduras (17).

Operación Milagro

Com a nova conjuntura de recuperação econômica e o apoio de novos parceiros como a Venezuela, criaram-se programas de saúde internacionais como a *Operación Milagro* (Operação Milagre), que visava o restabelecimento da visão de pacientes com diversas patologias oftalmológicas graves; certamente a maior demonstração da crescente colaboração entre Cuba e Venezuela (17).

O programa iniciou-se em julho de 2004 no Hospital Ramón Pando Ferrer, em Havana, aonde chegaram os primeiros pacientes venezuelanos. Eram enfermos acometidos por cataratas ou glaucoma que passaram pelos tratamentos e cirurgias necessários de forma gratuita. Posteriormente, o programa ofereceu apoio para qualquer latino-americano ou caribenho que padecesse de algum tipo de limitação visual de causa reversível (17).

Nessa relação, Caracas oferecia o financiamento econômico, enquanto Havana disponibilizava a mão de obra qualificada e as instalações para o tratamento na ilha. Até 2009, cerca de 1,5 milhão de pessoas de 33 países, em sua maioria latino-americanas (incluindo cubanos), foram tratadas de forma gratuita graças a esse programa, que ambicionava chegar ao marco de até 6 milhões de pacientes tratados em dez anos (17).

Para atingir a meta proposta, com seu *know-how*, Cuba ajudou a criar quarenta hospitais oftalmológicos na Venezuela, Bolívia, Guatemala, Honduras, Equador, Panamá, Nicarágua, Mali e Haiti. Todo o tratamento era sem custos, como parte do acordo financeiro feito pelo programa de desenvolvimento da ALBA (17).

Assim, Chávez e Castro construíram uma relação política de profunda confiança mútua. Inicialmente, talvez tenha sido considerada uma *folie a deux* (loucura) pelas grandes potências econômicas, mas depois preocupou grandes atores internacionais, que, no início dos anos 2000, observavam com cautela o crescimento de políticas alinhadas com enfoque social na Argentina, Uruguai, Bolívia, Venezuela, Equador, Honduras e inclusive no Brasil.

∗ ∗ ∗

Acredito que o aspecto mais "perigoso" de Hugo Chávez, o que o fazia ser tão massacrado pela mídia internacional, era sobretudo seu caráter idealista: ele tentava reproduzir os ideais de Simón Bolívar e lançar as bases para uma união latino-americana como nunca antes se havia visto. Uma situação impensável em outras épocas, principalmente com a presença do Brasil, o maior país latino-americano, pela primeira vez inserido nesse novo contexto.

Foi em 2002, nesse período de transição de Cuba, que sua história se cruzou com a minha e tive a oportunidade de vivenciar a realidade dos cubanos, que praticam os verdadeiros princípios da solidariedade ao compartilharem até mesmo aquilo que não lhes sobra.

CAPÍTULO 2
MINHA VIDA ANTES DE CUBA

O importante não é aquilo que fazem de nós, mas o que nós mesmos fazemos do que os outros fizeram de nós.
Jean-Paul Sartre

UM POUCO SOBRE MINHA FAMÍLIA

Meus pais eram ambos naturais do interior da Bahia; meu pai de Itaberaba, e minha mãe de Sátiro Dias. Porém se conheceram em São Paulo, quando ambos cursavam o supletivo, trabalhando de dia e estudando à noite. Como quaisquer retirantes nordestinos, aspiravam por uma vida melhor na cidade grande.

Meu pai sempre desejou cursar uma faculdade e até chegou a ser aprovado em processos seletivos para direito e odontologia em uma instituição privada, contudo não podia pagar para estudar. Em São Paulo, ele teve diversos empregos, sobretudo na área administrativa. Minha mãe, após mudar-se para esta cidade, na adolescência e sem estudos, teve vários ofícios, como doméstica, caixa em loja de departamentos e, como tinha "boa aparência" (era branca e magra), finalmente foi vendedora em um grande shopping. Ela não concluiu o supletivo, pois logo se casou e vieram outras responsabilidades.

Naquela época (anos 1980), era considerado "chique" trabalhar em um shopping, e minha mãe andava sempre muito bonita, algo importante em seu ofício, pois ela recebia comissão pelas vendas. Graças a esse trabalho conseguiu economizar e comprou uma pequena casa na periferia, da Zona Leste da cidade.

***

A família de minha mãe morava em condições precárias no interior da Bahia. Desde pequenos, todos os meus tios ajudavam meus avós trabalhando na lavoura. Quando a família se mudou para São Paulo, foi morar na região que viria a ser a favela do Jardim Elba, na divisa com o município de Santo André.

Desde o início, o casamento de meus pais estava fadado ao fracasso. Mesmo que ambos tivessem a mesma origem (nordestina e pobre), meu avô materno, Zulmiro, era muito racista. Ele provavelmente se orgulhava de sua ascendência portuguesa, com a pele e os olhos claros.

Vários tios que estavam presentes no dia em que minha mãe apresentou meu pai ao meu avô contam que ele o recebeu no quintal e, de longe mesmo, gritou para que minha mãe e todos ali escutassem: "Se você casar com um preto, pode ter certeza de uma coisa: você deixará de ser minha filha".

Penso que minha mãe não temia perder aquela "herança" e deu de ombros. Pouco tempo depois, Zulmiro faleceu em decorrência de complicações do diabetes, sem haver se reconciliado com vários familiares.

Meus irmãos e eu conhecemos pouco sobre a família de meu pai. Soubemos apenas que ele era filho único do segundo casamento de seu pai, já falecido quando se mudou para São Paulo. Soubemos também que esteve na marinha por um tempo, mas desertou. Minha avó materna dizia que eu era muito parecida com minha avó paterna, dona Laura. Nas poucas vezes que tivemos contato com ela, parecia algo estranha; era uma mulher não muito idosa, mas tinha um aspecto muito sofrido. Era negra e franzina, muito calada e com olhar distante. Morou conosco pouco tempo e passava muitas horas sentada no escuro se deixassem; até para tomar banho às vezes precisava de ajuda. Era como se estivesse trancada dentro de seu próprio (e muito triste) mundo. Ela faleceu quando eu ainda era pequena, e nunca soube a causa.

A união de meus pais sempre foi repleta de conflitos, e meu pai também contribuía para isso, com seu estilo de vida boêmio e galanteador, o que culminou na separação deles após dez anos de casados. Na época da separação, eu tinha apenas sete anos e pensava que aquilo era o pior que poderia acontecer a minha família; para minha surpresa, coisas mais terríveis ainda estavam por vir.

INFÂNCIA

Meu nome, Camila, foi escolhido muito antes de meu nascimento. Talvez por obra da sincronicidade, nasci no Hospital São Camilo e fui batizada na igreja de Camilópolis. São Camilo é o padroeiro dos enfermos, e o dia de meu aniversário é o mesmo de Van Gogh (30 de março), quando se celebra o Dia Internacional do Transtorno Bipolar. Curiosamente, tudo isso também viria a fazer parte da minha história pessoal.

Ao mesmo tempo que era uma criança tímida e chorona, sempre fui bastante curiosa e inventiva. Tenho memórias de eventos ocorridos antes mesmo dos quatro anos. Era comum incomodar-me (e minha mãe) com muitos questionamentos do tipo: "Mãe, por que piscamos? O que acontece se nunca mais piscarmos?", e aquilo me aterrorizava, mesmo sem me dar conta de que aquele não era um ato puramente voluntário.

Noutra ocasião fiquei muito preocupada e questionei minha mãe: "Onde está o nosso traço preto ao redor do corpo?". Minha mãe, surpresa, tentando entender, perguntou de volta: "Que traço preto no corpo, menina, do que você está falando?". Então lhe mostrei uma revista em quadrinhos: era o traço dos desenhos em 2D. Talvez eu estivesse tentando entender a diferença entre o mundo real e o imaginário.

Também era comum, quando andávamos de ônibus, que eu tentasse beijar o veículo; dizia que era "para agradecer", pois achava que era um ser vivo "que estava nos fazendo um favor". Possivelmente por pareidolia[3], eu costumava ver um rosto na frente do ônibus, e de nada adiantava minha mãe insistir (e mostrar) que era um homem que o controlava. Na época, alguns veículos ganharam meu beijo inocente!

Eu percebia que os adultos tinham coisas mais importantes para se preocupar, e ninguém tinha tempo para responder às minhas inusitadas indagações. Eles apenas diziam: "Deixa de bobeiras, menina!". Nesses momentos, talvez eu já compreendesse que tinha (e teria) muitos questionamentos para os quais não encontraria respostas fáceis e, para isso, dependeria de meu empenho em buscá-las.

Meus irmãos e eu tivemos uma criação religiosa muito forte, sobretudo pela minha avó materna, Francisca, que era católica e devota de Nossa Senhora Aparecida. Como eu passava muito tempo sozinha em casa, com meus pais trabalhando e meu irmão Fabiano, três anos mais velho, já na escola, volta e meia visualizava-me em conversas

---

3. A pareidolia é um fenômeno psicológico no qual um estímulo vago e aleatório é percebido erroneamente como uma forma conhecida. Por exemplo: ver as nuvens com formas de animais, objetos etc.

com Jesus e Maria. Em nossos "colóquios", eu sempre pedia alguma coisa; tinha três anos quando lhes pedi um irmãozinho de quem cuidar. Foi através desse pedido (ou não) que dali a um ano meu irmão mais novo, Diogo, nasceu.

***

Quando meus irmãos e eu éramos crianças, minha mãe trabalhava duro para que pudéssemos escapar do determinismo social ao qual estávamos submetidos. Morávamos no bairro de Santana, e cheguei a estudar em boas escolas privadas por dois anos, na pré-escola e no primeiro ano do ensino fundamental. Na época, não tínhamos noção do grande sacrifício dela para que tivéssemos esse tipo de educação.

Uma das minhas lembranças mais belas e tristes, que me marcou, aconteceu na minha formatura da pré-escola. Era uma escola de freiras muito rigorosa, e lá se passava boa parte do ano preparando uma apresentação musical de final de ano, para a qual nós mesmos construíamos nossos instrumentos; tudo muito simples, em geral com materiais recicláveis.

Um simples coco pintado por fora se tornou meu instrumento de percussão; havia ensaios sistemáticos durante várias semanas. Naquele ano, a música que acompanhamos foi a célebre "Aquarela" de Toquinho.

Não sei dizer se a execução da apresentação foi bonita nem se ocorreu de acordo ao programado. Apenas me lembro de estar no meio daquele monte de crianças, provavelmente meio perdida, e ao longe avistar minha mãe, que me observava e chorava de emoção, ao mesmo tempo que mostrava seu belo sorriso. Talvez ela pressentisse naqueles versos as verdades que logo estariam por vir.

A música compara o futuro com uma astronave, que em vão tentamos controlar, mas que de forma intempestiva traz mudanças e a nós resta apenas rir ou chorar; e faz um convite para irmos juntos pela passarela de uma aquarela, que um dia descolorirá.

***

No final do ano seguinte, ocorreu a separação conjugal dos meus pais. Para reduzir custos e não pagar aluguel, minha mãe decidiu que os três filhos iriam morar com ela na pequena casa da região de Itaquera. Na época, o local era uma periferia pobre e hostil.

No caminho da escola, eram comuns os comentários sobre a violência feitos por uma vizinha que nos levava, acompanhada por outras mães. Escutávamos histórias como: "Ouvi dizer que, naquela construção ali (sinalizava uma estrutura em obras), foi encontrada uma menina estuprada e morta nesse final de semana".

Mesmo sem entender ainda o que significava tudo aquilo, causava-me calafrios imaginar aquelas ruas à noite. Muitas vezes, minha mãe chegava em casa após a meia-noite, pois seu horário de trabalho era das dez da manhã às dez da noite em um shopping na Zona Norte da cidade, local muito distante de onde morávamos. Quando chovia, atrasava ainda mais seu retorno, e nesses dias eu ficava em pânico, só conseguindo dormir após sua chegada. Mesmo exausta, ela sempre entrava em casa com um grande sorriso, talvez por ter vencido mais um dia. E, por ironia do destino, o dia em que ela perdeu a vida foi de uma bela tarde ensolarada.

O TRÁGICO DIA QUE MUDOU O CURSO DE MINHA VIDA

Era uma sexta-feira, 28 de setembro de 1990; naquela manhã, minha mãe saiu para receber um dinheiro referente à venda de uma linha telefônica. A casa na qual morávamos estava em reforma, pois o objetivo era vendê-la e voltar a morar num "bairro bom".

Naquele dia ela não foi trabalhar. Disse que iria apenas ao banco resolver essa situação financeira e voltaria para casa cedo. Lá fez um grande saque de dinheiro e entrou no ônibus pensando que logo estaria em casa; mas, infelizmente, nunca mais retornou. Ela tinha apenas 38 anos.

Por volta das catorze horas, na região do Tatuapé, o ônibus onde ela estava foi assaltado. "Só roubaram ela e só mataram ela", contaria minha avó materna, em prantos, dias mais tarde.

Eram três "crianças de rua", segundo testemunhas. O mais velho devia ter doze ou treze anos. Também relataram que ela ainda pediu: "Por favor, não me matem! Tenho três filhos para criar!", ao que um deles riu e perguntou, apontando-lhe a arma: "Você tem medo de morrer, tia?". Foram disparados dois tiros; o derradeiro entrou no ombro esquerdo, perfurou pulmão e coração e ficou alojado no lobo direito do fígado. Os garotos arrancaram-lhe a bolsa e rapidamente desapareceram correndo pelas ruas. O motorista ainda tentou levá-la ao hospital mais próximo, mas não havia nada que pudesse ser feito.

Quando criança, eu escutava notícias sobre transplantes de órgãos, que era possível transplantar coração, pulmão, fígado etc. E questionava: "Por que será que não fizeram em minha mãe? Ela poderia ter tido uma chance!". Hoje sei que foi uma morte fulminante, que ela nunca tivera uma chance de verdade nem na vida, nem na morte.

Minha mãe foi enterrada no dia seguinte em um cemitério na mesma região da Zona Leste. Vários tios reuniram entre si o dinheiro para fazer um "enterro digno", como nos contaram depois, pois ninguém tinha recursos imediatos para uma situação como aquela.

***

Lembro-me perfeitamente daquele dia fatídico. Era um dia ensolarado, e eu e meus irmãos passamos toda a tarde brincando; não fomos à escola, pois ela disse que voltaria cedo, e não nos demos conta de que a noite havia caído e ela não retornara.

Fomos surpreendidos com a chegada de meu tio Armando e minha prima Cássia, que foram nos buscar já tarde, na hora do famoso *Jornal nacional*. Entraram em nossa casa muito ansiosos e disseram: "Arrumem suas coisas, pois vocês irão dormir na casa da avó Francisca".

Diogo e eu adorávamos visitar nossa avó e não suspeitamos de nada. Felizes, pegamos nossos pertences, e Fabiano foi o primeiro a questionar: "Onde está minha mãe?". Sem conseguir nos encarar, eles faziam tudo muito apressados, e meu tio apenas disse: "Ela irá encontrar com vocês lá, rápido, se arrumem e peguem a bolsa dela!".

Mas Fabiano insistiu e perguntou: "Por que estão procurando a bolsa aqui, se ela sempre a leva consigo?". Eles seguiam sem saber o que responder e questionavam se sabíamos de algum documento de identificação dela, sem disfarçar o evidente nervosismo.

Rapidamente, chegamos à casa de minha avó. Notei o quintal cheio com muitos vizinhos. Avistei-a ao longe, amparada por alguém; quando nos viu, ela rapidamente entrou na casa. Entrei correndo e chamei por minha mãe, e ninguém dizia nada. Ouvi alguém no chuveiro e, querendo escutar uma resposta positiva, mais uma vez perguntei: "É minha mãe que está no banheiro?". Sem saber o que dizer, uma tia apenas assentiu.

Fiquei na porta do banheiro esperando que ela saísse. Tudo aquilo parecia muito estranho. Apenas desejava ver minha mãe e ir dormir, pois já era tarde, hora da "novela das nove". Com a TV alta, escutava a voz da personagem que, por coincidência, tinha o nome dela, Maria do Carmo. A novela contava uma história que em algo lembrava a dela, de uma mulher pobre e lutadora que (ao menos na narrativa) "tirou a sorte grande" e ficou muito rica, sonho de todas as Marias.

Estava impaciente aguardando que minha mãe saísse do banheiro, porém, para minha surpresa, dali saiu apenas minha tia Joana. Pela última vez naquela noite, pedi que "parassem de brincar" e perguntei onde estava minha mãe. Naquele momento, a tia Joana parecia a única a manter um pouco da compostura. Ela juntou nós três em um canto da pequena cozinha, olhou-nos firmemente nos olhos e apenas disse: "Acalmem-se. Vou falar uma coisa muito importante e não quero que vocês chorem, mas hoje à tarde sua mãe 'tomou' um tiro".

Fabiano e eu desabamos a chorar. Diogo, com apenas cinco anos, creio que ainda não entendia bem tudo aquilo e, vendo aquele estardalhaço, nos acompanhou no choro. Logo comecei a gritar: "Minha mãe morreu, minha mãe morreu!".

Minha tia, sem ter a coragem de seguir com aquele enfrentamento, disse de forma severa: "Parem de chorar. Ela está no hospital, e amanhã iremos visitá-la". Aquilo não foi suficiente para aplacar meu desespero, e eu seguia gritando aos prantos que minha mãe havia morrido. Meu irmão mais velho chorava calado e, com olhar severo, me advertiu: "Pare com isso, menina. Se eles disseram que ela está bem, é porque estão dizendo a verdade".

Sentei-me na diminuta sala, onde se aglomeravam alguns vizinhos, e mirava aquela TV de forma estática. Ainda passava a mesma novela, que era apenas um ruído distante, tentando trazer um ar de rotina à casa simples. Minha avó em nenhum momento saiu do quarto; provavelmente não conseguiria nos encarar. Eu apenas a escutava chorando muito alto e via pessoas que entravam e saíam de seu pequeno quarto.

Tive a certeza da morte de minha mãe quando vi entrar na sala um homem branco, muito alto, todo vestido de preto, provavelmente da funerária. Naquele momento de convicção, um calafrio me percorreu o corpo. O choro voltou a inundar-me as faces e senti algo diferente, como uma onda de paz que me amparou. Era como se algo me dissesse: "Tudo vai ficar bem, esse ainda não é o fim".

Algum tempo depois, estávamos muito cansados e nos levaram para o quarto de minha avó. Deram-me alguma medicação e dormi bem abraçada a meu irmão menor, que, sem entender nada, ficou mais tranquilo ao ver que não chorávamos mais.

Na manhã do dia seguinte, bem cedo, com um belo sol despontando, nem sequer havíamos comido e minha tia Joana, de novo, foi quem tomou a dianteira, nos encarou de maneira firme e disse sem mais delongas: "Já falamos ontem que sua mãe 'tomou' um tiro. Mas ela não está no hospital; ela morreu e daqui a pouco vamos ao enterro".

Como ainda acabávamos de despertar, penso que o choque foi outro. Já havíamos chorado e nos desesperado com a dúvida da véspera, então tivemos apenas um choro resignado. Sem protelar, ela nos disse que passaríamos o dia na casa de meus primos e que nos preparássemos, pois mais tarde iriam nos buscar para o velório. Fomos apenas Diogo e eu, pois em seguida Fabiano pediu para ir ao encontro de meu pai.

Passamos aquela manhã brincando com Devanir, um primo que tinha minha idade e era muito divertido. Passadas algumas horas eu vivia uma sensação de desrealização. Era a maior forma de negação naquele momento; havia uma percepção quase indescritível de que nada do que haviam dito era verdade.

Passamos o dia nos divertindo e, quando alguém tocava no tema, eu lhe dizia: "Isso é invenção de vocês, vão ver como daqui a pouco minha mãe virá nos buscar", e seguíamos brincando.

Meu tio Armando era o único da família que tinha carro naquela época. Foi nos buscar em sua velha Kombi, na qual estavam alguns parentes que também iam ao enterro. Dentro do carro, ele nos advertiu: "Vocês sabem que estamos indo no velório de sua mãe. É preciso que sejam fortes e comportem-se hoje, pois era o que ela desejaria de vocês".

Eu ainda vivia aquele sentimento de negação profunda e lhe dizia rindo: "Tio, vocês estão todos doidos, vão ver como daqui a pouco ela vai aparecer para nos levar com ela". Somente caí em mim quando caminhei pela entrada da capela e avistei um caixão claro na altura de meus olhos, e apenas conseguia ver algumas rosas vermelhas que o cobriam.

Parei na entrada, pois senti que perdia as forças nas pernas, e fui amparada por Cássia, que se sentou comigo no banco ao lado de fora. Com palavras compassivas, ela disse coisas das quais nada entendi. Quando estava mais calma, ela e outra tia disseram: "Fique calma e venha ver como ela está bonita; é como se estivesse dormindo". Pouco a pouco, me recobrei do susto e consegui entrar no local. Minha avó estava sentada próximo e não parava de chorar. Meu irmão mais velho de pé ao lado do caixão tinha um olhar distante e choro silencioso.

Ali estava minha mãe, bela como sempre, vestida de branco. Tinha a pele muito pálida, com os olhos entreabertos e o corpo coberto de rosas. Passei as mãos levemente sobre ela e senti as suturas grosseiras (da necropsia) no tórax e no couro cabeludo. Ao perceber que ela "estava ali", fiquei mais tranquila e aquela sensação de negação voltou.

Junto com meu irmão mais novo, passei a caminhar pelo cemitério. Entramos em outras capelas, vimos uma família que chorava sobre um pequenino caixão fechado; em outra, encontramos um idoso que trazia muito algodão nos narizes e orelhas. Ficamos curiosos com as cenas, e elas nos distanciavam do contato com nossa situação.

Passamos a tarde nos distraindo com outras crianças por ali, e a sensação do tempo parecia longuíssima. Comecei a ter noção do que estaria por vir quando caiu a tarde e um padre muito sisudo entrou na capela. Os presentes se amontoaram e uma cena lúgubre se sucedeu. Enquanto fechavam o caixão, faziam a "Oração do Credo", e tudo aquilo me parecia bastante tétrico – falava algo sobre Cristo, a mansão dos mortos etc. Naquele instante me veio à mente um pensamento: "Agora é real, estão levando minha mãe".

Uma leve chuva começou a cair no percurso da capela até a sepultura, e ainda ouvi outra tia que disse: "Quando meu pai morreu também choveu. Essa é a forma que Deus tem de limpar o céu para levar as almas".

***

A morte de minha mãe nunca foi investigada devidamente, talvez porque ela não fosse nenhuma princesa. No Brasil, ela era apenas uma estatística. Aquelas três crianças de rua... Quem se importava com quem eram e onde estavam? Eram apenas mais alguns "abortos da sociedade brasileira". Caso encerrado.

Nunca consegui ter ódio daqueles meninos. Sempre tive em mente que, se fizeram algo assim, mesmo depois de ela pedir por sua vida dizendo ser mãe, é porque muito provavelmente eles não sabiam o que significava ter uma mãe.

Para piorar ainda mais minha infância desestabilizada, a família de minha mãe, em especial minha avó Francisca, tinha desconfianças sobre sua morte. Sempre que nos encontrava, lacrimosa, ela dizia: "Deus me perdoe, mas irei ao túmulo levando esse pensamento comigo, de que foi seu pai quem mandou matar tua mãe". Nunca ficou provado nada sobre tal teoria, e penso que, se houve algo nesse sentido, não deveriam ter-nos envolvido naquela história, pois éramos apenas três crianças pequenas.

Aquele pensamento de minha avó tinha algum fundamento, pelo histórico machista do típico homem nordestino "cabra-macho" que tinha meu pai. Mesmo sendo muito mulherengo, ele não admitia a possibilidade de ser trocado por outro e uma vez, quando estava embriagado, o vimos alterar-se fazendo ameaças contra minha mãe na casa de minha avó. Anos depois, minha avó Francisca mostrou-nos alguns boletins de ocorrência feitos por minha mãe em que ela denunciava meu pai por violência doméstica.

Eu e meus irmãos éramos testemunhas das brigas entre ambos, mas nunca vi meu pai agredindo minha mãe. Em nossa presença, ele apenas a provocava e ria quando ela se alterava. Por outro lado, vez ou outra, a víamos gritando e jogando coisas contra ele quando brigavam; era ela quem fazia o papel de "louca". Na nossa frente, meu pai era um homem bonachão e muito permissivo, que adorava animais. Ele nunca sequer nos bateu; mesmo quando fazíamos alguma travessura mais grave, era só nos escondermos até a raiva dele passar e tudo ficava bem.

Após a morte de minha mãe, usei minha criatividade para me autoconsolar. Inventava realidades alternativas e histórias para imaginar que aquilo não fosse verdade. Como assistia a muitos filmes, além de ter visto notícias sobre pessoas em coma que despertaram após muitos anos, e ninguém sabia o que se passava em suas mentes nesse período, pensava que talvez eu estivesse em coma. Imaginava se algo muito grave poderia ter me ocorrido, porém algum dia eu acordaria e nada daquilo seria verdade.

De forma mais criativa ainda, pensava que tudo pudesse ser uma farsa. Imaginava que minha mãe estava muito sobrecarregada e criou tudo aquilo (inclusive um boneco dela!) para fingir que havia morrido; teria ido viajar para um lugar bem bonito e, quando estivesse bastante descansada, teria saudades de nós e retornaria.

Como, infelizmente, nada daquilo era verdadeiro, quando me dava conta da realidade, algumas vezes durante as tarefas rotineiras eu tinha crises súbitas e incontroláveis de choro.

VIVENDO UMA NOVA REALIDADE

A partir dali, a vida começou a ser muito dura. Meu pai estava desempregado na época; vivia cheio de dívidas e sendo despejado das casas onde morava. Não tinha condições financeiras e, talvez, nem emocionais para cuidar de três crianças, principalmente eu sendo uma menina de apenas nove anos e o Diogo, de apenas cinco. Como Fabiano já tinha doze anos, foi o único que meu pai levou consigo.

Diogo e eu ficamos aos cuidados de minha tia Maria. Ela era a mais velha dos irmãos de minha mãe. Na época, ela se ofereceu para cuidar de nós, pois seu único filho já estava com dezessete anos.

Ela morava em Arujá, na Grande São Paulo, cidade próxima a Guarulhos. Naquele período, no local, havia muitos loteamentos irregulares, num dos quais ela comprou um terreno barato e construiu sua pequena casa. Era um lugar que parecia uma cidade do interior, com ruas de terra, e, quando chovia, tudo se transformava em pura lama. Muitas vezes, durante o verão, ficávamos semanas sem água; era preciso carregar baldes em uma bica algo distante de casa ou esperar por caminhões pipa que fossem até a região. Ali, viveríamos pelos próximos oito anos.

***

Maria era a filha mais velha de meus avós maternos, que tiveram um total de quinze filhos, dos quais onze chegaram até idade adulta. A diferença de idade de minha tia Maria (mais velha) para minha tia Maria (mais nova) é de dezoito anos.

Ainda na Bahia, quando ela tinha dezoito anos, meu avô materno havia cismado com a ideia de que ela estivesse "se engraçando" com um primo deles. Com aquele seu temperamento irascível e ideias misóginas, ele expulsou minha tia de sua casa. E, assim, Maria viajou sozinha para São Paulo, iniciando uma trajetória de muitas lutas e sofrimentos.

Ao chegar à cidade, foi morar com Domingas, sua tia materna. Como era uma casa cheia, que recebia vários parentes também procedentes da Bahia, ela precisou trabalhar em diversas funções e conseguiu alcançar uma pobre formação escolar.

Logo se casou e também não teve um casamento bem-sucedido, pois o marido tinha problemas com álcool e em pouco tempo a abandonou com o único filho de ambos, meu primo Marcelo. Ela trabalhava muito para seguir sua vida de maneira honesta e criar seu filho; era costureira na maior parte do tempo. Pagava escolas particulares para meu primo e dizia que seu maior sonho era que um dia ele se tornasse médico. Contudo, para seu desgosto, ele não era nada interessado em assuntos acadêmicos. Era muito criativo; talvez pelos traumas com a figura paterna, não lhe restava mais alternativa a não ser se rebelar.

Marcelo repetiu a escola diversas vezes. Quando minha tia percebeu que havia perdido a batalha com os estudos, um dia, intimou-lhe a se decidir entre estudar ou começar a trabalhar. Sem pensar duas vezes, ele abandonou a escola na sétima série do ensino fundamental e logo começou a trabalhar como mecânico automotivo.

Quando fomos morar com minha tia, Marcelo nos parecia "o cara mais legal do mundo", sempre advogando por suas causas. Naquela época ele seguia o estilo punk, não só nas ideias: vestia-se como se estivesse em Londres no final década 1970, usando moicano e coturno. Seguia aquela filosofia quase à risca, com seu quarto cheio de figuras do rock, e sempre contava a Diogo e a mim suas aventuras nesse universo.

Diogo e eu crescemos assim. Aos domingos, frequentávamos a igreja evangélica com minha tia e, ao chegar em casa, escutávamos diariamente puro rock no último volume; desde Garotos Podres, Ratos de Porão, Sex Pistols, Ramones até coisas "mais *light*" como Raul Seixas e outros.

Penso que minha tia possivelmente não o repreendia porque, quando o fazia, ele simplesmente saía de casa e às vezes voltava somente no dia seguinte. Provavelmente, ela percebia que era melhor evitar as querelas se quisesse tê-lo mais perto.

Eu estava com onze anos quando, na escola, solicitaram que fizesse um trabalho entrevistando alguém interessante da família. Quem seria mais intrigante para mim naquela época do que meu primo Marcelo?!

Preparei-me com esmero para meu primeiro trabalho investigativo. Ele inclusive me emprestou seu toca-fitas, com o qual iríamos gravar usando as famosas "fitas cassete", e depois eu escutaria para transcrever a entrevista. Sentamo-nos em seu quarto e ele, como entrevistado, mostrava-se bastante disposto em me ajudar na tarefa.

Comecei perguntando-lhe coisas gerais e pedi que contasse sobre a origem do punk. De maneira despojada, ele começou dizendo: "O movimento punk tem como ícone a banda Sex Pistols...". Ele nem pôde terminar a frase e minha tia, enfurecida, entrou no quarto gritando: "Desliguem isso agora. Não quero ouvir falar dessas coisas dentro desta casa, ouviram bem?!". Muito chateada, parei imediatamente a entrevista e precisei mudar o tema de minha tarefa para não ficar sem nota.

Dias depois, meu primo estava em casa e perguntou a minha tia: "Mãe, o que aconteceu naquele dia que você ficou furiosa com o trabalho da Camila?", e ela respondeu, ainda brava: "Não vou aceitar que dentro de casa fiquem falando sobre 'sexo explícito'!". Marcelo então retrucou, indignado: "Era Sex Pistols, mãe, uma banda punk chamada Sex Pistols!". Claro que ela não sabia a tradução, que tampouco ajudaria muito. Ela ficou um pouco sem graça, mas, sem dar o braço a torcer, nem se desculpou. Ali, acabou minha breve tentativa de carreira jornalística. Marcelo era essa figura irreverente, mas deixava nítido o sofrimento em que vivia – e também fazia sua mãe sofrer.

Anos mais tarde, Marcelo sofreu um grave acidente no trabalho, quando uma das ferramentas que usavam para sustentar um ônibus que estava em conserto se rompeu. Seus colegas conseguiram escapar, mas ele teve tempo apenas de retirar a parte superior do tronco, ficando preso com a pélvis debaixo do coletivo. Por pouco não morreu.

Passou por várias cirurgias, esteve muitos meses em recuperação acamado e correu o risco de ficar paraplégico. Gradualmente, no entanto, foi recobrando os movimentos. Como sequela, ficou com o encurtamento de um membro inferior, mas recuperou-se plenamente.

Naquela época em que foi obrigado a pausar, começou a refletir sobre sua vida e, então, considerou a ideia de estudar medicina. Ele já estava com mais de vinte anos e muito tempo de defasagem nos estudos. Após uma sofrida recuperação, concluiu o supletivo e fez um curso de instrumentação cirúrgica. Anos depois, graduou-se em química e hoje é professor em escolas públicas; chegou a iniciar um mestrado, casou-se e tornou-se evangélico. Ficou a lição de que aquilo que poderia ter sido o fim de sua vida, o acidente, foi o que lhe possibilitou novas oportunidades.

***

No primeiro ano em que Diogo e eu moramos com minha tia, ela era bastante companheira e preocupada conosco. Paulatinamente, porém, ela foi se transformando (ou se mostrando) uma mulher bastante amargurada, com temperamento colérico.

Fabiano e meu pai, sempre que possível, nos visitavam aos finais de semana. Meu pai levava alguns mantimentos e ajuda financeira quando podia, mas, mesmo assim, a vida era árdua e quase o tempo todo havia muitas discussões sobre dinheiro entre ele e minha tia.

A casa que minha mãe deixou ainda estava em construção, então não tinha muito valor. Meu pai fez um negócio com um amigo seu e a trocaram por duas pequenas casas, também na Zona Leste. A pouca renda dos aluguéis ajudava para algumas contas, mas quase nunca era o suficiente para evitar os semanais conflitos financeiros. Com aquele pouco dinheiro, comíamos o que havia e vestíamos o que era possível. Era uma vida bastante austera.

Após um ano morando em Arujá, minha tia decidiu mudar-se da igreja batista para uma evangélica neopentecostal, a Igreja Universal. Com isso, ela mudou de forma radical também suas atitudes, ficando ainda mais rígida e intransigente, "vendo demônios" e pecado em tudo. Dizia que novelas e alguns programas de TV "eram do diabo"; o curioso é que não dizia nada sobre as músicas de rock pesado que meu primo escutava – inclusive algumas bandas explicitamente satanistas.

Desde então, fomos proibidos de assistir a vários canais na televisão, sobretudo novelas. Em contrapartida, o único canal permitido era a TV Cultura, algo que acabou sendo positivo. Somente podíamos assistir à programação educativa na TV e com horários estipulados, algo que aumentava ainda mais meu interesse nos estudos e ajudava também a afastar a mente daquela dura realidade.

Minha tia foi expressando cada vez mais um temperamento enérgico. Era muito violenta fisicamente com Diogo, que, por ser pequeno, era bastante travesso e impulsivo; ela agia como lhe haviam ensinado: batia e insultava "para disciplinar".

Como eu tinha um pouco mais de idade e consciência, entendia que morávamos ali "de favor" e, assim, evitava ao máximo aborrecê-la. Escapava quase sempre da punição física, mas não da psicológica. Escutava muitos insultos e gritos durante suas crises de cólera. Talvez, de forma inconsciente, ela tentava nos dar a disciplina que não conseguiu dar ao seu filho.

Durante algumas de suas crises de fúria, enquanto vociferava e nos insultava, minha tia justificava aquela situação aos gritos: "Foi um psiquiatra que me disse para não guardar as coisas para mim. Eu tenho que botar pra fora na hora, do contrário quem vai ter 'um treco' e vai morrer com coisas entaladas na garganta sou eu!". Naqueles momentos, eu só pensava quem seria aquele psiquiatra maldito. Se o encontrasse um dia, ele iria escutar umas poucas e boas!

Para complementar a renda, minha tia trabalhava de forma intensa com costuras em casa. Levantava-se quando ainda estava escuro e só parava tarde da noite. Muitas vezes, não tinha direito sequer a finais de semana ou feriados; fazia pausa apenas para resolver algum assunto importante ou ir à igreja aos domingos.

Diogo e eu fazíamos todos os serviços domésticos, que aprendemos desde pequenos com minha tia. A exceção era lavar roupas, que era algo muito pesado ainda e ela mesma fazia.

Durante aqueles anos, muitas pessoas também passaram por aquela casa. Em geral eram moças da mesma igreja de minha tia, que eram expulsas das casas dos pais e acolhidas por ela. Por ali, passaram Rosilda e Liliane, até chegar Elissandra, que tinha apenas dezessete anos quando foi morar conosco e, um ano depois, engravidou de um namorado. Minha tia se compadeceu de sua situação, a apoiou durante sua gravidez, e, depois, como Elissandra trabalhava muito, todos ajudamos a cuidar de sua filha Michele, a quem considero como prima.

Ali também chegaram a morar, por certos períodos, minha avó Francisca e o segundo ex-marido de minha tia, conhecido como Zé Baiano, que passou por uma cirurgia de próstata, até se recuperar e ir morar com a família dele na Bahia.

Em resumo, naquela pequena casa de quatro cômodos, onde deveríamos ser apenas quatro – minha tia, meu primo, meu irmão e eu –, chegaram a morar até oito pessoas. Como em uma típica casa de pobres, minha tia construiria ainda outros dois cômodos ("puxadinhos"); neles, havia constantes mudanças: a sala ou a cozinha viravam mais um quarto, depois outro quarto era transformado em cozinha ou em sala de costura e assim por diante. O único lugar no qual nunca dormimos (por razões óbvias) foi o banheiro!

Agradeço à minha tia pela oportunidade que nos deu, a meu irmão e a mim, de estudar e também pelos muitos cuidados de saúde quando necessitamos. Graças a ela tivemos onde morar. Apesar de toda a dureza e seriedade daquela vida, atualmente reconheço e agradeço pelo aprendizado; ela nos ensinou a adquirir a responsabilidade e a autonomia que mais adiante a vida nos cobraria.

Atualmente, entendo que todos os envolvidos em minha história fizeram o que estava dentro de suas limitadas possibilidades. Cada um lidava com as asperezas de sua realidade, que se distanciava bastante de uma vida ideal.

Depois de muitos anos de terapia e vários retiros espirituais, aprendi a compreender minha tia Maria e aceitá-la, pois, como todos, ela também é produto de um meio, de seu tempo e de sua história. Quem eu seria se estivesse no lugar dela, "calçando aqueles sapatos"?

ADOLESCÊNCIA E ESTUDOS

Durante minha adolescência, tia Maria dizia abertamente que o maior medo dela era que eu "levasse bucho" (engravidasse) para sua casa. Talvez por esse motivo ela proibisse tudo. Era impossível levar amigos em casa ou ir à casa deles, ou mesmo ir a festas de aniversário sozinha.

Vivendo naquele ambiente, eu apenas desejava "crescer o mais rápido possível" para sair daquela situação. Algumas colegas da escola me diziam, seguindo a lógica da juventude: "Sua tia é chata demais com você! Se ela te acusa de fazer coisas que você não faz, daí você deveria fazer de verdade, para ela falar com gosto!". Mas eu sempre respondia, com surpreendente maturidade para aquela época: "Não faço, porque tudo o que fizer para afetá-la atingirá a mim primeiro".

Talvez a psicologia reversa que ela usou tenha funcionado comigo, pois eu sempre tratava de fazer o contrário das expectativas de fracasso que ela projetava em mim. Também, por sorte, eu não era alvo do assédio de meninos; era muito desengonçada, alta, extremamente magra e tinha poucos amigos. Cada vez mais, então, eu buscava refúgio nos estudos.

***

Quando pequena, fiz a pré-escola em um colégio de freiras (só com meninas) e, na primeira série, fui estudar com meu irmão no colégio de padres, que passara a aceitar meninas. Nesses dois primeiros anos de escola, quando minha mãe pagava nossos estudos com muito sacrifício, eu era bastante displicente; gostava de aprender, mas de alguma forma sentia que "não me encaixava". Percebia desde muito cedo que eu era a única que não podia andar com cabelos soltos. Minha mãe fazia questão de esticá-los ao máximo e prendê-los bem forte; até doía a cabeça, quase ficava sem fechar os olhos, tamanha a força para deixá-los bastante esticados.

No transporte escolar, alguns garotos "carinhosamente" me chamavam de "café com leite", dizendo que eu não era "nem preta, nem branca", sem querer ofender, é claro... E, como eu era uma das mais altas, as professoras me colocavam no fundo da sala. Morria de vergonha se precisasse ficar de pé diante dos colegas; muitas vezes, a voz embargava e eu caía no choro.

No colégio de freiras, em certa ocasião, minha mãe foi chamada, e uma das professoras dizia preocupar-se por eu não ter amizades nem me enturmar com outras alunas. Depois, questionei minha mãe: se cada aluna já tinha sua amiga, como eu poderia "roubar" a amiga delas?! Como eu via outras meninas quase sempre em pares, talvez pensasse que era como se fossem casais e, se cada uma já tinha seu par, inevitavelmente quem sobrava era eu. Contudo, eu lidava bem com aquela situação, sem fazer juízo de valores.

Percebia que meus verdadeiros pares estavam na minha família. Com meus primos da mesma idade ou menores, eu era a atração das crianças. Quando nos reuníamos, eles diziam adorar escutar os contos que eu inventava; passava horas engendrando histórias de terror bobas.

Quando pequena, eu via meu irmão Fabiano lendo seus gibis e ficava fascinada, pensando como devia ser fantástico ter acesso a outros mundos através da leitura. Tinha um grande desejo de dominar a leitura o quanto antes. E tive uma experiência marcante anos depois, em um encontro com meu tio Grimaldo, um dos irmãos mais novos de minha mãe, que gostava muito de mim e na época tinha quase trinta anos.

Certo dia, estávamos várias crianças reunidas na casa de minha avó Francisca, e ele estava sentado no sofá no meio de nós. Entreguei-lhe uma revista em quadrinhos e pedi que nos lesse. Notei que ele ficou um pouco surpreso, observou a capa da revista, deu algumas voltas com ela e, com olhar triste, entregou-me de volta e disse: "Filha, desculpa, mas o tio não sabe ler". Creio que fiquei um pouco espantada, pois imaginava que a leitura fosse algo natural para toda "pessoa grande". Para sair da situação embaraçosa, logo emendei dizendo: "Não fica triste, tio, é muito fácil! Depois, ensino ao senhor e avó Francisca, então". Não tinha ideia de como o analfabetismo podia ser limitante na vida de um adulto.

***

Após a morte de minha mãe, percebi que tinha um desejo mais intenso de aprender e já não me incomodava o que os demais diriam sobre mim. Comecei a usar um novo lema, que aprendi com minha tia Maria: "Quem não me quiser ver que feche os olhos!".

Esforçava-me por responder corretamente às professoras e tirar boas notas. Talvez fosse uma forma de compensação, para receber uma atenção positiva de uma figura feminina de autoridade. Como as professoras sempre falavam muito bem de mim, também pensava que seria algo a menos para preocupar minha tia.

Em Arujá, sempre estudei em escolas públicas, que, mesmo localizadas no centro da cidade, reproduziam a realidade da vida na periferia. A maioria dos alunos ali talvez não visse sentido nos estudos; muitos iam apenas para matar o tempo e conseguir um diploma. Em certas ocasiões, eles desrespeitavam colegas e inclusive os professores.

Nas escolas onde estudei, as drogas eram vendidas na sala de aula no período noturno. Os vendedores (alunos) davam o recado para professores que quisessem "bancar os espertos", chegando a ameaçá-los: "Aqui dentro, você dá as ordens, mas lá fora você sabe quem manda". Houve uma ocasião em que um professor foi assassinado na porta da escola. Em resumo, o caos imperava.

Eram comuns salas superlotadas. Cheguei a estudar em um grupo com mais de sessenta alunos, em que os professores menos experientes ficavam impossibilitados de estabelecer ordem e respeito. Lembro-me de uma professora nova que surtou durante uma aula; ela fumou dentro da sala, dançou sobre a própria mesa para chamar a atenção e gritou dizendo: "Já que vocês não me respeitam, também não estou nem aí para vocês". Depois do incidente, ela não voltou mais.

Também havia alguns professores diferentes. Entre eles, tive uma professora de português, uma excelente profissional, que conseguia impor respeito em meio àquela anarquia. Lecionou quase um ano completo. Mas precisou deixar a escola, pois ganhou uma bolsa para um curso em sua área de letras em... Cuba. Na época, eu e algumas colegas fomos felicitá-la, mesmo ainda sem saber nada sobre a ilha. Entendia apenas que ela estava indo para o exterior; parecia-me extraordinário e um sinal de grande destaque profissional.

Anos antes, na mesma escola, tivemos uma professora de Ciências notavelmente de outra classe social, com roupas sofisticadas e modos refinados. Certo dia, ela estava muito irritada com o comportamento da turma e disse: "Vocês deveriam se preocupar em estudar e se preparar academicamente; saibam que os melhores de vocês irão estudar no estrangeiro e aqueles que continuarem por aqui nunca serão ninguém". Eu ficava curiosa pelo "estrangeiro", mas naquele tempo não imaginava que poderia algum dia sonhar com tal possibilidade.

De vez em quando, eu sofria *bullying* por meu visual meio bizarro, pois minha tia me obrigava a cortar o cabelo usando *mullets* (horríveis em mim). Como era excessivamente magra, usava sempre calça jeans com camiseta e ficava com uma aparência bastante andrógina. Obviamente, as crianças que viviam naquelas condições de pobreza, inclusive ética, não perdoavam e zombavam muito de mim. Houve uma ocasião de um grupo que se sentou atrás de mim na sala e se divertiu jogando bolinhas de papel na minha cabeleira estranha. Quando percebi, apenas olhei para trás e lhes disse em tom firme: "Por que fazem isso se nem me conhecem? Vocês ainda vão se arrepender em fazer isso comigo!".

Longe de ter ideias violentas, mais adiante aprendi a me defender como podia. Havia na sala uma menina muito bonita e popular que normalmente não me dirigia a palavra, mas adorava ficar ao meu lado durante as provas e, de forma autoritária, me intimava a passar-lhe "cola". No início, eu fazia o que ela pedia, talvez na esperança de que algum dia seria reconhecida e pertenceria a seu grupo.

Porém, um dia, cansada dos abusos, respondi com a mesma obstinação dela que esperasse eu terminar minha prova; e, ao concluir com tranquilidade a avaliação, comecei a passar-lhe as respostas. Já sabia qual seria o resultado, não me surpreendeu quando na semana seguinte a professora revelou os resultados: "Camila: tirou B; fulano: tirou A; cicrano: tirou C... e a bela moça: D", ou seja, a bonita reprovou no exame. Vi quando ela me lançou um olhar furibundo e disse com desprezo: "Onde já se viu, além de passar cola, passa errado!", e eu respondi tranquilamente: "Onde já se viu, além de querer cola, quer que eu passe certo?". Nunca mais fui constrangida depois disso, tampouco aceita por seu grupo.

* * *

Quando tinha quinze anos, passei em um disputado processo seletivo de uma escola técnica pública em Mogi das Cruzes, cidade vizinha. Fiquei em terceiro lugar na prova admissional (o "vestibulinho") para estudar na área de secretariado. A formação durava três anos; ali, cursávamos o ensino médio com as matérias técnicas.

Era uma escola muito conceituada, mas a formação era voltada realmente para o trabalho. Só tínhamos aulas relativas ao ensino médio convencional (física, química, biologia etc.) no primeiro ano, e os dois últimos eram focados nas disciplinas específicas da área técnica – no caso de secretariado, aprendíamos taquigrafia, mecanografia, algo sobre direito, entre outras.

Naquela época, tudo era feito com muito sacrifício. Para entrar na escola às sete horas, levantava-me às 4h30 para tomar café da manhã antes de sair de casa, e muitas vezes era minha única refeição até as 14h, quando voltava para casa. E para chegar até a escola não havia ônibus comum intermunicipal, apenas ônibus de viagem, muito mais caros. Até eu começar a trabalhar, no ano seguinte, vendíamos alguns doces, salgados e geladinhos na porta de casa, e, com isso, eu juntava o dinheiro para a passagem.

Todas as manhãs, eu chegava ao guichê do ônibus com as mãos cheias de moedas, para pagar aquelas viagens. Certa vez, uma atendente riu dizendo: "As moedas chegam até quentes por medo de perder alguma, não é mesmo?".

Sempre desejei trabalhar, desde cedo, e até tentei conseguir empregos em pequenas lojas no centro de Arujá, mas olhavam para minha cara e, talvez por ser muito magra, sempre aparentei ser mais jovem do que realmente era – com quinze anos, aparentava ter cerca de onze –, então nunca conseguia nada de trabalho (formal ou informal). Sabia que ter um emprego era imprescindível para eu sair daquela situação de precariedade e dependência de minha família. Entendia que o ensino técnico talvez me desse essa possibilidade o quanto antes.

No segundo ano do curso, mudei para o período noturno após conseguir uma proposta de estágio em um banco federal em outra cidade próxima, Santa Isabel. Naquele período, eu fazia um périplo diário para trabalhar e estudar. Saía cedo de Arujá para ir trabalhar em Santa Isabel, de lá, no final da tarde, ia para Mogi das Cruzes, depois voltava para casa – tarde da noite, para recomeçar a correria no dia seguinte. Isso se deu por quase dois anos.

SOBRE SUICÍDIO

Eu pensava em suicídio desde os nove anos de idade, após a morte de minha mãe. Na época, com certa ambivalência, pensava: "Imaginem se eu crescer e ficar mais velha que minha mãe; como será nosso reencontro no céu, eu velha e ela nova e linda como era quando morreu? Talvez eu precise morrer para estarmos juntas agora!". Por outro lado, possivelmente graças à forte formação religiosa que tive, vinha à mente uma fantasia infantil que dizia: "Deus é muito bom e deve ter uma máquina no céu que, caso eu morra mais velha, poderei voltar no tempo e tornar-me criança novamente quando reencontrar minha mãe". Dessa forma, a angústia diminuía um pouco, mas nunca desaparecia.

Aos dezesseis anos, eu estava em uma fase muito sombria e sentia um grande vazio existencial; sentia como se estivesse morta em vida. Sabia que desejava construir um futuro diferente daquela realidade, mas tudo parecia muito improvável e distante.

Na adolescência, tudo se vive de forma intensa e, quando algo não está bom, pela pouca experiência, a perspectiva de melhora parece inacessível. Foi naquela situação de desesperança e desamparo que eu tentei o suicídio.

Eu fazia tratamento desde a infância para asma. Naquela época ainda eram muito usadas algumas medicações que hoje têm uso mais restrito, pois têm a margem terapêutica muito próxima da dose tóxica, ou seja, uma dose um pouco maior que a usual pode ser fatal.

Numa noite daquelas bem ruins, quando qualquer gota é suficiente para transbordar o copo d'água – não recordo nem se houve algum fator estressante –, apenas pensei que seria bom dormir e não acordar mais neste mundo.

Eu pensava que seria rápido e indolor, talvez menos sofrido que a dor que carregava há tantos anos. As medicações para asma eram tomadas à noite, e, por sorte, restavam poucas cápsulas na caixa quando decidi tomá-las todas. Fui dormir esperando não despertar mais.

Para minha surpresa, acordei na madrugada com fortes dores de estômago. Corri ao banheiro, vomitando muito (por sorte). Desmaiava, acordava sozinha e voltava a vomitar, com o coração disparado e o suor correndo profusamente pelo corpo. Minha tia também despertou e bateu na porta para saber se estava tudo bem. Respondi que sim, pois temia ser mais repreendida se soubessem da verdade.

Não sei quanto tempo durou o episódio, entre dores, vômitos, calafrios e desmaios. Mas, pela manhã, eu tinha que ir à escola, para não chamar a atenção de ninguém. Sem conseguir ingerir nada logo cedo, ainda sentindo os efeitos da medicação, lembro-me da sensação de praticamente não sentir meu corpo. Quase não sentia meus pés tocando o chão; tinha tremores, taquicardia, cefaleia, visão turva e extremo cansaço.

Uma colega de classe percebeu que eu estava estranha e perguntou se estava tudo bem. Respondi brincando: "Tudo bem, só estou meio drogada", e ela respondeu: "Bem que parece!". Ficou por isso mesmo esse episódio: apenas uma piada.

Passei algum tempo sem conseguir voltar ao tratamento. Causava-me repulsa lembrar da sensação das cápsulas, que eram grandes, gelatinosas e grudavam na garganta; depois de alguns dias, meu pai trouxe a medicação e sem contar a ninguém, retomei o tratamento correto.

Naquela escola prestigiada, com excelente corpo docente e currículo escolar invejável, por várias vezes fui abordada por professores que ocasionalmente notavam que eu era muito ansiosa, mas nenhum deles jamais se aproximou para conversar ou entender o motivo daquela ansiedade. É triste pensar que as escolas muitas vezes se limitam ao trabalho acadêmico, em detrimento do humano, e assim tentam tornar invisíveis diversos sofrimentos, tanto dos alunos como dos próprios professores.

* * *

Não posso dizer que nunca mais pensei em suicídio. Tinha pensamentos suicidas recorrentes, mas, como usar medicações não era uma opção tão fácil, ficou a lição. Na época, eu tinha grande fascínio por armas de fogo, mas, para minha sorte, não tinha acesso a nenhuma. Penso que, se tivesse acesso a meios mais letais, poderia ter concluído aquelas ideações.

Depois dessa experiência pessoal e, atualmente, após os muitos anos de estudos e trabalho na área de saúde mental, ratifico a importância de não haver acesso a esses instrumentos tão perigosos em casa, sobretudo quando há crianças, adolescentes, pessoas depressivas e/ou com comportamento impulsivo. Nesse sentido, faz-se imprescindível uma legislação cada vez mais rigorosa sobre o acesso a armas de fogo, pois, em um rompante, ter a facilidade de encontrar instrumentos tão letais é como juntar a pólvora com um fósforo aceso: uma combinação possivelmente fatal.

EXPECTATIVAS DE TRABALHO

Durante a adolescência, vivi de forma muito introspectiva, e meu refúgio era a literatura. Sentia-me deslocada neste mundo, sem sentimento de pertencimento algum. Achava que era muito diferente dos demais, inclusive de minha família (física e mentalmente).

Ainda não tinha uma identidade formada como pessoa nem como mulher. Até os catorze anos era obrigada a cortar os cabelos e vestir as roupas que minha tia me impunha. Algumas vezes, caminhando pelas ruas de Arujá, escutava piadas pela minha figura muito magra (talvez por isso detestasse minha magreza). Enfim, sentia-me completamente estranha naquele mundo, com péssima autoestima e sem nenhuma outra perspectiva que não fosse estudar muito.

Um tempo depois, algumas colegas do curso técnico fizeram um *book* fotográfico e disseram-me: "Você, que é alta e magra, com um rosto bonito, deveria fazer algumas fotos e virar modelo". Depois de alguma insistência, elas me convenceram a acompanhá-las até um estúdio em São Paulo. Sem avisar ninguém em casa, fiz as fotos e me comprometi com uma pequena dívida, pois o material não era tão barato.

As fotos eram simples, apenas de rosto; produziam-nos com muita maquiagem e usavam alguns filtros na edição; a maioria ficava, então, muito bem nas imagens finais. Fiquei contente com o resultado e enviei algumas para concursos de modelos que anunciavam em revistas de adolescentes. Para minha surpresa, fui chamada a participar de alguns deles, em duas grandes agências que naquela época começavam a se popularizar muito, principalmente porque despontava o grande ícone brasileiro do ramo: Gisele Bündchen.

Gisele, inclusive, iniciou a carreira em um desses concursos dos quais participei. Alguns anos antes, ela havia ficado em segundo lugar, e lá nos disseram: "Se vocês estão aqui é porque têm algo que vimos em vocês. Então não se preocupem apenas em ganhar, pois a Gisele nem ficou no primeiro lugar, mas hoje ela está em outro patamar, e a garota que ganhou naquele ano nem sabemos onde está. Se não forem selecionadas hoje, vale a pena investir na carreira e seguir tentando". Falavam isso porque já sabiam que ali menos de 10% iria para a próxima fase.

No primeiro concurso de que participei, os organizadores disseram que foram enviadas mais de 2 mil fotos e apenas 150 foram selecionadas para a primeira etapa. O local era uma casa grande em um bairro nobre de São Paulo, alugado para comportar aquela quantidade de jovens, todas cheias de inseguranças e expectativas.

Ficamos ali desde a manhã até o final da tarde em diversas atividades, tudo muito organizado e bastante profissional. Anotavam nosso peso e altura, nos ensinavam a desfilar usando salto, faziam testes com roupas de banho em frente aos juízes etc. Ao final foram selecionadas apenas dez garotas, que iriam competir na fase nacional; destas, apenas uma seria escolhida para o mundial, e a ganhadora do concurso conseguiria um contrato com a agência e a perspectiva de "ter o mundo a seus pés", como eles diziam.

Com todo o meu histórico, somente estar ali era algo quase surreal, e eu considerava que não tinha o necessário para ter êxito nesse meio. Já era mais velha que a maioria, com quase dezoito anos, não tinha uma altura perfeita (nem iria crescer mais) e inclusive não tinha o perfil de "brasileira ideal" que pediam, pois, das dez garotas selecionadas, apenas uma era negra – obviamente era belíssima, e já tinha alguma experiência na área, com um portfólio bem profissional de lindas fotos.

Depois disso, ainda participei em outras duas edições desse concurso, mas não tinha condições nem financeiras, nem emocionais para seguir investindo sozinha nessa área. Apenas começar um *book* profissional naquela agência custava, na época, cerca de mil dólares. Eu sabia que precisava de um emprego estável e não tinha tempo para viver apenas de incertezas e expectativas. Comecei então a focar as provas de vestibular, que imaginava serem minha única saída para uma vida com melhores perspectivas.

Também já tinha compreendido que trabalhar na área de secretariado era algo com que eu não me identificava. Tive boas e também péssimas experiências nesse campo. Trabalhei em um local onde o chefe parecia deliciar-se nos maltratando; fazia assédio moral, gritava com os funcionários e os insultava, e ninguém podia dizer nada, pois ele era o dono da empresa. Em certa ocasião na qual não segui especificamente sua orientação (nada grave ou que comprometesse o trabalho de ninguém), ele chamou-me em sua sala e gritou: "Você é retardada? Que tipo de retardo mental você tem, que não faz exatamente o que eu digo?". Creio que desejava ver-me desestabilizada, e, quanto mais tranquila eu lhe respondia, mais furioso ficava. Por sorte, a Lei Áurea já existia!

Eu sentia que podia cumprir adequadamente aquela profissão, mas não era algo que me realizava. Como anos mais tarde comentou outra chefe que tive: "Nessa área em que trabalhamos, se fizermos tudo corretamente, não fazemos mais que nossa obrigação, não há reconhecimento. Mas, se algo der errado, daí você será notada e sofrerá as consequências". Fala profética, que naquele mesmo emprego, aprendi. Eu agradecia pelo aprendizado e crescimento que o curso de secretariado me proporcionou, mas tive a consciência de que não desejava aquela profissão para o resto da vida.

Quando concluí o ensino técnico, minha tia dizia estar cansada de tanta responsabilidade. Então, Diogo e eu fomos morar com meu pai. Entendíamos que minha tia também precisava viver sua vida, e logo depois ela casou-se novamente.

Quando voltamos a morar com meu pai em São Paulo, também mudamos drasticamente de um estilo de vida cheio de regras e obrigações para outro de desordem e praticamente ausência de rotinas. Meu pai tinha problemas com acúmulo, e pela pequena casa havia desde jornais e revistas velhas até outros objetos diversos amontoados. Por vários dias, após a mudança, limpei e joguei fora inúmeras coisas, mesmo sob os veementes protestos dele, que ao final entendeu a necessidade de modificar aquela desorganização.

***

Após mudar de cidade, pensei que, mesmo não gostando muito da área de secretariado, se trabalhasse em um local que fosse estimulante, talvez meu interesse pudesse mudar. Naquela época, no início dos anos 2000, a cultura pop era algo em expansão vertiginosa no país; e o epicentro daquele movimento era a MTV Brasil. Era meu canal de TV favorito (depois de sair da casa de minha tia) e o único no qual eu podia assistir aos programas legendados, o que me ajudava a aprimorar minhas habilidades no inglês.

Em certa ocasião, estava inspirada e escrevi uma carta de apresentação para a emissora, na qual expressei sinceramente toda a minha motivação e meu interesse em trabalhar na empresa. Enviei junto meu (pobre) currículo e, francamente, não tinha grandes pretensões. Para minha surpresa, poucas semanas depois, fui chamada para participar de um processo seletivo para ser auxiliar administrativa na própria MTV.

A emissora de TV ficava no bairro do Sumaré, em São Paulo. Fui até lá cheia de ansiedade e fantasiando quem poderia encontrar ali. Na época, era muito comum ver vários artistas nacionais e internacionais que visitavam o local durante suas turnês pelo país.

Participei de uma dinâmica de grupo que durou a tarde inteira. A emissora constituía um universo muito sedutor que me pareceu fascinante; havia até um mordomo que nos serviu durante as atividades. Também encontrei alguns VJs[4] bastante famosos à época, que ali eram apenas profissionais normais, em seu ambiente de trabalho.

Como era um processo seletivo grande, sentia-me feliz apenas em participar. Novamente, para minha surpresa, fui chamada para a

---

4. VJs, ou *video jockeys* (operadores de vídeo), é como são chamados os apresentadores dessa emissora.

última fase da seleção, que era uma entrevista com a chefe do setor no qual trabalharia. Era uma mulher jovem e bastante simpática; ela me explicou que ali o trabalho era intenso, e seria imprescindível ter bom relacionamento interpessoal, pois estaríamos em contato com praticamente todos os funcionários da empresa, inclusive com os famosos VJs.

Estava empolgadíssima e obviamente respondia que estava de acordo com tudo. Ao terminar a entrevista, ela sorriu e disse: "Então tá certo! Vamos ver a papelada, e o pessoal do RH irá entrar em contato contigo". Dessa vez, guardei tremenda expectativa, mas os dias e semanas se passaram e nunca mais entraram em contato.

Depois dessa situação, enviei meu currículo e busquei trabalho em diversos locais da cidade, mas sempre exigiam muito mais experiência profissional do que eu tinha. Percebi que buscar emprego é algo que pode acabar com a autoestima de alguém, pois o indivíduo vai a diversos lugares, faz várias entrevistas, às vezes pensa que se saiu bem, mas no final recebe aquela frase feita: "Entraremos em contato" – algo que quase nunca acontece, nem sequer para dar uma devolutiva negativa. É uma situação que desestabiliza emocionalmente qualquer um. Sempre me questionava o motivo de não haver sido selecionada em alguma entrevista e o que haveria de errado comigo.

Devido à grande dificuldade em conseguir trabalho naquele recente retorno à cidade, decidi dedicar-me integralmente ao meu maior objetivo durante aquele ano: estudar para entrar na faculdade de direito da Universidade de São Paulo, a mais concorrida do país.

FRUSTRAÇÃO E OBSTINAÇÃO PARA ESTUDAR

Era uma segunda-feira quente de janeiro quando saíram as notas do vestibular em que, pela segunda vez consecutiva, eu tentava desesperadamente uma vaga na disputada faculdade de direito.

Foi um ano difícil, com muita dedicação, almejando alcançar aquele sonho. Um ano cheio de conflitos, expectativas e frustrações. Sem dinheiro, eu ficava trancada em casa todos os dias; no período, cheguei a pesar 47 quilos, com pouco mais de 1,70 metro. Mesmo me alimentando adequadamente, toda a minha energia era drenada naquela direção única: entrar na faculdade idealizada.

Ao abrir a lista com as notas de corte e ver que pela segunda vez, por poucos pontos, eu nem sequer havia ido para segunda fase, chorei. Chorei com muito ódio e julgamentos; culpava a mim e ao mundo. Naquele momento, junto a uma pilha de cadernos, livros e resumos daquele último ano, fiz uma promessa a mim mesma: "Quero e vou estudar o que for e aonde for!".

Atualmente, costumo brincar que eu estava buscando fazer "direito", mas (graças a Deus) acabei fazendo o que era certo para mim.

***

No primeiro ano em que fiz o vestibular para direito, após terminar a escola técnica, fui sem muita expectativa, com o objetivo de conhecer a prova. Mesmo sem passar para a segunda fase de provas, fiquei contente por haver ficado muito próxima da nota de corte, sobretudo por não ter cursado um ensino médio normal, pois o foco dos cursos técnicos na época era formar pessoas para o trabalho, e não preparar bem quem tivesse interesse em ingressar no ensino superior. Além disso, concorri com pessoas graduadas em escolas particulares e bons cursinhos preparatórios.

Logo após minha volta a São Paulo, fui aprovada para estudar em um cursinho pré-vestibular comunitário da própria faculdade de direito almejada. Era um cursinho criado para pessoas carentes que passassem no processo seletivo deles, que consistia em prova teórica, análise do currículo, da situação socioeconômica, entrevista etc. Pagávamos apenas uma pequena taxa das apostilas usadas mensalmente, e as aulas eram ministradas por alunos e professores da renomada Universidade de São Paulo.

O local das aulas era em um edifício antigo no centro da cidade, um lugar muito simples, sem elevadores, com ventilação precária e com a sala muito cheia e apertada. Porém as aulas eram fantásticas! Eu aprendia vários conteúdos novos, que eram transmitidos não como obrigação pelos professores, e sim demonstrando verdadeiro entusiasmo pelo que faziam.

Em uma dessas aulas, um professor comentou sobre um primo dele que havia conseguido uma bolsa para estudar medicina em Cuba. Ele mencionava com desdém as condições de lá, dizendo: "Deus me livre de morar em um lugar onde só comem gelatina de sobremesa!".

Como tínhamos colegas que fariam vestibular para todos os tipos de cursos, os professores às vezes davam dicas de outras carreiras. De fato, naquele momento não dei importância àquela informação, pois a medicina não era meu foco. Como sempre dependi do atendimento público, pelos postos de saúde, acabei desenvolvendo uma crítica muito ácida aos profissionais da saúde, em especial os médicos.

Quando morava em Arujá, mesmo sendo um local muito pobre, talvez por ser uma cidade pequena, conseguíamos ter nossas demandas atendidas, e já na época eram muitas. Recebi atendimento odontológico, fazia tratamentos para asma, com várias idas para o pronto-socorro na madrugada, contando com a ajuda de vizinhos para o transporte. Por quase um ano, logo após a morte de minha mãe, também fui atendida por excelentes psicólogas.

A situação era outra quando voltei a morar em São Paulo, onde mal conseguia ser atendida quando precisava. Não havia foco em atendimentos preventivos; eram apenas consultas de queixa-conduta, muitas vezes sem nem receber atenção ou um exame físico adequado.

EM BUSCA DE UMA OPORTUNIDADE DE ESTUDO

Quando reprovei pela segunda vez no vestibular, chorava por não querer abrir mão do meu desejo de estudar e repeti algumas vezes meu novo lema pessoal: "Vou estudar o que for, aonde for". Como num filme, veio-me imediatamente à mente a fala do professor sobre a bolsa de estudo em Cuba.

Liguei aos prantos para Fernanda, minha melhor (e única) amiga na época, do cursinho. Ela tentou tranquilizar-me dizendo: "Liga não, esse é meu terceiro ano prestando para farmácia e ainda não entrei, em algum momento a gente consegue!". Ela também tinha uma história bastante difícil, mas era extremamente otimista e, para mim, um exemplo de resiliência. Fernanda morava sozinha em São Paulo para estudar e trabalhar; a mãe e a irmã mais nova moravam no Sul do país. Contou-me que muitas vezes, com a mãe desempregada, a família saía pelas ruas para juntar e vender latinhas para ter algo para comer.

Quando lhe contei sobre minha nova intenção, ela ouviu com empatia aquela ideia de Cuba e também me deu algumas orientações importantes. Havia lido em algum jornal que eram os movimentos sociais e partidos políticos que recebiam as bolsas para medicina em Cuba e as distribuíam entre seus afiliados.

Ao desligar o telefone, veio-me à mente imediatamente o mais conhecido partido político de esquerda na época: o Partido dos Trabalhadores (PT). Busquei o endereço do diretório mais próximo de minha casa, enxuguei as lágrimas e, munida de documentos, saí naquela nova empreitada. Eu não fazia parte de nenhum tipo de militância e reconheço meu desconhecimento político na época. Mas imaginava que não poderia chegar lá dizendo que desejava me filiar somente para conseguir uma bolsa de estudos.

Minha ignorância era proveniente do que eu escutava em casa, pois a única coisa em comum entre meu pai e minha avó Francisca é que ambos eram malufistas[5]. Minha avó costumava dizer: "Se sua mãe tivesse votado no Maluf, não teria morrido, pois teria a Rota [polícia tática] na rua". A Rota era um forte apelo da campanha desse político. Porém, mesmo que houvesse esse tipo de policiamento, seria impossível impedir todo tipo de crime pela cidade sem que houvesse antes um profundo trabalho com ênfase sobretudo na educação e para combater a marcada desigualdade social local.

Ao entrar no escritório do PT, notei que era uma casa simples e algo desorganizada. Havia muitos materiais espalhados pelo pequeno espaço, alguns arquivos, revistas e um cheiro de jornais velhos invadia o recinto, que tinha apenas um pequeno ventilador que mal aliviava o calor no local.

Fui recebida de forma amável por um homem de meia-idade que me questionou sobre o desejo de filiação. Tive que recorrer aos meus conhecimentos do último ano de cursinho sobre geopolítica e história para tecer um breve discurso de minha preocupação com as próximas gerações. Mas, de fato (até aquele momento), meu pensamento nada tinha de preocupação com o próximo, só de defender minha parte: meu desejo egoísta e individual de poder estudar e ter acesso a um curso superior de qualidade.

Mesmo sem dizer que meu motivo era pela bolsa, comecei a sondar sobre o assunto e o homem explicou que, sim, havia bolsas de estudo para Cuba, apenas para o curso de medicina. Revelou que era um número restrito, e elas eram distribuídas de acordo com diversos critérios, entre eles a análise do currículo dos candidatos. Acrescentou que havia algumas normas, entre as quais ser membro do Partido pelo menos há um ano. Informou também que o Partido realizava apenas o

---

5. Os malufistas são os eleitores de Paulo Maluf, um empresário e político paulista com discurso de direita. Foi julgado e condenado por graves denúncias de corrupção durante sua atividade política em São Paulo. Era muito querido por grande parte da população, que apelidava "carinhosamente" sua política de "rouba, mas faz" (1).

trâmite de distribuir a bolsa, e todos os demais custos seriam assumidos pelo próprio candidato. Respirei fundo e resignei-me ao entender que aguardaria até o próximo ano para tentar a nova empreitada.

Com todas as informações em mente, logo comecei a traçar estratégias para aquele propósito. Sabia que, se conseguisse a bolsa, precisaria ter dinheiro para custear minhas despesas, pois não tinha ninguém que pudesse fazê-lo por mim. Percebi que urgia a necessidade de voltar a trabalhar rapidamente; então nada mais de ficar trancada em casa somente para estudar.

De forma surpreendente, na mesma semana consegui um trabalho como recepcionista e secretária bilíngue em um local bastante distante de casa, no bairro da Vila Olímpia, na Zona Sul. Não pensei duas vezes e logo comecei a trabalhar lá.

Planejei não ficar parada esperando apenas pela bolsa de Cuba, pois não havia nenhuma garantia concreta. Também decidi que, em vez de ficar tentando apenas entrar no curso de direito, faria outro cursinho preparatório comunitário e prestaria o vestibular para uma carreira na qual provavelmente entraria mais fácil. Considerava fazer um curso que eu também gostava e agregaria valor no currículo como secretária: o curso de letras.

Fui aprovada então em outro processo seletivo para um cursinho pré-vestibular comunitário muito prestigiado. Eram muitos candidatos, e havia uma seleção grande. O curso era no bairro da Lapa, outro extremo da cidade, na Zona Oeste.

O novo périplo consistia em sair de casa às seis horas (de Santana, na Zona Norte), para estar às oito horas no trabalho na Vila Olímpia; eu saía de lá às dezessete horas, rumo ao cursinho noturno na Lapa. Chegava em casa às 23 horas, e meu pai esperava-me no ponto de ônibus todas as noites. Voltava para casa exausta e aguardava recomeçar tudo no dia seguinte.

Nos finais de semana também seguia estudando. Fiz um módulo avançado de conversação em inglês para aprimorar meu conhecimento adquirido de forma autodidata, com um módulo básico em espanhol, já sonhando que, se fosse selecionada para a bolsa, quem sabe os cursos me ajudariam em algo.

Aquela foi minha rotina por mais dez meses, e fui dispensada do trabalho logo no final do ano. No período, comecei a ser chamada quase todas as semanas para apresentar as documentações relativas à bolsa de estudos no PT. Solicitavam documentos pessoais, históricos escolares, exames médicos etc.

Na época, eu sequer tinha passaporte, mas fui providenciando tudo segundo me pediam. Como já tinha acesso a e-mail, toda semana me comunicavam que ainda faltava algo, inclusive uma foto no formato 5 × 5, que não existia em São Paulo. Levei fotos em vários formatos, cheguei até a cortá-las eu mesma, e sempre cobravam outra dizendo que estavam erradas.

Também exigiam comprovação de saúde com exames de sangue, avaliação médica física e mental. Fiz os exames de sangue e recorri novamente ao posto de saúde para as consultas clínica e com o especialista em psiquiatria. A consulta com o clínico ocorreu sem problemas; já a com o psiquiatra, foi mais uma novela.

Na consulta, expliquei-lhe que necessitava uma declaração atestando minha saúde mental. O médico era um homem já idoso, que me observou com olhar perscrutador e disse: "Eu conheço uma moça que conseguiu uma bolsa de estudos para medicina na Rússia. Por que você não tenta ir para lá?". Não entendi o motivo da pergunta; apenas pensei comigo: "Seria porque não falo russo e, inclusive, porque a oportunidade que tenho é para Cuba?". Porém, educadamente, respondi que estava ali porque fora essa a oportunidade que me aparecera. Ele ainda me olhou por alguns instantes, sem dizer nada e sem nem sequer realizar uma consulta adequada, pois não interrogou sobre meus antecedentes de saúde ou histórico familiar.

De forma intempestiva, foi logo dizendo: "Se fosse para a Rússia, eu fazia o atestado, para Cuba não faço, passar bem!".

A atitude do psiquiatra me deixou estupefata. Eu não entendia o que havia acontecido, mas percebi que não haveria como argumentar com aquele profissional. Refleti que talvez ele precisasse de mais ajuda que os próprios pacientes! Saí da sala e perguntei à recepcionista se havia outro psiquiatra que atendesse lá e, por sorte, fui informada que sim, mas haveria vaga apenas em duas semanas, quase ao final do meu prazo.

Em duas semanas, retornei para a nova consulta. Dessa vez, era um médico mais jovem, que me questionou a necessidade do atestado, fez perguntas relativas a meu histórico de saúde mental e física e também sobre meus antecedentes familiares, anotou em seu prontuário e, sem falar muito, me deu o atestado. Por fim, pude entregar o último documento que faltava. Restava apenas esperar, assim como o resultado do vestibular para letras que eu havia acabado de realizar; estava confiante que, naquele ano, seria aprovada.

Na casa de meu pai, cada um cuidava de seus próprios problemas. Enquanto todos estivessem respirando, se alimentando e chegando no horário estipulado, ninguém se intrometia nos assuntos alheios. Toda a correria atrás da bolsa de estudos, fiz por minha conta. Aliás, com exceção de minha amiga Fernanda e poucos colegas do cursinho, ninguém mais sabia a respeito, nem minha família.

Na época eu era muito introvertida e extremamente ansiosa. Preferia guardar as expectativas (e frustrações) para mim, em vez de dividir o assunto com outras pessoas que poderiam questionar o tempo todo ou até agourar minhas ideias.

No fundo, creio que eu mesma pensava que aquela bolsa era algo quase impossível. Então preferia não criar muitas esperanças (embora as tivesse), para não me decepcionar grandemente, como aconteceu em tantas outras situações anteriores.

* * *

Passaram-se as festas do final de ano, e, no início de janeiro de 2002, recebi a notícia de que havia passado no vestibular para letras e iniciaria aulas em meados de fevereiro. Fiz minha matrícula na Universidade de São Paulo, a mais concorrida do país. Estava muito feliz por iniciar uma nova etapa, mesmo que não fosse a carreira que me havia proposto.

Naqueles dias meu pai questionava com desdém: "O que você vai fazer com esse curso de letras? Para que serve isso ao final?". Ele insistia que eu seguisse tentando o curso de direito até, quem sabe, algum dia entrar.

Ao me matricular no curso, planejei logo voltar a trabalhar. Quando coloquei o nome da USP no meu currículo, as ofertas de emprego rapidamente apareceram. Resignei-me à ideia de que precisaria sobreviver aos próximos três anos apenas para trabalhar e estudar, ainda cruzando diariamente a cidade, pois o campus da universidade também é longe, na Zona Oeste.

Ao iniciar minha primeira semana de aulas, decidi ligar no Partido para ter algum posicionamento sobre as bolsas de Cuba daquele ano. Estava em casa pela tarde quando liguei; do lado de lá, uma voz feminina algo impaciente me atendeu. Perguntei-lhe se já haviam sido liberados os nomes dos novos bolsistas, e ela, exasperada, me perguntou meu nome e pediu que eu aguardasse. A seguir, retornou e, seca, disse: "Não, você não foi selecionada".

Desliguei o telefone com resignação e aceitei o que viria naquele novo ciclo. Refletia que, ao final do ano, poderia tentar novamente a bolsa se assim desejasse. No entanto, nem havia terminado de conciliar aqueles pensamentos quando o telefone tocou e a mesma voz que escutara há pouco, agora com um misto de ansiedade e surpresa, questionou novamente meu nome e, depois de ouvi-lo, disse: "Você foi selecionada, sim! Ninguém entrou em contato contigo? Porque vocês viajam daqui a três semanas, e os selecionados precisam estar em uma reunião na sede do Partido, em São Paulo, na semana que vem para receber as instruções!".

Não lembro ao certo o que respondi à moça ao telefone. Certamente, confirmei minha presença na reunião e agradeci pela ligação. Lembro bem que desliguei o aparelho ainda atordoada, me perguntando se seria mesmo verdade o que estava vivendo.

Diogo era o único que estava em casa naquele momento e foi o primeiro da família a escutar tanto a notícia como a história toda. Surpreso, ele me felicitou, mas lhe pedi que ainda não dissesse nada a ninguém, até eu ter certeza e pensar em como contaria a Fabiano e ao meu pai. Se tudo aquilo fosse verdade, dali a apenas três semanas eu embarcaria naquela que seria a maior jornada de minha vida.

* * *

Fui à reunião na semana seguinte, na qual estavam presentes os futuros bolsistas e alguns pais de outros estudantes que já estavam em Cuba, junto com a sra. Clara, representante de relações internacionais do PT. Ela ratificou que eu havia sido uma das selecionadas de todo o país para as oito bolsas que o Partido recebeu naquele ano. Tive a sensação de que havia ganhado na loteria!

Éramos apenas três estudantes da cidade de São Paulo. Todos os demais eram de outras regiões do país. Naquele momento, mais uma vez agradeci a todos os caminhos que me levaram até ali, pois, mesmo sem conhecer ninguém na política, havia sido selecionada pela análise de meu currículo escolar.

A sra. Clara explicou como seria o processo para a viagem, dizendo que todos os bolsistas deveriam viajar juntos, em um voo da empresa Cubana de Aviación. Também comentou brevemente como seria nossa recepção por outros colegas que estavam em Havana e terminou sua fala dizendo: "Não vamos ficar aqui alarmando vocês sobre como são as condições na ilha, pois vocês irão viver a realidade de lá, cada um terá sua própria experiência. A única coisa que adiantamos é que vocês terão todas as condições necessárias para sua formação, com uma bolsa de estudos integral que inclui residência estudantil, alimentação e livros". Informou-nos novamente que o Partido era responsável apenas pelo trâmite de distribuição da bolsa e que cada bolsista se encarregaria pelos custos da própria viagem. Ao finalizar, passou-nos o contato do responsável da empresa aérea que deveríamos procurar.

Os pais dos estudantes veteranos ali presentes disseram poucas coisas, sem passar por cima das orientações da responsável do Partido. Limitaram-se a dizer que seria um local com muita disciplina, com horários e atividades acadêmicas. Pensei que, se tivesse um lugar para dormir, comer e poder apenas estudar, o que mais eu poderia desejar? Sabia que, se optasse por seguir estudando no Brasil, enfrentaria uma intensa sobrecarga pelos próximos três anos, no mínimo. Repetiria o périplo diário de trabalhar, estudar e sobreviver diariamente.

Alguns pais pediram que levássemos algumas coisas aos filhos que já estavam lá. Havia muito coleguismo entre os estudantes, e mesmo a companhia aérea tinha um papel bastante solidário conosco, pois ajudava a passar um pouco do excesso de peso e inclusive permitia às famílias que enviassem pacotes aos estudantes na ilha, muitas vezes sem cobrar nada. Ofereci ajuda a um casal que desejava enviar uma bicicleta ao filho que estava lá, e eles contaram que esse era um dos meios de transporte mais utilizados na ilha.

***

Algum tempo depois, quando eu já estava em Cuba, meu pai frequentou por certo tempo algumas reuniões com o pessoal de relações internacionais do PT, para saber como poderia ajudar mesmo à distância, e ele me contava por telefone: "Eu odeio essa mulher [sra. Clara], tenho raiva de falar com ela quando lembro que foi quem te levou daqui!".

Obviamente, eu respondia que aquela senhora era apenas uma representante legal do Partido e eu só a havia conhecido na única reunião que tivemos antes da viagem. Reafirmei-lhe que ninguém me havia influenciado a nada, muito menos "fui levada"; reiterei que corri atrás de tudo por conta própria, inclusive pagando tudo sozinha. Mesmo assim, ele se mantinha irredutível dizendo que "deveria haver algum culpado em 'fazer minha cabeça' para aquela situação".

PREPARATIVOS PARA A VIAGEM

Ao retornar à casa, após a reunião, dei-me conta de que era mesmo real tudo aquilo e agora precisava contar a todos, pois em menos de três semanas viajaria para Cuba.

Meu pai era etilista, mas costumava pensar que era um "alcoolista funcional". Ele bebia todos os dias antes de chegar à casa; sempre parava em uma padaria próxima, encontrava com conhecidos e ali passava algumas horas distanciando-se de sua realidade. Já estava em uma fase na qual sabíamos que, quando chegasse em casa à noite, tudo o que falasse não teria valor nenhum no dia seguinte, não importando se concordasse ou até discutisse sobre algo. Pela manhã, ele juraria que nunca havia conversado sobre aquilo antes, que era um absurdo dizer que ele sabia de algo.

Sabendo disso, já adiantei o assunto naquela noite mesmo, e, como esperado, não teve muito impacto, pois meu pai achou que era brincadeira e se limitou a rir da situação dizendo: "Imagine que uma coisa dessas vai acontecer!". Jogou-se no sofá, de onde se levantou apenas no dia seguinte.

Na mesma noite, esperei Fabiano chegar do trabalho, já tarde. Ele também ficou surpreso e disse: "Como assim, ganhar bolsa de estudos?". Expliquei-lhe todo o processo pelo qual havia passado e até a reunião que garantia a veracidade da situação. Ao perceber que eu falava sério, ele começou a argumentar sua posição contrária, dizendo que não achava certo que eu fosse naquele momento. Reclamou que a viagem arruinaria seus projetos, pois planejava casar-se no ano seguinte e esperava que eu ficasse responsável pela casa, por meu pai e pelo irmão menor, na época já com dezessete anos. O que me deixava tranquila era que, graças à educação sem distinção de gênero que ambos recebemos de minha tia Maria, Diogo tinha muita autonomia e também sabia todas as atividades domésticas.

Fabiano tentava me dissuadir e contou-me novamente a história de um colega cubano que trabalhava com ele na área de informática. Lembrou-me de que o rapaz comentava sobre algumas situações de graves dificuldades vividas no país. Ele me advertia sobre as histórias dizendo em tom profético: "Lembre que lá não tem carne para comer nem água quente para banhar-se, além de várias outras dificuldades. Depois, não venha chorar!". Mas, ao final, ele entendeu meu posicionamento.

Nos dias subsequentes, de forma concomitante, precisei tomar todas as providências necessárias para uma "viagem expressa" e resolver trâmites burocráticos, comprar passagem, fazer as malas etc.

Naquela correria, retomava o assunto com meu pai, que me via arrumando as malas e apenas debochava, dizendo: "Isso é besteira, não tenho dinheiro para pagar sua passagem", e eu retrucava falando que havia juntado dinheiro do último trabalho no ano anterior. Rindo, ele dizia que não me daria permissão para tirar o passaporte, e eu respondia que, já sendo maior de idade, com vinte anos, havia feito o passaporte no final do ano anterior. E ele seguia tentando me desencorajar; argumentava que eu estava iniciando a faculdade em São Paulo: "Mas você acabou de entrar na USP, olha que importante você estudar letras na USP! Que bobagem querer viajar para um lugar em que você não conhece ninguém; tem que dar valor ao seu curso e ficar por aqui mesmo!". Aquelas querelas seguiram-se por alguns dias, com meu pai tentando dissuadir-me daquele que parecia um sonho quixotesco.

Na época, cheguei a visitar alguns poucos parentes, como minha avó materna, que não entendia muito sobre a situação e limitou-se a dar sua benção. Também fui visitar minha tia Maria, com quem morei; ela chorou de emoção com a notícia e desejou-me boa sorte. Encontrei ainda alguns poucos parentes com quem tinha contato, pois o tempo era muito curto e os preparativos prementes.

A PARTIDA...

No dia da viagem, chegamos com antecedência ao Aeroporto Internacional de Guarulhos. Nunca antes eu havia pisado em um aeroporto, e lá estava com minhas malas simples, cheias com meus poucos pertences. Nas mãos, levava também um caderno para usar como diário, no qual ia anotando algumas das primeiras impressões.

Atordoei-me ao ver a quantidade de pessoas fazendo *check-in*, muitos jovens com os familiares em tom de expectativa e de velório pela despedida. Pensava que seríamos apenas os oito bolsistas do PT, mas, para minha surpresa, estavam ali os cinquenta brasileiros selecionados de todas as partes do país pelos mais diversos movimentos sociais e partidos, não apenas partidos com orientação de esquerda.

Ali, já era notável a mistura heterogênea típica do Brasil. Havia pessoas de origem muito simples e outras de abastados recursos financeiros. Jovens que, por algum motivo, tomaram a decisão de partir naquela jornada, com o sonho de formar-se médico em um país muito conceituado no setor de saúde.

No aeroporto, encontrei o casal com o qual me comprometi a levar a bicicleta ao filho. Estava tão ansiosa pela viagem que logo despachei as bagagens e a bicicleta, e me despedi de meu pai e irmãos para entrar no salão de embarque. Não queria correr o risco de perder aquele voo.

No saguão, aguardando o embarque, lembro-me de ver alguns rostos tristes; em geral, eram todos muito jovens. Notei uma garota mais isolada, sentada; ela abraçava um urso de pelúcia branco e tinha os olhos marejados, alheia ao rebuliço à sua volta. Parecia refletir se entraria mesmo no avião.

Na emoção em que estava, fiz amizade com Daniela, também do PT, e juntou-se a nós Fábio, um colega do grupo da Educafro. Ainda nem havíamos saído do Brasil, mas já combinávamos que nos juntaríamos para estudar quando chegássemos à ilha.

Não pensei duas vezes para entrar naquele voo. Meu pai perguntou-me depois, quando falamos ao telefone, como havia sido viajar de avião pela primeira vez. E eu respondi: "Nada demais! É igual viajar em um ônibus velho com ar-condicionado forte". Os aviões utilizados pela empresa cubana eram antigos aviões russos, considerados dos mais fortes e seguros.

No avião, meu assento ficava no meio, ao lado de uma moça chamada Lucila, que estava acomodada na janela e chorava enquanto olhava para fora. Acomodei-me e logo chegou o outro passageiro, um rapaz chamado Diego, que era estudante autofinanciado do quarto ano de medicina em Cuba e estava retornando de um período de recesso com a família.

Lucila era uma moça muito bonita, mesmo chorando. Era loira, com olhos castanho-claros, natural do Sul do país. Sentei-me a seu lado e perguntei se estava bem. Com os olhos inchados pelo choro, ela disse: "Só não desço desse avião agora porque minha mãe está lá embaixo, seria muita vergonha para ela se eu fizesse isso". E Diego prontamente nos envolveu em uma conversa amistosa sobre como era viver há quatro anos na ilha. Foi bastante cordial em responder a nossas perguntas e também muito prudente em limitar-se ao seu ponto de vista. Dizia em alguns momentos: "Lá tem dificuldades e coisas às quais não estamos acostumados no Brasil, mas nada impossível de viver, e vocês tirarão suas próprias conclusões".

E assim se passou boa parte da viagem. Foi servido um bom jantar. Lucila havia parado de chorar e conversávamos sobre experiências e expectativas quando, vencida pelo cansaço e com as luzes apagadas, finalmente descansei um pouco. Acordamos para servirem outra boa refeição no café da manhã, pouco antes do pouso, após quase dez horas de voo direto.

CAPÍTULO 3

O CURSO DE PRÉ-MÉDICO

*Educar é depositar em cada homem
toda obra humana que o antecedeu.*
José Martí

A CHEGADA À ILHA

Chegamos a Havana numa manhã nublada, pouco depois da chuva. Era final de inverno no hemisfério norte. Ao sair do aeroporto, senti um ar tépido e úmido que me inundou os pulmões e logo me trouxe à realidade. Nesse momento cruzou-me a mente um pensamento definitivo: "Cheguei. Agora não tem volta!".

Dois ônibus escolares nos aguardavam no estacionamento. Foi uma bela surpresa conhecer vários colegas estudantes brasileiros, os veteranos, que foram nos receber em uma comitiva. Alguns esperavam por encomendas enviadas por suas famílias, outros estavam ali apenas num gesto de solidariedade. Entreguei a bicicleta ao rapaz que aguardava minha incumbência. De forma ágil, eles nos ajudaram a pegar todas as malas e, juntos, enchemos um dos ônibus com os pertences, enquanto o outro nos levou até nossa residência provisória em Girón.

Como éramos recém-chegados, ainda estávamos atordoados pela viagem, um pouco confusos e cansados. Sabíamos que ali era apenas o início da nova jornada. A recepção solidária feita pelos veteranos me fez refletir sobre o que estaria por vir, sobre a necessidade de união e apoio entre nós, estudantes.

***

O Aeroporto Internacional José Martí está localizado na região de Boyeros, zona rural do município de Havana, local afastado do centro da cidade. Pela estrada do aeroporto até a nova escola, eu notava a diferença das construções em relação ao que eu conhecia: não havia grandes edifícios, apenas construções mais simples. Algumas pessoas usavam cavalos como meio de locomoção, além do famoso *bicitaxi*, outro transporte comum na ilha, que é um triciclo manejado por um motorista que transporta até dois passageiros; achei muito curioso.

VICTORIA DE GIRÓN

A faculdade de medicina Victória de Girón localiza-se a cerca de quinze quilômetros do Centro de Havana, entre a Carretera (rodovia) Central de Cuba e a famosa 5ª Avenida. O local era um antigo convento de freiras, muito amplo, e impressionava pela beleza e conservação, embora já não abrigue os símbolos religiosos de outrora.

O nome da faculdade é uma homenagem ao acontecimento histórico que ocorreu na Playa Girón, onde houve um dos acontecimentos mais importantes após a Revolução Cubana, o episódio da Baía dos Porcos, fato considerado pelos cubanos da ilha como sua primeira grande vitória contra a ameaça *yanque*. Para o governo estadunidense, representou uma péssima estratégia, pois perderam a chance de recuperar a ilha das mãos do comunismo e, ainda por cima, aprofundaram o abismo já existente nas relações diplomáticas, culminando nos marcantes eventos que o sucederam.

Ao chegarmos a Girón, conhecemos nossa primeira morada, a residência estudantil, chamada *Beca*. Os prédios eram grandes sobrados; no piso térreo, ficavam os amplos banheiros coletivos e, no piso superior, os dormitórios e uma pequena cozinha, o *pantry*, que tinha uma geladeira, uma pia e uma mesa.

Na entrada dos dormitórios, havia uma pequena recepção *carpeta* (pequena recepção), onde ficavam uma *carpetera* (recepcionista) e também estavam algumas cadeiras distribuídas diante de um televisor. Em cada edifício, havia dormitórios femininos, separados dos masculinos, nos quais era estritamente proibida a entrada de colegas do sexo oposto. Tudo tinha muito rigor e disciplina. Pelo pátio da *Beca*, havia também alguns orelhões, uma sala de estudos e algumas cantinas onde vendiam guloseimas.

Antes da chegada à residência, eu imaginava que o local seria como os alojamentos do exército que usualmente vemos em filmes, com camas de campanha improvisadas em um galpão. Mas fiquei bastante surpresa ao ver que eram quartos amplos, separados por paredes de *dry wall*, bem iluminados e com grandes persianas de metal. Em cada quarto, havia sete beliches, com colchões, roupas de cama, armários e mosqueteiros novos para cada estudante.

Para cada delegação de estudantes existia um monitor cubano responsável. Naquela ocasião, o sr. Roberto, carinhosamente chamado de Robertico, era o responsável pelo grupo brasileiro masculino; e, pela delegação brasileira feminina, era a sra. Marlene. Ambos eram encarregados das questões administrativas e até pessoais dos estudantes. Algumas colegas que chegaram a ter estreita amizade com Marlene, ao final, a chamavam "*mamá cubana*".

No mesmo edifício que hospedava a delegação brasileira feminina, também estavam alojadas colegas das delegações chilena, paraguaia e costa-riquenho. Éramos cerca de cem garotas convivendo no mesmo andar e ficávamos responsáveis por todo o cuidado e limpeza do local. Naquele ano, houve a Copa do Mundo de 2002, e foi muito interessante poder vivenciar aquele evento num ambiente multicultural como era nossa *Beca*.

Girón foi nossa residência por alguns meses, até sermos transferidos para a residência oficial da Escuela Latinoamericana de Medicina (ELAM), próximo à praia de Baracoa, onde então iniciamos os estudos de medicina no semestre que começou em setembro.

Em Girón, fizemos o curso de pré-médico, que correspondia ao período inicial de adaptação para os recém-chegados, e era também a oportunidade para que nossos anfitriões nos conhecessem melhor. Naquela etapa, eram ministradas aulas e realizadas avaliações de diversas disciplinas do ensino médio. Acredito que o curso servia para qualificarem o grau de preparação de cada delegação, a fim de também nivelarem um pouco mais os conhecimentos básicos antes de iniciarmos os pesados temas da medicina.

Logo no início, fiquei impressionada observando a grande diversidade étnica entre os novos colegas. Havia rostos com traços marcadamente indígenas, como os dos colegas da Guatemala e de muitos colegas andinos; outros eram negros, como os colegas *garífunas*, uma etnia formada pela miscigenação de índios caraíbas e aruaques com escravos africanos, procedentes de Honduras e Colômbia. Havia ainda alguns caucasianos, com aparência europeia, como alguns argentinos e uruguaios.

Em geral, éramos todos bastante jovens. Havia desde alguns estudantes de quinze anos, da Colômbia – país onde é possível terminar o ensino médio com essa idade –, até alguns de 25 anos, idade limite para concessão da bolsa de estudos.

Confesso que fiquei curiosa quando soube que alunos estadunidenses também estudariam conosco. Queria entender quem eram eles e o que os levara até ali. Achava intrigante o fato de Estados Unidos e Cuba terem relações tão conturbadas e, ainda assim, a ilha lhes oferecera essa oportunidade. Mas, sobretudo pelo idioma, eles não passavam pela adaptação do pré-médico na faculdade de Girón, sendo alocados diretamente na ELAM, com os estudantes mais antigos de sua delegação e outros estudantes de língua inglesa, como os belizenhos.

Éramos alunos de diferentes regiões e culturas, e existia uma marcada diversidade inclusive dentro da própria delegação brasileira. Pude conhecer e conviver com brasileiros de todas as partes do meu imenso país, o que foi fundamental para compreender melhor o valor de cada região, ao invés de me perder numa visão regionalista que enaltecia o Sudeste, sobre a qual antes não refletia muito. Percebi quão infantil e estúpida eram essas visões, pois há beleza e recursos em todo o Brasil que vão além da grande riqueza (ou seria miséria?) econômica que predomina nas grandes capitais de São Paulo e Rio de Janeiro.

Um fato que ilustra um pouco a deturpação na maneira como se percebem as diferentes regiões do Brasil, e que seria cômico, se não fosse trágico, aconteceu quando minha colega de quarto, Carolina, natural de Alagoas, voltou de férias para iniciarmos o primeiro ano da faculdade. Rindo, ela relatou que, quando estava em casa, contou para a avó materna que morava no mesmo quarto com garotas de São Paulo, e a avó lhe respondeu apavorada: "Menina, pelo amor de Deus, disfarça para elas dizendo que você é do Rio de Janeiro! Você sabe que gente de São Paulo põe fogo em nordestinos!".

Ao ouvir Carol, imaginamos como seria para ela disfarçar seu forte e belo sotaque, e tanto ela como todas do quarto demos boas gargalhadas do *chiste* (piada) de sua avó. Porém foi triste pensar que esse medo possa ser a visão que diversas pessoas nordestinas têm em relação aos compatriotas da Região Sudeste.

O Sudeste do Brasil, principalmente São Paulo e Rio de Janeiro, foi e segue sendo construído com muito "sangue e suor" de pessoas de várias partes do país e do mundo, sobretudo de brasileiros oriundos do Nordeste do país. Contudo, infelizmente, alguns cidadãos nascidos nessas grandes capitais sentem-se no direito de vilipendiar as pessoas de outras regiões em diversas situações.

* * *

Cuba distribuía quantidades distintas de bolsas de estudo a cada país, de acordo com critério próprio, provavelmente relativo à população das nações envolvidas e às relações políticas existentes. Porém cada governo tinha sua autonomia e suas particularidades na seleção e distribuição dessas bolsas. Assim, era notável a presença de pessoas das mais diferentes classes sociais, partidos políticos e etnias de todos os países ali representados.

No período em que fui estudar na ilha, não havia acordos diretos com o governo brasileiro, então a embaixada de Cuba destinava um determinado número de bolsas aos distintos partidos políticos do país, desde partidos de direita, como o Partido da Social Democracia Brasileira (PSDB), até partidos de esquerda, como o Partido Comunista do Brasil (PCdoB) e o Partido dos Trabalhadores (PT), e também a movimentos sociais como a Central de Movimentos Populares (CMP) e o Movimento dos Trabalhadores Rurais Sem Terra (MST), entre outros.

Nos grupos de estudantes estrangeiros, havia pessoas extremamente pobres, como alguns centro-americanos e africanos, e também alguns brasileiros do MST, muitos dos quais, antes de ir a Cuba, costumavam viver em acampamentos com suas famílias, alguns com dificuldades inerentes à falta de acesso a uma formação acadêmica adequada.

A realidade daqueles colegas contrastava com a de outros estudantes que eram filhos de médicos, fazendeiros, políticos, entre outros grupos de classe média alta. Havia, inclusive, alunos que estudavam medicina em seus respectivos países, mas decidiram estudar na ilha pela aventura e pelo grande conceito da medicina cubana. Havia até um casal de irmãos mexicanos que, segundo seus colegas de delegação, eram procedentes de família muito rica; eles teriam sido sequestrados em sua cidade, e, para protegê-los, os genitores conseguiram as bolsas de estudo em Cuba, pois entendiam que ali estariam muito mais protegidos do que em seu próprio país.

Embora houvesse uma grande heterogeneidade sociocultural, era notável que, naquela situação, pouco importava "quem éramos" antes de Cuba; mais importante era quem seríamos como pessoas e estudantes, pois ali estávamos todos no mesmo barco.

ANTES DE COMEÇAR O PRÉ-MÉDICO

Assim que as delegações chegavam à faculdade de Girón, uma das primeiras medidas realizadas com cada estudante era um registro médico. Criavam um prontuário que teríamos durante toda nossa estadia no país, onde eram registradas consultas e procedimentos, além de aplicadas as vacinas obrigatórias pelo calendário vacinal da ilha.

Um dos primeiros procedimentos médicos era o tratamento profilático para malária com uso de cloroquina por três dias e, depois, com primaquina até completar catorze dias – período no qual permanecíamos em estado de "quarentena" e não era permitido sair além dos limites da escola.

O tratamento profilático para malária era feito com estudantes procedentes de países endêmicos da doença. Como o Brasil é um país de dimensões continentais, com regiões endêmicas e outras não, para evitar o risco de disseminação dessa enfermidade na ilha, as autoridades sanitárias cubanas realizavam o procedimento em todos os estudantes brasileiros.

Ainda naquele período, eram confeccionados os documentos cubanos, que nos permitiriam ter a liberdade de poder andar pelo país identificados como residentes estrangeiros em Cuba.

Durante a primeira semana após nossa chegada, nossos anfitriões nos prepararam uma festa de boas-vindas. No evento, levaram até um famoso grupo cubano da época, Carlos Manuel y su Clan, que se apresentaram no pátio da faculdade de Girón com seu famoso *hit* "*La manzana en la cabeza*" (a maçã na cabeça).

Como eu ainda estava sob os efeitos muito incômodos da cloroquina, sequer consegui aproveitar a festa. Confesso que, para mim, foram bastante desagradáveis os efeitos adversos dessa medicação, pois tive efeitos gastrointestinais (náuseas e diarreias) que provocaram dificuldade em me alimentar, somados a irritabilidade, marcado desânimo e até a volta das ideias suicidas.

Senti um estreitamento de perspectivas e voltei a ter pensamentos de morte. Só conseguia pensar que, para mim, as coisas não estavam bem nem no Brasil, nem em Cuba, o que me causava grande sentimento de desesperança. Por sorte, foi algo que logo passou, e depois soube que o comportamento suicida pode ser também um dos raros efeitos adversos dessa medicação (1).

Por outro lado, tínhamos muito apoio dos colegas brasileiros veteranos, que, nos dias iniciais, frequentemente nos visitavam e nos animavam dizendo: "A cloroquina é muito ruim, mas quando vocês tomarem a primaquina, que é 'mais fraca', ela até ajudará a abrir o apetite e se sentirão melhores". De fato, com o uso da primaquina e o passar dos dias, logo os efeitos adversos da cloroquina ficaram para trás.

A alimentação e outros desafios da convivência

No início, tudo parecia algo desconcertante; até a água tinha um gosto distinto, um pouco salobra, e a visão do refeitório era impactante. Como a comida era feita em larga escala, muitas vezes as refeições não eram as mais saborosas. No entanto, a maioria de nós entendia que, por pior que parecesse a comida, era o que nossos anfitriões tinham para oferecer, e o pouco que tinham, eles amavelmente compartilhavam conosco.

Lá, a carne bovina não era usual nas refeições, pois o gado era controlado e usado sobretudo para produção de leite para as crianças e os idosos, então usava-se muita carne de soja. Nas ocasiões nas quais serviam *pollo* (frango) assado, geralmente uma vez na semana, era uma delícia, e se formavam grandes filas no refeitório.

Logo no início, tentamos nos acostumar com a alimentação, e os colegas veteranos nos diziam rindo: "Vocês não estão gostando da comida? Não queremos assustá-los, mas ainda vão provar o famoso 'MDM' e vai ser uma experiência que não esquecerão jamais". O "MDM" era algo que os estudantes chamavam carinhosamente "picadinho Monstro do Mar" – na verdade eram os *calamares* (lula), um fruto do mar caro no Brasil e outros lugares, mas bem comum por lá.

Esses animais possuem em seu interior uma pequena bolsa de tinta, usada para sua defesa, que geralmente é retirada antes do preparo do alimento. Eles, no entanto, não a retiravam; não sei se por costume ou mesmo pela pressa em preparar grandes quantidades de refeições. Quando cozida, então, a comida ficava com uma cor escura, um cheiro muito forte e um gosto, no mínimo, peculiar. Além do mais, não cortavam muito, então no prato víamos aquelas perninhas escuras e cheias de ventosas. Eu apenas misturava tudo com o arroz e feijão e comia rapidamente. Aos poucos, fui me adaptando e, ao final, cheguei até a gostar dos famigerados *calamares*.

Havia colegas de outros países que sofriam mais com a alimentação da ilha, afinal, para os brasileiros, exceto pelos *calamares*, os pratos não eram tão diferentes de nossa comida corriqueira – são muito comuns para nós o arroz, feijão e algum tipo de acompanhamento. Entre os estudantes, a diversidade cultural era notável também no quesito alimentar. Por exemplo, muitos argentinos e uruguaios contavam que em seus países consumiam apenas massas e carne bovina; já os norte-americanos (mexicanos) e a maioria dos centro-americanos tinham o milho como base de suas refeições. De algum modo, todos os estudantes tinham suas preferências e peculiaridades alimentares relativas a suas culturas, porém lá era necessário que todos se adaptassem à mesma alimentação.

Dessa maneira, era visível a grande perda de peso dos garotos, ao contrário de algumas garotas, que aumentavam muito seu peso porque substituíam a alimentação trivial por uma variedade de pães doces, que eram abundantes nas cantinas e bastante baratos – custavam cerca de um peso cubano, aproximadamente quatro centavos de dólar.

Após a alta da quarentena, começamos a sair e descobrimos que, não muito distante da faculdade, havia um hospital militar e, diante dele, alguns pequenos comércios que vendiam desde *coquitos* (cocadas cubanas) até as deliciosas *pizzas* cubanas, feitas com uma massa grossa tipo *pizza pan*, com um queijo diferente, parecido com coalho. Não sei qual era o segredo, pois tudo era muito simples, mas tinha um sabor único, que eu amava. Sempre que podíamos, sobretudo nos finais de semana, quase todos íamos saborear as *pizzas*.

As diferentes bagagens culturais refletiam diretamente até em questões básicas, como o cuidado com a higiene nos albergues. No início, era desafiador até utilizar os grandes banheiros coletivos; muitos se preocupavam apenas em utilizá-los, mas não com a limpeza após o uso, deixando toda a sujeira para trás sem se importar com quem viesse depois. Havia inclusive colegas que usavam a pia de nossa pequena cozinha para lavar sapatos etc. Logo percebi que seria preciso incomodar-me menos com o externo e focar o que era preciso, ou seja, os estudos.

Operação Meteoro e o programa de medicina

Também na primeira semana, reuniram todos os novos estudantes no grande teatro da faculdade de Girón para dar as boas-vindas e algumas orientações sobre como seria nossa jornada.

Um dos primeiros tópicos abordados foi a preocupante situação do país, que está situado no corredor dos furacões do Caribe. A palestra foi ministrada por representantes da defesa civil cubana, que esclareceram a "Operação Meteoro". Achei graça do nome e perguntava-me o que tinha a ver furacão com astronomia. Fiquei pensando se o nome se devia ao fato de as operações exigirem agilidade e prontidão, mas explicaram que era apenas uma abreviação para aqueles eventos meteorológicos.

Fizeram uma abordagem sucinta, porém ampla sobre o tema. Explicaram como deveríamos atuar e o papel da defesa civil durante esses fenômenos climáticos, como o que havia acabado ocorrer em Havana no final do ano anterior: o Michelle. Também nos relataram a história da criação da ELAM, que nasceu após a grande tragédia ocorrida no final de 1998 na América Central, com a passagem do furacão Mitch.

Após a introdução, alguns professores tomaram a dianteira e esclareceram como seria nossa carga horária. Mostraram o programa do curso de medicina que iríamos iniciar em setembro daquele ano, com todas as matérias até o sexto ano, o que me causou grande ansiedade.

Anotei tudo e, ao ler os nomes das matérias, tentava entender seu conteúdo, já marcando algumas e pensando: "Tenho certeza de que irei adorar anatomia, microbiologia, cirurgia etc.". Outras, não tinha muita ideia do que se tratava, por exemplo: embriologia, bioquímica, fisiologia. Foi interessante perceber depois que anatomia, uma disciplina pela qual sempre me interessei e à qual me dedicava muito, não foi tão fácil para mim; ao contrário de fisiologia e bioquímica, às quais também me dedicava bastante por serem muito complexas, nas quais me sobressaí com boas notas – inclusive fui nomeada *alumna ayudante* (monitora) em bioquímica.

Ainda antes de iniciarem as aulas do curso de pré-médico, durante a quarentena, passamos por diversos procedimentos. Além da aplicação de vacinas, fomos avaliados por dentistas e médicos, e fizeram avaliações sobre o idioma espanhol e até aplicaram um teste de QI.

Anos mais tarde, por acaso, com uma professora de psicologia médica, encontrei o documento que trazia os resultados daquele teste de QI da delegação brasileira. Notei que não estávamos agrupados de acordo com os resultados e me questionei por que nos aplicaram um teste daqueles se não iriam unir os alunos com resultados semelhantes. Porém depois entendi que misturavam todos os estudantes, com maiores e menores habilidades, justamente para que o aprendizado e desenvolvimento intelectual ocorressem de forma mais homogênea, em vez de privilegiar apenas alguns grupos.

O primeiro passeio por Havana

Passado o período inicial da quarentena, nossos instrutores cubanos convidaram a delegação brasileira para realizar um passeio pela cidade de Havana.

Em um ônibus escolar, percorremos as ruas da cidade, enquanto o instrutor nos mostrava alguns dos lugares principais, contava a história local e dava algumas orientações para quando precisássemos sair sozinhos.

Algumas edificações pareciam muito antigas. Notava-se a tinta descascada próximo a árvores recém-cortadas em campos abertos, o que dava a impressão de estarmos em algum local de pós-guerra. Aquilo tudo era ainda vestígio da passagem do Michelle, último grande furacão de categoria 4, que passara havia menos de seis meses por Havana, em novembro de 2001.

A visão contrastava com alguns belos hotéis que víamos pelo caminho, bem como outros em construção, que traziam, sobretudo, a bandeira da Espanha e de uma importante cadeia hoteleira desse país.

Era igualmente interessante notar que havia *outdoors* espalhados pela cidade, mas não havia propagandas comerciais neles. Havia alguns inclusive na saída do aeroporto e até chegar à cidade, com frases de figuras históricas cubanas.

Eu observava também que não existiam estátuas de Fidel, Raúl Castro ou de alguns outros personagens importantes no país, e o instrutor comentou que, pela Constituição cubana, era proibido o culto à imagem de figuras políticas que ainda estivessem vivas. Da mesma forma, não era permitido que instituições como escolas, hospitais ou mesmo praças e nomes de rua tivessem nomes dessas personalidades ainda vivas. Apenas rendiam homenagens aos protagonistas da história do país que fossem falecidos.

De fato, em escolas, policlínicas, hospitais e outros edifícios públicos, viam-se nomes famosos de líderes da Independência cubana, como: José Martí, Calixto García, Antonio Maceo; e da Revolução, como: Ernesto Guevara, Camilo Cienfuegos, Hermanos Ameijeiras, Manuel Fajardo, entre outros.

Quando o ônibus foi descendo pela Avenida 23 e se aproximando do famoso Malecón de La Habana, uma das principais vias, que percorre cerca de oito quilômetros ao longo da costa da cidade, de onde era possível avistar as ondas quebrando de forma impiedosa contra os muros da grande *vía*, lembro-me da sensação de limitação e pequenez que me invadiu. Olhando aquela imensidão do mar, inspirei profundo quando, pela primeira vez, me dei conta da enorme distância que me separava da minha origem. Novamente fui tomada pelo pensamento resoluto de que a sorte estava lançada e não haveria volta para trás.

Colegas com dificuldades de adaptação

Reconheço que os primeiros meses foram bastante desafiadores, pois deparamos com uma realidade muito distinta do que a maioria estava acostumada em seus países. Para começar, estávamos todos um pouco "órfãos", pois, mesmo com contato telefônico, que a maioria mantinha de forma frequente com familiares, nenhum de nós tinha um abraço de nenhum deles naquela conjuntura. Para alguns estudantes, era uma situação muito difícil de enfrentar, e logo começaram a surgir colegas na delegação brasileira com pensamentos depressivos e obstinados a voltar ao país o quanto antes, como Lucila.

Como eu já não estava perto de Lucila quando desembarcamos, ainda dentro do aeroporto de Havana, enquanto todos estavam ocupados com os pertences, apenas a ouvi chorar novamente, dizendo que não desejava ficar na ilha. Observei que alguns colegas veteranos tentavam consolá-la dizendo: "Fique calma! Vamos para a escola e poderá descansar. Vai ver que logo se acostumará". Ela acedeu enxugando as lágrimas, mas não se dissuadiu de seu plano.

Ela ligava a cobrar para a mãe quase todos os dias e chorava, implorando que mandasse sua passagem de retorno. Contou-nos que a mãe ficava muito decepcionada e até brava com ela, pois eram de origem pobre. A mãe lhe disse: "Você sabe o sacrifício que fiz para comprar sua passagem de ida e as dívidas que ainda estou pagando para que você chegasse até aí. Se você voltar para o Brasil agora, sabe que vai precisar trabalhar comigo na faxina para pagar essas contas. Fique mais um pouco e logo se acostumará!".

A demora da mãe em enviar-lhe a passagem, talvez, em parte fosse para ver se Lucila mudaria de ideia, pois ela chegou a frequentar algumas aulas e até relacionou-se amorosamente com um colega veterano, porém nada a demoveu de sua decisão. Algumas semanas depois, Lucila voltou ao Brasil. As outras garotas que faziam parte de seu grupo de amizade e se uniram também em sua dificuldade de adaptação paulatinamente mudaram de ideia de retornar ao país e acabaram se habituando à nova realidade.

Nunca mais soube do destino de Lucila, e às vezes fico pensando como teria sido sua história se houvesse ficado e concluído o curso conosco. Por outro lado, me alegro ao refletir que, independente do resultado obtido, sua opção foi a melhor, pois foi uma escolha que ela mesma fez para si. No entanto, alguns colegas criticaram sua atitude, pois privou aquela bolsa de estudos de alguém que poderia ter aproveitado melhor a oportunidade.

Lidando com a nova economia

Logo que chegamos a Cuba, foi preciso aprender sobre a economia local. Sabíamos que a moeda do país era o peso cubano, mas logo vimos que havia também o *peso cubano convertible* (CUC), moeda cubana em divisas também chamada de "dólar cubano", pois tinha cotação similar à moeda estadunidense. A criação dessa moeda foi uma das medidas descritas anteriormente para tirar o país de sua pior crise econômica, o Período Especial. Com isso, o governo evitou a dolarização da economia local e o uso de moedas estrangeiras na ilha.

Percebemos que, na ilha, havia um comércio em que se usavam pesos cubanos e outro no qual era usado o CUC. Com o primeiro, era possível acessar os recursos básicos, como: transporte e alimentação comum, medicamentos, entre outros artigos que fossem produzidos no país e eram fortemente subsidiados pelo governo. Contudo, para adquirir algum produto importado, como alguns produtos de higiene que escasseavam ou mesmo uma comida diferente, era preciso pagar em divisas.

Notávamos que era uma situação desafiadora para uma parcela da população que recebia o salário em pesos cubanos, a qual não tinha acesso a uma maior diversidade de produtos, embora algumas coisas fossem de fato supérfluas. No entanto, alguns cubanos que tinham família no exterior e recebiam ajuda financeira pareciam viver de modo relativamente confortável.

O que era produzido na ilha era muito acessível, porém, devido ao bloqueio econômico, havia épocas em que faltavam matérias-primas essenciais, inclusive para algumas medicações comuns, que chegavam a desaparecer das farmácias por semanas.

***

Além da bolsa de estudos, morávamos na residência estudantil, e o governo cubano também nos fornecia alimentação, livros e, durante os dois primeiros anos, um pacote com produtos de higiene mensalmente. Além de tudo isso, pouco após nossa chegada, fomos informados que receberíamos um *estipendio mensal* (uma espécie de mesada) de cem pesos cubanos.

Na época, um dólar era equivalente a 25 pesos cubanos. Ou seja, recebíamos o equivalente a quatro dólares mensais, e, com esse dinheiro, eu me virava bem durante o mês. Para uma melhor compreensão de valores, uma passagem de ônibus na época valia vinte a quarenta centavos de pesos cubanos, e a entrada do cinema valia um peso cubano.

No meu caso, o dinheiro que levei era referente ao restante do meu último trabalho: apenas 160 dólares, que usava com parcimônia, pois não contava com ajuda financeira familiar. Meu pai ajudava como podia e, em duas ocasiões, me enviou uma caixa com alguns artigos que não se encontravam na ilha de forma corriqueira na época – coisas que em qualquer "loja de 1,99" brasileira se achariam facilmente.

Durante os dois primeiros anos da faculdade, vivemos em regime de internato na ELAM, e, como quase não saía da escola, eu praticamente não tinha gastos. É incrível perceber que, como estudante, necessitava de tão pouco para viver. Confesso que era uma vida simples, porém tranquila.

É engraçado pensar que, em Cuba, passei o período de minha vida com menores recursos financeiros e, mesmo assim, admito que lá fui muito feliz, por não ter qualquer preocupação com contas ou outras responsabilidades. Como tinha minhas necessidades básicas asseguradas, tive a possibilidade de focar minha única responsabilidade ali, que eram os estudos; e notava a influência positiva disso no meu aprendizado, o que também me permitiu adquirir a percepção de outros valores de vida.

VIVIENDO EL ESPAÑOL

Naquele período inicial, com as várias avaliações que nos fizeram, também foi testado nosso nível no idioma espanhol. A delegação de brasileiros, em sua grande maioria, receberia antes de tudo aulas de idioma para então incorporar-se às aulas gerais e, ao final, constituiu-se um grupo apenas com brasileiros no curso de pré-médico.

Por sorte, aquele breve curso introdutório de espanhol (A1), de seis meses, que eu fizera no ano anterior permitiu-me ser escolhida, junto com outros quatro colegas brasileiros, para as aulas com os demais estudantes de língua hispânica, de outras delegações. Como éramos poucos, colocaram apenas um brasileiro em cada classe. Eu sentia como se estivesse em um vasto oceano, no qual havia diversas espécies de peixes, e eu era como o peixinho do filme Nemo em sua aventura: totalmente perdida!

Em cada sala, éramos cerca de vinte alunos; por exemplo, chilenos, hondurenhos, guatemaltecos, com os professores cubanos ministrando as aulas em seu espanhol rápido e eloquente.

Meu nível ultrabásico de espanhol não foi impeditivo de (por livre e espontânea pressão) aprender rapidamente, na prática. Mesmo com grande falta de vocabulário, fazia associações que ajudavam, como nas aulas de história ou geografia, quando falavam sobre *"los países sub-desarrollados* y *desarrollados*"; mesmo sem ter ideia do significado da palavra *desarrollo*, pela lógica, traduzia "países desenvolvidos e subdesenvolvidos"; e foi assim que progressivamente transformei meu espanhol extremamente escasso em comunicação de verdade.

***

Fui descobrindo a complexidade desse novo idioma que parecia muito fácil, mas não é. Muitos brasileiros acreditam que acrescentar o sufixo *-ito* ao final das palavras, como pequeno/*pequenito*, livro/*livrito*, ou o sufixo *-ción*, como construção/*construción* etc. será suficiente para o português se transformar em espanhol. Ledo engano...

Percebi também o interessante fato de que pessoas que falam o português entendem mais facilmente os hispânicos quando estes falam de forma pausada; mas o contrário não é verdade. Isso se deve principalmente ao fato de a língua portuguesa ter muitos fonemas nasais, que não existem no espanhol; palavras como mão, mãe, pão, para eles, não têm sentido algum e são muito difíceis de pronunciar.

Mas o espanhol também tem seus segredos, e uma das grandes dificuldades para os lusófonos é a pronúncia adequada do fonema de duplo R no espanhol, o chamado *R fuerte*. Havia brasileiros que, mesmo com muito esforço, não logravam pronunciar corretamente, o que dificultava bastante a comunicação.

Para entender melhor: se escrevemos a palavra "carro", tanto o falante de português quanto o hispânico entendem o significado; se o hispânico pronunciar a palavra, também é possível que o falante do português compreenda, mas, se nós pronunciarmos a palavra em português, com o fonema de R aspirado [ca-ho], o falante de espanhol não terá ideia nenhuma do significado; nosso R aspirado soa para eles como sua letra J – para eles ficaria algo como [cajo].

Depois de um tempo, eu costumava brincar dizendo que o português e o espanhol foram criados a partir de uma briga entre um português turrão e um *español terco*. Um exemplo que eu usava era o seguinte: *florero* em espanhol é vaso em português; *vaso* é copo em espanhol; *copa* em espanhol é a nossa taça; *taza* (também se pronuncia "taça") em espanhol significa xícara, e esta última palavra sequer existe em espanhol.

Outros falsos cognatos também podem ser divertidos, como *embarazar* (se pronuncia como a palavra "embaraçar" em português), que em espanhol significa engravidar. Em português brasileiro, usamos embaraçar como emaranhar ou envergonhar-se. Chamar alguém de *tarado* em espanhol nada mais é que se referir a alguém tolo, e *surdo* em espanhol não é alguém com deficiência auditiva e sim um canhoto.

Também era engraçado quando se começava um relacionamento amoroso, pois já diziam que eram *novios* – parecia tudo rápido demais! Mas a tradução é apenas namorado; e, para noivado, se usa a palavra *compromiso* ou *prometido*.

* * *

Além disso, precisamos aprender sobre a diversidade cultural e linguística entre os próprios países hispânicos: o que seria algo inocente em um país pode ser um palavrão ou *mala palabra* em outro. Um grande exemplo é a palavra *coger*, que se pronuncia "correr". Na Espanha e em muitos países, significa agarrar, pegar, por exemplo, *¡Cogeme la fruta!* Contudo, na Argentina, Uruguai e alguns outros países, significa ter relações sexuais.

Em geral, são justamente as *malas palabras* as primeiras que aprendemos na maioria dos idiomas. Em Cuba, os brasileiros descobriram logo no início diversas palavras que em português seriam palavrões, mas que para os hispânicos nada significam. Por exemplo: pinto em espanhol cubano significa maduro (exemplo: "*mango pinto*" significa que uma manga está madura); *buseta* (se pronuncia "buceta") na Venezuela é apenas um ônibus pequeno; já a *cuca*, que para nós é sinônimo de cabeça, para eles é o órgão sexual feminino; *transar* na Argentina é o nosso "ficar"; *ligar* na Espanha e em alguns outros países não é uma chamada telefônica e sim ter relações sexuais; *cu* é apenas uma letra (letra "q"), e assim por diante.

Também descobrimos que, para os cubanos, uma das piores *malas palabras*, considerada de muito baixo calão, é a famosa *pinga*, que lá significa o membro sexual masculino; quando comentamos com uma cubana sobre nossa bebida, ela riu espantada e disse: "Lá no Brasil vocês se embebedam de outro jeito, né?!".

Como se vê, foi preciso aprender de verdade o espanhol para não passar vergonha nem provocar mal-entendidos.

***

A experiência de ser a única brasileira entre os demais colegas hispânicos teve um impacto positivo, que foi me obrigar a desenvolver a maior parte do tempo sozinha e sair da concha de autoproteção que sempre utilizei para me relacionar. Foi algo que aconteceu de forma inusitada para mim, pois era muito interessante viver naquele meio tão diverso, com tantas peculiaridades para aprender; logo fiz amizades com muita gente e, quando estava com minha delegação, uma amiga carioca brincava chamando-me de *Miss Latinoamerica*.

Ao mesmo tempo que essa brincadeira era algo engraçado, também comecei a perceber outro lado não tão agradável e sentia principalmente de algumas colegas brasileiras com quem convivia pouco, que diziam: "Ela é muito metida, se acha!", pois a maior parte do tempo eles ficavam juntos, como a "delegação brasileira", e eu estava com eles apenas fora das aulas, no final do dia; e, por isso, acabava tendo amizade com poucas pessoas da minha própria delegação.

É muito triste a questão do julgamento, pois nos baseamos em circunstâncias risíveis e bastante pessoais para emitir um juízo que muitas vezes não se sustenta. Geralmente, também está relacionado com projeções da pessoa que julga; situações mal resolvidas em si mesmo ela que projeta nos outros. Somente depois de conviver com o outro é que percebemos que aquele pensamento era apenas um pré-conceito, ou seja, um conceito antes de conhecer. No meu caso, pouco a pouco tive mais contato com as colegas brasileiras, e com algumas delas tive atritos no início e depois fiquei muito amiga.

Confesso que, muitas vezes, eu também era complicada, cheia de convicções e amarguras; em vários momentos, era muito fechada em mim. Mas estava aprendendo a sair do casulo e dos mecanismos de defesas para evitar me machucar ao me expor.

No início, eu ficava exasperada com minhas colegas de quarto e seus assuntos sobre os garotos que conheciam e as paqueras que se iniciavam; eu achava tudo aquilo uma grande perda de tempo. Pensava comigo: "Não é nada disso que eu vim fazer aqui". Poucos meses depois, no entanto, conheci um argentino que seria meu primeiro namorado.

Naquela época, fiquei chateada quando algumas colegas brasileiras começaram a conversar comigo apenas para que eu as apresentasse aos estrangeiros. Em certas ocasiões, me aborrecia e dizia: "Fico triste que as pessoas me tratem apenas como uma ponte e passem por cima de mim para chegar aonde querem".

Felizmente, hoje penso o contrário: talvez essa deva ser uma de nossas finalidades nesse mundo, pois não somos caminho de chegada para ninguém; somos todos caminhos em construção. Atualmente, reflito que, ao invés de criar muros, devemos cada vez mais ser pontes, que ajudemos os demais a chegar aonde precisarem ir, sem nos eximir da responsabilidade de estabelecer os limites.

ATIVIDADES ACADÊMICAS NO PRÉ-MÉDICO

Antes de iniciarem as aulas, havia uma grande organização de nossos anfitriões para a distribuição dos livros, materiais escolares e até uniformes – um jaleco branco com calça ou saia azul-marinho.

Logo após a quarentena, começamos o curso do pré-médico. Além das aulas formais, havia diversas outras atividades acadêmicas. Eram cursos de extensão dos mais diversos, que nos proporcionavam um contato inicial com temas de interesse dentro da medicina.

O primeiro curso no qual me inscrevi foi o de cirurgia experimental, junto com um grupo considerável de colegas brasileiros. Notei que eles tinham um biotério, local onde ficavam alguns animais dentro da faculdade, mas não me questionava sobre a presença deles lá. E qual não foi minha surpresa ao entrar na sala de aula e ouvir o professor dizer que trabalharíamos com os ratinhos que estavam à nossa frente. Ele explicou que aprenderíamos sobre comparações de estruturas do organismo humano com aqueles animais, que faríamos intervenções cirúrgicas experimentais e suturas em seus corpos, e aquilo me impactou muito.

Não fiquei até o final da aula, pois não queria ver um animal ser morto "apenas para ver como funciona por dentro". Saí de lá indignada e escrevi para um amigo no Brasil dizendo que, depois daquela aula, não sabia se conseguiria cumprir os estudos de medicina. Relatei que, caso fosse obrigada a fazer uma intervenção como aquela, em um animal vivo, recusaria prosseguir no curso. Por sorte, aquele era um curso opcional.

Também me inscrevi em outro curso, sobre imunologia, dessa vez com alguns poucos colegas. Nas aulas, aprendemos um pouco sobre o sistema imunológico, vacinas e temas relacionados. Ensinaram-nos até praticar a aplicação de Mantoux[6]. Ficamos todos emocionados, pois aprendemos a técnica para fazer injeção intradérmica e pudemos testar entre nós mesmos. Como todos éramos vacinados contra tuberculose, posteriormente, com o apoio dos professores, estudávamos os efeitos dessas aplicações.

O que mais me impressionou no curso foi conhecer o professor sênior que nos dava aulas, o prestigiado dr. Griecco. Era um homem idoso, com mais de sessenta anos, grande e corpulento, que todos os dias pedalava até a faculdade com sua bicicleta. Era um pesquisador muito importante na área de imunologia e vacinas no país; segundo nos contaram, foi um dos profissionais que trabalharam na descoberta da vacina contra meningite meningocócica tipo B.

O dr. Griecco era um profissional que se reunia com Fidel Castro e com outros importantes políticos e cientistas, no país e no exterior, mas também se sentava conosco, explicando de forma entusiasmada sua área de trabalho. Todos os temas eram muito complexos, e, sem haver iniciado as aulas do ciclo básico da medicina, era desafiador compreendê-lo plenamente. Mesmo assim, me deliciava ao observá-lo demonstrar tamanha satisfação, ao expor os assuntos de forma tão aberta e humilde. Era como se Einstein se sentasse com alunos do ensino fundamental para falar sobre física.

Mais tarde, percebi que a proximidade que os professores tinham com os alunos era o usual no ensino cubano. Apesar do grande respeito que recebiam dos alunos, a maioria dos professores não usava da arrogância para demonstrar hierarquia. No ensino acadêmico, havia muitas regras. Por exemplo, após a entrada do professor em sala, não era permitido ninguém mais entrar. Contudo, mesmo com

---

6. A prova cutânea da tuberculina, prova de Mantoux ou reação de Mantoux é um teste que consiste na injeção de 0,1 ml de uma substância chamada tuberculina por via intradérmica (por baixo da pele do antebraço), sendo o local avaliado três dias depois, o que permite detectar o contato prévio com o bacilo da tuberculose.

toda seriedade e disciplina, os professores eram muito prestimosos com os alunos; sempre acessíveis para orientações ou mesmo abertos para receber alunos como monitores em suas práticas.

Após terminar o curso de imunologia, nosso grupo participou de uma campanha para doação de sangue e foi premiado pela iniciativa com uma viagem à famosa Playa de Varadero.

PLAYA DE VARADERO

Conhecer Varadero tão pouco tempo depois de chegar à ilha era algo que eu sequer sonhava. Já havia escutado sobre a beleza das praias cubanas, mas nas proximidades de onde estávamos, naquela parte de Havana, não havia boas praias; a maioria era como o Malecón: apenas uma costa de pedras onde arrebentava o mar. Junto com alguns professores do curso de imunologia e instrutores cubanos, todos nós estávamos maravilhados e empolgados, pois mesmo para os cubanos uma viagem como aquela era um grande feito.

As praias mais famosas e turísticas em Cuba são Varadero, na província de Matanzas, e os *cayos* (pequenas ilhas ao redor da ilha principal), localizados em Cienfuegos e Ciego D'ávila. Outras praias belas que ficavam próximo de Havana eram as chamadas Playas del Este, famosa pelo residencial de Tarará, um belo condomínio que abrigava familiares e pacientes vítimas do acidente de Chernobyl, que ali ficavam enquanto faziam tratamentos diversos em Cuba.

Como Varadero está a cerca de duas horas e meia de Havana, saímos da escola pouco antes da aurora, em uma *guagua* (ônibus) escolar cedida pela instituição. O refeitório da escola nos preparou alguns lanches e até uma panela com comida para levar – uma verdadeira "farofada". Mas não era um evento qualquer; era farofada cubana na praia de Varadero!

Ao chegarmos à praia, o céu estava límpido e um belo sol despontava; tudo indicava que seria um dia bastante quente. O local tinha uma beleza impactante que fazia justiça a sua fama; era uma praia com areia branca e fina, com águas que pareciam uma vasta piscina azul e morna.

A princípio, a praia estava quase vazia, mas, como era final de semana, logo se encheu de gente, em sua maioria cubanos, todos muito animados. Com a música alta em alguns carros na orla, grupos de pessoas dançavam salsa na rua e rodas de *casino* (dança cubana) se formavam. Alguns quiosques vendiam alimentos em pesos cubanos, e havia inclusive as famosas *pipas*, que são grandes tonéis de cerveja dispensada. Ali, comecei a entender um pouco da chamada *cubanía* (o jeito de ser cubano); era contagiante a alegria daquele povo, que, mesmo diante de tantas dificuldades, costumava dizer que era preciso "¡Echar pa'lante!" (seguir em frente).

Ouvi dizer que em Varadero havia "a praia dos cubanos e a praia dos turistas". Não estive no outro lado, mas diziam que lá havia seguranças que impediam o assédio de locais aos estrangeiros, principalmente para evitar atividades de prostituição.

Passamos o dia inteiro na praia, na mais perfeita *gozadera* (festa) cubana. Regressamos quase ao pôr do sol, exaustos, mas muito felizes após mais uma divertida experiência.

TRANSPORTES

Algo que me chamou a atenção quando começamos a sair sozinhos foi perceber a grande dificuldade que havia com o transporte público. Naquela época, os cubanos haviam recém-saído do Período Especial, e o abastecimento de combustível na ilha ainda era bastante precário. Havia poucos ônibus circulando, em geral, sempre lotados e com poucos horários, dependendo da região da cidade.

Quem podia pagar um pouco mais utilizava as *máquinas*, como eram chamados os carros particulares, os antigos e famosos carros da década de 1950, amiúde reparados pelos próprios donos, que os faziam funcionar perfeitamente. Dependendo do trajeto, podia custar até dez ou quinze pesos cubanos, e para os proprietários dessas relíquias, com o aumento dos estrangeiros no país, essa atividade era um bom negócio. Porém, comparado com a passagem normal do ônibus, que custava entre vinte e quarenta centavos de peso cubano (lembrando que um dólar equivalia a 25 pesos cubanos), era um meio de transporte caro para a maioria da população e, inclusive, para muitos estudantes como eu.

Outro meio de locomoção bastante utilizado, além das bicicletas, eram as caronas. Na maior parte do mundo, devido à violência, esse é um hábito quase impensável. Em uma cidade grande, quem se atreve a dar ou pedir carona no meio da rua, sem nem conhecer a outra pessoa? Somente em Cuba isso parecia ser possível!

Tanto os próprios cubanos como nós, estudantes, aproveitávamos desse recurso para nos deslocarmos. Pegávamos caronas em carros particulares e até mesmo subíamos na traseira de caminhões, nos quais o motorista, de forma generosa, nos deixava mais próximos do nosso destino.

1º DE MAIO

Outro fato muito marcante no período inicial foi participar das comemorações do 1º de maio pela primeira vez na vida. Minha experiência prévia com esse dia, no Brasil, era apenas preocupar-me se o feriado cairia em um dia da semana que possibilitaria um descanso mais prolongado ou não. Não compreendia o significado daquele feriado até vivenciá-lo com o povo cubano.

Em Cuba, o 1º de maio é o segundo feriado mais festejado depois do dia 1º de janeiro (aniversário da Revolução Cubana). Nessa data, todos os anos, a escola organiza a participação dos alunos no grandioso evento.

Não era um ato obrigatório, participavam apenas os alunos que o desejassem. Mas, naquela ocasião, participou a maioria dos estudantes que estavam em Girón. Na manhã da celebração, nos despertaram quando ainda estava escuro, antes das seis horas. Desde a madrugada, havia intensa mobilização dos instrutores cubanos que cuidavam de cada delegação e dos grupos de alunos em suas respectivas *guaguas* para que chegássemos no horário e no local reservado para nossa escola. Tudo era muito coordenado. Era impressionante ver a organização dos cubanos em eventos como aquele; mesmo com poucos recursos, eram sempre muito diligentes em todos os aspectos, como transporte, alimentação etc.

Foi surpreendente observar a Plaza de la Revolución, um dos cartões-postais de Havana, completamente lotada. Vista de cima, parecia um mar de gente, com bandeiras que identificavam escolas, faculdades, os diversos grupos de Comitês de Defesa da Revolução (CDR) e demais organizações de massas. Somaram-se a elas nossas bandeiras de países diversos, que ilustravam um importante sentido de comunhão.

Havia um rigoroso protocolo que incluía apresentações musicais, leitura de poemas e textos produzidos por alguns estudantes e trabalhadores, mas o momento mais aguardado era o discurso do presidente Fidel Castro.

Fidel estava vestido a caráter, como sempre, em seu uniforme militar verde-oliva fechado até o pescoço, coturno militar e o famoso gorro verde; ele subia ao púlpito sem tempo limitado para seus famosos discursos, debaixo do mesmo sol que nós. Com sua imponente eloquência, lia e comentava seu texto durante algumas horas, sem nunca perder o fio condutor de seu pensamento. Na ocasião, ele abordou temas sobre os avanços da Revolução, ressaltando que, mesmo com as dificuldades encontradas, seguiam de pé, lutando por seus ideais. Trazia dados e estatísticas que sustentavam suas observações.

As atividades foram concluídas pouco antes das treze horas e logo retornamos para a residência estudantil. Confesso que fiquei fisicamente esgotada, pois toda a solenidade era realizada a céu aberto, com atividades que se iniciaram às oito horas debaixo do forte sol caribenho de primavera. Contudo, estava feliz por vivenciar um momento histórico e ter compartilhado da vivência e das tradições do povo cubano.

LA NOCHE CULTURAL

Também eram bastante interessantes outras atividades que cumpríamos como parte do programa do pré-médico, entre as quais estava um evento chamado *La Noche Cultural*. Consistia em uma semana com exposições sobre a cultura e curiosidades das delegações ali presentes e culminava em uma cerimônia com diversas apresentações artísticas. Logo no início do curso, nos deram um cronograma com as datas para cada delegação realizar seu evento, e o Brasil se apresentou no início de maio daquele ano.

Pareceu-me admirável a proposta do evento, pois, em vez de nos forçarem uma adequação à sua cultura, éramos incentivados a lembrar, e até enaltecer, nossa própria cultura. Não tínhamos nem dois meses de haver chegado à ilha para preparar aquela apresentação.

Dentro de cada delegação, tínhamos representantes eleitos por nós mesmos. Havia desde um representante geral até cargos como representante cultural, que naquele ano era encabeçado por Eliane, uma colega mineira.

Como Eliane era a principal responsável pela organização de nosso evento, estava atribulada, mas era bastante aberta a sugestões. Para a abertura, contribuí com uma ideia um pouco extravagante, que ela adaptou e conseguimos executar de forma emocionante.

Como pano de fundo da apresentação, Evangelina, uma amiga argentina ajudou a fazer o desenho de um jogador com quatro estrelas acima de si, e ele chutava a quinta estrela, simbolizando a desejada conquista do pentacampeonato mundial. O desenho foi criticado por alguns colegas brasileiros, que praguejavam: "Tomara que o Brasil perca a Copa, para vocês pararem de fantasiar com futebol".

Como era ano da Copa do Mundo e ainda havia uma forte identidade brasileira com o futebol, nos pareceu o melhor mote de nossa cultura naquele momento. Era algo que nos unia como país em torno de um mesmo ideal, ao menos por alguns poucos dias. Na época, ainda não existiam as graves denúncias sobre corrupção que recentemente mancharam também esse esporte.

Na noite de nossa apresentação, o teatro da faculdade de Girón estava lotado. Pela falta de lugares, várias pessoas exprimiram-se no chão em frente ao palco, ansiosos para assistir *La Noche* do Brasil. Na abertura da cerimônia, aproveitando o tema do futebol, pedimos que um representante de cada delegação vestisse a camiseta de sua respectiva seleção e, assim, tivemos representados praticamente todos os países das Américas.

Os colegas representantes entraram no teatro segurando uma tocha cada, ao som da música-tema do filme *Carruagens de fogo*, composta por Vangelis, e se posicionaram em um semicírculo junto ao palco, enquanto o colega pernambucano Gabriel trouxe sua tocha para ser acesa por nosso amigo cubano Robertico, monitor dos garotos brasileiros, que ajudou sobremaneira na elaboração da apresentação.

Na sequência, entrou uma criança cubana com uma pomba nas mãos, simbolizando a esperança, e, com Gabriel e Robertico, soltou a pomba, finalizando a abertura da cerimônia. Na sequência, Brisa, uma colega de Rondônia, ainda sob toda a fumaça das tochas, entoou belamente o hino nacional brasileiro e ainda encantou a todos com a música "Aquarela do Brasil".

Participei em nossa *Noche Cultural* como apresentadora com Makson, um colega maranhense de Bacabau, pois os demais colegas achavam que ambos tínhamos um melhor nível de espanhol; contudo, no fim nem soube se fui plenamente compreendida com meu incipiente espanhol da época.

Durante toda a apresentação, foram mostrados diversos temas marcantes da história brasileira; dramatizações sobre a escravidão, o período da ditadura militar e depois algumas danças de diversas partes do país, como o frevo, o vaneirão, a dança do boi, entre outras.

Mackson e eu precisávamos "embromar" a plateia enquanto os outros participantes se organizavam entre cada apresentação. Enquanto isso, nos bastidores, ocorriam muitas confusões. Combinamos que Julio, um amigo venezuelano que falava português, sentaria bem à frente e, se fosse necessário, subiria ao palco para nos ajudar.

Já no final, a fim de ganharmos tempo e divertir a plateia, em um ato de improviso (e desespero), nos bastidores dobrei minha saia *midi*, transformando-a em uma minissaia, e, de volta ao palco, chamei Julio para demonstrar se sabia sambar. E, por sorte, foi o suficiente para que os colegas se preparassem para a última apresentação e executassem uma amostra de escola de samba. Embora tenha havido muitos conflitos e tensão, entre todos da delegação brasileira organizamos uma bela cerimônia. Foi uma situação que evidenciou a complexidade das relações, mas também possibilitou maior conhecimento de quem éramos e, de alguma forma, nos uniu como grupo.

Durante várias semanas, assistimos às cerimônias dos outros países, com suas histórias e culturas. Algumas se destacaram, como a da delegação venezuelana, em que as belas colegas desse país entraram com os corpos pintados com as diferentes bandeiras dos países presentes. Também chamaram atenção a marcante demonstração de tango da delegação argentina, a de cúmbia da delegação colombiana, o baile nortenho dos mexicanos, entre outros. Aquelas apresentações foram experiências culturais inigualáveis para mim.

COPA DO MUNDO DE 2002

Nunca me interessei e não entendia muito de futebol, mas confesso que era curioso ver nascer um espírito de comunhão nacional entre as diversas delegações naquele período da Copa do Mundo. Nos dias de jogos, ocorriam verdadeiras "batalhas" nos dormitórios, pois cada grupo trazia consigo certa nostalgia e identificação com suas origens refletidas no esporte.

Como a competição daquele ano, ocorreu na Coreia do Sul e no Japão, a maioria das partidas acontecia à noite ou madrugada em Cuba. Mesmo assim, a recepção dos dormitórios ficava cheia de estudantes em torno da televisão. Havia gritos de guerra na madrugada para acordarmos uns aos outros. No mesmo edifício das brasileiras, também estavam as delegações do Chile, Paraguai e Costa Rica; era uma verdadeira algazarra, que durou pouco, pois a maioria dos times saiu da competição antes das oitavas de final.

Foi interessante observar que, mesmo depois da eliminação de todos os outros países latino-americanos, a maioria dos estudantes permanecia grudada na TV assistindo aos jogos, e muitos torciam pelo Brasil, num espírito de apoio latino. No jogo final da Copa, entre Brasil e Alemanha, reuniram-se diversos estudantes diante dos televisores, exceto pelos colegas argentinos, que não se interessavam em assistir aos jogos depois da eliminação de sua seleção.

Após a vitória do Brasil na final do torneio, com a conquista do pentacampeonato, fomos todos os brasileiros celebrar em frente ao dormitório dos *hermanos* argentinos, que, em geral, não se aborreceram com a brincadeira.

***

Na ilha, percebi como o futebol é um relevante símbolo da cultura brasileira. Isso porque, embora Cuba tivesse o beisebol (*la pelota*) como esporte principal e não participasse da Copa do Mundo, muitas televisões do país ficavam ligadas para acompanhar o campeonato. E, ainda que alguns cubanos torcessem pela Argentina ou outros países latino-americanos, grande parte deles admitia torcer pelo futebol brasileiro.

Prova disso foi uma curiosa situação da qual fui protagonista. Havia diversas apresentações culturais em Havana, e nossa escola sempre levava alguns estudantes para esses eventos. Neles, um casal era convidado para representar seu país com uma pequena demonstração de dança típica.

Alguns dias após o fim da Copa, ocorreu a famosa *Feria del Libro Infantil*, na Universidade de Havana, e fui convidada para representar nossa delegação junto com Edinei, colega brasileiro também de São Paulo. Organizamos uma pequena apresentação de samba, que pensávamos ser o ritmo brasileiro mais conhecido.

Lá estavam presentes os *pioneritos*, como são chamados os estudantes do ensino fundamental da ilha. Todos estavam uniformizados com suas típicas saias ou *shorts* vermelhos, com suspensório, camiseta branca e bandana (azul-marinho ou vermelha) atadas ao pescoço. Foram levados por suas respectivas escolas, de todas as partes da cidade, para assistir às contações de história, entre outras atividades. Também podiam adquirir livros infantis a preços modestos ou mesmo gratuitamente.

Nessa ocasião, fiquei triste ao ver que cada país era representado por um casal vestido a caráter, enquanto nós, brasileiros, não tínhamos nenhum traje típico do nosso país, nem do estado de São Paulo. De forma improvisada, usei uma camiseta regata com a bandeira do Brasil, com uma saia social preta, e Edinei usou camisa e calça social. Nossa roupa era muito simples se comparada às dos colegas das outras delegações.

De forma muito educada, os pequenos estudantes cubanos dispuseram-se ao nosso redor e observavam a sequência das exibições, aplaudindo cada um dos casais ao final. Mas, no momento da apresentação brasileira, os *pioneritos* fizeram um grande rebuliço, aplaudindo e gritando fervorosamente: "Vai, Brasil!".

Aquele entusiasmo surpreendeu a todos nós, estrangeiros ali presentes. Terminado o cerimonial, diversas crianças rodearam Edinei e a mim; estavam "desesperados" por um autógrafo em seus livros recém-adquiridos. Ansiosos, entregavam-me os livros dizendo: "*Señorita de Brasil*, assina aqui, por favor!", e de bom grado o fazia, pois naquele momento aquilo tinha algum significado valioso para eles. Foi uma experiência curiosa e interessante perceber como a cultura brasileira era reconhecida no imaginário infantil cubano.

VIVENDO A HISTÓRIA: *DESDE ADENTRO...*

Por conviver com tantas pessoas de distintos países e culturas em um lugar que nos recebia de forma tão acolhedora, apesar das inúmeras limitações, tudo nos tornava mais próximos dos colegas das diversas nações e de suas vivências.

Para falar com meu pai e outros familiares, eu sempre preferia ligar na madrugada, pois esse era o horário mais barato e fácil, quando as poucas linhas de chamada ao Brasil estavam menos congestionadas. Assim, os dias e horário das ligações eram combinados com meus familiares com antecedência.

Na madrugada de 12 de abril de 2002, apenas um mês desde minha chegada à ilha, ocorreu uma tentativa de golpe militar na Venezuela que culminou com a prisão do presidente Hugo Chávez. Ao me levantar naquela madrugada para tentar ligar para meu pai, notei pelos corredores da residência muitos colegas venezuelanos em prantos, que sequer conseguiam explicar o que acontecia.

Havia filas nos poucos orelhões, pois eles também tentavam ligar para saber notícias de seus familiares. Alguns instrutores cubanos presentes ofereciam-lhes suporte, e igualmente se mostravam angustiados pela situação, que de fato era muito grave no momento e teria grande impacto também em Cuba. Por sorte, a situação resolveu-se em menos de dois dias e sem piores repercussões; logo, a rotina no país vizinho voltou à normalidade.

Senti forte empatia com os colegas venezuelanos, que sofreram sem saber da real situação de seu país e de seus familiares. Assim como me afligia com os colegas cubanos, que temiam a perda do apoio venezuelano, tão importante naquele momento de retomada de perspectivas melhores para a ilha desde o Período Especial.

Logo após o episódio, escrevi uma carta a um amigo em São Paulo, na qual relatei a intensidade dos acontecimentos daqueles dias. Semanas depois, ele respondeu que no Brasil o fato foi noticiado de forma superficial e que muitos brasileiros (incluindo meus familiares) sequer tomaram conhecimento do ocorrido. Percebia então que de fato pouco lhes interessava aquilo tudo, pois em nada lhes afetaria a vida diária.

BRASIL: UMA ILHA NA AMÉRICA LATINA

Uma das coisas que me surpreenderam logo no início, quando chegamos a Cuba, foi notar como o Brasil está isolado culturalmente e desidentificado de toda a América Latina. Percepção que confirmei anos mais tarde, quando retornei ao meu país.

Era incrível observar a mistura de povos e culturas entre os estudantes de Girón, como os mexicanos, guatemaltecos e outros centro-americanos, descendentes dos maias e dos astecas, alguns sul-americanos descendentes dos incas, os colegas da etnia garífuna de Honduras e Colômbia e uruguaios, argentinos, grande parte deles de ascendência europeia. Mesmo com as incontestáveis diferenças, havia uma forte identidade em comum, que todos eles compartilhavam devido ao idioma espanhol.

Era curioso ver quando mencionavam o nome de um grupo musical, um escritor ou ator de origem hispânica, e quase todos tinham familiaridade com o assunto. Além disso, também conheciam com maior profundidade a história latino-americana e seus próceres; algo sobre o que, infelizmente, a grande maioria de nós, brasileiros, incluindo a mim, não faziam *ni idea*.

Alguns colegas de outros países, principalmente os que viviam na fronteira com o Brasil, tinham bastante conhecimento sobre a cultura brasileira, e alguns até falavam português com fluência e nos ajudaram bastante no início.

Entristeceu-me perceber quão distantes os brasileiros estamos da cultura hispano-americana. No Brasil, temos pouco contato com ritmos musicais tão variados de nossos vizinhos, como salsa, merengue, cúmbia, *bachata*, *vallenato*, *cuarteto* argentino, tambor venezuelano, entre tantos outros.

Há nomes primorosos, como os cubanos Pablo Milanés, Silvio Rodríguez, Omara Portuondo, Buena Vista Social Club e Celia Cruz (rainha da salsa). Também há célebres intérpretes como a argentina Mercedes Sosa e o dominicano Juan Luis Guerra e poetas da atualidade como o guatemalteco Ricardo Arjona e os cubanos de Buena Fe. E há nomes muito populares como os argentinos Fito Páez, Charly García, os porto-riquenhos Hector Lavoe, Maelo Ruiz, La India (princesa da salsa) e Marc Anthony. Todos são grandes intérpretes que, por onde passam (ou passavam), abarrotam grandes estádios em suas apresentações, mas, infelizmente, poucos deles vêm ao Brasil, pois não são conhecidos por grande parte de nossa população. Desde que voltei ao país, dirijo sempre ouvindo diversas rádios paulistanas renomadas e, com grande pesar, digo que jamais escutei nenhum desses grandes artistas nessas emissoras.

Um forte exemplo dessa desconexão cultural é o desconhecimento por grande parte da população brasileira do Festival Internacional da Canção, que acontece anualmente em Viña del Mar, no Chile, desde 1960. Trata-se do maior festival de música latina do mundo, com cerca de 250 milhões de espectadores, contudo, ao contrário de outros grandes eventos culturais internacionais, praticamente não tem divulgação nas grandes mídias brasileiras.

No Brasil, chegou há alguns anos o ritmo *reggaeton* (regueton), o único estilo mais popular em língua hispânica que "pegou" entre alguns jovens brasileiros. Oxalá possa ser não apenas uma porta de entrada para os ritmos modernos, mas o início de um interesse e diálogo mais estreito com a cultura hispano-americana.

Graças à forte influência da cultura estadunidense no Brasil, tive a oportunidade de aprender o idioma inglês, maiormente de forma autodidata, escutando e traduzindo músicas ou ainda assistindo a conteúdo audiovisual legendado. Porém imagino como seria interessante se toda a população brasileira tivesse fácil acesso a outros idiomas e culturas, e as pessoas pudessem escolher quais estudariam conforme seu interesse.

Reconheço a importância de dominar o inglês, que é um idioma internacional e comercial, mas não apenas ele. O espanhol é o segundo idioma mais falado no mundo depois do mandarim. Interrogo por que será que nós, brasileiros, vivemos rodeados por vizinhos hispânicos, mas não existe um verdadeiro interesse por criar um maior contato com essa cultura?

TELEVISÃO E EDUCAÇÃO EM SAÚDE NA ILHA

Assistir à televisão em Cuba também despertou minha atenção, pois, mesmo sem existir canais privados, os canais públicos tinham programação diversificada, com programas infantis, de música, telejornais, e até séries estadunidenses como *Dr. House*. Recordo que lá assistimos ao episódio chamado "Erro humano", que contou a história de um cubano que emigrou aos Estados Unidos buscando o diagnóstico para sua esposa gravemente enferma e, claro, "somente dr. House lhes poderia ajudar".

No referido episódio, não discutiram diretamente a situação política ou econômica da ilha, mas, de certa maneira, confirmaram não apenas o valor da medicina realizada em Cuba como também a excepcional educação em saúde no país. O marido da paciente foi representado como um homem pobre, com vestimentas simples, mas com considerável conhecimento de medicina, pois discutia com os médicos os possíveis diagnósticos que davam à sua esposa e, inclusive, chegou a contestar-lhes: "Se fosse esclerose múltipla, teriam diagnosticado em Cuba".

Esse é um retrato bastante real, pois na ilha há uma educação em saúde muito forte; mesmo profissionais de outras áreas, sem formação em saúde, têm um conhecimento muito bom de diversos temas da medicina, por ser um campo muito acessível no cotidiano dos cubanos.

Em outra cena, no mesmo episódio, o famoso médico House reconheceu a competência médica cubana. Quando sua equipe questionou se a paciente teria alguma doença causada por parasitas ou doenças infecciosas, pois procedia "de um país sujo e pobre dos trópicos", ele apenas respondeu: "Se tem duas coisas que Castro sabe bastante é como vestir-se muito bem de verde e como treinar médicos. Então, mesmo sem termos o histórico médico dela, devemos supor que ela foi 'afogada' em antibióticos antes de quase afogar-se para me ver". Os roteiristas da série acertaram que provavelmente ela teria recebido atenção médica qualificada, porém sobre os antibióticos não foram tão acurados. Mais adiante, discorrerei sobre esse assunto.

***

Havia muitos filmes recém-lançados no cinema internacional aos quais assistíamos pela TV aberta. Filmes nos mais diversos idiomas (francês, alemão, inglês etc.), todos transmitidos com legenda, porque lá o analfabetismo foi erradicado. Além disso, boa parte da população cubana fala mais que um idioma, e não apenas o inglês.

Na apresentação desses filmes, era interessante notar que não havia pausas para comerciais, simplesmente porque não existia interesse comercial na televisão. Aliás, não havia incentivo para nenhum tipo de consumo. Entre um programa e outro, os intervalos mostravam conteúdo educativo. Abordavam, por exemplo, o descarte adequado do lixo, a conscientização sobre o consumo de água, a prevenção de dengue ou outras doenças transmissíveis e também outras ações de promoção e prevenção de saúde.

Foi uma curiosa experiência viver em um local onde a mídia não era usada para a criação de novas necessidades nem para gerar um consumo inconsciente, mas sim para auxiliar na conscientização sobre temas pertinentes a todos. Para alguns, pode parecer muito desinteressante, porém me parecia um entretenimento muito mais saudável do que o praticado em tantos lugares, como no Brasil.

DE FRENTE COM FIDEL: VISITA DO EX-PRESIDENTE ESTADUNIDENSE JIMMY CARTER

Em maio de 2002, Jimmy Carter foi recebido com toda a solenidade em Cuba, e seguiu uma agenda de visitas proposta por ele mesmo. Para nossa surpresa, um dos lugares que ele escolheu conhecer foi nossa escola, o Projeto ELAM.

Durante sua estadia no país, Carter visitou a Escola de Trabalhadores Sociais de Cojimar, no município de Havana, e também realizou uma palestra na Sala Magna da Universidade de Havana. Em um dos discursos, relatou que viajou a Cuba não para interferir em seus assuntos internos, "mas para estender uma mão de amizade ao povo e oferecer uma visão de futuro para ambos os países e para as Américas" (2, 3). E emendou: "Durante 42 anos, nossas nações estiveram presas em um nocivo estado de beligerância. Chegou a hora em que devemos mudar nossas relações, e a forma que pensamos e falamos um do outro. Tendo em vista que os Estados Unidos são a nação mais poderosa, somos nós (estadunidenses) quem devemos dar o primeiro passo" (3).

Na ELAM, a ilustre visita ocorreu no dia 12 de maio de 2002, apenas dois meses após nossa chegada à ilha. Naquela ocasião, todos os estudantes do curso de pré-médico foram levados para participar de um ato cerimonial que ocorreu na própria Escola. Foi um evento de grandes proporções, com um marcado esquema de segurança, inclusive os ônibus que nos levaram foram escoltados por forças de segurança oficiais.

No chamado Polígono da escola foi organizado um bonito palco, onde estavam presentes, além de Fidel Castro, alguns ministros cubanos, o reitor e outros representantes da ELAM, junto com os convidados de honra: o ex-presidente estadunidense, sua esposa e sua comitiva.

Na plateia, organizada no grande campo de futebol diante do palco, foram colocadas muitas fileiras de cadeiras para acomodar todos os estudantes, tanto os que já residiam na ELAM (no primeiro e no segundo anos da carreira) como nós, os recém-chegados. Era um evento solene, porém sóbrio, que contava com a presença de membros da imprensa nacional e internacional.

Na cerimônia de abertura, houve uma gala cultural, com apresentações de danças e músicas, executadas pelos alunos dos diversos países presentes. Alunos representantes de algumas delegações também puderam discursar e dois estudantes, uma costa-riquenha e um estadunidense, cantaram a música "Imagine", de John Lennon, entoando a mensagem de que um mundo melhor é possível (4).

Em seu discurso na ELAM, o ex-presidente expôs seus projetos sociais com o Centro Carter, organização não governamental que trabalha no combate a diversas doenças infectocontagiosas em vários países e em defesa dos direitos humanos. Também debateu algumas questões controversas na ilha de forma sutil, ao falar sobre seu desejo de que Cuba se abrisse para uma democracia nos moldes ocidentais.

Comentou seu anseio para a reaproximação das relações entre ambos os governos, devido à recente piora no diálogo durante a gestão de George W. Bush. Muito discreto, o ex-presidente não mencionou a causa de tais conflitos, mas era de conhecimento geral o forte comprometimento do então governo Bush com a FNCA.

Na sequência, Fidel Castro discursou agradecendo a presença do ex-presidente, de sua esposa e de sua comitiva; elogiou o trabalho do Centro Carter e salientou como atos tão importantes podem ser realizados mesmo com poucos recursos. Refletiu ainda sobre a necessidade de uma revisão dos conceitos ocidentais de democracia e direitos humanos "em um mundo onde se gasta mais com armas, drogas e artigos de luxo do que com a sobrevivência humana" (4, 5).

Relembrou que a palavra democracia vem da Grécia, mas, mesmo nessa cultura, milhares de homens eram escravos e muitos outros não eram sequer considerados cidadãos, sendo impedidos de participar de decisões essenciais da sociedade, e enfatizou: "Não queremos essa democracia que é da que se fala quando imperam, na maior parte da humanidade, as doenças, o desemprego e o analfabetismo. Não pode existir democracia sem saber ler ou escrever, sem cultura, como não pode haver liberdade sem justiça" (4, 5).

Na Escola, Carter conheceu e conversou com os estudantes estadunidenses em Cuba. Mesmo com as críticas realizadas de forma educada pelo ex-presidente, a visita dele foi fundamental para respaldar Cuba contra julgamentos do governo estadunidense, que à época acusava a ilha de estar fabricando armas biológicas e transferindo essa tecnologia aos países inimigos dos Estados Unidos (2).

A viagem de Carter era um evento que parecia inacreditável tanto para cubanos como para os vizinhos do norte. Foi célebre por marcar a entrada de um ex-presidente estadunidense em Cuba pela primeira vez em mais de quarenta anos. Sobretudo pela conjuntura política daquele momento e as graves repercussões do bloqueio econômico imposto pelos Estados Unidos à ilha. Foi um episódio que causou muita indisposição, especialmente nos grupos mais reacionários de Miami.

Durante a gestão de Carter (1977–1981), houve a abertura das Oficinas de Interesses dos Estados Unidos em Cuba, a autorização de viagens de turistas estadunidenses à ilha e o comércio através de subsidiárias dos Estados Unidos em terceiros países. Essas políticas estavam em consonância com grupos econômicos e políticos estadunidenses que visitavam Cuba com frequência no início dos anos 2000(6).

Anos mais tarde, Fidel Castro comentou sobre Carter em sua biografia:

> [...] mesmo sendo chefe de um império detestável, ele tinha qualidade humana, não era um assassino nem genocida. [...] era um homem decente, dentro do possível, para alguém que governava um país com tantos interesses, privilégios, tantas prerrogativas e tanto poder (7).

***

Mesmo nos momentos de piores conflitos com os Estados Unidos, Fidel Castro sempre mostrou o desejo de melhorar o diálogo entre ambos os países, contudo sem aceitar imposições que interferissem na autonomia da ilha. Mostrava esse anseio ao dizer em diversos discursos: "Nossa guerra é contra ideias, não contra as pessoas". Essa atitude foi reconhecida e elogiada pelo ex-presidente Carter, que, ao visitar a ELAM, disse: "A generosidade de Cuba é muito grande" (3, 4).

Um grande exemplo do pensamento do líder cubano era a presença dos estudantes estadunidenses na ELAM, que inclusive recebiam tratamento diferenciado dentro da escola. Residiam em um edifício com um pouco mais de conforto, proporcionado pela instituição que os levara, e tinham um programa de estudos com algumas disciplinas distintas, que os ajudaria na revalidação de seu diploma quando retornassem a seu país.

Em 2002, havia 38 estudantes dos Estados Unidos na ELAM, com bolsa de estudos integral, que foram tramitadas pela Fundação Inter-religiosa para Organização Comunitária (IFCO, na sigla em inglês). As bolsas eram distribuídas por intermédio do reverendo Lucius Walker, um pastor batista estadunidense, forte crítico das políticas imperialistas de seu país e fundador da organização Pastores pela Paz, que aportava ajuda humanitária em diversos locais carentes.

***

Fiquei muito impressionada com aquele evento, mesmo sem ter tanta noção da importância de participar daquele acontecimento histórico. Durante a cerimônia, os alunos mais antigos estavam sentados próximo ao palco, enquanto o lugar reservado para nós, recém-chegados, ficava bem distante, e eu estava muito curiosa para ver Fidel Castro de perto.

Os protocolos de segurança eram muito rígidos, mas, no final do evento, quando todos se dispersavam, Chicão, um amigo brasileiro bastante alto, subiu-me nos ombros, e então chegamos perto do carro onde Fidel entraria e vimos que ele se aproximava; estávamos separados apenas por um segurança. Como eu não tinha câmera fotográfica, alguns colegas me entregavam as suas, e eu fotografava com a vista privilegiada.

Uma multidão de estudantes disputava o espaço e, quando Fidel se aproximou, gritei-lhe: "*Tío Fifo, mira aquí*". De perto, Fidel Castro era um homem alto; media 1,91 metro e, mesmo com a idade avançada, tinha uma figura imponente. Quando escutou meu pedido (talvez não tenha entendido muito bem, pelo meu sotaque forte), apenas olhou-me, algo surpreso, e acenou enquanto eu clicava. Ao final, nunca vi a foto que tirei, mas levo comigo a lembrança vívida daquele impactante encontro.

A PROSTITUIÇÃO EM CUBA

Algo que sempre me intrigou na ilha foi observar, em diversos lugares, um grande número de mulheres oferecendo serviços de prostituição. Como tenho "cara de cubana", segundo me diziam os próprios cubanos, recebia cantadas indecentes de alguns deles e até convites indecorosos de turistas estrangeiros.

Certa vez, entrei num ônibus com dois amigos, Pablito, guatemalteco, e Efrain, salvadorenho; ao nos avistar, um rapaz cubano com porte de valentão disse-me em voz alta: "Que cubaninha mais linda!"; rapidamente meus amigos protestaram dizendo: "Ela não é cubana e sim brasileira". O rapaz, sem ter ouvido ainda minha fala, com meu típico sotaque *brasileño*, ainda insistiu: "Que brasileira, que nada! Ela é mais cubana que a *guanábana*[7]!".

Não me incomodava ser confundida com uma cubana, ao contrário, me parecia um elogio. Pois de todos os povos, de tantos países com os quais convivi, os cubanos (homens e mulheres), de modo geral,

---

7. Nome popular de *Annona muricata*, fruta típica originária do Caribe e da América Central; no Brasil é conhecida como graviola.

eram os mais belos. Eles têm uma beleza natural, são muito vaidosos, preocupados com a aparência, mesmo sem as condições econômicas ideais e, obviamente, sem acesso a muitos recursos estéticos. Eu comentava com alguns amigos que, se pudesse escolher meu nascimento, escolheria ter nascido em Cuba; imaginava que lá teria minha mãe viva, ou ao menos ela não teria morrido de uma forma tão estúpida.

Porém o que me incomodava bastante era, não raras vezes, ser abordada principalmente por turistas estrangeiros que não entendiam meu sotaque e insistiam em ofertas sexuais.

Algumas vezes, quando precisei entrar em algum hotel para usar o banheiro ou algo similar, fui barrada por seguranças cubanos, justamente por pensarem que eu podia ser uma *jinetera*. Aquilo também me entristecia, e cheguei a enfrentar um porteiro de um famoso hotel em Havana, dizendo-lhe que deveria envergonhar-se "por ter preconceito contra seu próprio povo". Posteriormente, percebi a puerilidade nessa minha atitude, pois, recém-chegada ao país, não tinha ainda a menor noção da complexidade do que a população cubana já havia enfrentado e seguia encarando até ali.

A atitude do porteiro, antes de ser um ato típico de preconceito contra as cubanas, parecia mais o cumprimento de seu dever, por determinação do governo. Esta era mais uma das medidas para evitar o assédio aos turistas e a propagação do *jineterismo*.

Ainda é desconhecida a exata origem da palavra *jineterismo*, como é atualmente chamada a prostituição na ilha. Parece ser procedente da fala popular mexicana para qualificar "aquele que obtém ganhos de forma indevida". Em Cuba, de forma pejorativa, *jinetero* refere-se a qualquer pessoa que recebe algum tipo de ganho ou proveito pela relação com estrangeiros (8).

Porém, como refletiu a historiadora Aviva Chomsky:

> Mas a fronteira entre *jineterismo* e livre-mercado é nebulosa. Afinal, a realização de serviços ou a venda de

bens em troca de pagamento é inerente ao sistema capitalista. O que parece *jineterismo* em Cuba pode ser chamado simplesmente de lei de oferta e procura num país capitalista (9).

Quando cheguei à ilha, a prostituição era uma situação crescente, pela combinação de diversos fatores sociais e políticos. Mesmo sendo comum, não deixava de ser fortemente recriminada e, como na maioria dos países, era proibida por lei (9).

O incremento na prostituição foi revivido de forma massiva em Cuba depois da grave crise ocorrida no Período Especial. O descenso brusco dos níveis econômicos e as mudanças implementadas pelo governo para fazer frente à crise deterioraram dramaticamente alguns valores sociais. Algumas das medidas que contribuíram diretamente para esse fenômeno foram a despenalização do dólar, a implementação de mecanismos de mercado e a reabertura do turismo (6, 8).

Segundo estudiosos cubanos, com a aparição da chamada "economia emergente", foi criado um processo contraditório natural: apesar de manter a gratuidade de serviços e garantir segurança social básica com educação e saúde, a abertura também afetou o bem-estar geral. Pois os cubanos, que viviam a pior crise econômica de sua história, foram defrontados com ondas de turistas que ostentavam outro estilo de vida (8, 9).

Contudo, é importante ressaltar que durante a Revolução Cubana houve marcado incremento do acesso das mulheres ao estudo, trabalho, saúde e segurança social. Em 1959, Cuba contava com uma população de 6 milhões de habitantes e tinha cerca de 100 mil prostitutas, em sua maioria (95%) originárias do campo. Os bairros de Colón e San Isidro, em Havana, eram as áreas mais conhecidas de tolerância com a prostituição no país. Ali, o novo governo iniciou um processo de reinserção social para as mulheres que trabalhavam como meretrizes, o qual foi quase totalmente assumido de forma voluntária por elas, sobretudo devido à grande simpatia das camadas mais desfavorecidas pelo triunfo revolucionário, e inclusive pelo temor da forte desaprovação do ofício pelos setores populares (8).

O fechamento dos bordéis, a atenção e os cuidados com os filhos dessas prostitutas, o oferecimento de trabalho adequado a elas, com acesso a educação e saúde, eliminaram paulatinamente o meretrício, que culminou com a internação em granjas agrícolas e medidas carcerárias para as poucas que continuaram exercendo tal profissão (8, 9). Em 1965, a prostituição foi considerada excluída do funcionamento institucional, mostrando o desaparecimento dessa atividade de forma oficial e não oficial na nova ordem social, pois aplicaram soluções nas condições de subordinação e exploração da mulher (8).

Nos anos 1970, o sexo pago era praticamente inexistente. O jornalista brasileiro Fernando Morais, em sua visita à ilha naquele período, relatou que chegou a procurar por prostitutas a título de pesquisa informal com cubanos, que insistiam em dizer: "Aqui não temos mais essas coisas" (10).

Em minha experiência, vi mulheres de várias idades, desde jovens estudantes até mulheres mais velhas, e também alguns rapazes cubanos que ofereciam seus serviços a turistas homens e mulheres. Mas afirmo que felizmente nunca vi nem ouvi falar de crianças nessas atividades em Cuba.

Também fiquei sabendo que lá a prostituição é muito barata. Muitas vezes, é praticada por mulheres que apenas querem se divertir, ter alguém para pagar-lhes bebidas e passear em restaurantes e hotéis, os quais, lamentavelmente, não lhes são acessíveis no cotidiano. Em grande parte, são mulheres que estudam e/ou trabalham em outras funções, o que traz questionamentos inclusive sobre a profissionalização do meretrício na ilha (8).

As circunstâncias da prostituição em Cuba são bem diferentes daquelas que vejo no Brasil ou em outros países nos quais estive, onde grande parte desses profissionais provém dos estratos marginais da sociedade, em geral, sem acesso a estudo ou trabalho formal, e pratica a atividade por motivos de sobrevivência, sendo muito comum inclusive a adição a substâncias psicoativas.

FÉRIAS DO PRÉ-MÉDICO

Ao concluir o curso inicial, os estudantes estrangeiros que tinham condições financeiras viajaram de férias aos seus países. Os que ficaram na ilha, como eu, buscaram distrações e percebemos que na ilha a diversão era bastante despretensiosa e saudável. Havia atividades como festivais de cinema internacional de diversos países, espetáculos de músicas, de teatro, feiras literárias, apresentações de balé etc. Eram atividades culturais de alta qualidade e acessíveis a toda a população.

Alguns colegas argentinos e uruguaios viajaram por diversas partes de Cuba com pouco dinheiro, apenas pedindo carona e acampando onde podiam ou hospedando-se nas escolas de medicina de outras províncias. Eles voltaram com muitas histórias para contar. Eu não me atrevia àquelas aventuras, pois estava habituada aos perigos de São Paulo e ainda era muito desconfiada. Além do mais, preferia evitar a fadiga, *"no coger lucha"*, como diziam os cubanos.

Em 2002, em Havana, houve jogos amistosos internacionais de vôlei masculino. Com alguns amigos, assisti à competição e, numa disputa entre Cuba e Alemanha, a partida foi vencida pelos donos da casa. Ao final, fomos atrás dos jogadores cubanos, mas eles estavam rodeados pela imprensa e uma multidão de pessoas, e nem sequer conseguimos nos aproximar.

Carlos, um amigo venezuelano, desejava conseguir uma camiseta de um dos jogadores do campeonato e, como não teve chance com os cubanos, pediu que o acompanhássemos até o lado dos alemães. Ali, fomos recebidos por Vinne, o líbero da equipe, que estava algo cabisbaixo, mas foi muito gentil e explicou que naquele momento não podia entregar a camiseta que estava usando. Porém nos orientou que o encontrássemos no hotel onde estava hospedada sua equipe, para ver se conseguiria algo para meu insistente colega.

No dia seguinte fomos até o hotel, e o jogador alemão nos recebeu de forma amável e explicou que, conforme lhe informaram, os atletas não poderiam desfazer-se das camisetas durante o torneio. De todo modo, entregou-me seu contato e disse que me comunicasse com ele para que, ao final do campeonato, nos enviasse a desejada peça.

Mantive contato com Vinne por um tempo, e chegamos a tentar um relacionamento a distância, quando eu estava no quarto ano da carreira. Porém as condições não ajudavam muito; ele era alemão, chegou a morar na Itália e na Grécia, e eu, uma brasileira que morava em Cuba, mas nos comunicávamos em inglês. Com o tempo, acabamos nos distanciando e só nos encontramos de novo treze anos depois daquele encontro inicial. Ainda hoje temos contato e, mesmo não tendo sido uma relação amorosa exitosa, hoje ele permanece sendo um amigo querido.

***

Outra experiência inusitada daquelas férias foi realizar, pela primeira vez na vida, um mergulho de superfície com *snorkel*, junto com alguns colegas brasileiros que estudavam na ilha. O único (e mais importante) detalhe é que eu sequer sabia nadar, mas me atrevi àquela aventura, pois Pepe, nosso colega veterano, me passou confiança dizendo: "Lá você aprende, vai perceber que usando a máscara e as nadadeiras não tem segredo".

Para o mergulho, foram também Karine e Tati, ambas brasileiras de minha turma, e, com Pepe, estavam dois brasileiros que faziam o curso de educação física em Cuba. Fomos todos a uma praia próxima da ELAM. Antes de entrarmos na água, os rapazes orientaram como usaríamos os equipamentos e percebi que, realmente, com as nadadeiras, o corpo tinha uma boa estabilidade na água, e não tive problemas ao respirar com o tubo do *snorkel*. Depois de um breve treino, fiquei maravilhada com a experiência de observar aquele mar transparente com a deslumbrante vida aquática.

Pepe também havia nos advertido sobre alguns perigos, pois havia muitos corais e, se os tocássemos, haveria reação similar a uma queimadura na pele. Também nos avisou que seria comum avistar moreias e águas-vivas (medusas) e que tivéssemos muito cuidado para evitá-las, pois podiam ser bem perigosas – sobretudo as medusas, com as potentes toxinas liberadas de seus tentáculos. Encontramos algumas belas espécies redondas e cor-de-rosa com lindos e perigosos tentáculos, mas, por sorte, esses animais também nos evitavam.

Empolguei-me bastante com a experiência e, mesmo sem saber nadar, estava completamente envolvida no mergulho. Ficamos todos muito distraídos e chegamos a nos distanciar bastante da costa. Da superfície, eu observava profundidades de cerca de cinco a seis metros, talvez mais, e, como a água era muito transparente, seguíamos vendo quase todo o fundo do mar. Como todos os demais sabiam nadar, também me auxiliavam quando necessário.

Porém não contava com as cãibras que comecei a sentir depois de um tempo; em um momento de desespero, agarrei-me em Karine, quase afogando a coitada comigo! Mas logo os rapazes, que estavam próximos, vieram em nosso auxílio e, afortunadamente, nada grave aconteceu. Saí daquele primeiro dia cheia de prurido no corpo por roçar em alguns corais que estavam no caminho e com o estômago cheio de água do mar, mas ainda assim muito encantada com a experiência.

Fiz snorkel ainda outras vezes e aprendi que, mesmo sendo belíssimo, o mar não era para brincadeiras levianas. Compreendi que era preciso entender nossos limites e sempre respeitar a natureza.

Uma agência de notícias internacional na ilha

Ainda naquelas férias, conheci Marc, repórter de uma célebre agência de notícias internacional, com quem fiz amizade. Ele era natural da Argentina, mas sua família era de origem inglesa e ele tinha morado em diversas partes do mundo. Inclusive, foi correspondente em Washington, D.C., no período do trágico episódio das Torres Gêmeas, em 2001.

Ele também era recém-chegado ao país e dizia que o próximo local aonde gostaria de ser enviado, após terminar sua estadia em Cuba, era o Brasil. Contou que estava muito empolgado em conhecer brasileiros em Cuba, e conversamos bastante sobre as impressões e expectativas de nossas experiências na Ilha. Achei muito estranho que dissessem que não havia liberdade de imprensa em Cuba, mas o governo aceitasse receber um correspondente daquela importância.

Marc tinha uma série de facilidades que para muitos de nós, estudantes estrangeiros, e para a maioria dos cubanos, eram impensáveis, visto que a empresa para a qual trabalhava o instalou em um belo e confortável apartamento no prestigiado bairro de Vedado, e ele tinha à disposição seu próprio carro e acesso fácil à internet. Com sua ajuda, abri meu primeiro e-mail em Cuba (através de um grande provedor internacional) e, por meio deste, conseguia comunicação mais fácil com meus familiares.

Marc tornou-se um grande amigo e, junto com Jéssica, uma amiga brasileira, fomos ao cinema; inclusive voltamos até as Playas del Este, onde nos conhecemos, e ele também nos possibilitou conhecer um pouco mais de Havana.

Com o início das aulas e a vida na ELAM, perdemos o contato próximo e apenas após quase um ano voltamos a nos falar; ele havia acabado de ter seu primeiro filho com uma artista plástica irlandesa que também morava na ilha. Fui visitá-los, e a mudança no ambiente era incrível, com as belas obras dela espalhadas pelo apartamento. O bebê era um lindo menino, tão pequenino, e, como era muito sorridente, transmitia a impressão de ter um lar feliz. Senti muita alegria ao reencontrar Marc realizado, com sua nova família.

CONCLUSÃO DO PRÉ-MÉDICO

Ao finalizar o pré-médico, senti um misto de entusiasmo e medo. Se, por um lado, tinha grande curiosidade pelas disciplinas da medicina, por outro, aflorava uma grande insegurança interna, com uma série de questionamentos sobre minha real capacidade. Muitas vezes, eu pensava que, embora gostasse muito de estudar, sobretudo a área de ciências biológicas, nunca tivera o sonho de ser médica. Interrogava-me se teria o necessário para a carreira, se iria me adaptar ou teria que apenas "engolir" o que estaria por vir.

Com frequência, refletia baseada em minha pobre autoestima. Duvidava da minha competência e questionava minhas ambições: "Preciso realmente disso? Não seria mais fácil seguir sendo quem sou e permanecer onde estava?". Porém, esses momentos me ensinaram que aqueles que desejam grandes mudanças precisam assumir grandes responsabilidades.

Tenho a sensação de que aqueles primeiros meses em Girón foram os mais longos de todo período vivido na Ilha. Talvez devido ao misto de muitos acontecimentos desafiadores ao mesmo tempo, como a adaptação ao local, a convivência com tamanha diversidade, o início dos estudos, entre outras situações. Mas entendo que tudo foi muito importante e me encorajou a deixar de ser parte do que eu era, permitindo que incorporasse tantos outros elementos necessários para seguir na longa jornada que se iniciava.

CAPÍTULO 4

A ESCUELA LATINOAMERICANA DE MEDICINA (ELAM)

Ser internacionalistas é saldar uma parte da nossa dívida com a humanidade. Aquele que não seja capaz de lutar pelos outros nunca será suficientemente capaz de lutar por si mesmo.
Fidel Castro

HISTÓRICO DO INTERNACIONALISMO CUBANO

Segundo Julie Feinsilver, cientista política da Universidade de Yale, "Cuba criou o maior programa de auxílio civil do mundo, não só em proporção a seu tamanho e recursos, mas também em números absolutos" (1).

Em Cuba, a política internacionalista nasceu do apreço pela colaboração de diversos estrangeiros durante os trinta anos de guerra de independência, que incluem nomes como os dominicanos Modesto

Díaz, Luis Marcano e Máximo Gómez, o canadense William Ryan, o polonês Carlos Roloff e o estadunidense Henry Reeve (2).

O internacionalismo cubano é uma corrente que advoga pela cooperação econômica e/ou política entre as nações em prol do benefício mútuo. Segue também princípios anti-imperialistas, desde um enfoque latino-americano de libertação, de acordo com as ideias de próceres americanos como Simón Bolívar, San Martín e, sobretudo, José Martí. E perpassa o conceito de *hombre nuevo*, criado por Che Guevara, que, sendo um médico argentino, lutou pela libertação de Cuba contra a ditadura militar e participou na luta anti-imperialista na Guatemala (1954), no Congo (1965) e na Bolívia, onde foi executado em 1967 (2).

Desde 1959, crescia na ilha a ideia de "dívida com a humanidade", segundo a qual os cubanos devem pagar com o dever pantopolista. O conceito de *hombre nuevo* é um princípio que guia as relações internacionais do país. No período de sua criação implicava ajuda médica, técnica, educacional e militar para os povos que dela necessitassem (2).

Em 1985, o jornal *The New York Times* relatou que Cuba talvez tivesse o maior programa de ajuda civil do mundo, com aproximadamente 16 mil médicos, professores, engenheiros, agrônomos, economistas e outros especialistas, trabalhando em 22 países do Terceiro Mundo. De fato, a ilha tinha mais médicos trabalhando no exterior, naquele momento, do que a própria ONU (1).

Há relatos do primeiro grupo de médicos cubanos enviados ao Chile, em maio de 1960, em resposta ao grande terremoto de magnitude 9,5 que ficou conhecido como *Gran Cismo de Chile*, o maior terremoto mensurado desde a invenção do sismógrafo (1).

Em 1963, a primeira brigada médica cubana oficial iniciou seu trabalho, com o envio de 56 profissionais de saúde à Argélia. Até 2013, Cuba enviou mais de 130 mil profissionais de saúde para 101 diferentes países (3). Também é importante destacar o programa de tratamento para vítimas de Chernobyl, que, desde 1986 até 2011, recebeu e tratou mais de 20 mil pacientes procedentes dessa tragédia nuclear (4).

A disponibilização de auxílio médico a outros países em desenvolvimento é a base da "diplomacia médica cubana" e tem sido elemento-chave das relações internacionais de Cuba desde o início da Revolução. Desde a década de 1960, Cuba enviou milhares de médicos a diversos países. Isso significa que, anualmente, a ajuda médica cubana impacta de forma positiva a vida de milhões de pessoas (5).

Períodos da política internacionalista cubana

A literatura especializada relata que a prática internacionalista da ilha evoluiu no tempo e identifica três períodos principais. O primeiro teve início com a Revolução Cubana e caracterizou-se pelo apoio médico espontâneo durante situações de emergência no exterior. Mesmo com a saída massiva dos médicos cubanos da ilha nos primeiros anos da Revolução, foram enviadas brigadas médicas ao Chile, em 1960, e para a Algéria, em 1963 (1, 2).

Um segundo período é compreendido entre 1970 e 1990. Mesmo quando Cuba pertencia ao bloco soviético, mantinha um papel de destaque em fóruns internacionais de interesse do Terceiro Mundo e assegurava programas de cooperação com diferentes países fora de seu bloco econômico, o que causava forte discordância com a própria URSS. Essa fase caracterizou-se por múltiplos componentes de apoio: militar, como no envolvimento nas guerras de independência da Angola e da Etiópia; apoio técnico e médico, incluindo a realização de campanhas de alfabetização e treinamento de recursos humanos em diversos países (2).

Os acordos de cooperação cubana foram mantidos até o início dos anos 1990, devido à dissolução da União Soviética e à grave opressão sentida pelo bloqueio estadunidense, que levou o país ao crítico Período Especial e submeteu a população da ilha a grandes sacrifícios (2).

No fim da década de 1990, iniciou-se o terceiro período. Graças às reformas adotadas pelo governo cubano, o país foi direcionado a uma nova era do internacionalismo, marcada pelo abandono do aspecto militar e pela ênfase na colaboração médica. Houve dois fatores fundamentais nessa nova fase. Um deles foi a eleição de Hugo Chávez na Venezuela, que instalou bases para acordos entre ambos os países, em que Cuba oferecia suporte médico em troca de petróleo vendido a preços especiais. A colaboração entre ambos se expandiu progressivamente para outras áreas – educacional, agrícola, financeira etc. –, incluindo a expansão de acordos similares para outros países pelo Projeto ALBA (2).

Outro fator determinante ocorreu após a catástrofe do furacão Mitch em 1998, que afetou praticamente toda a América Central. O episódio foi decisivo para o governo cubano criar a Brigada Henry Reeve, constituída por um grupo de médicos treinados e prontos para serem transladados rapidamente a locais de desastres naturais ou graves epidemias. Os profissionais do grupo precisam gozar de boa saúde, ter fluência em dois outros idiomas (além do espanhol) e estar preparados para serem levados a qualquer momento, onde seja necessária sua atuação (2).

Desde então, a Brigada Henry Reeve atuou na Guatemala, Paquistão, Indonésia, Bolívia, China, Haiti e até mesmo nas regiões afetadas pela epidemia de Ebola, na África Ocidental (2).

A ELAM E SUA HISTÓRIA

A catástrofe produzida pelo furacão Mitch

Entre 22 de outubro e 5 novembro de 1998, o furacão Mitch assolou grande parte da América Central, principalmente Honduras, que foi atingida em toda sua extensão.

Foi considerado o furacão mais mortal a atingir o Ocidente em mais de duzentos anos. Chegou a ser um furacão de categoria 5 (categoria máxima na escala Saffir-Simpson), com ventos de até 290 quilômetros por hora. Deixou um rastro de quase 20 mil mortos e prejuízos de mais de 6 bilhões de dólares por toda sua rota (4).

O impacto imediato do furacão Mitch foi devastador, pois produziu chuvas com proporções descomunais de até 1.905 milímetros e ondas de até treze metros de altura. Causou inundações massivas que resultaram em graves deslizamentos, responsáveis pela destruição de praticamente toda a infraestrutura de Honduras. Também provocou caos em parte da Nicarágua, Guatemala, Belize e El Salvador (4).

Em Honduras, país mais afetado, houve o registro de até 18 mil mortes e foram aniquiladas cerca de 25 vilas inteiras. Devido às descomunais enchentes, ao redor de 70% a 80% da infraestrutura de transportes foi devastada, com um prejuízo estimado de mais de 3 bilhões de dólares. Estradas foram completamente arruinadas, e até aeroportos terminaram submersos. Na época, relatos na imprensa internacional diziam que o mundo deveria tomar conhecimento de que a tragédia em Honduras teve proporções bíblicas (4).

A Guatemala e a Nicarágua também foram gravemente afetadas, com danos estimados de até 1,6 bilhão de dólares; e a Nicarágua teve quatro vilas completamente soterradas na lama, e até 750 mil pessoas perderam suas casas e pertences (4).

Cuba reagiu a essa catástrofe enviando imediatamente duzentos médicos para Honduras e Guatemala e, dias depois, destinou mais 2 mil médicos para as áreas afetadas, sem nada exigir. Fidel Castro declarou que todos deveriam "cobrar vingança" do brutal desastre e instruiu seus profissionais a salvarem mais vidas por ano do que aquelas perdidas no terrível desastre (4).

As brigadas médicas trabalharam de forma incansável naqueles dias; chegaram a atender um total de quatrocentos pacientes diários apenas na Guatemala. Também é importante ressaltar que, diferente do apoio enviado por outros países e organizações humanitárias, os profissionais cubanos permaneceram na região muitos anos após o desastre. Mais relevante do que a quantidade de profissionais enviados como apoio, é igualmente notável a qualidade do auxílio prestado. Constatou-se em Honduras que, dezoito meses após a tragédia, houve uma queda considerável na mortalidade infantil, que passou de 80,3 para 30,9 por mil nascidos vivos (4).

Especialistas discutem a diferença do apoio oferecido por Cuba em relação a outros países. Como a ilha não dispõe de recursos para oferecer ajuda econômica direta, envia recursos humanos, enquanto outras nações oferecem apenas auxílio financeiro, que muitas vezes é malversado pelos governos que as recebem. Uma análise mais profunda infere que milhares de pessoas em diversas partes do mundo têm acesso à saúde graças à formação de profissionais médicos em Cuba, algo com maior impacto do que a simples transferência de fundos realizada por alguns governos (4).

Na época da catástrofe produzida pelo Mitch, as primeiras brigadas médicas cubanas foram recebidas a contragosto pelo governo local da Nicarágua, que, após forte demanda da população, decidiu aceitar a contribuição. O então presidente nicaraguense, Arnoldo Alemán, e o vice-presidente, Enrique Bolaños, que inicialmente recusaram a ajuda oferecida e eram ideologicamente contrários a Cuba, posteriormente expressaram sua gratidão à ilha. Igualmente, desde 1961, Guatemala e Honduras também tinham relações suspensas com Havana (4).

Em setembro de 1998, um mês antes do Mitch, o furacão George assolou diversas ilhas no Caribe, incluindo o Haiti, país mais pobre das Américas. Causou devastação em dezessete ilhas pelo Caribe e deixou em seu rastro ao menos quinhentos mortos e milhares de desabrigados, além de danos estimados em cerca de 5 bilhões de dólares. Após essa tragédia, o governo cubano também ofereceu apoio ao Haiti, com o envio de médicos e outros profissionais de diversas áreas, como educação, agricultura, engenharia, comunicação e até medicina veterinária (4).

O furacão Mitch produziu consequências diretas descomunais que reverberam até os dias de hoje, devido à desestabilização política e econômica da região, com consequente aumento da pobreza e violência, o que repercute sobremaneira nas ondas migratórias de centro-americanos que arriscam a vida ao tentarem deixar a região.

Bolsas de estudo em Cuba e o Projeto ELAM

Durante o ano acadêmico de 1984-1985, havia 22 mil estudantes bolsistas em Cuba, provenientes de 82 países em desenvolvimento; estudavam em diversos níveis, do ensino médio ao universitário ou pós-graduações (1).

Cuba oferece bolsas de estudos em medicina desde o início da década de 1980. No ano letivo de 1990-1991, foi documentada a formação de 3.587 profissionais, entre eles médicos generalistas, especialistas e outras áreas da saúde. Os beneficiários eram prioritariamente estudantes da América (Central e Sul) (1.418) e África subsaariana (1.507), mas também da África setentrional (517), Ásia e Oceania (92) e Europa (53) (1).

No fim de 1998, em consequência do furacão Mitch, a Escuela Latinoamericana de Medicina (ELAM) foi fundada. Nasceu de um ideal de Fidel Castro, que propunha uma dinâmica distinta da que Cuba realizava antes, quando enviava diretamente suas brigadas médicas (4).

Após a catástrofe do Mitch, o presidente cubano teve a ideia de produzir uma mudança de paradigmas e anunciou que ofereceria bolsas de estudo gratuitas para estudantes carentes da América Central pelos próximos dez anos. A ELAM tinha como principal missão formar médicos dessas regiões carentes, dando oportunidade a diversos jovens para que tivessem acesso ao estudo da medicina de qualidade em Cuba. A única exigência do país era que, ao concluírem os estudos, eles regressassem para trabalhar em seus locais de origem, auxiliando suas comunidades desfavorecidas a ressurgir das ruínas daquele furacão (4).

* * *

A ideia original do Projeto ELAM era receber estudantes carentes das regiões afetadas pelo furacão Mitch, sobretudo de Honduras, Nicarágua e Guatemala, mas a iniciativa logo se estendeu para todo o continente americano e alguns países africanos (4).

Inicialmente chamou-se Escuela Latinoamericana de Ciencias Médicas (ELACM), mas o nome foi modificado para Escuela Latinoamericana de Medicina para sinalizar que o objetivo não era apenas qualificar os estudantes como médicos e sim que eles aprendessem muito além das ciências da medicina (4). Fidel Castro insistia que o verdadeiro objetivo do Projeto ELAM era a "formação de médicos de ciência e consciência".

No mesmo ano da criação do novo projeto, Cuba também ajudou a fundar uma escola de medicina no Haiti e enviou seus professores nessa tarefa. Além disso, instituiu outro programa na província de Santiago de Cuba, que ofertou bolsas de estudo gratuitas para cerca de quinhentos estudantes francófonos procedentes do Haiti, Mali e Djibuti (4).

No final de 1998, o governo cubano declarou a admissão de 1.929 estudantes de dezoito países na ELAM, em sua maioria, procedentes de regiões carentes, muitos oriundos de distintos grupos indígenas, outros tantos, filhos de vítimas das sangrentas ditaduras latino-americanas. Os acadêmicos representavam diversos grupos étnicos, religiosos e diferentes ideologias políticas (4).

O projeto consistia na oferta de bolsas de estudo integrais que incluíam estudos, moradia, alimentação, uniformes, materiais escolares e didáticos, além de uma ajuda de custo. Os dois primeiros anos da formação eram realizados nas instalações da ELAM, em Havana, e os quatro anos seguintes, cumpridos nos mais de vinte hospitais localizados nas demais províncias cubanas (4).

Um dos objetivos postulados era a formação de profissionais que desafiariam o *status quo*, pois não possuiriam dívidas após sua formação, teriam grande experiência no trabalho em regiões rurais e carentes e estariam desejosos de atuar nesses locais. Além disso, seriam formados com outra abordagem da saúde pública, pois veriam seus pacientes (não clientes) de forma integral. O princípio fundamental dessa formação seria empoderar os habitantes de cada região a tomarem responsabilidade por suas comunidades, tornando-se os principais investidores em nível local, convertendo-se em protagonistas, ao invés de agentes passivos de suas realidades (4).

Em 2005, graduou-se o primeiro grupo da ELAM. Os médicos graduados tinham idade média de 26 anos, 45,9% eram mulheres, havia integrantes de 33 grupos indígenas e 71,9% eram procedentes da classe operária ou zonas rurais (4). Na cerimônia, o presidente Fidel Castro discursou abertamente sobre as altas expectativas que tinha com o grupo:

> Eles serão médicos preparados para atuar onde seja necessário; mesmo nos mais remotos cantos do mundo, onde outros profissionais não desejem ir. [...] Profissionais que serão verdadeiros guardiões da saúde e da vida, preparados para ir a qualquer país ou região necessitada, convictos de que um mundo melhor é possível (4).

Em seu discurso, o mandatário analisou os custos da formação médica nos Estados Unidos, que chegam a cerca de 300 mil dólares, e ressaltou que a formação gratuita em Cuba contribuiria sobremaneira para a saúde em diversos continentes. Diferente de países desenvolvidos, que participam do *"brain drain"* (roubo de cérebros), a ilha atua no sentido oposto, promovendo um *"brain gain"* (incremento de cérebros). Também acrescentou que "A missão da ELAM é formar uma nova geração de médicos, com sentido verdadeiro de solidariedade com seus pacientes, um profundo senso ético e uma visão pragmática" (4).

Até 2013, a ELAM graduou mais de 20 mil médicos de mais de setenta países diferentes (3). Especialistas relatam que até então a ELAM foi, possivelmente, a maior escola de medicina do mundo (4).

* * *

Na ELAM éramos estudantes de todas as Américas, provenientes desde os Estados Unidos até a Patagônia, incluindo alunos de diversos países africanos, como Nigéria, Guiné-Equatorial e ainda países africanos lusófonos, como Guiné-Bissau e Cabo Verde.

Há um ditado popular cubano que diz: "Os cubanos ou não cumprem o objetivo proposto, ou o ultrapassam muito além". Nesse sentido, a ELAM mostrou que, na instalação simples de uma antiga escola naval, foi possível criar um projeto de dimensões inimagináveis, no qual Cuba ofereceu aos estudantes carentes de diversos países uma nova abordagem na formação médica, em uma escala jamais vista no mundo (4).

Dessa maneira, a ELAM nasceu do desejo de cooperação e de expansão do conhecimento médico cubano, ao ensinarem a possibilidade da realização de uma medicina mais humana. Lá pude aprender os preceitos verdadeiros de solidariedade que os cubanos nos ensinavam, não apenas nas aulas, mas com exemplos diários. Eles costumavam dizer: "Solidariedade não é dar aquilo que nos sobra, mas também compartilhar do pouco que temos".

Fatos que falam por si mesmos

> *De todas as chamadas "nações desenvolvidas",*
> *Cuba tem, de longe, o melhor sistema de saúde.*
> *A expansão de seus programas de saúde para outros*
> *países necessitados é incomparável a qualquer outro.*
> Jimmy Carter

Cerca de 23 mil pessoas afetadas pelo acidente nuclear de Chernobyl, sobretudo crianças, foram tratadas em Cuba até 2015; 1,5 milhão de pessoas na América Latina, África e Caribe tiveram a visão restaurada pela *Operación Milagro*; milhares de vítimas de desastres naturais foram tratadas por missões médicas cubanas – do Paquistão ao Peru; ao redor de 20 mil estudantes de países em desenvolvimento se formaram, sem custos, na carreira de medicina na ELAM; escolas médicas foram estabelecidas com apoio de Cuba em: Iêmen (1976), Guiana (1984), Etiópia (1984), Uganda (1986), Gana (1991), Gâmbia (2000), Guiné Equatorial (2000), Haiti (2001), Guiné-Bissau (2004) e Timor Leste (2005); e, desde 1960, incontáveis vidas foram salvas pelo trabalho incansável de milhares de médicos cubanos (4).

A contribuição cubana é complexa, pois indubitavelmente alcançou mais pessoas que todo o trabalho realizado por organizações de países do G8, a ONU e até mesmo os Médicos Sem Fronteiras, ganhadores do Nobel (4).

Os pesquisadores Kirk e Erisman, em seu estudo sobre o internacionalismo cubano, ressaltaram: "Cada uma dessas iniciativas realizadas pela ilha deveria fazer vergonha aos países industrializados. É lastimável que a extraordinária contribuição para a humanidade realizada por Cuba tenha sido tão ignorada pela mídia Ocidental" (4).

A ESCOLA E SUA ESTRUTURA

A ELAM está localizada na região de Santa Fe, em Havana, ao lado da Carretera Panamericana. O local era uma antiga escola naval desativada, adaptada para receber a primeira turma de estudantes de medicina em 1999.

Ao entrar pelo portão principal, à direita, há uma praça central com uma grande bandeira cubana ao lado da bandeira da instituição, ambas tremulando juntas. Adiante, há um estacionamento em frente ao anfiteatro principal da faculdade; em sua entrada estão diversos mastros onde, em ocasiões festivas, eram hasteadas as bandeiras dos diversos países representados por seus jovens estudantes.

À frente do grande teatro principal, está o setor da administração e reitoria. Cruzando o amplo corredor, é possível avistar o mar, que chega até a pequena costa na parte norte da escola; atrás do setor administrativo, está um grande espaço coberto, o conhecido Polígono, local utilizado como palco nas grandes solenidades, como foi a recepção do ex-presidente estadunidense Jimmy Carter, entre outros importantes eventos locais.

Diante do Polígono, há uma grande quadra de futebol, utilizada para as aulas de educação física e campeonatos esportivos realizados na instituição; à sua direita, estão quadras poliesportivas, utilizadas para práticas esportivas e outras atividades recreativas.

Ao lado do departamento administrativo, amplos corredores levam ao setor acadêmico, um prédio inteiro com cinco andares, repleto de salas, onde acontecem aulas para os grupos menores – cada um dos grupos básicos de trabalho (GBTs). No andar térreo do mesmo edifício, estão as cátedras das diferentes disciplinas existentes na faculdade relativas ao chamado ciclo básico, que compreende os dois primeiros anos da formação e é a base do conhecimento da profissão de medicina.

À esquerda do setor administrativo e ao final do amplo corredor, estão localizados os grandes refeitórios (*comedores*); ao lado deles, no piso superior, há outros anfiteatros menores, onde são ministradas as aulas magnas dos grupos de GBTs; à esquerda dos refeitórios, há um prédio menor de alojamentos femininos. Na mesma área, no extremo oeste do *campus*, estão localizados os depósitos de livros e outros serviços, como manutenção e até as costureiras.

Dentro do *campus* também se encontram diversos serviços, como um salão de cabelereiro (*peluquería*), algumas cafeterias (em pesos cubanos), um pequeno mercado (em divisas), uma pequena agência bancária cubana, lavanderia, farmácia e inclusive um pequeno hospital com alguns leitos que contava com médicos plantonistas e enfermeiros 24 horas por dia. É praticamente uma cidade preparada para atender os estudantes.

E, ainda, se precisássemos de atendimento especializado, éramos levados a um grande hospital de Havana, o famoso Hermanos Amejeiras; foi onde extraíram meus quatro dentes do siso, e inclusive alguns colegas tiveram a oportunidade de passar por intervenções complexas (e caras), como a cirurgia ortognática.

Mais ao leste, perto das quadras poliesportivas, na outra ponta da escola, estão os prédios dos alojamentos dos estudantes, separados em grandes blocos, entre femininos e masculinos. São grandes edifícios com cinco andares cada.

A ELAM está situada na praia, em um pedaço da costa, onde não há muitos trechos de areia, e não era permitido entrar no mar dentro da faculdade. Há também um grande canal que cruza a escola em sua face sul, com marcada profundidade e correntezas, pelo qual antigamente passavam grandes embarcações. As lendas locais falam sobre alguns colegas que desrespeitaram as regras e se afogaram ao tentar nadar no local.

A GRANDE ORGANIZAÇÃO E A ROTINA

Foi amplamente divulgado na mídia brasileira, inclusive em um jornal do Conselho Federal de Medicina, que o curso de medicina em Cuba seria inferior ao do Brasil, pois era realizado em três anos e meio, sem algumas disciplinas fundamentais da carreira (6). Contudo, o curso na ilha é estruturado com uma duração de seis anos e meio e obedece aos padrões do modelo flexneriano, preconizado pelos Estados Unidos no início do século XX (7).

Segundo esse modelo, o curso de medicina deve ser dividido em módulos, com um ciclo básico inicial de dois anos, em que são ministradas disciplinas essenciais, como: bioquímica, fisiologia, histologia, anatomia, genética, entre outras. Nesse período, faz-se necessário o uso de laboratórios específicos para cada disciplina. No ciclo clínico (do terceiro ao sexto ano), as aulas são realizadas dentro das instituições hospitalares (7).

Contudo, a medicina cubana se distancia dos princípios difundidos pelos ideais flexnerianos em alguns aspectos: aborda o indivíduo não apenas em seu aspecto biológico e fragmentado, mas de forma integral, como ser biopsicossocial; não "diviniza" a figura do médico, pois trabalha o cuidado em saúde junto com outros profissionais, incluindo as práticas integrativas que não colocam ênfase apenas no aspecto curativo, mas sobretudo na promoção de saúde e prevenção de enfermidades.

***

Fomos transferidos para a ELAM durante o período de férias após o curso de pré-médico, enquanto boa parte dos estudantes ainda estava viajando. Na escola, até aquele momento residiam os colegas que haviam recém-terminado o ciclo básico e estavam sendo transladados paulatinamente para as outras províncias do país, onde iniciariam o ciclo clínico de estudos.

Os traslados eram organizados por delegações, em geral, com as turmas anteriores; por exemplo, os uruguaios ficavam na província de Matanzas; os mexicanos, em Las Tunas; os venezuelanos e brasileiros, em Camagüey; e assim por diante.

Observar aquele translado gerava uma sensação estranha, de muitas mudanças, pois já não éramos mais "pré-médicos" e logo seríamos oficialmente estudantes de medicina. Ao ver aqueles colegas partirem para o último ciclo da carreira, senti-me ansiosa ao pensar que em breve também empreenderia a mesma viagem.

***

Quando os colegas regressaram das férias, antes de iniciar a primeira semana de aula na ELAM, havia uma grande organização para distribuição dos livros que nos eram emprestados a cada novo semestre, além dos materiais escolares (lápis, canetas e cadernos) que também nos davam. Utilizávamos literaturas renomadas da medicina, como o Guyton & Hall (fisiologia), Langman (embriologia), entre outros de origem estadunidense, incluindo um livro russo de anatomia e ainda alguns dos livros de referência que eram escritos por professores cubanos prestigiados; inclusive alguns deles nos ministravam aulas.

Vivíamos na ELAM em regime de internato; durante a semana éramos proibidos de sair da faculdade. Na entrada da escola havia uma guarita, na qual era registrado o documento de todos que entrassem ou saíssem da instituição. Se algum estudante tivesse necessidade de sair, era preciso pedir uma permissão da reitoria, geralmente com alguma antecedência. Eu não percebia aquilo como algo ruim ou difícil, pois nosso objetivo lá deveria ser nos concentrarmos nos estudos, que já eram bastante exigentes por si só.

As aulas na ELAM

Como medicina é um curso realizado em período integral, nossa rotina era bastante pesada, com aulas de segunda a sexta-feira, das oito às dezessete horas, e uma hora para almoço. Tínhamos uma grade horária que se dividia entre as aulas teóricas e práticas; estas últimas aconteciam nos respectivos laboratórios de cada disciplina.

Durante o ciclo básico da carreira, aprendíamos as matérias que fundamentam o conhecimento do corpo humano, que são a base para o estudo da medicina alopática. Alguns veteranos nos diziam: "Se aprovarem nesses dois primeiros anos, praticamente se considerem médicos". Pois, naqueles dois anos iniciais, havia uma enormidade de conteúdos, tudo ministrado e avaliado de forma muito exigente.

Naquele ano, os grupos de alunos eram divididos em 52 GBTs, cada um com até vinte alunos, nos quais eram realizadas as atividades práticas de cada disciplina e as avaliações. Mas para que assistíssemos às aulas magnas e os docentes transmitissem a informação a uma maior quantidade de alunos, os GBTs se agrupavam em quatro grandes grupos.

Na escola, os horários eram muito rigorosos; se os alunos não entrassem na sala antes do professor, já não podiam entrar depois. Cada vez que o professor entrava na sala para iniciar a aula, todos se levantavam em sinal de respeito, ele observava se estavam uniformizados, e aguardavam a permissão dele para sentar-se. O silêncio na sala era mandatório; quem não o cumprisse poderia ser retirado da aula a qualquer momento e inclusive receber uma advertência.

Cada aula magistral tinha cerca de uma hora e meia, com um intervalo de dez minutos entre elas. Tínhamos cerca de três a quatro destas por dia, que eram intercaladas com atividades práticas com duração de cinquenta minutos nos laboratórios de cada disciplina.

Também tínhamos avaliações diariamente, várias vezes ao dia, em todas as atividades. Se tivéssemos uma aula magistral de bioquímica na segunda-feira e outra na quarta-feira, no segundo dia acontecia uma avaliação oral aleatória, de qualquer assunto lecionado na aula anterior, e assim sucessivamente.

As avaliações orais aconteciam logo no início da aula; quando o docente entrava na sala, sempre havia uma marcada tensão inicial. O professor rapidamente olhava as listas dos GBT e escolhia aleatoriamente um felizardo que, ao ser chamado, ficava de pé no meio do auditório, aguardando pela questão. As avaliações orais nos rendiam uma nota, que era somada a todas as outras provas e atividades realizadas durante o semestre, gerando a nota final de cada disciplina.

* * *

Aquela tensão me lembrava da minha infância, na qual eu constantemente era vítima de chacota pelos colegas, pois muitas vezes sequer conseguia falar em público e caía no choro. No ambiente cheio de mudanças da faculdade, ainda tinha certo receio em me expor. Talvez pelo grande medo de passar vergonha na frente dos demais, somado ao temor de reprovar alguma disciplina, eu mantinha uma intensa dedicação aos estudos.

Felizmente para mim, o que pensava que seria um caminho de martírios, ao contrário, revelou-se como uma crescente curiosidade pelas diferentes disciplinas da medicina. Era um novo mundo que se descortinava à minha frente, e eu me deliciava aprendendo todos os temas com genuíno interesse e prazer. Todo o conteúdo fazia muito sentido para mim, e era entusiasmante aprender algo tão complexo e, ao mesmo tempo, tão belo.

Fomos alertados de que havia oportunidade para apenas uma reprovação; quem repetisse o ano pela segunda vez perderia o direito à bolsa de medicina. Ainda assim, pela grande generosidade cubana, os reprovados não voltavam aos seus países sem uma chance de estudar. Para aqueles que perdessem o curso de medicina, era oferecida a escolha de outra carreira universitária.

Lembro-me de Giovana, uma colega brasileira, e da nicaraguense Sandra, que, após perderem a chance de estudar medicina, optaram por estudar enfermagem, e de Lane, uma colega brasileira da primeira turma da ELAM, que optou pela carreira de artes.

Naquela época, eu não queria nem imaginar perder aquela oportunidade, então me mantinha firme em minhas obrigações. Considero que me ajudou bastante a experiência prévia de uma adequada rotina de estudos nos dois anos anteriores, em cursinhos de pré-vestibular no Brasil.

Minha rotina tinha uma programação bastante estrita. Sempre respeitava meus horários para alimentação e sono, e estudava todos os dias. Nunca deixava que se acumulassem os temas de estudo. Assim, quando chegavam as provas, sentia-me bem preparada.

Minha técnica consistia em sempre assistir às aulas magnas, anotar tudo o que os professores explicavam e, no final do dia, sentava-me para ler o livro-texto da aula; então unia as anotações realizadas na aula expositiva e produzia meu próprio resumo. Estudava todos os dias até as 23 horas. Aos finais de semana, levantava-me no mesmo horário das aulas e passava o dia na sala de estudos. Fazia uma pausa para o almoço e retomava a rotina pela tarde. Apenas algumas vezes à noite, aos finais de semana, saía para comer pizza em Baracoa.

Morávamos ao lado da praia, mas eu chegava a ficar muitos meses sem pisar na areia, com a cabeça completamente voltada aos livros. Havia pessoas que preferiam não ter uma rotina rígida, e depois, nos dias que antecediam as provas, trancavam-se nas salas de aula tomando café e sem dormir. Conhecendo-me bem, sabia que não teria um bom aproveitamento nos estudos se fizesse dessa maneira. Preferia dedicar-me a preparar meus resumos e tê-los sempre em dia.

A compreensão dos meus limites e necessidades, aliados ao desenvolvimento de bons hábitos de organização, possibilitaram que eu tivesse um rendimento acadêmico satisfatório. Sabia sobre os plantões obrigatórios que haveria mais adiante, que nos exigiriam ainda maior empenho e sistematização da rotina, mas, para não me angustiar muito, tentava focar os desafios presentes.

***

Embora houvesse um ritmo intenso de avaliações diariamente, contávamos com bastante apoio dos professores para tirar dúvidas, e mesmo entre nós, colegas, fazíamos aulas extras de reforço antes das provas de final de semestre. Havia alunos brilhantes, que chegavam a juntar mais de uma centena de estudantes em suas aulas, como Raimundo, um salvadorenho, que tinha uma didática excelente para explicar as disciplinas mais difíceis, como fisiologia e bioquímica, e com suas aulas (que ministrava gratuitamente) ajudava muito a reforçar os conhecimentos essenciais antes das provas.

Também era interessante notar a preparação acadêmica de cada delegação. Como havia vivido apenas no Brasil, eu não tinha nenhuma noção de como seria a educação nos demais países latino-americanos. Na ELAM, as delegações que se destacavam academicamente eram sobretudo do Paraguai, Peru e Colômbia. Era preciso ter em conta como haviam sido selecionados os alunos de cada delegação – alguns deles após rigorosas provas. Contudo, não era o enfoque de Cuba oferecer as bolsas de estudo apenas àqueles que fossem excepcionais em seus países, e sim permitir o acesso do curso também a muitos estudantes que, de outra forma, nunca poderiam cursar medicina em seus países.

Sobre *la exoneración*

Ao terminar o semestre, havia uma prova final que decidiria nossa aprovação nas disciplinas cursadas. Também havia o que os cubanos chamavam *exoneración*, que significava eximir da prova final o aluno que fosse excepcional em determinada disciplina.

Se o aluno tivesse qualificação máxima em todas as avaliações, desde perguntas orais até provas intersemestrais e atividades práticas, sem nenhuma ausência nas aulas magnas, no momento da realização da prova final, o professor anunciava quem tinha "exonerado", e o aluno então era dispensado da prova e teria nota máxima na disciplina.

No começo, eu não estudava com essa motivação, e fiquei lisonjeada ao ser exonerada da prova final no primeiro semestre em bioquímica. Era um dia muito frio de janeiro; meu grupo estava na sala, aguardando a entrega do caderno de provas. Tudo era muito organizado: o horário de chegada, a entrega das provas, o tempo de realização etc. Era uma tensão enorme. Faltavam poucos minutos para iniciar a avaliação de bioquímica quando o professor Felino (esse era o nome real dele, um excelente docente!) anunciou diante dos colegas que havia uma única aluna no GBT que seria exonerada da prova. Explicou-nos como era o processo e, quando anunciou meu nome, quase não acreditei, pois havia alguns estudantes excelentes no grupo.

Fui felicitada e aplaudida pelo professor e pelos colegas, e precisei deixar a sala. Voltei ao dormitório ainda radiante, sem acreditar no fato. Foi bom ter toda a manhã para não fazer nada. Mas depois tive uma sensação agridoce, pois voltei sozinha e não havia ninguém em meu quarto com quem conversar. Foi uma comemoração solitária, na qual precisei respeitar os colegas que, depois do exame, estavam ansiosos, discutindo sobre a prova, muitos deles com medo de uma possível reprovação.

Posteriormente, fui exonerada de algumas outras disciplinas, como histologia I e II e anatomia patológica; porém a matéria na qual me esforçava sempre para exonerar, mas nunca consegui, era a temida anatomia.

Anatomia

Anatomia era uma das disciplinas que mais me fascinavam, pois a considerava a base de toda a medicina. Durante os dois anos, em cada semestre, tínhamos o conteúdo de todo um sistema para aprender: osteomioarticular, nervoso, respiratório, cardiovascular etc.

Para mim, anatomia tinha um encanto especial. Os leigos não têm ideia de que tudo tem um nome específico dentro do corpo humano. Não apenas os nomes de doenças são estranhos; tudo o que está no organismo é muito complexo e cheio de detalhes. Por exemplo, a primeira vértebra cervical, chamada Atlas, é um "pequeno pedaço de osso" que tem mais de dez detalhes anatômicos – arco anterior, tubérculo anterior, fóvea dental, arco posterior etc.

Como acadêmicos, precisávamos saber todos os nomes, pois mais adiante aquilo teria um sentido. É preciso saber, por exemplo, com quais outros ossos se articula, quais músculos nele se inserem, os vasos sanguíneos e inervações que percorrem aquele simples "pedaço de osso". E isso falando apenas do estudo dos ossos. Ao avançar os semestres, os temas ficavam ainda mais complexos.

No estudo do sistema cardiovascular, precisávamos aprender todo o sistema circulatório como se fosse o mapa de uma cidade conhecida, com todas as suas vias. Durante a prova final havia uma questão que praticávamos durante o semestre inteiro; e consistia em levar uma célula sanguínea desde um determinado local para outro ou ainda o trajeto que percorreria uma molécula que entrasse pela boca até ser expelida pela respiração; era necessário descrever todo o percurso realizado na circulação sanguínea e/ou linfática.

O pior de anatomia era o famigerado exame final, que classicamente é feito sempre da mesma forma, como escutei de colegas que estudaram medicina em outros países que não Cuba. No dia da prova, os salões eram isolados em todo o seu perímetro e os alunos ficavam em filas do lado de fora. Dentro da sala, os professores fixavam um alfinete em detalhes anatômicos, que deveriam ser identificados pelos estudantes e anotados no cartão de respostas, com pouco tempo para pensar.

Os GBTs tinham seus horários de prova anunciados dias antes. No momento da avaliação, todos os alunos deviam estar no horário marcado, pois, após a saída de cada grupo, já havia outro esperando para entrar na sala.

Entrávamos em pequenos números, cada um posicionado diante de uma mesa com uma peça anatômica, e tínhamos poucos segundos para observar e anotar a resposta. Passávamos por diversas mesas e, no final, entregávamos as respostas para um professor, que a corrigia, mas ainda não víamos os resultados. O mais tenso era que toda a sequência (inclusive o início e o final do exame) era feita com um professor apitando e ditava o ritmo da prova. Era um verdadeiro estresse mental e emocional. Havia alunos que choravam; outros até desmaiavam na porta da sala, tamanho era o estresse.

Anos mais tarde, conheci um médico e professor de saúde pública da USP que comentou: "Nós perdemos parte da humanidade de nossos médicos no laboratório e nas provas de anatomia". Refletindo sobre isso, sinto que aquele tipo de avaliação pode nos tirar aquele sentimento de medo, mas talvez também o respeito que, no início, todos tínhamos por aqueles mortos. Contudo, sempre tive muita consideração por eles, pois entendia que, um dia, aqueles cadáveres foram filhos, maridos/esposas, pais ou mães de alguém, que nos emprestavam seus corpos para que pudéssemos aprender.

***

O laboratório de anatomia ficava fechado no final da tarde e no final de semana, mas, para chegar às salas de estudos, passávamos na frente dele; e tinha grandes janelas e portas de vidro, pelas quais era possível espiar de fora. Logo que cheguei na ELAM, tinha certo pavor quando precisava caminhar sozinha por ali, pois "os espécimes" às vezes estavam sobre as mesas de exame. Ao passar por lá, apenas apertava o passo sem olhar muito para o lado.

Os espécimes são cadáveres de pessoas, e essa é outra curiosidade sobre Cuba. Diferente do que acontece no Brasil ou em outros países, lá não existem pessoas sem identificação nem pessoas em situação de rua, pois o Estado se faz responsável por todos. Logo, era difícil ter cadáveres recentes à disposição para estudo; ocorria apenas quando uma pessoa falecia sem familiar algum e ninguém reclamava seu corpo ou quando pessoas voluntariamente doavam seus corpos para estudo, que não deveriam ser muitos por lá.

Nesse sentido, era muito difícil conseguir corpos novos, e os espécimes que utilizávamos eram de pessoas muito idosas; precisavam ser bem conservados e acabavam sendo usados por muitos anos. Lá, não existiam histórias como as que ouvi no Brasil, em que cada dupla de alunos recebe um cadáver para dissecar durante o curso ou ainda sobre a compra clandestina de corpos por algumas universidades.

Demais disciplinas

Embriologia

Quanto mais avançavam os conteúdos, mais eu ficava encantada e intrigada com a complexidade do corpo humano. Outra disciplina que me chamou muito a atenção e não me parecia fácil era embriologia.

Nela, aprendemos como o corpo humano se forma a partir de apenas duas células, que gradativamente se transformam em um feto. No princípio, poucas células se unem e formam os folhetos germinativos, que depois dão origem a cada órgão e sistemas no corpo humano. Era preciso aprender todas essas minúcias.

Cada fase da embriogênese (período de formação do embrião) tem vários fatores para dar errado, e, quando vemos uma vida nascendo, parece tudo tão fácil... Refletia que, se as pessoas que tiram a vida umas das outras pudessem ter a noção daquele intricado processo que ali aprendemos, talvez questionassem suas atitudes brutais. Penso que, quando esses indivíduos cometem seus atos destrutivos, não têm a menor ideia da complexidade do processo para que aquele outro ser humano chegasse até ali.

Medicina general integral (MGI)

Também desde o primeiro ano da carreira, começamos a conhecer a mais notória especialidade do curso em Cuba – a famosa disciplina de MGI, a medicina de família cubana. Nessa disciplina, aprendíamos diversos conceitos que seriam aplicados ao longo dos seis anos da formação.

Durante algumas semanas, havia uma imensa logística para levar os alunos uma vez por semana até o centro de Havana, nos ambulatórios dos médicos de família. Lá, tivemos o primeiro contato com o funcionamento de um consultório e suas atividades diárias. Aprendíamos tarefas corriqueiras, como aplicação de vacinas, administrar medicação por via parenteral, medir a pressão arterial, bem como acompanhávamos a equipe (médico e enfermeiro) nas visitas domiciliares, onde começávamos a ter um contato maior com a realidade da saúde na ilha.

Era admirável observar como eram prestativos aqueles profissionais, tanto na atenção conosco (estudantes) como, sobretudo, com seus pacientes. Impressionei-me ao observar como a população cubana era receptiva às atividades sanitárias, tanto nos consultórios como ao receber os profissionais de saúde em suas casas. Observava que entre a equipe e seus pacientes havia uma interação sinérgica no cuidado em saúde.

Outras disciplinas igualmente importantes

Dentro do organograma do curso de medicina, também tínhamos outras disciplinas obrigatórias, e com o mesmo nível de exigência que qualquer outra, tais como inglês (do primeiro até o quinto ano), aulas de informática médica e até aulas de educação física (ambas nos dois primeiros anos do curso).

Na disciplina de inglês, antes de iniciar cada semestre, havia a possibilidade de fazer uma prova de habilidades escrita e oral, à qual era atribuída uma nota, e, se o aluno concordasse com a nota, poderia optar por exonerar aquela disciplina durante o semestre. Caso discordasse e desejasse terminar o semestre com uma nota melhor, poderia cursar a disciplina junto com os demais colegas de seu GBT. Como eu tinha um bom conhecimento prévio do inglês, preferi ser dispensada e ganhar ao menos algumas horas durante a semana para descansar ou estudar outros temas.

Nas aulas de educação física, inicialmente faziam um teste de aptidão para as diversas modalidades de esporte disponíveis, desde as mais comuns, como futebol, vôlei e basquete, até ginástica rítmica e outras. Mesmo quem tivesse alguma restrição física ou problema de saúde precisava cumprir as horas em algum tipo de atividade. Os únicos que podiam ser dispensados eram aqueles que tivessem desempenho excepcional e participassem de competições representando a escola; contudo estes realizavam aulas mais intensas em outros horários.

Nas escolas públicas em que estudei no Brasil, nunca havia tido contato decente com nenhum esporte. Em Cuba, no entanto, por ser um pouco mais alta que a média do meu grupo, acabaram me selecionando para a prática de voleibol. Só que fui um verdadeiro desastre nas aulas; todo o tempo, levava boladas na cabeça ou simplesmente a bola passava entre meus braços muito magros; quase nunca conseguia fazer um passe certo. Nesse caso, a altura não parecia fundamental, pois a maioria das garotas da minha turma era centro-americana, de baixa estatura, porém muito ágeis e excelentes jogadoras.

Apesar de sentir-me completamente deslocada, nunca faltava às aulas e me esforçava bastante para ter um aproveitamento razoável. No fim do semestre, também fazíamos uma prova final, que se somava com a nota da modalidade cursada.

A prova final de educação física era realizada durante todo um período matinal, com várias modalidades esportivas: treino de velocidade em cem metros; salto em distância; abdominais em certo tempo; e, por último, uma corrida de resistência, de cerca de três quilômetros.

Antes da corrida de resistência, o professor advertia para que não ultrapassássemos os limites físicos e, se nos sentíssemos mal, orientava que não nos jogássemos no gramado, para assim evitar uma queda brusca de pressão arterial e possível desmaio. Como aquela era a última avaliação, era feita quase com o sol a pino, quando estávamos praticamente exaustos. Com meu antecedente de asma e sem boa preparação física prévia, concentrava-me muito e seguia em meu próprio ritmo. Via alguns colegas que saíam na largada já querendo ultrapassar uns aos outros e, ao final da primeira volta, a maioria perdia a força e alguns passavam mal. No meu caso, apenas pensava que não podia desmaiar e precisava terminar a prova. Seguia esbaforida no meu ritmo e, ao final, concluía o percurso em tempo adequado e feliz por mais um desafio vencido.

Contudo, para minha surpresa, no fim do primeiro semestre, mesmo com todo meu esforço, esta foi a única disciplina na qual não obtive nota máxima, e tive minha média final um pouco reduzida "apenas" pela educação física.

A seriedade nas avaliações se confirmava em exemplos como o de uma colega brasileira que não havia cumprido as horas/aula de educação física durante o ciclo básico. Ao avaliarem seu histórico no último ano da carreira, notaram essa pendência e disseram que, se não cumprisse a carga horária que lhe faltava antes do término das aulas, ela não se graduaria com nossa turma. Houve ainda o caso de outro brasileiro, que tinha muita dificuldade com inglês e reprovou essa única disciplina, mas precisou repetir o ano inteiro da carreira "apenas" por isso. Situações que comprovam a importância atribuída a todas as disciplinas.

Atividades extracurriculares

A instituição também estimulava muitas outras atividades. Havia campeonatos de futebol entre os estudantes dos diversos países presentes e, surpreendentemente, as melhores seleções de futebol na ELAM não eram do Brasil nem da Argentina. As delegações do Peru e Paraguai é que venceram várias competições.

Também levavam os estudantes que desejassem participar às competições de xadrez em Havana, onde inclusive participavam os grandes mestres desse esporte. Ainda participávamos de atividades culturais fora do horário formal ou durante o pequeno recesso escolar no final do ano, como aulas de dança, principalmente de salsa e ritmos cubanos; e, aos finais de semana, pela noite, organizavam bailes com música latina variada no Polígono, local que nunca frequentei, pois na época ainda não havia descoberto minha paixão pela dança.

Outra atividade que era bastante popular e uma forma de diversão cultural para alguns estudantes nos finais de semana era a realização da trova. O gênero musical trova, uma mistura de poesia com música, tem origem nos trovadores franceses medievais, mas em Cuba se atualizou com um novo estilo, marcado por canções com letras engenhosas que contam histórias de amor, crítica ou conteúdo político. Alguns de seus principais representantes são os cubanos Pablo Milanés e Silvio Rodríguez, o mexicano Óscar Chávez, o espanhol Joaquín Sabina, entre muitos outros.

Na ELAM, os estudantes que tinham aptidão com algum instrumento ou canto se apresentavam nessas reuniões. Havia colegas que tocavam em grupos e inclusive representavam a instituição em alguns eventos. Era o caso de alguns argentinos, como David e Adán com o violão, Julieta com a flauta e Anibal na percussão, além do salvadorenho Will, que tocava violão e cantava muito bem; juntos, fizeram apresentações até em outras províncias do país.

Com a colega Brisa, de Rondônia, que era uma talentosa cantora, cheguei a ensaiar algumas vezes para cantar algo, mas acabei não tendo coragem naquele momento e disfarcei meu medo cênico com a desculpa de "não perder o tempo dos estudos". Resignava-me apenas em permanecer como espectadora e apreciava os colegas com suas admiráveis expressões artísticas.

Colar na prova

Penso que tentar fraudar exames é o ato de alguns estudantes que estão desesperados pela aprovação, mas também tem relação direta com a ética das pessoas envolvidas e talvez até da sociedade em questão. É comum criticarmos a corrupção dos governantes, porém é fundamental lembrarmos "das pequenas corrupções diárias", que podem dar margem para tantas outras situações, e também questionarmos quando nós as praticamos.

Imagino que, em alguns lugares/culturas, burlar o sistema de avaliação para evitar a reprovação possa ser uma prática mais frequente. Porém, em Cuba, os professores são muito atentos a essas atividades. Numa ocasião, duas colegas estadunidenses tentaram fraudar um exame levando pequenos papéis com possíveis respostas presos debaixo das saias. Mas foram pegas e duramente repreendidas; correram inclusive risco de expulsão da faculdade. Somente após muito debate da reitoria junto à IFCO (organização responsável pelos estadunidenses) é que resolveram converter aquela falta em advertências e outras sanções.

Na ilha, eu ouvia muitos professores dizerem: "Não passem e também não peçam cola, pois, quando forem médicos e estiverem a sós com um paciente que precisará do seu conhecimento, quem vai ajudar nesse momento?". Essa frase tinha um forte impacto em mim e me incentivava a estudar ainda mais, para ter a competência necessária não apenas para uma avaliação momentânea e sim para as provas que a vida certamente traria.

FEIRA DE PRODUTOS AGRÍCOLAS

A ELAM também recebia com certa regularidade alguns convites para os estudantes participarem de atividades culturais importantes em Havana, e interagíamos assim com diversos aspectos da vida política e social de Cuba.

Em setembro de 2002, com alguns outros colegas, participei de uma cerimônia chamada *Gala Cultural*, no teatro Karl Marx. O espetáculo contou com a presença de vários artistas cubanos renomados, para celebrar a Feira de Produtos Agrícolas – uma tentativa ainda incipiente de reaproximação comercial de alguns empresários estadunidenses com Cuba.

Segundo a literatura especializada, no período ocorreu certa flexibilização no bloqueio econômico contra Cuba, fomentada sobretudo por empresários dos Estados Unidos que não estavam contentes em perder um mercado tão próximo do seu território. E a ilha obviamente lhes abria os braços calorosamente. Daquela Feira participaram 288 companhias de 33 estados dos Estados Unidos, que fecharam contratos de 100 milhões de dólares com empresas cubanas (8).

Na ocasião, Fidel Castro fez um breve discurso para celebrar o evento (algo pouco usual de sua parte), pois todos estavam ansiosos (imagino que ele também) para assistir, entre outros grandes nomes da música cubana, à célebre apresentação de Francisco Repilado, o consagrado Compay Segundo, músico do renomado grupo Buena Vista Social Club.

Compay Segundo, um senhor negro, franzino e bastante idoso, mas ainda com forte presença e sorriso no rosto, entrou no grande palco com auxílio de sua bengala e de uma assistente, parou diante do microfone, acomodou (com ajuda) seu violão e, do alto de seus 96 anos, nos deliciou com alguns de seus ilustres sucessos. Aquela foi uma das últimas apresentações ao vivo desse grande ícone da música cubana, que faleceu pouco depois, em julho de 2003.

ELEIÇÕES PRESIDENCIAIS NO BRASIL

No final de 2002, houve eleições presidenciais no Brasil. Mesmo estando em Cuba, podíamos votar através da embaixada brasileira em Havana, e a escola inclusive nos disponibilizou o transporte. Em Cuba, o voto também era secreto, mas não obrigatório. Alguns colegas contaram que votaram em candidatos brasileiros de direita, e tinham a liberdade de fazê-lo.

Aquela era a primeira vez que Luiz Inácio Lula da Silva foi eleito presidente. Confesso que me surpreendeu o resultado, pois sempre

tive a percepção do Brasil como um país, em sua grande maioria, muito conservador. Não entendi muito bem como o país deu esse grande salto à esquerda, mesmo que não fosse uma esquerda radical.

Lembro que, na época, pensei que talvez deixassem a esquerda ganhar e passar um tempo no poder, mas depois certamente criariam alguma "situação terrível" para que ficasse desmoralizada e nunca mais tivesse credibilidade. Parecia um pensamento bastante pessimista, mas, infelizmente, alguns anos depois, se revelou verdadeiro.

Como já mencionado, minha bolsa de estudos foi cedida pelo PT. E eu pensava que, quando o Partido estivesse no comando do governo, talvez as coisas ficassem a favor de nós, estudantes em Cuba.

Imaginava que nos dariam algum suporte como o de alguns outros países – a Venezuela, por exemplo, a mando de seu presidente, enviava aviões do exército uma vez ao ano para trazer sua delegação de férias. Também pensava que a questão da revalidação de nossos diplomas poderia ser facilitada de algum modo, como aconteceu na Argentina. Porém nada disso se concretizou.

No início do ano de 2003, logo após a posse do presidente Lula, recebemos na ELAM a visita da representante das relações internacionais do PT e sua comitiva, para uma reunião com todos os estudantes enviados pela organização. Durante o encontro, pediram nossa compreensão e, de forma austera, informaram a situação daquele momento: "Acabamos de vencer as eleições presidenciais e o Partido está quebrado, sem dinheiro para mais nada. Mas, mesmo nessas condições, sem conseguirmos apoiá-los muito, queremos pedir que vocês sigam se reunindo e realizando atividades entre os estudantes (membros do PT) que estão aqui".

Desde que eu chegara a Cuba, tinha apenas um propósito: estudar medicina. Era muito aferrada à minha organização e rotina de estudos. Fiquei, portanto, impaciente na reunião com as inúmeras elucubrações por parte dos interlocutores e dos estudantes. Estes últimos estavam preocupados em "mostrar serviço" para os representantes do Partido, dizendo trabalhar na militância, o que não era totalmente verdade, pois por todo o tempo que estivemos na ELAM a carga horária de estudos era extremamente pesada. Eram poucos os estudantes que de fato tinham alguma militância com suas organizações, como era o caso dos estudantes bolsistas do MST.

Num momento da reunião, já cansada, expressei de forma sincera que meu objetivo principal ali era estudar medicina, de modo que todas as outras atividades eram secundárias. Percebi que todos ficaram chocados com aquela espontaneidade, e a representante do Partido ratificou que nosso foco deveria ser com os estudos, mas acrescentou: "Quando puderem, não se esqueçam de suas atividades políticas também".

Embora eu mesma tivesse vivido parte da marcada desigualdade social brasileira, na época, não tinha muito conhecimento sobre política e me questionava qual o objetivo de militar em prol da esquerda vivendo em Cuba. Atualmente, no entanto, entendo que outros estudantes que estavam ali tampouco tinham noção do que enfrentaríamos no "mundo real", quando voltássemos aos nossos países e tivéssemos que lidar com as graves questões sociais que vemos todos os dias. Esse provavelmente deveria ser o foco dessa possível militância.

Sou muito grata ao Partido pela bolsa de estudos – meu "bilhete de loteria premiado", mas, fora disso, não recebi mais nada deles, a não ser uma caneta que nos deram naquela reunião. Reitero que o governo cubano foi quem supriu todas as minhas necessidades fundamentais durante os mais de seis anos em que estive na ilha.

**

Fui a Cuba graças à bolsa de estudos concedida pelo PT e nunca mais tive apoio de político ou Partido algum, nem enquanto estudante, nem depois de graduada. Contudo reconheço que, quando voltei ao Brasil, percebi que o governo do PT fez a diferença para muita gente e, talvez até por isso, conquistou muitos inimigos.

Ao regressar ao país, notei várias mudanças. Muitas pessoas tiveram a oportunidade que eu mesma não tive de cursar uma faculdade no Brasil, através de financiamentos estudantis e programas de cotas, entre outros incentivos. Percebi os aeroportos lotados com pessoas "comuns". A partir de então, segundo estudos do Banco Mundial e do Instituto de Pesquisa Econômica Aplicada (Ipea), milhares de brasileiros saíram da miséria extrema (9, 10) e muitos tiveram acesso a comodidades que antes não eram possíveis para a maioria, como uma simples viagem de avião. Muitos trabalhadores conseguiram financiamento para comprar sua casa, algo que na época de meus pais era impensável, entre outros benefícios que a maioria dos brasileiros só conheceu a partir da eleição do PT. Também é relevante lembrar que boa parte do governo desse Partido foi marcada por grande desenvolvimento econômico e, inclusive, por notável respeito internacional.

Porém, no mesmo período, houve situações abomináveis e de grande impacto para outras populações, como a construção da hidrelétrica de Belo Monte, que afetou diretamente todo o ecossistema da região (11), prejudicando a moradia e a vida de diversos grupos indígenas e comunidades ribeirinhas do território, e provavelmente ainda terá repercussões socioambientais incalculáveis no futuro (12). Também houve a revelação de graves situações de corrupção (possivelmente não muito diferente do que já existia antes), que receberam uma atenção expressiva da mídia, infelizmente não com o objetivo de ampliar a consciência da população, mas de manipular segundo interesses particulares – o que ficou patente anos depois, com o desenrolar dos fatos.

Penso que é importante reconhecer e criticar *todo* tipo de corrupção. Escuto muitos brasileiros dizerem que os governantes é que precisam dar o exemplo. Contudo enfatizo a importância de cada cidadão se responsabilizar por sua parte, para que juntos possamos escrever uma história mais ética e sustentável para toda a sociedade.

Enquanto vivermos pensando de forma limitada em um bem-estar material e individual, para o aqui e agora, não será possível pensar em um futuro coletivo. Já dizia Gandhi: "Olho por olho e o mundo acabará cego".

Enquanto interesses de grupos políticos e econômicos (e sobretudo individuais) prevalecerem sobre as necessidades coletivas e da sustentabilidade da vida na Terra, nunca haverá nem ordem e menos ainda progresso.

SOBRE O TRABALHO VOLUNTÁRIO NA ILHA E DESAFIOS NA MEDICINA

Na ilha, existiam algumas atividades de trabalho voluntário. Como exemplo, havia um tipo de voluntariado instaurado pelo próprio Che Guevara, em que todos os trabalhadores de qualquer setor que fosse (inclusive ele mesmo, quando era ministro) prestavam um dia de trabalho no campo anualmente, cortando cana-de-açúcar junto com os trabalhadores rurais.

No entanto, esse tipo de atividade não nos era imposto. Os alunos que se comprometiam a realizá-lo eram poucos e, em geral, tinham militância política ativa, como os estudantes enviados pelo MST. Muitos deles tinham origem pobre, alguns inclusive eram procedentes de assentamentos sem-terra, com modesta bagagem escolar e até maior dificuldade acadêmica; porém eram bastante comprometidos e assíduos nessas atividades.

A instituição do MST mantinha uma admirável organização e oferecia suporte adequado aos estudantes enviados por eles; sempre realizavam encontros com seus líderes e inclusive recebiam passagens de férias para o Brasil em anos alternados.

***

Hoje em dia, reflito que, infelizmente, estudantes de áreas muito exigentes academicamente, como é o caso da medicina, muitas vezes acabam ficando alienados diante de outras questões, sobretudo sociais e políticas, durante os muitos anos de estudo. Isso é até contraditório, tendo em vista que no futuro a atuação na profissão será muito permeada por essas demandas e, dessa maneira, grande parte dos profissionais não estará devidamente capacitada para lidar com elas.

Em 2010, quando realizei uma especialização como médica de família em Fortaleza, com o dr. Jose Alves (colega da especialização), ficamos responsáveis pelos alunos do internato de duas renomadas faculdades públicas de medicina no Ceará quando eles passaram pelo estágio de saúde pública no nosso Posto de Saúde.

Quase ao final da especialização, um caso marcante comoveu a nós todos. Era o caso de Ana Carla, uma paciente com apenas 29 anos que padecia de um câncer linfático em estado terminal. Ela tinha tumores generalizados muito dolorosos, que lhe deformavam o rosto e o corpo; havia acabado de dar à luz seu bebê quando soube do diagnóstico. Naquele período, prostrada na cama, ela precisava da ajuda de familiares, pois sequer conseguia cuidar do filho.

Para receber atendimento, Ana Carla recebia visitas domiciliares da equipe do Posto. Fomos visitá-la na casa em que morava com o pai alcoolista, o qual abusava sexualmente dela e das irmãs quando crianças. A pequena casa era muito insalubre e nem sequer tinha janelas; eram quatro cômodos distribuídos em um longo corredor. Desesperada, ela me olhava e implorava: "Doutora, por favor, não me deixe morrer!". Naquela periferia de Fortaleza víamos com frequência diversas situações desoladoras como essa.

Quando saímos da casa, todos estavam visivelmente abalados, e um dos jovens estudantes de medicina aproximou-se de mim e disse: "Creio que todos os políticos deveriam passar por uma visita domiciliar como essa antes de assumirem seus cargos", e eu lhe respondi:

"Veja a importância de que *todos* os médicos também passem por visitas assim antes de se graduarem, pois os casos complexos não são apenas aquelas patologias raras internadas nos hospitais, mas sobretudo casos como este, que têm uma grave complexidade não apenas biológica".

***

Houve mudanças recentes no currículo da medicina brasileira, que passou a exigir um contato maior dos alunos com a área de Atenção Primária. Contudo, infelizmente, em muitas instituições o contato ainda ocorre de forma superficial; a disciplina é considerada menos importante, e os alunos, por conseguinte, também lhe atribuem menor relevância.

Cheguei a ouvir de alguns alunos dessas prestigiadas faculdades no Ceará: "Estar aqui (no Posto de Saúde) para mim é quase férias do curso". Essa frase expressava a desvalorização desse serviço em comparação a outras disciplinas consideradas "verdadeiramente importantes". Grande parte dos estudantes desconsiderava essa área como possível foco de trabalho no futuro e, por conseguinte, via esse período como prescindível em sua formação.

Ao final de seu estágio, apenas uma jovem aluna do internato reconheceu a importância daquela experiência conosco na Atenção Primária, dizendo: "Na faculdade, algumas pessoas têm muito preconceito contra vocês, que estudaram em Cuba, e fazem zombarias; mas eu gostaria de agradecer-lhes, pois, no tempo que estive aqui, aprendi mais detalhes da profissão do que em muitas outras disciplinas dentro da faculdade".

Por isso, eu advertia os estudantes com quem tive contato quanto à gravidade do que está além das portas da universidade. Enfatizo a importância de que todas as instituições de ensino aproximem os conteúdos das aulas da realidade que será vivida na prática diária. Hoje reconheço que mesmo eu, que residi em Cuba e tive a oportunidade de lidar com situações variadas, como a grande diversidade cultural e a vivência muito próxima da realidade dos cubanos, percebo que poderia ter tido experiências mais ricas, para além da parte acadêmica.

MESMO COM TODO O RIGOR E SEGURANÇA – O CASO DE PEPE

Pepe era o apelido de um colega argentino, também estudante da quarta turma da ELAM. Embora tivesse contato com muitos colegas de sua delegação, ele eu só conhecia de vista. Porém, devido à gravidade dos fatos que se desenrolaram, muitos ficaram sabendo de sua história.

Na ELAM, embora houvesse muita organização e rigor, a enorme diversidade entre os jovens que lá estudavam (alguns inclusive com um passado difícil), aliada à sensação de liberdade (sem as restrições familiares), favorecia que alguns se aproveitassem de forma inconsequente da situação.

Convivíamos numa mistura das mais diversas realidades. Havia colegas que inclusive tinham problemas com dependência química em seus países de origem. Contudo, como em Cuba não havia substâncias ilícitas de fácil acesso, infelizmente algumas pessoas faziam então uso nocivo do álcool. E a ilha é notável produtora de cana-de-açúcar e, por conseguinte, de uma famosa bebida destilada: o rum.

**

Estava quase na metade do primeiro ano. Era um final de tarde de domingo, num dia frio de inverno, quando recebemos a notícia de que Lalo, um colega chileno, afogara-se na praia de Baracoa, e que com ele estava Pepe.

Dentro das muitas regras que tínhamos, era proibido entrar alcoolizado na escola. Ficávamos "trancados", sem permissão para livre saída desde segunda-feira até sexta-feira às dezoito horas, quando era permitido sair da instituição. Porém, devíamos retornar até domingo à noite, pois logo cedo, na segunda, voltava a pesada rotina de aulas.

Naquele dia, Lalo e Pepe estavam bastante alterados pelo uso do álcool e provavelmente pensaram que seria melhor tomar um banho frio (no mar) antes de voltar à escola. Os colegas que viram a cena contaram que ambos entraram na água e mergulharam rapidamente, mas apenas Pepe saiu. Vários colegas presentes se desesperaram e entraram no mar para buscar Lalo, mas quando o encontraram já era demasiado tarde; ele havia se afogado.

Foi muito triste presenciar o luto de seus compatriotas, que, unidos, fizeram cartazes e vigílias em sua homenagem durante toda a semana seguinte. Quanto a Pepe, foi duramente advertido por estar envolvido na situação.

Como não era amiga próxima de Pepe, só voltei a ter notícias dele no final do segundo ano da faculdade, quando houve um alerta de furacão. Nesses períodos, o rigor para deixar a escola aumentava, e éramos proibidos de sair da instituição até aos finais de semana. Era preciso permanecer vigilante e aguardar novas informações, se haveria ou não necessidade de evacuação da ELAM. Em caso positivo, precisaríamos estar todos juntos para um traslado organizado e seguro.

Não sei ao certo como sucederam os fatos, mas naquele final de semana (de alerta ciclônico) Pepe "escapou" (dessa vez, sozinho) para o centro de Havana e acabou se ferindo; sofreu uma queda e teve um traumatismo craniano grave. Precisou de intervenção cirúrgica e acabou sem parte da calota craniana, aguardando a colocação de uma placa de titânio. Precisou afastar-se das aulas e perdeu um ano do curso. Felizmente, depois conseguiu retornar a Cuba e concluiu a formação em medicina.

Esses acontecimentos me levaram a refletir que disciplina também é liberdade, pois havia razões maiores para todas as advertências que nos faziam e para as regras impostas. Sempre admirei como os cubanos na ELAM conseguiam manter tamanha organização e autoridade ao lidar com tantos jovens, com bagagens socioculturais tão heterogêneas.

FÉRIAS DO PRIMEIRO ANO

Passei a fase do primeiro ano e consegui superar meus medos de que eu não fosse capaz de me sair bem nas disciplinas. Ao contrário, concluí o ano letivo bastante satisfeita com meu desempenho acadêmico e com congratulações recebidas dos queridos professores. Por outro lado, próximo ao final daquele ano, me angustiava ver que muitos colegas se preparavam para viajar às suas casas, algo que não estava em minhas possibilidades.

Viajei a Cuba determinada a estudar medicina e sabia que devia enfrentar as condições que viessem pela frente. Logo, não tinha como reclamar da situação; só me restava calar e aceitar. Ficava ainda mais triste quando pensava que talvez não pudesse viajar de férias ao Brasil durante todo o curso, ou seja, pelos próximos seis anos.

Leonel era um colega brasileiro do interior do Ceará, que também tinha limitações financeiras, e era um aluno destacado. Sempre que possível, ele eu estudávamos com outros alunos que tinham maior dificuldade em algumas disciplinas; emprestávamos resumos, fazíamos aulas de reforço de forma gratuita, igual a tudo que lá recebíamos.

Ao saber de nossa situação, Ângela, outra colega brasileira, se solidarizou com nossa história e nos contou que tinha alguns contatos de pessoas no Brasil que comprariam caixas de charutos, que em Cuba eram muito mais baratas. No processo, deveríamos comprar um número de caixas que correspondesse ao valor da passagem ao

Brasil, mas era preciso que chegassem até o país para que nos enviassem nossa passagem.

Na ocasião, vários colegas brasileiros que viajaram de férias nos auxiliaram levando as caixas ao Brasil, para que pudéssemos viajar pelo menos por um mês. Não tivemos ajuda de nenhum familiar de sangue, porém recebemos apoio de vários personagens dessa nova família que se formara.

Conheci depois colegas que viveram uma situação parecida ou até pior que a minha. Foi o caso de uma brasileira que viajou pela primeira vez ao Brasil somente após quatro anos de permanência em Cuba, por meio da ajuda de vários colegas; e o de um colega africano de Guiné Equatorial que estava havia cinco anos no país – como ele reprovou duas vezes, perdeu a carreira de medicina no segundo ano, mas estava cursando o segundo ano da outra faculdade que lhe fora ofertada, no caso, biomedicina – e dizia que só voltaria ao seu país quando concluísse seus estudos, pois sua família não podia custear uma viagem de férias, que chegava a custar cerca de 2 mil dólares, ida e volta.

* * *

Foi muito interessante a experiência de minhas primeiras férias de volta ao Brasil, pois tinha um grande anseio de voltar para casa e contar de minhas venturas e desventuras.

A comunicação que eu tinha naquele período era principalmente por e-mail com Fabiano, pois meu pai não sabia usar internet e, com ele, a correspondência era por carta, algumas vezes por telefone. Então, comentei com meu irmão sobre os trâmites da viagem, e ele me buscaria no aeroporto, pois era o único com carro.

Na chegada ao Brasil, várias expectativas foram desfeitas, primeiro porque, além de Fabiano, ninguém mais me esperava. Ele contou que desejava ver a cara de espanto de meu pai, e assim foi; uma surpresa para alguns, mas apenas isso, pois ninguém havia se preparado para me receber; muitos familiares nem sabiam que eu viajaria naquele mês. Além disso, morávamos em um lugar onde eu não tinha nenhuma amizade próxima; as pessoas com quem havia convivido na escola no passado estavam em outras cidades. Ali estava eu, novamente sem dinheiro nenhum, sem poder fazer nada, durante todo o próximo mês.

Naquela situação, voltei a me dar conta da limitação que é estar no Brasil sem condições financeiras. Fiquei na casa de meu pai sozinha, pois meus irmãos trabalhavam todo o dia. Pude visitar apenas minha tia Maria, que trouxera minha avó Francisca para morar consigo naquele ano; ela ainda trabalhava duro costurando e sem tempo para mais nada.

Contudo tive sorte, pois minha prima Cássia, mesmo sem dinheiro, levou-me a uma atividade cultural gratuita num fim de semana. Também contei com a solidariedade de dona Maria, uma querida vizinha idosa com quem eu tinha amizade e que me presenteou com algum dinheiro; e ainda de Jane, uma amiga enfermeira de minha tia, que em sua folga me levou num final de semana ao litoral de São Paulo.

Naquelas circunstâncias, senti que havia voltado a um lugar ao qual eu já não pertencia mais. Questionava-me se havia feito uma escolha certa em viajar de férias ao Brasil. Muitas pessoas ajudaram para que eu concretizasse aquela viagem. Porém me perguntava se era certo gastar aquela quantidade de dinheiro (e energia) para ficar em casa sozinha e sem ter o que fazer. Sabia que, se tivesse ficado em Cuba, mesmo sem dinheiro, mas com disposição, seria muito mais fácil e barato fazer alguma coisa – poderia até viajar pelo país.

Também me dei conta de que já não fazia parte do ambiente da casa de meu pai. Começava a sentir os efeitos de ter "saído da caverna" e que talvez não conseguisse mais me encaixar naquela realidade.

Aprendi então a importância de não criar expectativas, sobretudo com situações ou pessoas, pois, quanto menos as tivermos, menos decepção haverá. Naquela época, eu não entendia muito isso, mas atualmente tento cada vez mais viver e aproveitar o momento presente. Tento refletir que, se algo que gostaríamos que acontecesse vier sem esperarmos, será lucro; se não vier, talvez seja porque é assim que deve ser, pois, no fim das contas, nem tudo o que desejamos é o mais adequado para nosso crescimento e aprendizado.

Por fim, penso que o saldo de tudo foi positivo, pois encontrei algumas pessoas queridas e tive novas percepções. Tudo ali me ajudou a reafirmar com mais força meus propósitos quanto aos estudos, pois compreendi que, se desejasse alguma mudança em minha vida futura, seria apenas pelo empenho naquele caminho que havia iniciado há pouco em Cuba, e ainda havia uma longa jornada à frente.

CONVIVENDO NOS ALOJAMENTOS

De volta das férias do primeiro ano, as aulas seguiam seu curso inexorável. Uma situação que se sobressaiu durante boa parte do segundo ano foi a questão da residência estudantil. Logo que chegamos na ELAM, vimos que os alojamentos eram parecidos aos de Girón: grandes pisos divididos com paredes de *dry-wall*, formando os chamados *cubículos*, que eram os quartos. De fato, a palavra resumia bem o tamanho do local.

Na ELAM havia quartos com dois beliches (para quatro pessoas) e outros com até oito beliches (para dezesseis pessoas). Eu acabei ficando em um quarto para quatro pessoas, com espaço apenas para os dois guarda-roupas e dois beliches. Compartilhava o quarto com duas colegas brasileiras: Maria Carolina, de Alagoas, e Daniela, do interior de São Paulo. Sobrava um lugar e, por vezes, alguma outra colega ficava alguns dias em nosso *cubículo*.

Ficávamos no quarto (e penúltimo) andar daquele edifício; em nosso piso, éramos na maioria brasileiras. Além de nós, havia algumas nicaraguenses, com quem sempre tínhamos conflito pelo alto volume com que costumavam ouvir músicas. No piso acima, ficavam grande parte das argentinas e, abaixo, uruguaias e colombianas, e assim por diante. Na entrada de cada piso havia um grande *hall* com uma televisão, cadeiras e algumas mesas para estudo.

Quando eu estava de férias no Brasil e me perguntavam como era estudar medicina em Cuba, eu respondia que era como estudar medicina, mas sem *status* nenhum. Pois na ilha a medicina é valorizada igual a qualquer outra formação; tínhamos obrigações e deveres como estudantes de quaisquer outros cursos.

Éramos responsáveis pelos cuidados de nosso quarto no alojamento e havia vistorias diárias nas residências para conferir a organização e limpeza. Deixar cama desarrumada? Roupa amontoada ou pendurada nas janelas? Isso tudo era avaliado pelas inspetoras cubanas e recebíamos notas, que não se somavam ao currículo acadêmico, mas eram registradas nos arquivos sobre o aluno. Notas baixas repetidamente poderiam ser convertidas em advertências e penalidades. Eu era bastante organizada com minhas coisas, mas era péssima em esticar devidamente a cama; nunca tirava boas notas nesse quesito.

Dividíamo-nos na limpeza dos banheiros coletivos; cada piso era cuidado e organizado pelos estudantes que nele residiam. O único espaço onde havia funcionárias para limpeza era nas áreas comuns, como no *hall* de entrada de cada piso. Havia colegas que reclamavam ou tentavam burlar essas regras. No meu caso, achava essas exigências muito justas. Não as via como nada absurdas, apenas nos faziam assumir responsabilidades sobre um espaço que, naquele momento, era nossa casa.

O edifício onde funciona a ELAM foi por muitos anos uma escola naval. Sua estrutura física encontrava-se um tanto deteriorada, sobretudo na área de nossas residências. Embora sempre tivessem muito cuidado com a conservação e pintassem as paredes com frequência, os grandes encanamentos de metal eram antigos e entupiam ou vazavam de forma constante. Então, certas vezes, éramos levados para outros edifícios enquanto faziam alguma reforma.

No início do segundo ano da faculdade, precisaram evacuar todo o nosso prédio para uma reforma mais ampla. A administração nos distribuiu em outros edifícios e fomos misturadas com outras delegações.

Algumas colegas brasileiras e eu tínhamos muita curiosidade sobre o "prédio dos Estados Unidos", que ficava à parte, no extremo leste da escola. Lá, residiam apenas alunos estadunidenses e belizenhos, ambos países de língua inglesa, e somente eles tinham acesso ao local. Porém, com a necessidade de readequação dos dormitórios, foi permitida a mudança de um pequeno grupo. Então, eu e mais quatro colegas brasileiras pedimos transferência para aquele edifício.

Confesso que sempre tive grande admiração pelo povo estadunidense, em especial pelas conquistas deles em áreas como ciências e tecnologia, e também me fascinava a ampla propagação de sua cultura, razão pela qual aprendi o idioma inglês com mais facilidade.

No entanto, a princípio, a experiência de morar ali foi mais desafiadora do que imaginávamos. Fiquei entristecida, pois não esperava os conflitos que ocorreriam com aquela nova convivência. Alguns colegas estadunidenses se opuseram a dividir "seu edifício" com outras nacionalidades – não lembro o motivo que alegaram.

Daniela, minha colega de quarto brasileira, que *achava* que tinha uma amiga estadunidense (Jully), pois sempre estudavam juntas, logo pensou que ela seria a primeira a nos receber bem. Mas surpreendeu a todas nós que justamente Jully foi uma das mais fortes opositoras a misturar as delegações. Curiosamente, ela mesma não terminou os estudos em Cuba; concluiu os dois anos iniciais e pediu transferência para uma universidade (particular) em outra ilha caribenha.

Após os conflitos iniciais, mesmo com o clima hostil de alguns moradores antigos do edifício, felizmente vimos que boa parte da delegação dos Estados Unidos era constituída de pessoas amáveis como Érika e Beatriz, com quem dividíamos o quarto e fizemos amizade. Beatriz era muito bacana, pois nos emprestava seus pertences de forma bastante desprendida; deixava-nos inclusive seu *laptop* para acessar a internet e até assistir a filmes. Outros diversos colegas estadunidenses também se mostraram solidários e receptivos à nossa presença.

A nova residência ficava em um edifício menor, com apenas dois pisos. No térreo, moravam os rapazes e, no andar superior, as meninas. Uma das principais diferenças daquele edifício (que talvez explicasse a má vontade de alguns moradores em compartilhar o espaço com outros estudantes) era que em todos os alojamentos da ELAM dormíamos em beliches, mas ali havia apenas um aluno por beliche; dessa maneira, eles dormiam na cama de baixo, enquanto a de cima era usada como estante, onde guardavam alguns pertences.

A IFCO, instituição responsável pela delegação dos Estados Unidos na ilha, também lhes proporcionava outros confortos, como aquecedor de água para os chuveiros e uma máquina de lavar roupas, a única para uso dos alunos em toda a escola! Os demais alojamentos tinham dificuldade inclusive com a eletricidade, e era comum a queda de energia quando ligavam vários aparelhos elétricos nos diferentes andares dos antigos edifícios.

Nos outros alojamentos, ou lavávamos nossa própria roupa à mão, ou usávamos o serviço de lavanderia da escola, que não era caro, porém não era muito rápido nem tampouco esmerado – provavelmente pela grande demanda e poucos recursos existentes. Alguns estudantes com melhores condições financeiras pagavam para algumas cubanas em Baracoa que ofereciam esse serviço em suas casas por preços muito maiores que na lavanderia da escola, mas com um trabalho mais apurado de lavar e passar.

Em nossa realidade, chuveiro com água quente era um luxo. Na época de inverno, nos demais edifícios, quem não tivesse coragem de tomar banho frio precisava usar a velha técnica do balde, esquentando água com um aquecedor para banhar-se rapidamente.

Sempre que pensamos no Caribe, lembramo-nos de sol e praias. Mas na época de inverno fazia muito frio, e os ventos fortes pioravam essa sensação, o que talvez se intensificasse pela localização da escola, de frente ao mar. O período mais frio durava poucas semanas, mas em alguns dias, entre o final e o início do ano, havia ventos muito gelados; era especialmente sofrido sair dos dormitórios e caminhar pelos amplos corredores.

Outra particularidade do novo edifício era que contava com grande facilidade para o acesso à internet, pois lá havia um roteador levado por um aluno estadunidense e cuja instalação foi permitida. Isso porque quase todos ali possuíam seus computadores portáteis, que já na época deviam ser muito mais baratos nos Estados Unidos.

Nos outros edifícios, como poucos alunos tinham computadores portáteis, o acesso à internet era um pouco mais complicado. Era preciso agendar horário nos laboratórios de informática da escola para acessar à rede e, para isso, geralmente havia grandes filas. Mas valia a pena, pois a comunicação com familiares por e-mail facilitava nossa vida.

No novo edifício, fomos alojadas as cinco brasileiras em um quarto muito grande, onde já havia três estadunidenses e três colombianas, ficando um total de onze garotas no mesmo quarto, cada uma com seu beliche individual. Confesso que foi agradável usufruir com elas daquelas regalias por quase um semestre. Mas não durou muito, pois em seguida foi necessário evacuar outros edifícios para novas reformas e terminaram de preencher as camas vazias do alojamento com colegas de outras nacionalidades, em sua maioria mexicanas.

Chegaram a morar naquele quarto 22 garotas: nove mexicanas, cinco brasileiras, três estadunidenses, três colombianas e duas argentinas. Éramos um verdadeiro "Alojamento das Nações Unidas (e Reunidas)"!

Sinto que aquele período também foi importante em minha formação, pois precisei desconstruir muito de mim para entender e aceitar as particularidades dos demais. Desde coisas simples como querer ter todas as luzes apagadas para dormir, mas aceitar o fato de que outros precisavam usá-las. Então era preciso me adaptar para sobreviver, e logo aprendi usar tapa-olhos, tampão de ouvidos etc.

* * *

A delegação estadunidense era pequena, com cerca de quarenta pessoas, e em sua grande maioria era constituída de grupos minoritários daquele país, como negros ou descendentes de latinos. Naquele ano, havia um pequeno grupo, de apenas seis estudantes, de uma organização religiosa cristã similar aos *amish*, que são conhecidos por seus costumes ultraconservadores.

De acordo com sua cultura familiar, era um grupo com uma educação religiosa muito rígida. Quando seus pais foram convidados para conhecer a ELAM (já na metade do primeiro ano), viram que suas filhas praticavam esporte usando bermudas (algo proibido para eles), e alguns de seus filhos inclusive estavam em relacionamentos amorosos com pessoas de outros países (algo também inaceitável para seus costumes), então decidiram levá-los de volta para casa.

Apenas Britany, uma estudante daquele grupo, recusou-se a abandonar a faculdade e acabou sendo deserdada pela família. Abandonada à própria sorte, sem condições financeiras, ela precisou pedir licença de um ano da faculdade e foi trabalhar como babá na Inglaterra; juntou seu dinheiro e voltou no ano seguinte, dando continuidade aos estudos e, felizmente, concluiu o curso de medicina.

O pastor Lucius Walker, responsável pela IFCO, era muito presente em sua delegação e tentava proporcionar todo o suporte que precisassem. Celebravam até o dia de Ação de Graças, com um peru gigante e outros agrados. Para eles, essa comemoração é mais importante que o Natal, e nós, que morávamos então no mesmo edifício, fomos convidadas por algumas colegas para participar.

Na época, os alunos estadunidenses nem podiam ter o carimbo da imigração cubana em seus passaportes, devido às questões do bloqueio perpetrado por seu governo, e precisavam entrar em Cuba por um segundo país. Para isso, também tinham todo o respaldo político do governo cubano para que pudessem estudar e residir no país "sem vínculos legais" com a ilha.

Refletindo sobre o tratamento diferenciado que os estudantes dos Estados Unidos recebiam, sempre pensei que uma das principais razões era justamente a péssima relação política entre ambos os países. Acredito que Cuba tentava proporcionar-lhes um mínimo da comodidade que tinham em seus locais de origem, para que assim tivessem uma visão sobre a ilha diferente daquela que possivelmente se divulgava em seu país.

Esse fato reafirmava uma frase muito repetida nos discursos de Fidel Castro, de que os conflitos nunca foram com o povo estadunidense e sim com a forma de atuação de seu governo em relação aos assuntos internos de Cuba.

CONTATO COM A MEDICINA DO BRASIL: VISITA DO CFM E DE OUTROS ESTUDANTES DE MEDICINA BRASILEIROS

No início de 2004, quase no fim de meu segundo ano da faculdade e início do segundo ano do mandato do presidente Lula no Brasil, representantes do Conselho Federal de Medicina (CFM) brasileiro foram convidados a conhecer nossa faculdade em Cuba. Na época, o presidente do CFM foi acompanhado de outros colegas médicos de importantes instituições brasileiras.

Era uma visita protocolar, muito aguardada pelos representantes de nossa escola e por nós, estudantes. Pensávamos que, com aquele encontro, poderíamos voltar ao Brasil para exercer nossa profissão após terminar os estudos. No entanto, aquela comitiva esteve ali apenas para criar expectativas que se mostraram infundadas.

***

Na escola, os ilustres convidados conheceram os laboratórios, as salas de aula, conversaram com diversos professores e visitaram alguns locais em Havana. Realizaram reuniões com nosso reitor e outros dirigentes da ELAM. E, para finalizar, reuniram-se conosco para dar uma devolutiva.

A reunião com os estudantes ocorreu em um dos anfiteatros. Estávamos presentes os alunos brasileiros que residiam na ELAM (primeiro e segundo ano do curso), além de alunos representantes do terceiro, do quarto e do quinto ano. Estes últimos estavam especialmente angustiados em entender como seria seu futuro, pois faltava apenas mais um ano para concluírem a formação e voltarem ao Brasil, como a primeira geração de médicos brasileiros da ELAM.

Todos os membros da comitiva fizeram uma breve fala e disseram que quem os enviara naquela missão fora o próprio presidente Lula, para que os colégios médicos brasileiros tivessem uma avaliação própria no parecer sobre a homologação de nosso diploma de medicina.

O mais articulado de todos era o presidente do CFM, um homem ainda jovem, com boa aparência, que se mostrou muito aberto ao diálogo e bastante sensível em relação à nossa situação. Ele explicou que não poderiam abrir uma homologação direta de diplomas de medicina para toda a América Latina, pois precisavam evitar que entrassem no país "médicos sem uma preparação adequada" que colocassem em risco os pacientes e "comprometessem a imagem" da medicina brasileira. Disse que ficássemos tranquilos, pois eles estavam ao nosso lado e pensariam com o governo brasileiro a melhor maneira de resolver essa situação o quanto antes.

A reunião terminou com uma ovação aos visitantes, que se mostraram simpáticos e conversaram com os alunos que os abordaram.

O presidente do CFM ainda nos prometeu que criariam para cada estudante um e-mail através de sua instituição para facilitar nossa comunicação com o Brasil. Muito solícito, ao final, disse que poderia emprestar seu telefone celular caso alguém precisasse falar com um familiar, e alguns estudantes aproveitaram a oportunidade.

No entanto, minha intuição dizia que havia algo estranho. Pareceu-me tudo muito fácil, todo mundo "tão amável e compreensivo". De fato, tudo não passou de um teatro pouco convincente. No fim, não nos deram o prometido e-mail e, pior ainda, enterraram o sonho de uma homologação direta de nossos diplomas no Brasil.

Dias depois, o presidente do CFM publicou uma matéria no site da instituição em que aniquilou qualquer expectativa sobre o tema. Em um texto curto e cheio de circunstancialidades, intitulado "O mito da medicina cubana", revelou não apenas uma profunda ignorância sobre a medicina praticada na ilha, como também desconhecimento sobre a importância da Atenção Primária em qualquer sistema de saúde com modelo de financiamento universalista; e concluiu o escrito dizendo: "Ao voltar (ao Brasil), vim absolutamente convicto de que o ensino médico em Cuba é sério, porém insuficiente" (13).

Confesso que a situação da homologação do diploma não me desesperava naquele momento. Em parte porque estava no início da carreira, mas também não tinha medo, pois sempre tive em mente que, se precisasse comprovar minha preparação profissional, confiava na formação que recebia na ilha e em meu preparo pessoal. Mesmo sem saber ainda do périplo que seria esse processo no Brasil, essa era mais uma motivação para enfatizar os esforços nos estudos.

* * *

Em outro momento do segundo ano do curso, recebemos a visita de alguns alunos da Faculdade de Medicina da Universidade de São Paulo (FMUSP), uma das mais conceituadas e difíceis de ingressar no Brasil, pelo rigoroso e disputado processo seletivo.

Eram poucos os alunos; cerca de dez no total. A maioria deles era bastante jovem e interessada em trocar experiências; mostraram-se abertos em conhecer e entender nossa vivência no exterior.

Estiveram poucos dias conosco, mas lembro-me de uma ocasião em que, antes de iniciar um de nossos encontros, uma acadêmica da USP parecia absorta, após entrar na sala e observar o local. Ela sentou-se ao meu lado e, como se pensasse em voz alta, disse: "Minha nossa, quantos estudantes negros vocês têm! Na minha faculdade inteira, acho que tem apenas um". A colega teve uma percepção sagaz, pois a ausência de pessoas negras nas universidades brasileiras, sobretudo no curso de medicina, é o habitual, e o assunto nem sequer era discutido no país naquela época. A renomada USP foi uma das últimas universidades do Brasil a implantar políticas afirmativas como o sistema de cotas, fazendo-o apenas ao final de 2017 (14).

SOBRE RELACIONAMENTOS AMOROSOS

Desde minha chegada a Cuba, eu tinha um desejo enorme de iniciar os estudos e cumprir os objetivos que tracei. Sentia-me como uma amazona em uma arena de batalhas onde "missão dada era missão cumprida".

Possuída por esse desejo, entendia que a viagem à ilha seria o princípio de algo que mudaria minha vida para sempre e não queria perder tempo com distrações que pudessem desviar minha atenção dos estudos, que era o mais importante naquele momento.

Na adolescência, sempre fui muito tímida e com péssima autoestima, principalmente pelo fato de ser "o patinho feio" da família. Sentia-me muito diferente da maioria dos parentes com quem convivia, sobretudo fisicamente. Como sempre fui muito magra, constantemente na infância rezava pedindo para "ficar gorda logo", como era a maioria das mulheres em minha família.

A magreza excessiva também dificultava bastante achar roupas que servissem. Os trajes eram todos muito folgados, e as calças que serviam ficavam curtas demais. Uma amiga da minha tia ria ao dizer que a única coisa que havia dentro das minhas roupas era vento.

Hoje entendo que talvez tivesse sorte por não chamar a atenção dos meninos e, com tantos conflitos em casa, refugiei-me desde cedo nos livros. Confesso que, como adolescente, não ser notada pelos garotos me entristecia, mas atualmente penso que esse fato talvez tenha me salvado de um tipo de determinismo social, como ocorreu com algumas amigas da escola que ficaram grávidas na adolescência, muitas vezes usando o pretexto para sair de casa logo.

Quando viajei a Cuba para iniciar a faculdade, me preocupava com o que iriam pensar de mim se soubessem que aos vinte anos ainda era virgem. Nunca havia tido um namorado, sequer havia beijado ninguém! Na mídia em geral, isso era tratado como algo absurdo; talvez por esse motivo eu evitasse muita intimidade com as colegas brasileiras, pois pensava que, mais cedo ou mais tarde, seria motivo de mais deboche em minha delegação.

Em Girón, morávamos catorze brasileiras no mesmo quarto e, para minha surpresa, um tempo depois descobri que, entre elas, dez não tinham experiência sexual prévia. Assim, felizmente, não houve a pressão social que eu imaginava para perder a virgindade. Ao contrário, uma colega que já não era virgem dizia ser, para não destoar da maioria. Por outro lado, nos divertíamos com as histórias de outra colega que era sexualmente ativa e toda moderna; contava-nos que tinha um *piercing* no clitóris e revelava suas aventuras sexuais com um namorado mais velho. O clima entre nós nunca foi de preconceitos, mas de bastante tolerância entre a maioria das colegas.

Como estudava com diversos colegas hispânicos, conheci alguns argentinos no curso de pré-médico, e meu primeiro amigo argentino foi David, com quem estudei até o final do curso de medicina. Foi ele quem me apresentou Anibal, seu amigo também argentino.

Foi na época da *Noche Cultural* do Brasil, em Girón, que tive um contato maior com Anibal, que participou representando seu país. No dia do evento, como eu era a apresentadora da cerimônia, estava nos bastidores terminando de arrumar-me e o notei, enquanto aguardava sua entrada com a tocha nas mãos. Ele me observava de longe, parecia meio absorto, então sorri e acenei-lhe. A partir de então começamos uma amizade.

Naquela época, muitas garotas eram fascinadas com Juan Pedro, outro rapaz argentino daquele grupo, conhecido como "o Brad Pitt argentino". Era um rapaz de porte atlético, loiro, com belos olhos castanhos. Em algum momento, comentei a um amigo argentino que o achava interessante, e ele então marcou um encontro entre nós.

Na noite marcada, Juan Pedro apareceu bastante alcoolizado, mas fomos caminhar e conversar para nos conhecermos melhor. Como não havia muito assunto, ele então me contou histórias sobre nosso amigo em comum, David. Contou-me também que seus pais eram divorciados – a mãe era dona de casa, e o pai, cirurgião. Disse ainda que tinha um irmão mais novo, o qual havia acabado de ser selecionado para jogar futebol na Europa. Mais tarde, em certo momento, já sem ter o que falar, ele tentou me beijar, mas esquivei-me, pois pensava que não queria "gastar" meu primeiro beijo com um cara naquelas condições, bêbado, mesmo sendo lindo e o mais cobiçado da escola.

Dias depois, pouco antes das férias do pré-médico, conversei com Juan Pedro para esclarecer-lhe algumas coisas que me eram importantes. Sentia-me culpada ao imaginar que ele se sentisse rejeitado e talvez questionasse: "Quem ela acha que é para me esnobar daquela maneira?". Quando conversamos, descobri que, ao contrário do que eu imaginava, ele era um rapaz tranquilo; parecia até um pouco tímido. Expliquei que não tive a intenção de menosprezá-lo e desejava que fizesse uma boa viagem de férias, que o ajudasse a refletir sobre suas pretensões, pois eu não buscava passatempos. Dias antes, soube que ele tinha uma namorada na Argentina, então o orientei a resolver a situação com a namorada e ser claro comigo, mesmo que fosse para sermos apenas amigos.

Ainda naquele período, Érica, uma amiga brasileira, revelou-me que Anibal confidenciou-lhe que se interessara por mim e estaria disposto a entrar naquela disputa com Juan Pedro para ficar comigo.

Os alunos que não viajaram nas férias do pré-médico, como eu, logo foram transladados para a ELAM. Como não tínhamos muitas atividades antes de iniciar as aulas, íamos quase todos os dias à praia vizinha, em Baracoa. Certa noite, quando voltava para a escola depois do jantar em que experimentei pela primeira vez um drinque cuba-libre, estava um pouco "alta", quando encontrei com David e Anibal no caminho para meu dormitório.

Ficamos algum tempo conversando em grupo e, pouco depois, aproveitando uma oportunidade, em particular David revelou-me que Anibal estava realmente interessado em mim, e logo nos deixou sozinhos. Uma coisa levou à outra e, ali nas escadas dos alojamentos da ELAM, de frente ao mar e com a brisa fresca da madrugada, aconteceu meu primeiro beijo. Pela primeira vez na vida, fui dormir com o dia clareando. Tive uma sensação um pouco incômoda ao refletir que, provavelmente, a partir dali, perderia um pouco da autonomia que tanto me orgulhava em possuir.

Anibal foi minha primeira experiência em relacionamentos. O que mais me atraía nele era sua atitude sociável e divertida. Houve momentos muito bons e outros péssimos. Até mesmo por nossa diversidade cultural, éramos a própria dualidade em forma de casal: ele branco, eu negra; ele de família de classe média, eu de origem pobre; ele argentino, eu brasileira etc.

Atualmente, percebo que nossa maior similaridade era nosso humor instável. No meu caso, manifestava-se com forte ansiedade ou irritação, quase sempre com pensamentos apreensivos ou melancólicos.

Penso que, pela inexperiência e por fortes mecanismos de defesa, eu focava mais as diferenças do que a complementaridade que poderíamos ter. Mesmo assim, estivemos juntos por um ano e sete meses. Ele foi minha primeira transa (em espanhol argentino e em português brasileiro) e meu primeiro amor romântico.

No início, sentia que ele se relacionava com uma ideia que tinha de mim, que depois não se sustentou com a realidade. De minha parte, a princípio era mais uma curiosidade, que cresceu até um ponto que se tornou sufocante para ambos.

Certo dia, estávamos conversando e, emocionada, falei que para mim ele acabava sendo, além de namorado, meu melhor amigo, até um irmão e quase um pai. Lembro-me então do silêncio que se seguiu; um tempo depois ele me olhou muito sério e disse: "Eu não posso ser nada disso, pois sou *apenas* seu namorado". Aquela conversa foi o princípio do fim. Talvez ali ele compreendesse o que eu esperava dele: algo impossível. Como eu ainda era muito imatura, pensava nesses amores idealizados absolutos, nos quais não precisaria existir mais nada nem ninguém. Não entendia que ser apenas meu namorado era o que lhe era possível oferecer naquele momento.

Dias depois, acabamos discutindo porque ele me disse que contou a uma amiga argentina suas preocupações e problemas pessoais. Fiquei surpresa e zangada e questionei o porquê de ele não me contar aquelas coisas. De forma muito natural, ele respondeu: "Porque ela é minha amiga e você é a*penas* minha namorada".

Tínhamos muitos altos e baixos. Diversas vezes, eu terminava o namoro alegando "crenças irreconciliáveis" em um dia e, no dia seguinte, eu mesma pedia para voltarmos, e ele cedia. Porém, quando ele quis o término, não houve mais volta. Logo em seguida, ele já estava com outra pessoa, que era uma de suas amigas argentinas.

Hoje entendo que tudo aconteceu como deveria ser. Mas reconheço que, por muito tempo, aquele término foi uma situação desafiadora. No terceiro ano da faculdade, Anibal e a namorada foram transferidos junto comigo para Camagüey. Por pouco, ela não ficou no mesmo quarto que eu. Não fosse pela interferência de minha amiga Eliane, que havia chegado antes na residência e pediu que remanejassem os quartos, isso teria acontecido. Assim, ela passou a morar no quarto ao lado. Para ir ao banheiro coletivo ou sair do meu quarto, que ficava nos fundos, eu precisava passar pelo quarto dela, e muitas vezes os encontrava ali, dormindo abraçados.

Eu nunca havia tido uma relação amorosa antes para ter um ponto de comparação, mas percebia que eram muito estranhos alguns relacionamentos que aconteciam naquela situação em Cuba. Era como se tudo fosse mais intenso. Não havia um namoro tranquilo, porque estávamos todos juntos a maior parte do tempo, nos bons e nos maus momentos; literalmente na saúde e na doença.

Compreendo que havia muitas dificuldades para se viver um relacionamento estável e saudável. As condições em que vivíamos, com tamanho estresse pelos estudos, além das adaptações ao novo país e ao ambiente multicultural, sem apoio familiar por perto – todos estes eram alguns fatores complicadores que faziam com que as relações, muitas vezes, se tornassem patológicas, pois favoreciam situações de dependência excessiva de uma pessoa a outra. Sentia que muitos relacionamentos aconteciam apenas para partilhar um vazio.

A ruptura daquele namoro causou-me quase um ano de perda do sentido de pertencimento. Passei boa parte do terceiro ano da faculdade tentando me encontrar. Mas logo me dei conta de que não era nada daquilo que me levou àquela jornada ou que mudaria meus objetivos iniciais. Por outro lado, também foi uma época em que me permiti ter outras experiências. Fui a algumas festas, descobri que adorava dançar e tornei-me mais sociável; beijei outras bocas, saí com diversos amigos ao invés de fechar-me apenas em um relacionamento a dois.

No mesmo ano, conheci Peter, um caribenho trinidadiano, que acredito ter sido o único homem que se interessou de verdade em mim como pessoa, até então. Mas ele já estava concluindo o sexto ano, e eu acabava de sair de uma ruptura dramática. Acabamos não nos envolvendo, pois não me sentia preparada para iniciar um relacionamento com curto prazo de validade. Pouco tempo depois, ele partiu para novos desafios e mantivemos uma bonita amizade.

No ano seguinte, comecei um relacionamento com Alejandro, outro colega argentino de minha turma. Como ele era muito focado nos estudos, as únicas coisas que fazíamos era comer, dormir, estudar e transar, não necessariamente nessa ordem. A relação, que durou quase três anos, terminou com a graduação, quando cada um foi atrás de seus objetivos de vida. O relacionamento amoroso não foi frutífero, mas, felizmente, a parceria para os estudos, sim.

***

Atualmente, considero que os relacionamentos amorosos estão longe das fórmulas prontas e receitas que vemos principalmente em filmes hollywoodianos. No fim, como tudo neste mundo dual, penso que as relações amorosas devem basear-se no encontro do equilíbrio, sobretudo embasado na complementaridade. Deveríamos pensar: "O que tenho para oferecer, que possa contribuir nessa relação, ou para a outra pessoa?"; ou ainda: "O que essa pessoa tem para me oferecer, e somar ao que já tenho?". Não deveríamos andar por aí como verdadeiros "buracos negros" sugando tudo e todos para nosso centro de gravidade, buscando um ser ideal que tem a "obrigação" de nos fazer felizes para sempre. De fato, não é assim que essa vida funciona.

* * *

Lamentavelmente, a história de Juan Pedro não acabou muito bem. Após o início do curso na ELAM, tivemos pouco contato, mas ele parecia boa gente, apesar de ter um aparente problema com álcool quando saía para se divertir. Ele desistiu do curso ao terminar o primeiro ano e não regressou das férias.

Quando terminávamos o quinto ano do curso, outro colega argentino, que tinha familiares na Espanha, na volta de uma visita a sua família nos contou que encontrou Juan Pedro morando lá e vivendo de festas. Parece que ele trabalhava em qualquer serviço, depois ficava desempregado um tempo recebendo o seguro-desemprego, curtindo a vida nesse período.

Nas últimas semanas do sexto ano do curso, faltando poucos dias para nossa graduação, soubemos que Juan Pedro faleceu na Espanha aos 27 anos, de uma provável overdose de cocaína. Voltei a refletir que Cuba possivelmente me salvou de um destino trágico e prematuro como aquele.

DESAFIOS FAMILIARES

Meses antes de finalizar o segundo ano, meu irmão Fabiano contou-me que desejava marcar seu casamento e começou a insistir no assunto da venda da pequena casa que minha mãe nos deixara; tema que ele já havia mencionado no ano anterior, pois queria usar sua parte na organização do evento.

A princípio, brigamos algumas vezes, pois eu me posicionava fortemente contra. Lembrava-lhe que eu nunca cobrara nada sobre o valor do aluguel que eles recebiam mensalmente, e eles tampouco se "lembravam" de dividir comigo; mas de fato não me importava, porque sabia que em Cuba tinha tudo o que necessitava: onde morar, o que comer e ainda todo o suporte para estudar – tudo graças ao governo cubano.

No entanto, sabia que, no Brasil, meu pai estava desempregado e trabalhava fazendo biscates eventuais em sua profissão de despachante policial, um serviço já decadente havia alguns anos. Quando conversávamos, meu pai reclamava que nem sempre tinha trabalho, alguns dias não tinha dinheiro nem para o transporte e voltava para casa a pé, do centro da cidade de São Paulo até onde morávamos (na Zona Norte), um percurso de cerca de dezesseis quilômetros, bastante exaustivo para um homem de sessenta anos.

Além do mais, meu irmão mais novo, Diogo, estava terminando o ensino médio quando me mudei para Cuba e, em suas cartas, contava-me que conseguia apenas empregos eventuais, com venda ou telemarketing. Dessa maneira, eu sabia que estava muito mais amparada na ilha do que meu pai e meu irmão mais novo jamais estariam no Brasil. Por isso, passei alguns meses relutando com a ideia de Fabiano. Contudo, ele insistia que jamais deixaria meu pai e Diogo desamparados, mesmo quando já não vivessem juntos.

Próximo ao final do segundo ano do curso, após o término de um relacionamento que, mesmo sendo conturbado, era o que me dava algum sentido de pertencimento, senti um forte desejo de afastar-me da ilha por uns dias e viajar de férias, para distrair-me um pouco da tristeza que sentia. Concluí as atividades acadêmicas do segundo ano com êxito e então concordei com Fabiano; combinamos que, quando chegasse ao Brasil (eram meados do ano de 2004), eu assinaria com ele os papéis para a venda da casa, o que me permitiria também estar um pouco mais tranquila, sem tantas limitações econômicas nos próximos anos.

Como era uma casa pequena, na periferia da Zona Leste de São Paulo, na época o comprador nos pagou cerca de 30 mil reais (aproximadamente 10 mil dólares). Tirando as despesas com os documentos, uma parte que demos à tia Maria e os custos da minha viagem, acabou-me restando cerca de 7 mil reais. Parecia muita coisa naquele momento, mas, fazendo comparações, esse valor era pouco mais que a mensalidade de uma faculdade particular de medicina no Brasil. Era somente com esse valor que eu deveria contar pelos próximos quatro anos, até me graduar na faculdade e começar a trabalhar.

Com suas respectivas partes, Fabiano comprou parte dos móveis para sua casa nova, e Diogo, apenas uma moto. E foi só. O investimento de uma vida inteira de minha mãe, que foi tema de tantas querelas entre meu pai e minha tia durante boa parte de minha vida. Ali, finalizaram os conflitos e mais um ciclo em minha vida. Mesmo já falecida havia mais dez anos à época, era ainda minha mãe quem seguiria me apoiando naquela jornada.

CAPÍTULO 5

SOBRE O SISTEMA DE SAÚDE EM CUBA

A vida de um só ser humano é milhares de vezes mais valiosa que todas as propriedades do homem mais rico na Terra... Muito mais importante que boa remuneração é o orgulho de servir ao vizinho. Muito mais duradouro que todo o ouro que se possa acumular é a gratidão das pessoas.
Che Guevara

O QUE É UM SISTEMA DE SAÚDE UNIVERSALISTA? CONCEITOS BÁSICOS SOBRE O TEMA

Muitas vezes, escuto falarem de forma afirmativa que Cuba tem a melhor medicina do mundo; outras vezes, escuto questionamentos céticos a esse respeito.

Quanto à relação médico-paciente e ao aspecto humano do atendimento, posso dizer que foi a melhor prática de medicina que vi até o momento. Até a disposição dos móveis no consultório é diferente, pois o paciente se senta de frente para o médico, mas posiciona-se ao lado de sua mesa e não com a mesa entre ambos, o que permite até uma maior proximidade física.

Se há uma expectativa em saber se lá realizam complexas investigações na maioria dos pacientes, como se vê em famosos seriados de TV, digo que não. Em Cuba, o enfoque da medicina não está em utilizar as chamadas tecnologias duras (que dependem de máquinas e processos altamente tecnológicos), como tomografias, ressonâncias magnéticas ou outros exames de alta complexidade, sem haver uma indicação muito forte para o caso. E mesmo procedimentos de baixa complexidade, como alguns exames de sangue, ultrassonografia etc., precisam ter uma lógica e indicação claras para sua solicitação.

A medicina que se faz em Cuba é baseada nas tecnologias leves ou relacionais (1), devido à grave limitação do acesso a diversos recursos, sobretudo pelo bloqueio econômico, que limita sobremaneira a aquisição de equipamentos de alta tecnologia. O aspecto positivo dessa adversidade é que leva a prática da medicina a centrar-se no aspecto preventivo e, para que seja efetiva, exige que o governo cubano aprimore o sistema de saúde de maneira constante.

Segundo o matemático e ativista dos direitos humanos canadense Theodore H. McDonald: "Um peso investido em medicina preventiva equivale a dez pesos investidos na medicina intervencionista. O custo de manter a prevenção da saúde de uma população é um décimo de tratá-los quando se enfermam" (2).

Na ilha, para manter a saúde dos cidadãos, o empenho está em favorecer hábitos de vida saudáveis; na prevenção de enfermidades principalmente pela detecção de fatores de risco para doenças; na cura das enfermidades, além de na oferta de serviços de reabilitação (3).

Em Cuba, o sistema de saúde é universalista, exclusivamente público e fundamenta-se na Atenção Primária à Saúde (APS). Todos os serviços de saúde são gratuitos, independentemente do grau de tecnologia ou recursos empregados (3).

***

As origens do modelo universalista remontam à segunda metade do século XIX, quando, em diversas partes da Europa, iniciaram-se discussões sobre a necessidade de uma nova lógica sanitária.

Em 1920, Bertrand E. Dawson, médico britânico, que trabalhou na organização dos serviços de emergência durante a Primeira Guerra Mundial, foi convidado pelo governo de seu país a redigir um relatório sobre suas percepções, a fim de colaborar para a criação de uma nova organização do sistema de saúde inglês no pós-guerra. Assim originou-se o Relatório Dawson, fundamental para os sistemas de saúde com modelo de financiamento universalista.

Nesse documento, Dawson enfatizou que apenas seria possível cumprir o objetivo de aprimorar a saúde da população se houvesse estreita relação entre a medicina preventiva e a curativa (4). O relatório trouxe a concepção de redes de saúde integradas e introduziu conceitos sobre os níveis de atenção à saúde (5).

Segundo Dawson: "A medicina preventiva e a curativa não podem separar-se em virtude de nenhum princípio sólido e em qualquer plano de serviços médicos devem coordenar-se estreitamente" (4).

Dawson definiu que o médico de família é o responsável por prestar o atendimento no *nível de atenção primário*. Os centros de saúde da APS precisam estar equipados com os serviços de medicina preventiva e curativa, e sua estrutura pode modificar-se de acordo com o tamanho e a complexidade das necessidades locais (6).

No *nível de atenção secundário*, com a regionalização dos serviços, os centros de atenção primários devem localizar-se em territórios menores ou vilas e precisam interligar-se a centros de atenção secundários, ou seja, os hospitais gerais localizados nas cidades maiores, que ofertam serviços especializados e variam em tamanho e complexidade, de acordo com as circunstâncias de cada localidade. A localização destes deve estar relacionada com variáveis como a distribuição da população, os meios de transporte e os fluxos estabelecidos (5).

O *nível de atenção terciário* é parte da estrutura operacional das redes de atenção à saúde e compreende os grandes hospitais especializados, onde há agrupamento das tecnologias de maior complexidade. Por esse motivo, precisam ser mais concentrados espacialmente e devem servir como referência para os outros pontos da rede (7).

A hierarquização da rede se refere à densidade tecnológica de cada ponto. Nesse conceito não há subordinação da atenção primária em relação à hospitalar ou analogia de valores entre os níveis de atenção – embora o nível primário seja considerado primordial, pois representa o acesso a toda a rede, como aos meios diagnósticos e demais serviços especializados. Os níveis de atenção primário, secundário e terciário são elementos intrínsecos da mesma rede e atendem aos mesmos usuários, de acordo com as necessidades (5).

Com uma rede de serviços em saúde organizada, de forma hierarquizada e regionalizada, é possível um maior conhecimento dos problemas de saúde da população de determinado local. Essas medidas favorecem ações de vigilância sanitária e epidemiológica, educação em saúde, controle de vetores, além de adequada atenção ambulatorial e hospitalar, em todos os níveis de complexidade que se necessite (8).

Esse novo modelo de organização foi adotado por países com sistemas nacionais de saúde e se baseia em três pilares: universalidade, equidade e integralidade.

Segundo relatório da Organização Pan-americana da Saúde (Opas), o princípio de *universalidade* garante atenção de saúde a todo e qualquer cidadão. O conceito de *equidade* amplia a ideia de igualdade, pois individualiza o cidadão de acordo com sua necessidade, diferente do conceito de igualdade, no qual todos têm os mesmos direitos a tudo. A *integralidade* diz respeito ao atendimento do indivíduo de forma abrangente, considerando aspectos biopsicossociais (9).

Dentro dos princípios organizativos desse tipo de sistema de saúde estão a *regionalização*, a *hierarquização* e a *participação popular*.

De acordo com esses fundamentos, os serviços de saúde devem ser estruturados em níveis de complexidade tecnológica progressiva e estar localizados em área geográfica determinada e com definição da população que será atendida. O acesso da população à rede de saúde tem que acontecer por meio dos serviços de nível primário de atenção, os quais devem estar qualificados para atender e solucionar as principais demandas dos serviços de saúde (8).

***

A Atenção Primária à Saúde (APS), base dos sistemas de saúde com modelos universalistas, é considerada essencial por ser a coordenadora do cuidado continuado e interlocutora com os outros níveis do sistema (6).

A literatura especializada aponta que a APS deve resolver mais de 80% das queixas de saúde da população e trabalhar com enfoque sobretudo nos fatores de risco para a população e nos determinantes sociais de saúde (DSS), que são aspectos socioeconômicos, culturais, comportamentais, psicológicos, entre outros, que influenciam no adoecimento (10, 11).

O modelo proposto por Dahlgreen e Whitehead sobre os DSSs é bastante didático ao mostrar em forma de "arco-íris" como se relacionam os diversos aspectos individuais/ intrínsecos (não modificáveis), como idade, sexo, raça e fatores genéticos, e a interação que estes têm com fatores extrínsecos, passíveis de modificação, como estilo de vida, redes de suporte social, e ainda sua relação com fatores como as condições de vida e de trabalho, acesso à educação, condições sanitárias, moradia, lazer. Todos estes se relacionam diretamente com condições socioeconômicas, culturais e ambientais gerais (11).

Em 1994, Barbara Starfield, conceituada médica estadunidense na área da APS, deu sua definição sobre essa área: "O primeiro contato, a atenção continuada, integral e coordenada, oferecida à população independente do gênero, patologia ou sistema orgânico" (6).

Em 1996, a direção da APS do Ministério da Saúde Pública (MINSAP) de Cuba enunciou seu conceito de APS:

> É a assistência ambulatorial baseada em métodos e tecnologias práticas, cientificamente fundamentadas e socialmente aceitas, disposta ao alcance da comunidade, com ênfase no indivíduo, na família e no meio-ambiente. A APS deve ter a participação da comunidade e de todos os setores econômicos e sociais a um custo sustentável, com sentido de autorresponsabilidade e autodeterminação (6).

Os elementos fundamentais da APS são: 1) *primeiro contato*: encontro inicial e porta de entrada ao sistema; 2) *responsabilidade*: compromisso permanente da equipe com o paciente; 3) *atenção integral*: amplo espectro de prestação de serviços, com atenção no aspecto biológico, mas incluindo o psicológico, social e ambiental; 4) *continuidade*: atenção focada no indivíduo, permanente e sistemática; 5) *coordenação*: através da participação social nos serviços de saúde (6).

COMO A APS FUNCIONA EM CUBA

Como relatou a cientista política estadunidense Julie Feinsilver:

> Embora a medicina de família não seja algo novo, é original a maneira como os cubanos a praticam. Pois essa é a primeira vez que se aplicam esforços para prover tal grau de universalidade, sem custos, em nível nacional e como parte integrada do Sistema Nacional de Saúde. O sistema de saúde completo está à disposição do médico de família, e deve ser obrigado a responder a suas necessidades (3).

Na ilha, no nível da APS, a rotina de prevenção e tratamento curativo é feita pela equipe do médico de família e seu enfermeiro, com as equipes de odontologia, somados aos profissionais da área ambiental e sanitária e aos profissionais da saúde mental (3).

No nível secundário, que compreende o nível municipal com os hospitais gerais, estão os especialistas que interatuam com a APS, como os clínicos, pediatras e ginecologistas. No nível terciário, na esfera provincial ou nacional, são oferecidos cuidados superespecializados, em que é mais custo-efetivo prover o acesso a certos tipos de exames e/ou procedimentos com tecnologias mais complexas (3).

Na minha experiência como aluna de medicina em Cuba, o estudo do sistema de saúde era um tema essencial desde o início do curso, pois aprendíamos sobre a estrutura da saúde do país e logo no primeiro ano tínhamos aulas sobre MGI, a medicina de família cubana, e "*Introdución a la clinica*", disciplinas que nos iniciavam no aprendizado da APS. Para as aulas práticas, nos levavam até consultórios de médicos de família na cidade de Havana, onde conhecíamos de perto o funcionamento desse nível de cuidados, antes mesmo de conhecer o trabalho dentro dos hospitais.

***

Entre os preceitos básicos da APS estão *a promoção de saúde* e *a prevenção de doenças*, como meio estrutural para evitar o adoecimento ou seu agravamento. São conceitos que se confundem, pois ambos dependem de outras variáveis que vão além do âmbito da saúde, como educação, lazer, rede de apoio e relações sociais, além de hábitos e estilos de vida (6). Se usássemos a metáfora de uma casa para o sistema de saúde, promoção seria o pórtico de entrada, e a prevenção, os pilares de sustentação do edifício.

As discussões sobre promoção de saúde são recentes; tiveram início a partir do final do século XX. Em 1986, em Ottawa (Canadá), foi emitida a Carta de Ottawa, após a primeira Conferência Internacional sobre Promoção de Saúde. O documento trouxe como propósito fundamental: "Proporcionar às populações os meios necessários para exercer um maior controle sobre sua saúde" (6).

A *promoção em saúde* é mais que educação em saúde e mudanças no estilo de vida. Trata de intersetorialidade e se correlaciona com muitos fatores para além da área sanitária propriamente dita, como cultura, esporte, recreação, entre outras circunstâncias supraindividuais que condicionam o comportamento. Assim, os profissionais de saúde não são os únicos responsáveis pela mudança de comportamento, mas têm o papel de assessores e oferecem algumas soluções ao criar cenários propícios que, em geral, serão mais sociais do que médicos (6).

A *prevenção em saúde* promove o diálogo sobre a relação existente entre a doença e o indivíduo que dela padece, e seus níveis de implementação dependem dessa relação do paciente *versus* enfermidade e seus estágios (6).

A *prevenção primária* consiste em evitar a aparição da doença ou a deterioração patológica do organismo. Sua prática é viável sobretudo quando se conhecem os fatores de risco e os processos fisiológicos de determinada patologia, e tem como métodos mais conhecidos a educação em saúde, a imunização e a quimioprofilaxia (6).

A *prevenção secundária* é a que permite identificar uma patologia estabelecida em um período pré-sintomático, ou seja, antes do início dos sintomas da enfermidade. Nesse estágio, é necessário o trabalho com os fatores de risco cardiovasculares, como controle de dislipidemias (colesterol e triglicerídeos), controle adequado de hipertensão arterial, entre outros, que são fatores que modificam diretamente a mortalidade por essas patologias (6).

Nesse nível preventivo está o diagnóstico precoce, através de consultas regulares, e o início de tratamento oportuno das patologias (6). É aqui que se faz imprescindível a atuação de profissionais de saúde não apenas com formação técnica adequada, mas sobretudo com interesse e foco no atendimento do paciente de forma integral.

A *prevenção terciária* é o nível da medicina preventiva que se ocupa do tratamento da doença já evidenciada e diagnosticada, e da reabilitação do paciente ao estado de maior funcionalidade, para diminuir o risco de recorrência ou recrudescimento de uma patologia em curso. Tem o objetivo de limitar o dano causado por uma doença já manifestada e reduzir seus efeitos (6).

A *prevenção quaternária*, conceito ainda mais recente, tem por objetivo evitar as chamadas iatrogenias, que é a ocorrência de danos relativos a intervenções médicas e de outros profissionais de saúde, por exemplo, o excesso de medicações ou intervenções desnecessárias, como exames ou até mesmo cirurgias (6).

UM BREVE RESUMO SOBRE O SISTEMA DE SAÚDE CUBANO

Os primeiros anos da Revolução Cubana se caracterizaram por marcada polarização social, nacionalização de indústrias e dos investimentos estrangeiros, êxodo da burguesia e incremento nas tensões com os Estados Unidos, tudo acompanhado por grandes desafios iniciais. A primeira década da Revolução Cubana (1959–1969) foi extremamente difícil do ponto de vista econômico e estrutural (2).

Para compreender a diplomacia médica cubana e a motivação da ilha em tornar-se uma potência médica, é preciso conhecer sua ideologia e estrutura organizacional, baseadas na metáfora do "corpo político", em que a saúde da população representaria a saúde política do Estado como um todo (3).

Desde os primórdios da Revolução, os princípios cubanos de saúde basearam-se em valores fundamentais codificados na Constituição de 1975, que garantem o direito à saúde a toda a população e a responsabilidade ao Estado (3).

Na ilha, a saúde é considerada um bem indispensável, não como um fim em si, mas visando alcançar um alto nível de educação, cultura, desenvolvimento intelectual e físico. À época, o governo revolucionário adotou o conceito da Organização Mundial da Saúde (OMS) de 1948 que diz: "Saúde é mais que a ausência de doenças, é o estado de completo bem-estar físico, mental e social". E a definição cubana foi além, ao dizer que saúde e bem estar devem estar ligados ao ambiente material do indivíduo (3).

Durante as três décadas iniciais da Revolução, o governo comprometeu-se em mostrar a outros países do Terceiro Mundo como melhorar a saúde de suas populações. Sugeria que a verdadeira erradicação da miséria e real melhora na saúde somente seriam possíveis através de uma revolução no setor e afirmava que apenas remediar ou fazer abordagens paliativas de cuidados não eliminaria as doenças (3).

As raízes da ideologia revolucionária sobre saúde são encontradas no manifesto escrito por Fidel Castro em 1953, quando advogou para si mesmo no próprio julgamento e escreveu sua famosa defesa intitulada *"La historia me absolverá"*, na qual declarou que nenhuma criança deveria morrer por falta de atenção médica (3), destacando:

> Só a morte pode libertá-los de tamanha miséria, e o Estado os ajuda a isso: a morrer. Cerca de 90% das crianças de zonas rurais são consumidas por parasitas, que os contaminam diretamente do contato de seus pés descalços com o solo. A sociedade se compadece ao escutar sobre o sequestro ou um assassinato de uma criança, mas permanece criminalmente indiferente às mortes em massa

de milhares de crianças, que falecem diariamente pela falta de serviços de saúde, agonizando em dor [...]. E, quando um pai de família trabalha apenas quatro meses por ano, como poderá comprar um medicamento ou uma peça de roupas aos filhos? Crescerão raquíticos, aos trinta anos não terão um dente são na boca [...]. O acesso aos hospitais do Estado, sempre cheios, só é possível através da recomendação de uma amizade política, que exigirá ao desafortunado seu voto e de toda sua família, para que Cuba siga sendo sempre igual ou pior (12).

A ideologia em saúde de Cuba afirma que não será a medicina sozinha a responsável por prover a saúde da população. Para alcançar esse propósito, é preciso unir a medicina com significativas transformações socioeconômicas e estruturais que eliminem os problemas do subdesenvolvimento, como a fome, o analfabetismo, a falta de moradias adequadas, a discriminação e a exploração no trabalho (3).

Dessa maneira, o governo cubano se lançou na tarefa de uma transformação social, tentando romper o ciclo do subdesenvolvimento através de um programa econômico diversificado, que melhorasse o estilo de vida da população por meio do acesso universal e gratuito à educação e à saúde. Ao garantir um aporte mínimo de comida com regularidade mensal, por um racionamento fortemente subsidiado, moradias de baixo custo, políticas de pleno emprego e introdução de segurança social, entre outras medidas, acabou com a discriminação institucionalizada (3).

***

Na ilha, os profissionais de saúde trabalham em equipes multidisciplinares para prevenir e tratar doenças e promover a continuidade do cuidado. Com a cooperação mútua, resulta em maior sucesso na manutenção da saúde de seus pacientes (3).

Na ideologia cubana sobre saúde, há três pilares principais para atingir a universalidade: a *equidade* no acesso aos serviços, a *abordagem de forma integral* da saúde e a *participação popular* nas iniciativas em saúde. A equidade no acesso à saúde implica aspectos legais, econômicos, geográficos e culturais. A abordagem integral do cuidado em saúde combina a prevenção com tratamento curativo, e inclusive trata o indivíduo como ser biopsicossocial, que vive, trabalha ou estuda em determinado ambiente (3).

A participação popular nas atividades de saúde foi concebida para permitir a representação da comunidade através de suas organizações de massa. A população participa do planejamento, administração, avaliação e implementação das atividades, por meio de reuniões mensais com o setor administrativo e a Diretoria Municipal de saúde (3).

Uma das principais razões para incorporar a participação popular em seu sistema foi a necessidade de criar consciência na comunidade, com consequente aumento de sua autonomia, tornando a população parte atuante em seu próprio cuidado (2).

Em Cuba, foi estruturado um sistema de saúde regionalizado, organizado de maneira hierárquica, que referencia os pacientes de um nível ao outro, promovendo cobertura universal, distribuição geográfica equânime dos serviços, com procedimentos padronizados (3).

A regionalização e hierarquização do sistema de saúde permitiu o acesso equitativo aos seus diferentes níveis e outorgou ao governo um controle central com maior economia, devido à sua interligação; e permitiu também a eliminação de serviços redundantes e a organização do cuidado de forma coordenada, de um nível ao outro (3).

O sistema de saúde em Cuba funciona bem pela clareza dos papéis desempenhados por cada nível, com marcada disciplina no seguimento das normas estabelecidas, somadas à educação da população, que sabe onde buscar atendimento de acordo com sua necessidade (3).

***

O sistema de saúde cubano é baseado na medicina. Muitos já argumentaram que mesmo alguns países desenvolvidos não necessitam de médicos para realizar todos os diagnósticos e tratamentos, pois muitos problemas da APS podem ser resolvidos por profissionais menos caros, como os paramédicos. Porém, desde o princípio, Fidel Castro e os ministros da Saúde cubanos acreditavam que apenas os médicos deveriam ter a autoridade para realizar diagnósticos, e aos outros profissionais de saúde caberia contribuir em tratamentos preventivos e demais intervenções. De forma correta ou não, o governo cubano tomou a decisão de prover o que considerava uma medicina de Primeiro Mundo, com a formação de médicos, em vez de paramédicos (3).

O comprometimento cubano com o acesso à cultura reduziu as diferenças educacionais e de classes entre aqueles que praticam a medicina e os pacientes. As pessoas eram encorajadas a utilizar o sistema de saúde e a compreender temas de saúde e doença. Inclusive, os novos trabalhadores da saúde vinham de origem muito próxima dos pacientes. Ao reduzir os espaços entre classes ao mínimo possível, ocorria uma homogeneização social patente (3).

Segundo Kirk e Erisman: "Ter profissionais de medicina vivendo nas comunidades em que trabalhavam era uma inovação pensada para reduzir o isolamento, aumentar o acesso e aprimorar a comunicação e equidade de acesso aos serviços de saúde" (2).

Ao comentar sobre o empenho do sistema de saúde cubano, Feinsilver disse: "Nenhum outro país socialista foi tão longe, ao prover tal grau de equidade em seus serviços" (3).

De fato, em 1984, a expectativa de vida em Cuba era maior do que em qualquer outro país membro do Pacto de Varsóvia; e, em

1988, os índices de mortalidade infantil só ficavam atrás da Alemanha Oriental (3).

A partir dos anos 1980, houve uma reorganização do sistema de saúde cubano, devido ao marcado impacto na morbidade e mortalidade do país. As doenças deixaram de ser relacionadas ao subdesenvolvimento (doenças infectocontagiosas), e houve incremento das doenças crônicas não transmissíveis, também relacionadas ao aumento na expectativa de vida. Devido às mudanças epidemiológicas, todos os esforços eram concentrados em aprimorar a prevenção nesse sistema, e os médicos recém-formados deveriam realizar a residência médica em medicina de família antes de fazer uma segunda especialização (3).

Para que tenham uma melhor noção do investimento de Cuba no setor, o país atualmente designa 23% dos gastos públicos à saúde e cerca de 10% à educação. Em comparação, os Estados Unidos destinam 22% à saúde e 2% à educação. À primeira vista, pode parecer uma comparação descabida, tendo em vista que esses percentuais representam 251 dólares gastos por pessoa ao ano em Cuba, contra 5.711 dólares gastos por pessoa ao ano no país vizinho; contudo, toda a população da ilha tem acesso à saúde gratuita, algo que até hoje nunca existiu no país vizinho. Isso evidencia o caráter da distribuição equitativa do cuidado e como o dinheiro de fato é gasto nos países citados (2).

***

Em janeiro de 1959, havia apenas uma faculdade de medicina e cerca de 6 mil médicos na ilha. A maior parte dos profissionais estava concentrada nas cidades, sobretudo em Havana, e pouco mais da metade destes deixaram o país logo no início do novo governo (2). Porém, no começo dos anos 2000, o país possuía 67.123 profissionais e 22 faculdades de medicina (13).

A OMS recomenda a relação de um médico para cada mil habitantes como critério ideal de atenção à saúde da população. Estudiosos da área defendem a ampliação desse parâmetro para centros com uma rede de serviços bem estruturada (14). Em 2009, de acordo com relatórios dessa instituição, a relação em Cuba era de um médico para cada 170 habitantes (2).

Em 1959, existiam apenas oitocentos enfermeiros que trabalhavam exclusivamente nos hospitais. Em 2009, os números ultrapassavam 50 mil profissionais nos diversos níveis de atenção à saúde (2).

Entre 1958 e 1994, o número de policlínicas subiu de zero para quatrocentas. No mesmo período, o número de hospitais cresceu de 97 para 310, incluindo hospitais rurais, de um para 65, e hospitais pediátricos, de três para 28. Também cresceu de um para 22 o número de faculdades de medicina, de um para oito os cursos de odontologia, de quatro para 76 as escolas de enfermagem e de um para 24 os bancos de sangue (2).

ORGANIZAÇÃO E FASES DO SISTEMA DE SAÚDE NA ILHA

A organização na saúde não é apenas resultado do socialismo; há precursores pré-revolucionários de uma sistematização na área. Desde 1938, o sindicato de trabalhadores dos transportes organizou um sistema mutualista de atenção médica. Era um serviço de clínicas pré-pagas de baixo custo onde, pela primeira vez, os negros também foram incluídos (3).

As clínicas mutualistas evoluíram para grupos privados, devido à abundância de médicos na capital do país. Em 1958, proviam atendimento para quase metade da população de Havana. Apenas poucas clínicas existiam em outras províncias e não havia nenhuma em áreas rurais (3).

Quando o governo revolucionário assumiu a liderança, diferente de outros países socialistas, nos quais os serviços de saúde foram inicialmente desenvolvidos para a região urbana e visavam atender a força laboral industrial, a Revolução Cubana decidiu distribuir, desde o início, serviços de saúde pelas regiões periféricas e rurais de todo o país (3).

Durante o período das guerrilhas (1956 a 1959), os próprios médicos guerrilheiros forneciam atendimento gratuito para os camponeses nas áreas sob seu controle. Em janeiro de 1960 (ano seguinte à instalação do governo revolucionário), foram estabelecidos os Serviços Rurais de Saúde. De todos os médicos graduados, passou a ser exigida a prestação de serviços em áreas rurais por um ano. Criaram-se assim os serviços de atendimento rural e, em 1961, acrescentou-se o dentista rural (3).

Em agosto de 1961, o antigo Ministério da Saúde e Bem-Estar foi substituído pelo Ministério da Saúde Pública (MINSAP), que se tornou responsável pelos três tipos de organizações de saúde da ilha: o público, as clínicas mutualistas e seus hospitais e os serviços privados.

No mesmo ano, foi criada a Comissão de Saúde Popular, que permitiu o surgimento de coalizões populares ou comitês regionais, os populares Comitês de Defesa da Revolução (CDR) e a Federação de Mulheres Cubanas (FMC), responsáveis por mobilizar a população em ações de saúde, como ocorreu em 1962, quando se iniciou o envolvimento ativo das organizações de massa em atividades de saúde, a exemplo da grande campanha de vacinação que ocorreu por todo o país nesse ano (3).

As iniciativas em saúde e as diferenças ideológicas entre o novo governo revolucionário e os profissionais médicos que estavam na ilha produziram o êxodo de aproximadamente 3 mil médicos, cerca da metade dos profissionais do país à época (2, 3).

Com a fuga massiva dos médicos, houve marcada alteração no acesso à saúde. Enquanto a qualidade do atendimento especializado sofreu sobremaneira, a população rural e das periferias urbanas, sempre desatendidas, começaram a ser assistidas (2).

No início de 1964, seguindo o princípio de regionalização da saúde, os centros de saúde existentes foram transformados em policlínicas, e, por meio destas, a população foi organizada em setores para os novos programas de saúde. Em 1965, após um período de intenso antagonismo ideológico entre a velha guarda médica e o governo revolucionário, os médicos graduados naquele ano renunciaram à prática privada, uma política que se tornou perene. Apenas em 1967, a última clínica mutualista foi destituída pelo Estado e incluída no sistema público, e finalmente alcançaram um único sistema de saúde socializado (3).

Em 1970, com as reformas políticas e econômicas empregadas, que levaram à perda de uma colheita de 10 milhões de toneladas de açúcar, o governo cubano fez uma autoavaliação dos diversos setores, inclusive o da saúde, que resultou na implementação gradual do Programa de Medicina na Comunidade (3).

Na década de 1970, Cuba estava altamente comprometida com o "internacionalismo proletário" e enviava auxílio expressivo para partes da África, sobretudo Angola e Etiópia, o que aumentou os serviços de seus profissionais fora do país. Mesmo com a ilha mantendo uma relação razoável de médicos, desde 1976 foi preciso um maior empenho na formação desses profissionais. Embora muitas doenças tropicais já não existissem na ilha, a participação intensa na África levou ao restabelecimento do Instituto de Medicina Tropical, em Havana, pelo importante apoio que o serviço prestava ao restante do Terceiro Mundo (3).

A década de 1980 foi marcada por outro período de mudanças no sistema de saúde cubano, como reflexo das mudanças epidemiológicas e demográficas do país. Devido ao incremento na descentralização e regionalização dos serviços, em 1984 foi criado o Programa de Medicina de Família, que planejava colocar um médico e um enfermeiro em cada quadra de todas as cidades (3). Mesmo a grave crise política enfrentada pela ilha, após o desaparecimento do bloco soviético durante o Período Especial, não foi obstáculo para impedir a implementação completa do programa até o ano 2000.

Em 2009, devido à implantação do Programa de Saúde da Família, havia mais de 30 mil equipes distribuídas por toda Cuba (2).

Policlínica

Antes do estabelecimento do Programa de Medicina de Família, a policlínica era a porta de entrada da APS em Cuba e a unidade responsável pela integração das redes dos distintos serviços de saúde. O local fornecia atendimento a uma população específica, em uma região sanitária de aproximadamente 25 mil a 30 mil pessoas, onde trabalhava um médico internista (clínico) para cerca de 3 mil a 5 mil adultos, um ginecologista para cerca de 3 mil a 4 mil mulheres e um pediatra para aproximadamente 2 mil a 3 mil crianças menores de quinze anos. Cada médico era acompanhado por um enfermeiro especialista na mesma área, e juntos formavam uma equipe de trabalho horizontal e especializada para cada região. Na área de saúde mental havia equipes interdisciplinares, que incluíam um psicólogo social, profissionais sanitários, assistentes sociais e ligas comunitárias de saúde (3).

Em 1976, essa abordagem de equipe formou parte da restruturação do sistema de saúde e deu origem ao citado Programa de Medicina na Comunidade (3).

Programa de Medicina na Comunidade

Desde a década de 1970, os países capitalistas aplicavam o conceito de medicina comunitária, ao colocar clínicas de saúde pública em comunidades pobres. Já a metodologia cubana utilizava a abordagem de equipe para fornecer prevenção em saúde, incluindo tratamentos curativos, através de um sistema integrado, com a participação ativa de *toda* a população (3).

Nesse modelo de atenção à saúde, os profissionais não atendiam os pacientes apenas nas consultas, mas também realizavam visitas aos demais ambientes relacionados aos cidadãos assistidos, como domicílios, escolas, creches e até mesmo os locais de trabalho. O maior contato com a realidade dos pacientes permitia uma compreensão mais abrangente das necessidades individuais (3).

Conforme a evolução do programa, foi possível realizar a coleção de dados demográficos fundamentais, conformando um censo preciso que continha informações sobre os tipos de trabalhadores nas áreas industrial, comercial ou rural; a distribuição dos tipos de trabalho por gênero e idade; os tipos de escola e creches em cada região; a quantidade de trabalhadores da saúde e dos apoiadores das organizações de massa. O programa forneceu uma avaliação acurada sobre a população de cada setor de saúde (3).

Devido a essas medidas, foi possível a criação de uma cobertura estandardizada e universal, além dos programas básicos de atenção à saúde e sua avaliação, a partir do *Livro vermelho*, um manual com normativas e formas de avaliação que deveriam ser usadas como pilar para o planejamento de trabalho anual em cada policlínica. Os procedimentos eram padronizados pelos especialistas de cada área da atenção primária, como internistas, pediatras, ginecologistas e dentistas (3).

O *Livro vermelho* também continha dados estatísticos sobre as condições sanitárias locais e informações relativas à saúde geral da população, como as de morbidade e mortalidade, fatores de risco, incluindo imunização. Iniciou-se um processo de coleta de dados informatizados em 1988, mas, com a grave crise econômica do Período Especial, sua expansão foi suspensa (3). E a maioria dos dados, ainda na época em que estive na ilha, era coletada à mão.

Contudo, devido à intensa coleta de informações, esse programa evidenciou que, ao invés de realizar uma visão integrada da saúde de cada setor, os times profissionais terminavam atuando com enfoque medicalizado e especializado. Verificou-se que o pesado trabalho investigativo limitava o tempo dos profissionais e eles acabavam fazendo principalmente procedimentos curativos. Desse modo, as equipes perdiam a oportunidade de conhecer adequadamente sua população, situação necessária para a realização de um trabalho preventivo eficaz ou o seguimento adequado de seus pacientes; e tampouco conseguiam resolver a situação do atendimento com integralidade e reduzir o uso desnecessário do pronto-socorro (3).

Visando resolver esses problemas e revolucionar a APS, o governo cubano instituiu o novo Programa de Medicina de Família.

Programa de Medicina de Família

Esse programa cubano foi concebido pelo próprio Fidel Castro e visava utilizar os recursos mais efetivamente que o modelo anterior. Tinha como enfoque principal a investigação e monitoramento profundo da saúde da população, e não apenas das doenças (3).

No início da década de 1980, houve uma rápida mudança epidemiológica na população cubana, pela alteração do perfil de doenças relacionadas à pobreza (parasitárias e infecciosas) para doenças relacionadas ao desenvolvimento e aumento da expectativa de vida, como são as doenças crônicas não transmissíveis (doenças cardiovasculares e cânceres), patologias que demandavam um maior empenho na atuação preventiva (3).

Em 1984, foi instalado um projeto-piloto em que cada equipe (médico de família e enfermeiro) era responsável por 120 a 150 famílias, cerca de seiscentas a setecentas pessoas, em local construído para tal finalidade (3). Tudo começou com dez médicos recém-graduados, com um enfermeiro, dispostos em consultórios improvisados. Os resultados superaram as expectativas e, posteriormente, foram selecionados mais duzentos médicos da mesma graduação, para estender a experiência a todas as províncias (6).

***

Na atualidade, o número de habitantes pelo qual cada equipe se responsabiliza expandiu-se para um limite que vai de setecentas a 1.500 pessoas, dependendo de vários fatores, como: localidade, tipo de população (urbana ou rural) e grau de vulnerabilidade social. No consultório, o médico de família e o enfermeiro respondem pelo atendimento e seguimento longitudinal de sua população adscrita.

Uma das grandes diferenças da medicina de família praticada em Cuba é que lá o médico de família reside no mesmo local em que trabalha. Existe uma edificação para atendimentos e, no mesmo terreno, está a casa onde o médico vive. O consultório consiste em três cômodos, que servem como sala de espera, sala de atendimento e sala de avaliação/inspeção, onde também podem ser realizadas algumas coletas de exames (3).

O profissional de enfermagem também reside na vizinhança de seu local de trabalho, para que a equipe esteja o mais próximo possível de sua população, com a qual criam vínculos e relacionamentos sociais muito mais estreitos.

O consultório tem horário de atendimento das oito às doze horas, e à tarde são realizadas as visitas. É permitido o ajuste dos horários de acordo com a necessidade local. Por exemplo, pode-se iniciar o atendimento de consultas mais tarde, para estender o horário de visitas no final do dia. É possível qualquer arranjo que contribua para maximizar o contato com os pacientes e o enfoque primordial do trabalho fora do consultório (3).

Dentro da programação para consultas há uma orientação para os atendimentos, com horários para crianças, gestantes e consultas gerais. Quando preciso, no mesmo local é realizada a coleta de alguns exames de sangue e papanicolau, a aplicação de vacinas, entre outros procedimentos.

Em Cuba, as visitas são chamadas *terreno*, e são feitas para assistir os pacientes em seu domicílio, sobretudo os egressos de hospitalização, acamados ou restritos, com necessidade de cuidados individuais; e inclusive domicílios onde não tenham indivíduos enfermos recebem visitas programadas.

Também existem as visitas institucionais. Em mais de uma ocasião, presenciei casos de pacientes gestantes que estavam internadas na maternidade de Camagüey e recebiam a visita de seu médico de família de forma periódica. Explicavam-nos que dessa forma o profissional mantinha atualizado o prontuário da paciente no consultório, e também seguia a evolução sobre seu estado de saúde e prognóstico; para que quando ela retornasse à residência, a equipe de medicina de família pudesse dar um seguimento individualizado em seu caso, evitando, assim, um aumento na morbidade e mortalidade materno-infantil.

Pelo fato de o médico residir no mesmo local do consultório, quando ocorre alguma situação de emergência em sua área, o profissional consegue prestar um atendimento imediato até que o paciente chegue a outro serviço de saúde com maiores recursos, ou seja, há um acesso muito fácil aos médicos em Cuba. Por outro lado, também é importante ressaltar o grande nível de educação em saúde da população, que sabe onde buscar ajuda de acordo com sua necessidade.

O atendimento domiciliar reforçado permite o aumento das internações domiciliares e a redução da necessidade de internações hospitalares. Fidel Castro sugeriu que "essa política sanitária permitiria que cada cama em Cuba se transformasse em um leito hospitalar" (3).

Em comparação com o Brasil, sempre me chamou a atenção o fato de que, em todos os hospitais em que estive na ilha, existiam períodos com maior ou menor número de pacientes internados, mas *nunca* vi pacientes sem leitos, internados em macas pelos corredores, como infelizmente é tão comum no sistema público do Brasil.

Ainda de acordo com Feinsilver,

> A medicina de família reduz os custos em saúde, ao decrescer o uso de Pronto-Atendimento e internações hospitalares. Tudo isso devido a uma melhor aderência do paciente ao seu cuidado, através de um adequado monitoramento em saúde e trabalho preventivo (3).

Os índices de internação entre 1965 e 1985 tinham crescimento anual, mas a partir do início do programa de medicina de família foram decrescendo paulatinamente, assim como as visitas ao pronto-socorro, que no período de 1980 a 1989 tiveram redução de 80,2% para 75,8% (3).

O impacto da implantação do Programa de Medicina de Família em Cuba torna-se evidente com estatísticas como: o decréscimo da mortalidade infantil em cinco por mil nascidos vivos em 2006, e da mortalidade em menores de cinco anos para sete por mil nascidos vivos no mesmo período. Foi observado outro indicador importante, tanto para a saúde como para a economia: com o aumento das intervenções domiciliares pelos profissionais de saúde, houve decréscimo nas internações hospitalares de 21,7%, em 1980, para 13,2%, em 2000. No cuidado com os idosos, houve a criação dos *círculos de abuelos* (grupos de idosos), que passavam de 14 mil em 2009, e o nível de imunização das crianças ultrapassava os 95% no mesmo ano (2).

Atualmente, as policlínicas funcionam como uma retaguarda nas regiões atendidas pelos médicos de família. Provêm consultas especializadas e alguns exames diagnósticos de complexidade intermediária, além de atendimentos de urgência de baixa ou média complexidade. Para casos de maior complexidade, é acionado o serviço de remoção e o paciente é transferido até o hospital mais próximo. E os médicos de família realizam plantões semanais na policlínica de sua região.

O local também é responsável por atividades docentes, como educação continuada aos médicos de família e atividades pedagógicas aos estudantes de medicina e outros médicos residentes desta e de outras especialidades (3).

* * *

O programa de trabalho do médico de família tem uma série de normativas específicas, mas, diferente daquelas estipuladas no passado, no *Livro vermelho*, o programa atual não fixa uma meta numérica, pois busca resultados qualitativos. Embora parecido com o anterior, pelas diversas atividades propostas, no novo modelo houve uma exigência de maior empenho na promoção de saúde e prevenção de doenças, com trabalho concentrado em fatores de risco como tabagismo, etilismo, sedentarismo, aporte nutricional e foco na educação em saúde para uma mudança de estilo de vida (3).

O Programa de Medicina de Família cubano teve impacto relevante ao levar a Revolução aos lugares mais recônditos do país, com uma vigilância em saúde efetiva, que proporcionou marcada redução nos índices de mortalidade infantil, sobretudo em áreas rurais, e permitiu um "internacionalismo doméstico", ao prestar atendimento em saúde adequado, inclusive em áreas esquecidas na ilha (3).

Esse modelo tem impressionado a comunidade internacional e muitos políticos de países em vias de desenvolvimento, sobretudo aqueles que puderam vivenciar a contribuição do capital simbólico de Cuba (3).

VOCÊ ACHA CERTO QUE OS MÉDICOS DE CUBA SEJAM "ESCRAVIZADOS" PELO GOVERNO DA ILHA?

Esse é mais um questionamento que venho escutando recentemente de meus compatriotas. Algumas pessoas questionam, de seu ponto de vista, se os médicos cubanos estão espalhados pelo mundo "escravizados" por seu governo. Contudo, é importante entender que eles são profissionais com outra formação em saúde; em geral, com a ideologia de que a saúde é um direito humano básico e sem a visão de medicina como *status* social. Saem de seu país também desejando conhecer outros lugares e receber algum dinheiro em troca, que lhes permitirá ter acesso a alguns bens de consumo que de outra maneira não seria possível (15).

Por outro lado, torna-se praticamente impossível comparar a questão econômica de Cuba com a de qualquer outro lugar, sobretudo de países capitalistas. Na ilha, os salários não se distanciam entre si de forma exorbitante, pois toda a educação e saúde são gratuitos, e outros setores como transporte e até mesmo alimentação são altamente subsidiados. Logo, o custo de vida para as necessidades básicas é bastante baixo com o uso da moeda nacional, o peso cubano (15).

Os profissionais cubanos que trabalham no exterior viajam sabendo que em Cuba suas famílias serão cuidadas, além de elas receberem uma porcentagem do dinheiro repassado pelo governo cubano. Dessa maneira, ao mesmo tempo que se garante um pouco mais de conforto à família na ilha, ela também pode fazer uma reserva monetária para quando os profissionais regressarem.

Mesmo com grande sacrifício pessoal, os médicos que vão trabalhar no exterior se sentem recompensados por confiarem que seu esforço contribui para a manutenção da segurança social para seus familiares e compatriotas. Deixam familiares e, muitas vezes, colocam em risco a própria integridade física, ao enfrentar situações amiúde calamitosas em outros países para trabalhar pelo que acreditam.

Ainda de acordo com Feinsilver, a diplomacia médica é um dos eixos da política externa de Cuba. Em 2008, mais de 30 mil médicos e outros profissionais de saúde cubanos cooperavam em setenta países de todo o mundo. Além dos programas de colaboração em saúde, a ilha também mobiliza brigadas de ajuda para oferecer assistência imediata em muitas das grandes catástrofes mundiais. Foram enviadas brigadas médicas à Indonésia, após o terremoto de maio de 2007, à Bolívia, após as inundações de fevereiro de 2008, e à China, após o terremoto de maio de 2008, entre muitos outros locais onde os profissionais cubanos disponibilizaram seus serviços de apoio (16).

Em seu trabalho diário, os médicos internacionalistas cubanos incorporam o conceito de seu prócer José Martí, que diz: "*Patria es humanidad*" (toda a humanidade é nossa pátria) (2).

CAPÍTULO 6

VIVENDO EM CAMAGÜEY

> *A moeda se funde, o saber não. Os bônus, o papel-moeda valem mais ou menos, ou inclusive nada; o saber vale o mesmo, e sempre vale muito mais.*
> José Martí

O CICLO CLÍNICO DE ESTUDOS

Ao terminar o ciclo básico na ELAM, era necessário realizar os estágios em ambiente hospitalar, visto que em Cuba cerca de 70% do curso de medicina é feito de forma prática. Assim, do terceiro ao o sexto ano da faculdade estudávamos as chamadas "áreas clínicas".

A partir do terceiro ano, mesmo vivendo na residência estudantil, já não era possível ter o controle rígido que havia na ELAM com os estudantes, pois estávamos nos hospitais diariamente, quase o dia todo, participando de plantões e outras atividades com horários distintos para os diversos grupos de alunos. Diante disso, alguns colegas com melhor situação financeira alugavam quartos ou até mesmo casas com os cubanos, em busca de maior privacidade para os estudos e suas vidas particulares.

Era um período de mais liberdade e também de maior contato direto com a população cubana. Até aquele momento, estávamos mais próximos apenas dos colegas estrangeiros da faculdade e dos trabalhadores cubanos, fossem eles instrutores ou os professores.

Em 2004, a delegação brasileira foi dividida, a pedido dos próprios estudantes. No início do segundo ano da ELAM, fizeram uma pesquisa entre os alunos sobre a preferência de alguma província específica para as transferências no ciclo clínico. Uma grande parte da delegação brasileira solicitou permanecer em Havana, e outra parte pediu para ir à província de Camagüey, onde estavam alocados os estudantes mais antigos do grupo de brasileiros.

Como eu tinha a experiência de vir de uma cidade grande, entendia que na capital é onde tudo acontece mais fácil. Preferia a comodidade de permanecer em Havana, pois até então era tudo o que conhecia, e, se lá já existiam algumas limitações para comunicação e transportes, imaginava que no interior do país poderia ser ainda mais complicado. Além disso, em Havana está a maioria dos grandes hospitais e das faculdades renomadas da ilha.

Na época em que foi feita a pesquisa, eu ainda namorava Anibal, e ele não desejava permanecer em Havana de maneira alguma. Ele era natural de uma cidade menor, no interior da Argentina, e comentou-me que no interior do país as coisas eram mais calmas, fáceis e baratas. E acrescentou: "O que eu poderia fazer seria convencer parte da minha delegação a ir junto conosco para Camagüey". Usualmente a delegação argentina era enviada para Cienfuegos.

Naquela situação, pela primeira vez na vida, coloquei minhas aspirações acadêmicas em segundo plano e pedi para ir com Anibal para Camagüey. Não imaginava que dali a pouco nossa relação fosse acabar e os desafios que se seguiriam.

No final do segundo ano, ainda tentei pedir junto à reitoria que me alocassem com a delegação brasileira em Havana. Porém a logística gigantesca para organização e traslado dos estudantes era acompanhada por uma burocracia proporcional. Eu entendia que tinham que pensar na quantidade de alunos por hospitais em cada província, nos alojamentos disponíveis etc.; enfim, deveria ser um trabalho dantesco, que eles faziam inclusive com pouca tecnologia à disposição. Compreendia que eles não podiam modificar sua organização a cada término ou novo relacionamento que houvesse na escola.

Quando mudei a solicitação para permanecer em Havana, a área administrativa informou que seria necessário mudar-me primeiro para Camagüey e depois pedir uma permuta com outro estudante que estivesse alocado em Havana e desejasse trocar comigo. Era algo bastante trabalhoso, demandaria muito gasto de energia, precisaria perder dias de aula, então me resignei e resolvi seguir o curso do destino. Quem sabe que aprendizado eu precisava ter naquele novo local, saindo de minha zona de conforto?

Assim, segui com parte da delegação brasileira para Camagüey. Hoje agradeço pela experiência única que tive lá, que me possibilitou ter vivências com o povo cubano do interior do país, conhecer outras paisagens e inclusive amadurecer muito mais.

**

Em Camagüey, estavam alocadas as delegações brasileira, colombiana e venezuelana, às quais se somou um grupo novo e grande de argentinos naquele ano. Devido aos relacionamentos de amizades ou amorosos, colegas de outras delegações também optaram por ir para lá; era o caso de grupos menores de guatemaltecos, salvadorenhos, mexicanos etc.

Em Camagüey também havia estudantes de diversos países africanos, que não eram parte da ELAM, e sim de outros programas educacionais de Cuba. Além deles, estavam alguns estudantes caribenhos de língua inglesa de Trinidad e Tobago, Ilha de São Cristóvão, Barbados, entre outros; e ainda alguns alunos da Guiana Inglesa, Palestina, além de asiáticos da Índia, Laos e Vietnã. E, para completar, conhecemos alguns brasileiros que foram a Cuba estudar de forma particular, os autofinanciados, que estavam na faculdade daquela província desde o primeiro ano, diferentemente de nós, que éramos da ELAM e passamos o ciclo básico em Havana.

CONHECENDO A PROVÍNCIA

Camagüey é uma das províncias orientais de Cuba. Como a ilha tem uma forma alargada horizontalmente, comparada pelos cubanos com um *caimán* (jacaré), as províncias que estão localizadas a leste da capital são conhecidas como "orientais", e as localizadas a oeste, como "ocidentais".

Em seu contexto histórico, Camagüey é uma das províncias com forte presença da indústria açucareira e da pecuária, devido ao seu relevo com grandes prados e quase inexistência de montanhas. Tem como principal formação montanhosa a região famosa de Sierra de Cubitas, situada ao norte (1).

A capital da província, também nomeada de Camagüey, é popularmente conhecida como *Tierra de los Tinajones*. Há um ditado popular que diz "Quem bebe água do *tinajón*[8] nunca mais vai embora". À época, a cidade contava com uma população de cerca de 300 mil habitantes e ainda hoje se configura como um dos principais polos de comunicação entre o oriente e o ocidente de Cuba, sendo a terceira

---

8. *Tinajón* é um grande recipiente em forma de globo, feito de barro cozido para armazenar água.

maior cidade em número de habitantes, atrás apenas da capital Havana e de Santiago de Cuba. Também é cortada pela Carretera Central, uma grande estrada que cruza o país de ponta a ponta (1).

No litoral norte de Camagüey, encontra-se o segundo maior maciço coralino do mundo, só superado pela Grande Barreira Coralina australiana. Pude presenciar como eram realmente deslumbrantes aquelas praias de areias brancas de Santa Lucía, onde víamos um mar que se assemelhava a uma grande piscina de cor turquesa, quase sem ondas, no qual caminhávamos por cerca de cem metros com água na cintura. Era possível sentir uma grande paz, na qual conviviam em harmonia a natureza com sua população.

Em determinada ocasião, eu estava na praia de Santa Lucía com alguns amigos e conhecemos alguns pescadores cubanos que diziam "ter amizade com os tubarões". Pensávamos que era história de pescadores, mas logo depois eles jogaram algumas vísceras de peixes no mar, perto de um trecho de costa, e apareceram dois grandes peixes com dorso cinza e mais de 1,5 metro, que reconhecemos como tubarões pelas belas barbatanas dorsais que cortavam as pequenas ondas. Aproximaram-se tranquilamente e, depois de se alimentarem, calmamente partiram.

Lupita, minha colega de quarto mexicana, e Gustavo, colega colombiano, ficaram assombrados ao ver a cena e diziam que não entrariam mais no mar depois daquilo. Os pescadores de forma bem-humorada disseram que estavam acostumados a nadar ao lado desses animais. Em tom despreocupado, diziam a famosa frase que aprendi na ilha: "*¡Tranquilos, chicos! ¡No pasa nada!*".

De amizade com tubarões, eu não entendia. Contudo, nunca vi nenhum junto aos banhistas nas praias cubanas onde estive em diversas ocasiões, tampouco fiquei sabendo de ataques deles em nenhuma praia na ilha.

***

Após o triunfo da Revolução Cubana, a província seguia sendo uma das referências da pecuária do país. Porém, a partir de então, uma das prioridades da criação de bovino era para a produção de leite, sobretudo para as crianças e idosos. Víamos poucas vezes o consumo de *carne de res* – como é chamada a carne de vaca; ouvi dizer que era proibido pelas autoridades o gado para corte.

Em Cuba a alimentação era bastante baseada em proteína vegetal, por ser mais barata, e a proteína animal era usualmente constituída por frango e carne de porco, animais muitas vezes criados nas casas dos próprios cubanos. Em menor quantidade, estava o consumo de peixes – fato que me parecia estranho, por tratar-se de uma ilha.

A estrutura física da cidade lembrava-me muito as antigas cidades europeias, que na época eu só conhecia por fotos. Era algo confuso caminhar pelas ruas se não se conhecesse o lugar, pois diziam que foram feitas para culminar em uma praça, como estratégia de defesa durante as guerras do passado. As ruas são constituídas por paralelepípedos de pedras, com muitas casas em estilo colonial, com pé-direito alto. Em geral, era muito tranquilo caminhar por elas a qualquer horário do dia ou da noite.

Camagüey tinha uma aparência de típica cidade do interior, onde, ao final da tarde, antes da novela brasileira, sobretudo nas noites quentes, era comum ver muitas pessoas sentadas fora das casas, conversando entre si e com as crianças brincando tranquilamente na rua.

TERCEIRO ANO

A estrutura de saúde da cidade contava com dois hospitais clínico-cirúrgicos: o Hospital Provincial, o maior e mais centralizado da província, e o Hospital Amália Simoni, de menor porte, um pouco mais afastado do centro, porém muito conceituado por seu corpo docente, composto por renomados professores da província, especialmente nas áreas de medicina interna (clínica médica).

A cidade dispunha também de uma maternidade, um hospital pediátrico, um hospital oncológico e um hospital psiquiátrico. Sim, senhores, Cuba também tem hospital psiquiátrico em seus equipamentos de saúde mental (adiante discorrerei sobre o fato).

A residência estudantil, onde morávamos, está localizada bem próximo de alguns desses hospitais. Como o hospital oncológico, para o qual basta cruzar a rua, à esquerda; o hospital provincial, justaposto ao lado direito da residência; e a maternidade, a cerca de setecentos metros dali. O hospital pediátrico localiza-se em outro bairro, não muito distante, e os hospitais Amália Simoni e o psiquiátrico estão bem mais afastados.

A geografia da cidade, bem plana, ajuda, pois é fácil para caminhar ou mesmo usar bicicletas, um importante meio de transporte da região e do país. Também utilizávamos bastante os comuns *bicitaxis* e carros tracionados por cavalos, os chamados *caballitos*, e algumas pessoas ainda pegavam caronas. Havia ônibus municipais, mas eram muito lotados em alguns horários, por isso quem podia utilizava alternativas de transporte.

***

Cada província cubana tem sua faculdade de medicina. Em Camagüey estava a Faculdade de Ciências Médicas "Carlos J. Finlay". O nome era uma homenagem ao emérito médico e cientista cubano camagüeyano dr. Carlos Juan Finlay de Barres, que em 1881 descobriu que são os mosquitos que transmitem a febre amarela e, um ano depois, identificou o gênero Aedes como agente transmissor da doença. Fez um grande aporte à ciência ao trazer o conceito de vetor para explicar a transmissão de algumas patologias infeciosas (2, 3). Sua teoria foi confirmada quase vinte anos depois pelo médico estadunidense Walter Reed (3).

Quando iniciamos o terceiro ano na faculdade de Camagüey, lá estavam, desde o primeiro ano do curso, os estudantes cubanos com alguns brasileiros autofinanciados. Naquele período, tínhamos um contato muito próximo com nossos coetâneos cubanos, os quais eram sempre muito amáveis e receptivos conosco, os novatos.

Era notável que os alunos cubanos possuíam bastante domínio das disciplinas e eram muito preocupados com o desempenho acadêmico. Sempre se esforçavam em ser os melhores na turma. Por outro lado, era interessante notar que havia uma marcada cooperação entre eles, opondo-se à "competição". Todos se dedicavam para obter o melhor resultado, mas não havia atitudes de humilhação ou *bullying*.

Medicina interna – aprendendo a realidade hospitalar

No início do ano letivo de 2004, fui alocada para cursar a disciplina de medicina interna (clínica médica) no hospital provincial, o Hospital Docente Clínico-Cirúrgico Manuel Ascunce Domenech. Ali conheci a hierarquia hospitalar que nos regeria a partir de então. No topo da pirâmide estavam os professores sêniores, que eram os médicos já aposentados, com grande experiência e reconhecimento – eram os titulares/chefes de cada GBT e, em ocasiões, responsáveis pelos passes de visita com os alunos nas alas de enfermaria. Como nos dividiram pelas províncias, lá os GBTs eram muito menores que na ELAM, num total de cinco GBTs, cada um composto por cerca de vinte alunos.

No GBT ao qual fui assignada, o dr. Bittencourt era o professor sênior. O GBT subdivida-se em dois grupos e sob sua coordenação estavam as médicas docentes, dra. Brizuela e dra. Yamilet, responsáveis diretas pelos passes de visita diários. Sob a supervisão delas, estão os residentes da área, médicos já formados que se especializavam na área de medicina interna, que em Cuba dura mais três anos. Abaixo dos residentes estão os internos, alunos do sexto ano de medicina que se graduariam naquele ano e precisavam demonstrar que já tinham todo o conhecimento necessário, pois o internato é um ano de relevância prática.

Na base da pirâmide, estão os estudantes que iniciam os estudos na disciplina. Naquele ano, tínhamos menos responsabilidades e obrigações, porque as maiores exigências para nosso grupo ainda se concentravam no aprendizado inicial, com as diversas aulas e avaliações. Já tínhamos plantões obrigatórios com nosso GBT, mas ainda não fazíamos 24 horas completas de plantão. Quem desejasse poderia ficar mais horas, porém o objetivo de nossa participação era principalmente ter contato com o trabalho no hospital, onde observávamos o que nos seria cobrado mais adiante, quando estivéssemos no internato.

Permanecíamos todo o terceiro ano no estágio de medicina interna, junto com disciplinas que complementavam esse aprendizado, como radiologia, análises laboratoriais, farmacologia, epidemiologia, psicologia médica, entre outras. No primeiro semestre, o aprendizado era um aprofundamento na semiologia (estudo de sinais e sintomas, já iniciado nos anos anteriores) e, no seguinte, iniciava-se o ensino pesado de todas as patologias clínicas, junto com outras subespecialidades, como pneumologia, cardiologia, neurologia, medicina intensiva etc.

Os alunos do internato permaneciam conosco apenas cerca de dois meses, já que precisavam passar pelos demais estágios de seu último ano. Nossa obrigação diária no hospital consistia em realizar a avaliação (evolução) de até dois leitos por aluno. Ficávamos responsáveis pelos pacientes que estivessem ali e devíamos estudar a respeito da patologia deles, pois os temas eram cobrados e avaliados diariamente durante os passes de visita com os professores. Nossa função era pífia se comparada com a dos demais profissionais, mas era fundamental para começar a praticar a imprescindível arte da relação médico-paciente.

***

Outra surpresa agradável que tive foi sentir-me extremamente acolhida pelos pacientes. Como em Cuba todas as instituições de saúde são hospitais-escola, os pacientes estão acostumados a ser tratados pelos médicos especialistas junto com seus alunos. Os pacientes eram muito colaborativos com nossas evoluções e mostravam-se curiosos ao saberem que éramos estrangeiros. A maioria deles eram pessoas bastante simples, e muitos tinham conhecimentos notáveis sobre história e geopolítica de outros países e, sobretudo, sobre temas de saúde, inclusive usando terminologias médicas; sinal do nível de educação da população cubana.

A minha primeira paciente foi uma senhora de mais de sessenta anos, que estava internada conosco por um quadro de caquexia[9]; era uma mulher muito calma, com olhar triste. Sentei-me à beira do leito e ela, de forma lenta, começou a relatar-me sua história e sintomas.

Pouco depois, um dos internos chamou-me de lado de forma discreta e orientou que não me sentasse no leito dos pacientes, sobretudo naquele caso, em que investigavam uma possível tuberculose, pois ela também apresentava uma discreta falta de ar. Posteriormente, aquele diagnóstico foi descartado, pois foi encontrado um câncer hematológico, já em fase avançada.

É interessante notar que nunca vi nenhum paciente com tuberculose ou hanseníase durante qualquer um dos estágios que cursei em Cuba. Ambas são enfermidades de transmissão respiratória, re-

---

9. Caquexia é uma síndrome complexa e multifatorial, caracterizada pela perda de peso, atrofia muscular, fadiga, fraqueza e perda de apetite.

lacionadas à baixa imunidade dos pacientes, muito associadas com a pobreza e, modos de vida insalubres; por esse motivo são consideradas típicas de países subdesenvolvidos. Entretanto, infelizmente, são infecções ainda muito comuns em diversos locais do Brasil, de norte a sul, inclusive nas grandes capitais.

* * *

Em Cuba, a internação hospitalar acontecia apenas para diagnóstico e/ou tratamento de casos que não pudessem ser realizados em ambiente ambulatorial. Após o paciente receber o diagnóstico e realizar os devidos procedimentos hospitalares, recebia alta para seguir os cuidados em casa, com sua equipe de medicina de família. Medidas que são fundamentais para um trabalho efetivo em saúde, que evitam o mau uso dos hospitais e a superlotação dos mesmos.

Porém é importante reconhecer que muitas vezes o trabalho hospitalar era feito em meio a adversidades. Devido à falta de um sistema informatizado, tudo era feito à mão. Houve ocasiões inclusive de limitação de itens básicos, como papel para escrever as evoluções nos prontuários, e chegamos a usar folhas de nossos próprios cadernos. Mas nada disso podia ser usado como desculpa para deixar de fazer alguma atividade. Todos os pacientes precisavam ter a evolução redigida e arquivada em seus prontuários antes do meio-dia, a qual era conferida e avaliada diariamente.

Mesmo com a limitação de papéis, os pacientes nunca saíam do hospital sem seu relatório de alta médica, que continha todas as informações relativas à sua internação, incluindo descrição de resultados de exames e diagnósticos realizados, prognóstico e tratamento prescrito.

Foi nesse contexto que, no início do sexto semestre, conheci o sr. Manoel Rosa, mais conhecido como Chicho. Foi uma curiosa coincidência que em seu apelido se repetissem duas vezes as letras daquela que seria a ceifadora de sua vida, a CH (cirrose hepática).

Chicho: um paciente sonhador

Chicho era um homem jovem, de apenas 32 anos, alto e forte, que padecia de grau avançado de cirrose hepática alcoólica. Tinha um abdome vultoso, olhos e pele amarelados; com os pés muito inchados, caminhava com o ar pesado de quem está sempre muito cansado.

Chamava-me a atenção que nossa professora, dra. Yamilet, que era uma profissional sempre muito amável e compassiva, demonstrava marcada exasperação com Chicho. Uma atitude infelizmente comum em alguns profissionais de saúde que trabalham com dependentes químicos, pois é preciso lidar com muita frustração. Por mais que o profissional tente "mudar a situação", ele não tem esse poder; somente o próprio paciente é capaz de fazer as transformações necessárias, em pensamentos e atitudes, que poderão se refletir no controle desse tipo de patologia.

E Chicho não escapava das características de pacientes dependentes químicos graves. Mesmo internado no hospital, quando, após idas e vindas da UTI para a enfermaria, recuperava um pouco as forças e ficava lúcido, ele sempre encontrava maneiras de escapar para o bar mais próximo e "matar a sede", como dizia.

Havia desenvolvido baixa tolerância ao álcool; com apenas uma ou duas doses, retornava ao hospital cambaleante e deitava-se no leito, já sabendo que o repreenderiam no dia seguinte, sobretudo a dra. Yamilet. Ficava muito sério e permanecia em respeitoso silêncio durante as advertências que recebia, mas, quando os professores viravam as costas, dizia risonho aos estudantes: "Já estou morrendo mesmo; prefiro me distrair enquanto estou por aqui". Ele necessitava de um transplante de fígado, mas não conseguia manter-se abstinente do álcool, o que o desqualificava para o procedimento.

Seguíamos seu caso com inúmeras paracenteses (drenagem do líquido acumulado na região abdominal), que ele prontamente permitia que os estudantes "praticassem" com ele. Volta e meia piorava a icterícia (amarelão), devido à piora da função hepática, com consequentes alterações neurológicas; ficava muito confuso, às vezes agitado, ao sofrer da temida encefalopatia hepática, e subia novamente para a UTI. Algumas vezes ficava em coma, mas, quando estava bem, voltava para a enfermaria, onde víamos a família sempre ao seu lado trazendo-lhe mimos, como uma comida especial, e censurando-o quando fazia suas travessuras.

Tínhamos muito contato com os pacientes, pois estávamos na enfermaria de segunda a sexta-feira, e admirava-me com o grande respeito que nos dispensavam. Não lhes interessava saber que roupas usávamos, se éramos filhos de um presidente ou de um pedreiro. E, como todo bom cubano, Chicho era muito interessado em saber sobre meu país. Sempre me perguntava sobre a vida no Brasil e alguma curiosidade sobre as novelas brasileiras, que são muito famosas na ilha.

Ao final daquele semestre, em um dia ensolarado, logo após o passe de visitas, ele se aproximou de mim com aquele ar maroto de quem já viveu muita coisa mas ainda espera mais aventuras, entregou-me um dos poucos pertences que trazia consigo: um livrinho que era um dos livros do novo testamento, *Evangelio según San Juan*, e disse: "Isso daqui é para que você se lembre de mim", em seguida pediu-me meu endereço do Brasil e completou, "porque um dia ainda irei te visitar lá".

Chicho abriu um grande sorriso quando lhe entreguei o endereço. Talvez, para ele, o gesto representasse uma esperança de futuro. A ideia de um dia conhecer um lugar que era parte de seu imaginário pessoal, construído pelas imagens que via nas novelas. Quem era eu para acabar com sua fantasia e esperança, explicando-lhe as muitas realidades de meu país?

Ao terminar o semestre, já não voltamos com frequência àquela enfermaria, mas soube que poucas semanas depois Chicho faleceu por complicações da doença.

Lembro como me impressionava observar que o fato de viver apenas mais um dia parecia uma alegria para ele. Tinha uma leveza quase pueril, como se nada realmente importasse. O triste foi ver a forma como ele aproveitava o momento, que acabou por levá-lo a um fim tão prematuro.

Provas de medicina interna

Como sempre, ao concluir cada disciplina, tínhamos provas que avaliavam se o aluno estava capacitado a seguir para o próximo semestre. A partir do terceiro ano, a maioria das provas eram práticas e à beira do leito. Faziam avaliações cruzadas entre os diferentes GBTs, para que não houvesse amizades e/ou favorecimentos de nenhum tipo.

No final do sexto semestre, meu grupo cruzou com o grupo do docente mais temido, o dr. Rafael Pila Perez. Era um mito entre os professores e os alunos da faculdade, considerado um dos mais respeitáveis (e assustadores), pois não tinha "papas na língua", sendo sempre muito direto com qualquer pessoa. Tinha um temperamento bilioso que era uma mistura de dr. House e o "Seu Lunga" brasileiro.

Contudo, à diferença do personagem do dr. House, o dr. Pila examinava e avaliava diretamente os próprios pacientes. Ele se debruçava com interesse sobre cada caso que lhe chegava às mãos. Em geral, chegavam-lhe pacientes com quadros raros e muito complexos, pois era um experto em colagenopatias (doenças reumatológicas), em especial a sarcoidose.

Em Cuba, os professores mais velhos tinham o hábito de saber não apenas sobre o diagnóstico da doença em si, mas também sobre minúcias e curiosidades a seu respeito. Durante suas visitas, o dr. Pila era famoso por questionar cada detalhe sobre qualquer patologia em questão, o que incluía saber como foi descoberta a doença, o porquê de seu nome, quem fora o primeiro a descrever, quais são os diagnósticos e tratamentos mais atuais etc. Ele era considerado por muitos como uma "Bíblia da medicina interna cubana"!

Excetuando-se os médicos da área de cirurgia, que em geral têm um ego inflamado, via de regra a grande maioria dos professores que conheci, inclusive grandes mestres e doutores, eram extremamente corteses e atenciosos no trato com os pacientes e alunos. Até mesmo o renomado dr. Aquiles, que acabou se tornando reitor da Faculdade de Medicina de Camagüey.

O dr. Aquiles havia sido aluno do dr. Pila, e este se orgulhava em dizer, sempre que tinha oportunidade: "Sem sombra de dúvidas, Aquiles foi meu melhor aluno de todos os tempos, pois além de exímio profissional é um excelente ser humano".

Em geral, os recursos para exames complementares em Cuba eram limitados, o que demandava dos médicos ainda maior proximidade com os pacientes para uma avaliação clínica mais acurada. A anamnese (entrevista médica) era muito valorizada, bem como um exame clínico meticuloso para realizar um diagnóstico eficaz, que levasse a intervenções menos injuriosas, tratamento mais rápido e menor tempo de internação. Tudo isso visando a redução de custos para o sistema de saúde e menor invasão para o paciente.

Escutávamos dizer que o dr. Pila tinha uma atitude muito incisiva com os alunos, não tolerava falhas, e, ao questionar um aluno, se este não soubesse a resposta, sofria duras reprimendas dele. Isso incentivava seus alunos a sempre estudarem muito, para evitar passar vergonha na frente do grupo e dos pacientes. Seus alunos estimavam muito o mestre e tomavam as reprimendas como incentivo para melhorar sua dedicação aos casos estudados.

No entanto, soube de estudantes que o desafiaram de forma bastante desrespeitosa, e, nessas situações, observou-se uma notável benevolência por parte do professor, que não se deixava comandar apenas pelo ego. Com isso, ensinava inclusive através de suas atitudes.

La quebradita

Na metade do terceiro ano, realizou-se um evento cultural em um grande teatro de Camagüey. Solicitaram a participação de algumas delegações, com atividades artísticas, e acabei colaborando com os colegas mexicanos.

Em Camagüey estavam apenas cinco mexicanos: Lupita (minha colega de quarto) e Juanjo (seu namorado), ambos do terceiro ano; Álvaro e Jenny, do quarto ano; e Miguel, do quinto ano; cada um deles escolheu ir para a província por motivos pessoais, pois a delegação mexicana era sempre enviada para Las Tunas.

Próximo aos refeitórios da faculdade, havia um espaço onde alguns estudantes faziam práticas de atividades físicas. Certo dia, caminhava por ali com um grupo de colegas brasileiros quando encontramos o pequeno grupo de mexicanos ensaiando *la quebradita*, um tipo de dança famoso pela coreografia arrojada. Também chamado de *baile del caballito* (baile do cavalinho), pelos passos que simulam um galope, com muitos giros e acrobacias complexas.

A *quebradita* é um gênero alegre, tocado ao som da cúmbia mexicana, que teve origem por volta dos anos 1960 e seu apogeu foi na década de 1990. Assemelha-se a um baile com estilo *country* e é muito divertido. Fiquei encantada enquanto observava o ensaio dos colegas.

Miguel pediu que nos aproximássemos. Como não tinha parceira, estava dirigindo seus compatriotas na apresentação. Perguntou então se alguém de nosso grupo gostaria de participar com ele, e logo me ofereci; de bom grado, ele aceitou minha colaboração. Havia pouco tempo para a apresentação, que ocorreria dali a um mês, e então nos dedicamos quase todos os dias para acertar bem a complexa coreografia.

Dias antes da apresentação final no teatro, após um ensaio, senti um pequeno caroço e dor na lateral esquerda do tórax, que piorava quando respirava profundo. Conversei com a dra. Brizuela, que era minha professora de propedêutica; após examinar-me com atenção, ela solicitou um raio X de tórax, para avaliar melhor, e recebi o diagnóstico de uma fratura parcial da décima costela, com indicação de tomar analgésicos e fazer repouso físico.

Naquela altura, não havia como ser substituída, então pensei que poderia me arriscar, já que não tinha comprometimento clínico algum. O único perigo seria se a fratura se completasse e a costela partida perfurasse o pulmão e produzisse um perigoso hemopneumotórax, a entrada de sangue e ar no espaço pleural – "só isso". Conversei com o grupo de colegas mexicanos e pedi a Miguel que tivesse cuidado com alguns movimentos. Fizemos apenas mais um ou dois ensaios.

Na noite do espetáculo, o teatro estava lotado e eu apenas torcia para que a apresentação ocorresse sem nenhuma intercorrência. Por sorte, deu tudo certo e fizemos nossa atuação conforme o planejado. Fiquei muito feliz em participar com os colegas e pela minha costela ter "colaborado". Mas então compreendi que a vida de *quebradita* talvez não fosse para mim e nunca mais me atrevi nesse ousado ritmo.

Sentindo na pele a falta de medicações

Naquele ano, outra situação relevante foi experimentar na própria pele a falta de medicações mais novas e específicas em Cuba.

Um ano antes de viajar a Cuba, recebi o diagnóstico de síndrome do ovário policístico e, por orientação médica, utilizei um anticoncepcional com função antiandrogênica[10]. O uso dessa medicação resultou em uma forte erupção de acne no meu rosto, o que logo foi resolvido com a troca do remédio por outra classe, com o qual me adaptei melhor.

---

10. Androgênios são hormônios anabólicos produzidos pelos testículos (homem) ou nas glândulas suprarrenais (mulheres), que propiciam o desenvolvimento de características do sexo masculino. O mais conhecido deles é a testosterona.

Estava quase viajando de férias, após terminar o segundo ano, quando novamente me incomodei com o reaparecimento de uma leve acne. Como lembrei que a medicação antiandrogênica é mais indicada para esses casos, consegui algumas caixas do (maldito) anticoncepcional com uma amiga brasileira que havia levado para uso próprio, e não utilizaria mais. Naquela ocasião, tomar apenas uma cartela foi o suficiente para ter uma recidiva da acne, muito pior desta vez, com o aparecimento de lesões nódulo-císticas. Nem me lembrava disso, mas a piora do quadro foi uma das causas para suspender o remédio. Mesmo após parar com o uso antes de terminar a segunda cartela, minha pele nunca mais foi a mesma.

De volta à ilha para iniciar o terceiro ano, envergonhava-me de minha aparência e não tinha muitas alternativas de tratamento. Nas fases muito inflamatórias, é indicado o uso de antibióticos específicos derivados de tetraciclinas, que tampouco havia lá. Precisava usar as convencionais tetraciclinas tomadas de seis em seis horas em alguns ciclos, que acabavam com minha flora intestinal e vaginal, causavam diarreias, candidíase etc. A pele melhorava um pouco, mas depois piorava novamente, e já surgiam cicatrizes atróficas no meu rosto – um verdadeiro pesadelo. Tampouco havia medicações mais potentes indicadas para o caso, como a isotretinoína.

A acne afetava minha aparência física na área mais evidente – a face. Confesso que foi muito difícil conviver com aquilo, e por muito tempo causou-me grande angústia. Mas entendia que, num país que enfrentava condições econômicas tão graves, havia situações muito mais sérias para se preocuparem do que com problemas estéticos como o meu.

O principal foco da disciplina de dermatologia na faculdade era o diagnóstico e tratamento de doenças mais críticas; estavam a anos-luz dos avançados tratamentos estéticos encontrados no Brasil. Entendendo esse contexto, precisei aceitar e conviver com a situação por mais alguns anos.

Embora a acne fosse muito incômoda e um ataque direto à minha autoestima (que já não era boa antes), não era uma patologia que me trouxesse nenhum risco de morte. Contudo, me fez pensar em quantas outras pessoas estavam na ilha padecendo com doenças muito sérias e sem acesso a medicações essenciais, devido ao desumano bloqueio econômico.

Estive lendo meu diário da época, onde registrei parte dessas vivências. Em um dos escritos, encontrei o seguinte relato do período:

> O que importam essas cicatrizes ou minha aparência física? O que importa o pensamento das pessoas ou o que falam sobre isso? Enquanto estou aqui preocupada com minha figura, existem milhares de crianças que acabaram de perder as mãos, os pés, ou mesmo a família inteira em guerras estúpidas, e estou aqui me lamentando por essas besteiras?!

E mais uma vez me consolava com meu lema pessoal: "Quem não me quiser ver que feche os olhos!".

***

Por não ter acesso à importação de muitos produtos, Cuba produz seus próprios medicamentos, no caso, os produtos que são essenciais, e o lado positivo disso é que não sofre pressões das grandes indústrias farmacêuticas, que muitas vezes contribuem apenas para criar "novas necessidades".

Pela grande restrição econômica que a ilha enfrenta, os cubanos fazem uso mais consciente dos remédios. Inclusive o uso de antibióticos é muito mais restrito, situação que lhes dá um grande privilégio no mundo atual: a baixíssima resistência antimicrobiana. Fato que também testemunhei, pois víamos muitos casos se resolverem apenas com o uso da boa e velha penicilina.

Cruz Vermelha cubana

Em meados do terceiro ano da faculdade, com alguns colegas estrangeiros, sobretudo venezuelanos, participei de algumas reuniões e atividades com a Cruz Vermelha cubana e fiquei admirada quando fomos conhecer o orfanato de Camagüey.

O orfanato que visitamos é encarregado de receber as crianças em idade escolar de toda a província e localiza-se perto de nossa residência estudantil, em frente à Plaza Habana, em uma casa grande e antiga, mas muito bem cuidada. Contaram que havia ainda outra instituição, localizada na região de Monte Carlo, próximo ao centro da cidade, que acolhe as crianças menores.

A instituição conta com muitos funcionários, desde cozinheiras e equipe de limpeza até a gestora da casa e tutora dos internos. Ali residem os chamados *niños de la pátria* (crianças da pátria).

O pessoal do orfanato nos preparou uma bela recepção, inclusive com a presença de alguns dos antigos residentes. Além de nos mostrarem as instalações, os internos fizeram apresentações diversas, como a de algumas canções, a leitura de seus poemas e, ao final, uma roda de conversa conosco, em que compartilharam um pouco sobre suas histórias.

Foi memorável observar que no único orfanato de toda a província (para crianças em idade escolar), naquele ano, havia apenas seis internos. Eram dois casais de irmãos e mais outras duas crianças, todas com boa aparência e bem cuidados.

Explicaram-nos que, no caso dos irmãos, as mães estavam presas e não tinham nenhum familiar que os pudesse acolher. Sempre que acontece de crianças ficarem sem os pais, o serviço social procura familiares mais próximos para se encarregarem dos cuidados dos menores. O Estado se encarrega diretamente apenas daqueles que não podem ser incorporados na família ampliada.

Uma senhora cubana contou-me que, no passado, mesmo crianças com problemas mentais, quando órfãs, também eram acolhidas pelo Estado se outros familiares não pudessem fazê-lo. De igual maneira, ali recebiam os cuidados como os demais internos, e, quando maiores de idade, também lhes davam algum tipo de trabalho e moradia para que seguissem suas vidas. Contudo, em algumas ocasiões, se não tivessem condições de se autogerir, os antigos moradores permaneciam vinculados à instituição por toda a vida.

Penso que o baixo número de crianças internadas que presenciei naquele orfanato se deva a fatores protetores diversos, como a boa educação recebida por todos os cidadãos, mas também à questão do aborto legalizado no país; de modo que, quando uma criança nasce em Cuba, é porque foi desejada e será cuidada tanto pela família como pela sociedade.

QUARTO ANO

> *O Homem não tece a teia da vida, ele é apenas um de seus fios. O que fizer à teia fará a si mesmo. Todas as coisas estão entrelaçadas. Todas se conectam.*
> Chefe Seattle

Férias para recordar

Ao finalizar o terceiro ano, viajei de férias a São Paulo para assistir ao casamento de Fabiano, meu irmão mais velho. A cerimônia estava marcada para algumas semanas depois do término de minhas férias. Viajei sabendo que precisaria ficar um tempo maior no Brasil e voltaria um mês mais tarde para iniciar o novo ano letivo na ilha, enfrentando maiores responsabilidades no retorno.

Cada viagem de férias tinha alguma eventualidade e imprevistos, mas nenhuma como aquela vez, tanto na ida como na volta.

Como ainda precisava economizar bastante, deixava tudo bem contabilizado; buscava sempre as passagens mais baratas de acordo com datas, escalas, companhia aérea etc. Na ida, viajei em uma data na qual apenas Marcelo – colega brasileiro de São Paulo, que também estava em Camagüey – viajou comigo. Combinei de antemão com Fabiano que ele iria nos receber no aeroporto e daria carona ao Marcelo, que morava próximo de nós.

Viajamos por uma empresa panamenha até a Cidade do Panamá, de onde partem as conexões que vão às diversas partes do mundo, e dali seguiríamos ao Brasil. Sabíamos que a cidade é uma zona franca e que os preços, mesmo dentro do aeroporto, eram mais baratos se comparados a outros lugares. Como a conexão demoraria algumas horas, Marcelo e eu decidimos caminhar um pouco enquanto conversávamos. E assim passamos as próximas horas, divagando e olhando vitrines, deslumbrados com a diversidade de coisas, que cumpria bem o papel de distrair os transeuntes.

Conversávamos tranquilos quando, inadvertidamente, vi um relógio de parede que marcava 13h57. Marcelo e eu nos olhamos, e perguntei-lhe que horas sairia nosso voo; ele, assustado, respondeu que seria às catorze horas. Corremos como loucos pelo aeroporto, porém estávamos no lado oposto ao nosso embarque e, quando chegamos ao portão, às catorze horas em ponto, estava fechado.

Alguns profissionais fechavam o embarque enquanto o avião ainda estava em solo e permaneceram completamente indiferentes às nossas súplicas para que nos deixassem embarcar. De forma impassível, nos explicaram que precisaríamos pagar outra passagem para completar o trecho. Caso não o fizéssemos, seríamos devolvidos ao local de origem do voo prévio; e o trecho Panamá–São Paulo era justamente o mais caro da viagem.

Naquele aeroporto tudo parecia muito frio e calculista; não faziam nenhum anúncio para chamar os atrasados dos voos, como ocorre em alguns aeroportos no Brasil. Não havia espaço para lamúrias; ou pagávamos o trecho para chegar ao Brasil, ou nos regressariam a Cuba. Na época, eu sequer tinha cartão de crédito. Até para comprar aquela viagem havia sido uma novela.

Naquela situação desesperadora, por sorte, Marcelo conseguiu contato com sua família, que entendeu a situação e permitiu que ele usasse o cartão de crédito e, inclusive, me emprestasse o dinheiro para a nova passagem. Fiquei muito agradecida a ele e sua família pela ajuda, porém já comecei um tanto desanimada as férias, pela preocupação de uma dívida inesperada para saldar antes do retorno à ilha.

Como ficaria quase três meses no Brasil esperando pelo casamento de meu irmão, decidi procurar um trabalho como secretária, área na qual tinha experiência. De forma surpreendente, consegui trabalho em poucos dias, em uma excelente empresa de tecnologia, bem próxima de casa. Para conseguir a vaga, não pude dizer que buscava um trabalho temporário e voltaria à ilha dali a dois meses.

Novamente as férias não foram como eu gostaria, apenas para relaxar e curtir. Mas agradeci ao universo por conseguir um bom trabalho, que me ajudou a ocupar a mente, pagar minha dívida e ainda cumprir com o objetivo de participar do casamento do Fabiano.

O casamento foi um dos mais lindos que presenciei; foi idealizado por minha cunhada Samara e concretizado pelo pai dela. Aconteceu em um belo sítio, com paisagem deslumbrante, próximo de São Paulo. Em todos os dias anteriores houve chuva e frio, mas na data do evento até o tempo colaborou, e um sol radiante contribuiu para destacar o cenário bucólico. Foi uma celebração memorável, onde também encontrei alguns tios e primos que não via há anos.

Antes de terminar as férias, já estava ansiosa imaginando as "penitências" no retorno à ilha, por chegar com quase um mês de atraso. Previa a burocracia para adaptar-me às aulas já iniciadas e repor tarefas perdidas, mas voltava com a sensação de haver logrado aquilo que me propus fazer.

Depois da tribulação na viagem de ida para as férias, tive uma bela surpresa no retorno. Meu voo de conexão chegou à noite na Cidade do Panamá, e era preciso esperar o próximo voo para Havana. Desta vez, permaneci sentada em frente ao portão de embarque, para não ter nenhum imprevisto.

Estava bem cansada e desejava chegar logo a Cuba, pois em Havana ainda precisaria pegar um ônibus até Camagüey, numa viagem de mais dez horas. Era praticamente um dia inteiro perdido naquela jornada. Tentava ler um livro quando um funcionário da companhia aérea abordou-me de forma muito solícita e relatou que um furacão atrasou grande parte dos voos e havia *overbooking*, ou seja, havia passageiros sobrando. Na sequência, me fez a oferta de ficar na Cidade do Panamá por mais três dias, com hospedagem em hotel cinco estrelas (com tudo incluso), além de passeios oferecidos pela empresa e mais um *voucher* de quinhentos dólares.

Fiquei atônita com a oferta. Estava física e mentalmente cansada, desesperada para aceitar. Contudo, ao mesmo tempo, sentia-me culpada por estar atrasada para as aulas. Então expliquei ao rapaz minha situação e disse que poderia ficar apenas um dia. O funcionário concordou e me levou para fazer os trâmites.

Chegando ao hotel, usei o serviço de internet para corresponder-me com Yasneira, minha amiga venezuelana e colega de quarto, para informar-lhe do ocorrido e que me atrasaria novamente. No dia seguinte bem cedo, recebi a resposta dela: "Que legal, aproveita bastante, porque estamos todos passando pelo rodízio de MGI; devido à epidemia de dengue, as aulas nos outros estágios foram adiadas nesse ano. Ainda falta uma semana para que se inicie o semestre oficialmente".

Senti um misto de tristeza e arrependimento por não haver aceitado os três (merecidos) dias de descanso na Cidade do Panamá. De toda forma, fiquei agradecida pela oportunidade e aproveitei as instalações do hotel e o passeio oferecido nos centros comerciais da cidade, com um grupo de equatorianos que também tiveram os voos remanejados e com quem fiz amizade.

De volta ao hotel estava algo triste por ir embora tão cedo. Despedi-me de meus novos amigos e fui para o aeroporto. Ao chegar lá, estava preparando-me para o embarque, quando novamente fui abordada por funcionários, que informaram sobre a persistência do *overbooking*, e questionaram se não poderia ficar mais um dia no hotel. Consegui mais um *voucher* de trezentos dólares e mais um dia de verdadeiras férias.

De volta ao hotel, meus novos amigos comemoraram comigo. Passei outro dia excelente e, no dia seguinte, na hora de ir ao aeroporto, até alguns funcionários do hotel riram dizendo: "Vão ver que ela finge que vai e daqui a pouco voltará".

Naquela ocasião, fui ao aeroporto decidida a voltar ao hotel, mesmo se não me oferecessem nenhum *voucher*. Porém dessa vez os funcionários abordaram grupos de turistas, e não pessoas individualmente.

Foi assim que voltei das férias devidamente descansada, com mais oitocentos dólares no bolso, com a mente tranquila e o coração repleto de gratidão; refletindo que coisas boas também podem acontecer de forma inesperada.

A experiência de uma epidemia de dengue na ilha

Cheguei a Cuba com um mês de atraso e fui informada de que, naquele ano, todos os alunos de medicina iniciariam as aulas pela disciplina de MGI, pois todos os serviços de saúde estavam mobilizados no controle da epidemia de dengue que estava em curso. Nessas circunstâncias, os estudantes ajudavam as autoridades sanitárias nas ações preventivas.

A dengue é uma doença infecciosa que teve um aumento dramático (de até trinta vezes) em sua incidência nas últimas cinco décadas. Antes da década de 1970, apenas nove países tiveram epidemias graves. Atualmente está presente em 128 países, nas regiões tropicais e subtropicais, onde chega a afetar até 3,9 bilhões de pessoas. A incidência anual é estimada em cerca de 390 milhões de infecções, das quais 96 milhões apresentam sintomas variáveis, e há ao redor de 500 mil hospitalizações pelas formas graves (dengue hemorrágico e choque por dengue), em sua maioria em crianças (2). Cerca de 50 milhões de pessoas/ano se infectam pelo vírus, dos quais ao redor de 25 mil falecem (4).

As mudanças climáticas, com consequentes elevações da temperatura em apenas 3 a 4°C, aumentam ainda mais o risco desta enfermidade, ao possibilitar que a transmissão viral se incremente em três vezes, elevando as populações em risco em muitos milhões (4).

Em Cuba a dengue não é uma doença endêmica, mas, infelizmente, ocorrem epidemias esporádicas. No ano de 1981, a ilha foi o primeiro local no continente americano onde aconteceu uma epidemia de dengue hemorrágico, devido a circulação de um novo sorotipo do vírus (dengue tipo 2). Houve um total de 344.203 casos e 158 mortes; com taxa de mortalidade de 1,58 por 100 mil habitantes, o mais baixo conhecido para uma epidemia de dengue hemorrágico (4). A partir desse episódio foi criado na ilha o Sistema Nacional de Vigilância para Dengue, que permite afirmar que o país está completamente livre da doença (5).

A situação se agrava com o incremento das viagens aéreas, devido ao aumento da presença de estrangeiros no país e também pelo regresso de diversos profissionais cubanos das missões médicas que acontecem em várias partes do mundo – alguns locais endêmicos de muitas enfermidades infecciosas não existentes na ilha.

A dengue é uma doença viral de transmissão por vetor, no caso, o mosquito *Aedes aegypti*, que transmite o vírus de um homem doente a outro saudável. O vírus da dengue ainda não tem tratamento específico. Os sintomas, em geral, se parecem com um quadro gripal, para o qual é indicado apenas tratamento sintomático, como repouso e hidratação adequada, enquanto se aguarda pela resposta eficiente do sistema imunológico.

Formas de apresentação grave como a temível síndrome hemorrágica ou a síndrome de choque da dengue são menos frequentes. Sem assistência médica, esta última pode ter uma letalidade superior a 20%, mas se reduz a menos de 1% com suporte adequado (2).

As enfermidades infecciosas dependem de uma relação intricada de vários fatores. No caso da dengue, necessita de elementos como o homem, o vírus e o mosquito vetor, e sobre todos estes intervém o ambiente (4). Para o controle da doença, é necessário um enfoque incisivo nesses componentes.

***

Em Cuba, nos períodos chuvosos, a vigilância sanitária realiza fumigações[11] pelas ruas da cidade para reduzir as populações de mosquitos; uma prática que foi intensa no ano anterior, em 2004.

Para conter a epidemia de dengue que se alastrava a passos rápidos, em Camagüey as autoridades sanitárias fizeram o necessário para isolar o reservatório (pessoas contaminadas) até que o período de viremia (vírus circulando no sangue, que é o período de transmissão da doença), que dura cerca de sete dias, terminasse (4). Passado esse

---

11. Fumigação é um tipo de controle de insetos através do tratamento químico realizado com formulações pesticidas voláteis em um sistema fechado, que visa a desinfestação de materiais, objetos e instalações que não possam ser submetidas a outras formas de tratamento.

período, as pessoas que estavam doentes já não contaminariam os mosquitos existentes e, assim, não transmitiriam o vírus.

Todas as ações eram realizadas pelo trabalho intenso de diversas organizações populares, com os trabalhadores de saúde, visando à educação da população para redução dos vetores. As campanhas eram realizadas através das visitas regulares de agentes sanitários para avaliação dos domicílios e também, a todo momento, por comerciais de TV.

Em relação às pessoas doentes, orientam-se medidas de suporte: cuidados com a hidratação, o uso de analgésicos, a alimentação leve e o repouso debaixo de um mosqueteiro (6). Ou seja, é preciso afastar os indivíduos doentes das atividades laborais, acadêmicas, sociais etc. Algo que nem todos os governos se dispõem a realizar, pois implica uma redução de significativa parte da massa laboral, além da necessidade de prover assistência adequada a quantidades numerosas de pessoas afastadas do trabalho no decorrer desse período.

Durante a epidemia em Camagüey, todas as instituições de saúde estavam voltadas ao controle da doença. Os hospitais deram alta para casos menos graves e mais estáveis de outras patologias, podendo assim receber pacientes com dengue de quadro mais delicado, os quais, mesmo ali internados, recebiam cuidados debaixo de mosqueteiros.

A grande maioria da população, com casos leve da enfermidade, permanecia em internação domiciliar e recebia suporte através da visita regular de sua equipe de APS. Os profissionais vigiavam a evolução dos sintomas e observavam se os pacientes e familiares cumpriam as recomendações. Em caso de piora do quadro, os enfermos eram encaminhados ao hospital.

E assim, ao passo de algumas semanas, houve o controle da epidemia. Após a recuperação, os pacientes receberam alta médica e a vida paulatinamente retornou à normalidade na cidade.

O cenário ideal seria a cura para a doença, através de medicações antivirais específicas, ou ainda que se encontrasse a forma de realizar uma mutação no mosquito vetor para que não mais a transmitisse. Todavia, a prevenção também se faz pelo uso de vacinas, como a Dengvaxia® (CYD-TDV), com vírus vivo atenuado, aprovada apenas em dezembro de 2015. Até agora sua comercialização foi autorizada por organismos regulamentadores de vinte países, com indicação de uso para pessoas de nove a 45 anos, em populações residentes de áreas endêmicas com características específicas, pois a vacina tem contraindicações no uso, devido ao risco de incrementar manifestações graves da doença, dependendo do estado sorológico do indivíduo (7).

Logo, na realidade atual, para controlar epidemias como a que presenciei em Cuba, é necessário um intenso trabalho das autoridades sanitárias, junto com a mobilização de toda a sociedade. Porém, é fundamental uma agenda governamental que coloque de lado interesses econômicos e priorize salvar vidas.

Afirmo que aquela foi outra experiência valiosa que tive, ao ver como profissionais de saúde, junto com toda a população, acabaram com uma epidemia de dengue em poucas semanas e, assim, certamente preservaram muitas vidas.

Cirurgia – dr. Flores: um cirurgião distinto

No início do curso, acreditava que no futuro me especializaria nessa área, pois tinha muito interesse nesse tipo de trabalho, com intervenções práticas. Acredito que grande parte dos estudantes, quando inicia o curso de medicina, está ávido por fazer "coisas de médico".

Desde que cheguei a Camagüey, como morava ao lado do hospital provincial, logo fui procurar uma maneira de estar em contato com a especialidade e busquei fazer alguns plantões nessa área. Dessa maneira, conheci alguns residentes africanos, como o dr. Davi, de Guiné-Bissau, e o dr. Samuel, de Gana. Como eram muito receptivos, permitiram que ficasse como observadora em seus plantões.

Nesse período, eu estava bastante perdida, pois não dispunha do conhecimento teórico necessário para compreender de forma plena o que se passava no plantão, como as terminologias dos procedimentos e, sobretudo, das doenças cirúrgicas.

Acredito que passar todo o terceiro ano estudando as enfermidades clínicas foi essencial para formar uma base sólida de conhecimentos, para que, quando estivéssemos diante de um paciente, pudéssemos diferenciar se o quadro era iminentemente cirúrgico ou clínico e assim direcionar o paciente de forma eficaz, evitando desfechos graves.

Naqueles plantões voluntários, algumas situações me impactaram de forma negativa sobre a área cirúrgica. Por exemplo, notar que a relação médico-paciente era mais distante e superficial, pois se baseava em diagnosticar e "resolver" determinado problema. Também era uma área muito dominada por homens, sendo comum ouvir comentários misóginos e machistas no setor. Além disso, algo que muitos pacientes não sabem é que, com frequência, nas grandes intervenções, sua vida é salva pelo médico anestesista e sua equipe – e quem leva os louros, claro, é o cirurgião, que recebe ainda os agradecimentos e os presentes. Diante disso tudo, frequentei poucos plantões no início do terceiro ano, mas perdi a paixão que pensava ter pela especialidade.

***

Na área de cirurgia-geral, cada GBT também tinha um professor sênior, que era o principal encarregado da parte docente. Era o responsável por passar visita com os alunos, onde diariamente fazia perguntas à beira do leito sobre as patologias. Porém esse professor realizava poucas cirurgias, apenas aquelas que fossem de seu interesse ou necessitassem sua *expertise*.

Havia também um professor-chefe de plantão – na falta do professor sênior, ele passava visitas e avaliava os estudantes. Contudo, sua responsabilidade era cuidar da parte prática e dos alunos residentes da especialidade.

Também fazia parte daquele corpo docente a figura de um professor emérito, geralmente um cirurgião aposentado que, por ser um profissional renomado, permanecia vinculado ao grupo. Ele operava raras vezes e tinha participação mais ativa nas discussões de casos, sendo considerado um "guru" da área e muito respeitado por todos na hierarquia médica.

Antes de iniciar o estágio, nos permitiram escolher de qual GBT fazer parte. Optei por ficar no GBT do dr. Flores, pois havia escutado dizer que era o mais rigoroso. Naquela equipe, o professor-chefe dos plantões era o dr. Lázaro, e o professor emérito era o dr. Agramonte.

O dr. Flores era um homem mulato, de estatura mediana e compleição forte, com cabelos lisos e grisalhos, bigodes fartos sempre bem cuidados, e usava óculos grandes, que lhe davam um ar mais sisudo que o habitual. Tinha um falar preciso e pausado, com o qual buscava sempre ser bem compreendido. Era muito receptivo e disposto a responder a qualquer pergunta. Era o chefe de GBT mais temido, pois cobrava de forma muito incisiva os alunos sobre todos os temas da área. Afirmo que foi o cirurgião mais clínico que conheci. Além de tudo, um profissional muito experiente, que inclusive trabalhou em missões médicas no continente africano.

Durante a avaliação dos pacientes, ele não questionava apenas sobre técnicas cirúrgicas, mas também sobre cada detalhe da doença estudada. Por exemplo, se o caso fosse sobre diverticulite, exigia que soubéssemos não só como diagnosticar, mas também como se formavam os divertículos, para aprendermos como prevenir seu aparecimento e evitar complicações. Cobrava-nos o conhecimento do tratamento clínico e cirúrgico de cada caso e a relação com outras patologias que o paciente apresentasse (hipertensão arterial, diabetes etc.).

Minha admiração por ele cresceu à medida que percebia que era extremamente cortês no trato com todos – alunos ou qualquer outro profissional. Mesmo quando levado a alguma discussão, nunca o ouvi sequer elevar a voz; era bastante comedido na comunicação.

Em geral, os cirurgiões mostravam uma personalidade bastante egocêntrica; sempre queriam dar a última palavra nas discussões sobre os casos e havia frequentes discussões clínicas acaloradas. Muitos deles eram severos com seus alunos e residentes, sempre impacientes e ansiosos. Quando solicitavam algo, deveria ser cumprido de forma imediata e à risca, caso contrário, cairia sobre o desafortunado aluno a fúria verbal do profissional.

O dr. Lázaro, nosso chefe de plantões, era um profissional ainda jovem, com cerca de quarenta anos, alto e com boa aparência. Era o típico cirurgião com grande ego e muita autoconfiança, visto que era muito bom no que fazia. Mas também era bastante exigente academicamente com seus alunos. Embora não fizesse piadas machistas, eu notava que nos plantões ele dava preferência aos garotos para a maioria das atividades práticas.

Durante a disciplina, também tivemos contato com outras áreas cirúrgicas, como anestesiologia, angiologia, proctologia, neurocirurgia e cirurgia plástica, que em Cuba tinha enfoque na parte reconstrutiva.

No estágio, "matei minha sede" pela área, pois aprendi a fazer suturas, drenar abcessos, limpar feridas, instrumentar algumas intervenções e, sobretudo, fazer diagnósticos de enfermidades cirúrgicas. Sempre estava disposta para participar das cirurgias com meu GBT e também auxiliava os internos e residentes com boa vontade. Agradeço pela formação mais ampla que tive, tanto do ponto de vista clínico como cirúrgico, e que até hoje é valiosa na minha prática diária.

Violência e armas de fogo

Outra situação incomum no mundo atual (de que só me dei conta quando saí da ilha) é, que como estudante de medicina em Cuba, nunca atendi ninguém com perfuração por arma de fogo. Lá nunca vi um paciente baleado!

Embora a população cubana receba formação militar (inclusive durante sua formação escolar), os civis não têm acesso a armas de fogo de nenhum tipo. Alguns colegas cubanos comentaram que no final do ensino médio eles tinham aulas específicas sobre o uso de fuzis e também praticavam aulas de tiro. O serviço militar na ilha é similar ao Brasil; é obrigatório para os homens e voluntário para as mulheres a partir dos dezoito anos.

Historicamente Cuba viveu sob constantes ameaças de invasões e de conflitos armados. Fidel Castro se orgulhava em dizer que toda a população cubana tinha preparo para pegar em armas e defender seu país a qualquer momento, caso fosse preciso.

* * *

Acredito que outro motivo importante para a inexistência de armas de fogo de forma comum seja, sobretudo, o fato de a população cubana não ter acesso fácil a entorpecentes e, por consequência, não existir na ilha tráfico de drogas ostensivo, como acontece no Brasil e na maior parte do mundo.

Imagino que o tráfico de drogas exista em todo o mundo atualmente, mesmo em países com muita rigorosidade em seu controle, como a Tailândia, que aplica a pena de morte para tais delitos. No caso de Cuba, ouvi dizer que a pena chega a vinte anos nesses casos; e especulo que lá o tráfico seja realizado por poucas pessoas e talvez mais restrito ao meio turístico.

Situação oposta da calamidade que ocorre, por exemplo, no Brasil, onde há uma guerra entre as diversas facções criminosas, que têm acesso a arsenais utilizados até por grandes exércitos internacionais. E, nessa guerra, quem paga o maior preço, desafortunadamente, é a população mais carente, que acaba sendo usada como escudo humano ou tratada apenas como dano colateral pelas forças de segurança públicas.

Na ilha havia outros tipos de violência, principalmente associada ao alto consumo de álcool por alguns homens. De forma recorrente, recebíamos no hospital pessoas feridas por arma branca (facas e facões, ou *machetes*), e ainda alguns politraumatizados, vítimas de acidentes de carro ou outros acidentes.

A pediatria em Cuba e sua simplicidade complexa

> *Hoje milhões de crianças dormirão nas ruas,*
> *e nenhuma delas é cubana.*
> Fidel Castro

Era o ano de 1959 quando o célebre fotógrafo de moda cubano Alberto Korda se deparou com uma linda menina cubana de aproximadamente dois anos vestida de forma simples e toda suja. Ela trazia nos braços um pedaço de pau que chamava de "*mi nena*" (meu bebê); nesse momento ele fez a famosa foto *La niña de la muñeca de palo* (A menina com a boneca de pau).

Anos antes, Korda se tornara o fotógrafo oficial dos guerrilheiros de Sierra Maestra. Foi o autor da também famosa foto de Che Guevara olhando o horizonte, e relatou anos depois: "Aquela menina que abraçava um pedaço de lenha que chamava 'meu bebê' me convenceu que eu deveria consagrar meu trabalho a uma revolução que transformasse essas desigualdades" (8).

Outra situação bonita que vivenciei em Cuba foi o fato de não ver pessoas morando nas ruas, sobretudo crianças. Embora eu não refletisse muito sobre isso à época, parecia algo tão normal não precisar ter medo ao ver um grupo de crianças com vestimentas simples passarem correndo, especialmente crianças negras. Situação bem diferente do que é comum em meu país e em muitos outros lugares no mundo. Além disso, era notável como todas as crianças eram bem educadas em todos os sentidos.

O estágio da pediatria era outro que ansiava muito estudar, pois sempre tive boa relação com as crianças. Na infância e adolescência, por diversas vezes eu ajudei minha tia, que cuidava de diversas crianças da vizinhança onde cresci. Acredito que meu apreço por elas e pelos animais venha da percepção de que ambos têm um amor sem julgamentos. Eles gostam de você não importando como esteja física ou emocionalmente, se é bonito ou feio. Pedem em troca apenas atenção, carinho e cuidados.

***

No quarto ano, o hospital pediátrico de Camagüey era o mais distante da residência estudantil. Durante o estágio, por cerca de dois meses, fui morar com Lupita, minha colega de quarto, na casa de duas senhoras cubanas que alugavam quartos para estudantes.

A casa era em estilo colonial, com pé-direito alto e bastante ampla. A matriarca, *doña* Marli, uma mulher alta e corpulenta, com mais de setenta anos e personalidade forte, era quem ditava as regras lá. Ela adorava nos contar suas histórias de vida, por meio das quais percebíamos que ela vivera todas as fases (as boas e as complicadas) em seu país.

Relatava que no passado teve uma vida confortável e se animava contando histórias das viagens que fizera com o falecido marido. Ela nos mostrava fotos do casamento e da lua de mel que passaram na

Cidade do México e comentava com Lupita, de forma nostálgica, detalhes daquele país que a fascinava.

Já a filha, Amélia, era uma senhora alta e esguia, beirando os cinquenta anos, com ar sempre apreensivo e muito ansioso. Era divorciada e tinha dois filhos que faziam faculdade na área de informática em Havana. Como eles moravam na residência estudantil da faculdade e apenas voltavam para casa nas férias ou épocas festivas, com sua saída a casa ficou muito grande, e, para completar a renda da família, elas alugavam dois quartos por temporadas para os estudantes estrangeiros. Era um bom negócio para nós, pois não era caro – cerca de 30 dólares por mês para cada uma –, e para elas também era um bom dinheiro.

Cada província em Cuba tinha renome em algumas áreas da medicina. Em Camagüey, a pediatria era a especialidade mais prestigiada, situação que depois motivou muitos colegas de vários países a seguirem na área, o que também quase aconteceu comigo.

A saúde materno-infantil é importante indicador de saúde, e por isso área muito monitorada pelo governo cubano, que exige o cumprimento com excelência dos protocolos de programas dessas especialidades, pois visam à manutenção dos baixíssimos níveis de morbimortalidade nesse âmbito.

Todos os recursos e esforços da ilha são utilizados nesse sentido. Sindicâncias ostensivas são abertas para apuração em casos de mortes de gestantes/puérperas ou mortes infantis; e, havendo alguma evidência de imprudência, imperícia ou negligência, sérias medidas são tomadas com os profissionais responsáveis.

Presenciamos uma situação que ocorreu com um prestigiado e brilhante obstetra, o então diretor da maternidade de Camagüey, quando ocorreu uma morte materna em seu plantão. Foi averiguado que ele não estava diretamente envolvido no caso, mas houve alguma omissão em sua atuação, e o profissional acabou destituído de seu cargo e voltou a ser apenas um médico assistente no mesmo hospital.

***

No Hospital Pediátrico Dr. Eduardo Agramonte Pina, havia dois professores principais, que eram lendários: dr. Espinoza e dr. Victor, ou simplesmente "dr. Espinozita" e "dr. Vitico", como eram carinhosamente chamados. O primeiro era o diretor docente do hospital, e o segundo seu suplente. Logo no início do estágio, eles reuniram os alunos para apresentar o serviço e explicaram as diretrizes do local e a rigorosidade exigida.

Dr. Espinozita era um homem franzino, com aproximadamente setenta anos, cabelos brancos, bastante calvo e com uma acentuada cifose dorsal (corcunda). Andava sempre apressado, com passos curtos e ligeiros. Parecia ter "olhos em todos os lugares", pois ficava ciente de tudo que acontecia no hospital. Era um dos professores mais velhos e se orgulhava ao contar que, junto com outros poucos médicos – que ficaram na ilha após o início da Revolução –, ajudou a sedimentar o serviço de pediatria, que adquiriu reconhecimento nacional e internacional.

Ele era sempre um dos primeiros profissionais a chegar pela manhã e estava no hospital praticamente todos os dias, inclusive alguns finais de semana e feriados. Encarregava-se sobretudo dos alunos novos na especialidade, ou seja, nós, que estávamos realizando o primeiro contato com a disciplina no quarto ano. Ele tinha uma atitude meio ranzinza, que assustava e impunha respeito logo no início, porém, com a convivência, mostrava-se um homem muito acessível e compassivo, mas nunca "amolecia" nas obrigações com ninguém.

Tínhamos muitas avaliações quase diárias e, todas as semanas passávamos em algum setor diferente dentro do hospital. Inclusive, uma das provas necessárias para a aprovação na disciplina, antes da prova final, era uma avaliação oral, na qual era preciso saber todos os valores normais dos exames laboratoriais na pediatria. Saber tais números é bastante complexo, pois, diferente do adulto, nas crianças a maioria dos exames tem valores distintos, dependendo da idade; o que é normal em uma faixa etária pode significar doença em outra.

E o dr. Espinozita dizia de forma debochada: "Sei que vocês voltam para seus países e lá terão exames impressos bem bonitos, do ladinho descrito os valores de referência normais para facilitar a vida de vocês, mas aqui em Cuba é preciso 'saber de verdade', bater o olho num exame e reconhecer uma alteração imediatamente". Além disso, os resultados dos exames não eram impressos e sim escritos pelo analista do laboratório em papel entregue diretamente ao médico.

Naquela prova ainda era necessário saber: os estágios de desenvolvimento neuropsicomotor; o esquema de desmame/alimentação; farmacologia com doses de algumas das principais medicações utilizadas (que também variam por idade). Ao saber da avaliação no início do estágio, nos apavoramos; o que impeliu a maioria a estudar com afinco a disciplina.

*＊＊

O hospital pediátrico também estava dividido em alas de internação, segundo as diferentes subespecialidades: neurologia, pneumologia, cardiologia, terapia intensiva etc.

A unidade de terapia intensiva (UTI) era um setor com muitas restrições na entrada, a fim de reduzir ao máximo a contaminação. Era uma sala ampla com leitos de enfermaria e relativamente vazia; porém nos leitos ocupados estavam pacientes, em geral, muito graves.

A primeira vez que entrei naquele setor foi para ver o caso de um paciente que chegara havia poucos dias no hospital, após sofrer um gravíssimo acidente automobilístico com seus familiares. Juan, de aproximadamente nove anos, estava com os pais, uma irmã menor e uma tia no carro da família quando sofreram uma colisão com outro veículo. No acidente, todos seus familiares faleceram na hora e ele foi arremessado para fora do carro, a uma grande distância, até um matagal onde só o encontraram várias horas depois; e, em estado muito grave, o levaram direto para a UTI do hospital.

Quando entrei no setor, o leito de Juan foi um dos primeiros que vi. Ele estava em coma, com ventilação mecânica e toda a monitorização necessária. Apresentava edema generalizado (inchaço) pela grave descompensação hidroeletrolítica que tinha.

Não queria demorar-me muito, mas logo se aproximou a médica responsável pelo serviço, que me recebeu de maneira muito amável e explicou-me mais sobre o setor, fez uma ronda comigo e comentou alguns casos. Aquelas imagens me impactaram bastante; foi muito triste ver crianças em tão grave sofrimento. Questionei-lhe se não ficava perturbada em trabalhar com algo tão difícil, ao ver crianças frágeis em situações tão delicadas e até morrendo. E ela respondeu-me, de forma serena, que se trata de uma área crítica, que exige muita responsabilidade, mas, diferente da UTI de adultos, onde a maioria dos pacientes falece, lá é justamente o contrário: a maioria dos pacientes se recupera de forma rápida e muitas vezes sem sequelas. Afirmou que isso era o que mais a motivava a trabalhar ali.

De fato, algumas poucas semanas depois, encontrei Juan no pátio do hospital junto a outros familiares. Aquele pobre menino, com história e quadro clínico tão alarmantes, estava se recuperando em uma cadeira de rodas, tomando sol, cheio de cicatrizes externas (e internas), mas vivo, e depois teve plena recuperação física.

Na visita inicial, eu estava já de saída quando notei um leito com uma criança de pouco menos de um ano. Era um menino que morava lá desde que nasceu. Ele foi transferido direto da maternidade, pois recebeu o diagnóstico de uma grave doença neuromuscular degenerativa, com expectativa de vida de poucas semanas, e ali estava quase a cumprir seu primeiro ano de vida. Já sozinha, aproximei-me de seu leito e percebi que tinha uma displasia grave de quadril; estava conectado a aparelhos de ventilação mecânica através de uma traqueostomia (tubo na garganta), e estava desperto.

Quando me viu, o menino abriu um grande sorriso e, com sua mãozinha flácida, ensaiou um aceno convidativo. Naquele momento fui tomada por uma súbita emoção, e meus olhos encheram-se de lágrimas; apenas respondi o aceno e saí rapidamente, para que ele não percebesse minha tristeza ao vê-lo, pois entendia que ele precisava era de pessoas que lhe levassem alegria.

Ao sair do setor, refleti sobre o milagre da vida, e ainda me emociono ao recordar daquela criança que ali estava desde que nascera; não conhecia nada mais além do ambiente hospitalar e parecia feliz. Muitas vezes, por tão pouco nos queixamos e duvidamos de tudo. Eu mesma não valorizava muito minha vida ao tentar o suicídio no passado. Foi impactante ver um ser tão pequeno, que parecia ser agradecido e feliz "apenas" por estar vivo.

***

Como estava morando próximo ao hospital, fazia muitos plantões em diversas áreas. Aproveitava para estar ao máximo lá dentro. Fiz diversos procedimentos, de suturas a punções lombares (em casos suspeitos de meningite), e, ao final do estágio, nós também atendíamos no PS juntamente com os internos e residentes da especialidade.

No hospital, escutei histórias que pareciam surreais para um país economicamente pobre como aquele. No caso de pacientes com paralisia cerebral infantil (PCI), por exemplo, o governo cubano concedia uma aposentadoria a um dos pais, para que ficasse em casa cuidando do filho integralmente. Ou o caso de uma criança em Camagüey com epidermólise bolhosa grave (conhecida como "criança borboleta", devido à grande fragilidade da pele), em que o governo deu à família um ar-condicionado para que o infante ficasse um pouco mais confortável dentro de casa.

Em certa ocasião, atendi uma garotinha de oito anos com uma anemia nada grave, mas me debrucei sobre o caso para fazer as investigações pertinentes e ela retornou comigo outras vezes até termos o diagnóstico, que era o mais óbvio e simples, de uma anemia por deficiência de ferro. Para minha surpresa, em nossa última consulta, a menina trouxe nos braços um grande bolo, que mais tarde compartilhei com a equipe do plantão. A mãe e ela disseram que levaram o bolo para agradecer-me pela atenção e interesse em seu caso.

* * *

Naquele hospital, vi crianças que faleceram de câncer ou por alguma infecção grave. Mas enfatizo que não vi nenhuma criança falecendo por desnutrição, por falta de alimentos. Não vi nenhuma criança vítima de violência e maus-tratos graves, e *nunca* vi uma criança vítima de estupro nem nesse hospital, nem em nenhum outro serviço onde estive em Cuba, sobretudo por que fazíamos um exame físico exaustivo, orientados a inclusive buscar por esses sinais.

O fato de a violência sexual contra crianças não existir no nosso convívio na ilha fazia com que eu tampouco pensasse sobre o tema. Foi ao retornar ao Brasil, onde infelizmente são muito comuns esses casos, que notei esse contraponto. Desse modo, percebi o cuidado que os cubanos têm com suas crianças, decerto relacionado ao investimento em educação que as autoridades de lá fazem. Embora não possa afirmar a inexistência de algum caso na ilha, posso, sim, assegurar que nunca tive contato com essa grave situação durante minha formação lá.

Já de volta ao Brasil, nas ocasiões em que encontrei colegas que também estudaram em Cuba, passei a questioná-los sobre suas experiências pessoais. Indaguei a alguns que estiveram em Camagüey comigo ou mesmo em outras províncias, como Havana. Foi interessante notar que todos com quem falei ratificaram que nunca haviam presenciado a situação de violência sexual contra crianças na ilha. E mais curioso ainda era que muitos me olhavam, perplexos, e diziam: "Nossa! Nunca havia pensado sobre isso!".

O abuso sexual de crianças é um problema mundial que traz severas consequências ao longo da vida das vítimas. Em 2002, a OMS estimou que cerca de 73 milhões de meninos e 150 milhões de meninas menores de dezoito anos sofreram alguma forma de violência sexual. Estudos realizados em 21 países de alta e média renda mostraram que 7% a 36% das meninas e 3% a 29% dos meninos relataram haver sido vítimas de abuso sexual durante a infância (9).

Interessante refletir sobre esse tema em um país com escassezes diversas e muitas limitações econômicas. Alguns poderão justificar a ausência de casos de violência sexual infantil na ilha, atribuindo-a à "repressão que os cubanos devem sofrer", ou talvez ao temor da punição. Contudo, duvido desse argumento, pois existem países desenvolvidos que inclusive aplicam sentenças de prisão perpétua e até pena de morte para alguns crimes e mesmo assim apresentam as maiores populações de *serial killers* do mundo (10).

Faço uma reflexão de que essa situação protetiva com as crianças na ilha possa ser consequência de múltiplos fatores, como maior acesso a cultura e educação a toda a população, somado à grande liberdade sexual, além do fácil acesso ao aborto legal, com respaldo e cuidados médicos adequados para as mulheres que o desejarem. Logo, quando uma criança nasce em Cuba, em geral, é porque são muito desejadas e, por consequência, será bem cuidada pela família e pela sociedade.

O que também pode ser importante nessa análise é o acesso à pornografia, que em Cuba é considerada um delito e passível de punição. Na maioria dos lugares do mundo, principalmente países em desenvolvimento, desde muito jovens as pessoas estão expostas ao sexo de forma muito precoce e fácil, com o uso de *smartphones* e outras tecnologias atuais. Em muitos casos, não recebem educação sexual adequada nas escolas e muito menos em casa, com os pais.

Na indústria pornográfica convencional, a sexualidade é vendida de uma forma completamente distorcida, que considero "ficção sexual", em que a mulher é retratada como objeto, idealizado apenas para a satisfação masculina, e o homem é representado como um ser de potência irreal. Esse retrato da mulher como um "produto" é uma das razões da crítica de Cuba a essa atividade. Também é importante considerar a existência de uma gigantesca e prolífica rede de pornografia infantil envolvida na maioria dos crimes de pedofilia.

Quando estive na ELAM, soube de uma ocasião na qual um professor foi descoberto assistindo a conteúdo pornográfico no computador emprestado por um aluno. Consequências: o professor foi expulso da escola e houve severa advertência para o estudante.

É interessante notar que o controle da pornografia na ilha não é sinônimo de repressão sexual. Muito pelo contrário, foi o lugar no qual mais notei liberdade sexual, tanto de homens como de mulheres; casais se separavam e constituíam nova família sem grande drama, e era comum algumas mulheres jovens terem diversos namorados antes de casar-se, sem serem detratadas por ninguém. Apesar de notar que havia certo machismo, pois os homens eram cuidados com devoção pelas mães e poupados de certas atribuições, porém as mulheres cubanas eram geniosas e não muito submissas; e ainda assim, tampouco soube de casos de violência doméstica grave ou mesmo de feminicídio, algo infelizmente tão comum em toda América Latina.

Não sei se os fatores que citei seriam suficientes para evitar a violência sexual em Cuba, sobretudo contra crianças, situação considerada atualmente uma epidemia no mundo. Gostaria muito de escutar o que diriam sociólogos e antropologistas sobre esse tema.

As diferentes realidades no grande Brasil, que eu nem imaginava que existissem...

Trabalhando como médica no Brasil, já escutei histórias horríveis de mulheres que contavam sobre diversos tipos de abusos físicos, psicológicos e sexuais sofridos na infância, desde serem vendidas pelos próprios pais ou familiares por dinheiro até situações bárbaras de negligência e abandono.

Certa vez, uma moça contou-me que durante sua infância a mãe, que era drogadicta, deixava ela e os irmãos trancados em casa durante o dia e, muitas vezes, precisavam beber a própria urina, pois sequer tinham água em casa. Outra paciente relatou como era vendida pelo próprio pai desde os seis anos de idade para que fosse abusada sexualmente pelos amigos etilistas dele.

Porém uma das mais graves histórias de incesto que eu nem poderia imaginar (e chocou-me fortemente) foi a de uma jovem natural do interior do estado de Pernambuco que me contou sua história de vida em uma consulta. Nunca imaginei que uma situação tão absurda pudesse acontecer na atualidade dentro de meu país e, infelizmente, ser considerada "normal". Foi um dos casos mais graves de transtorno de estresse pós-traumático que já atendi.

Eu trabalhava como psiquiatra de apoio em uma equipe multiprofissional de um posto de saúde localizado próximo ao aeroporto de Congonhas, área nobre da cidade de São Paulo, mas onde existe também uma das favelas mais perigosas da região – um lugar de grande vulnerabilidade social.

Era uma consulta compartilhada com Natacha, a psicóloga da minha equipe e grande amiga. A paciente Jane era uma moça de 26 anos, alta e magra, com longos cabelos lisos negros e belos olhos castanhos. Ela aguardava pela consulta sentada no corredor junto de Sônia, sua acompanhante, e chorava copiosamente, como se algo houvesse acabado de acontecer. Entrou sozinha e com o olhar baixo;

apenas conseguia enxugar as lágrimas que lhe corriam pela face à medida que relatava seu caso.

Ela nos contou que fugira da casa dos pais havia dois anos e fora morar sozinha no estado do Espírito Santo, por algum tempo, onde tentou continuar seus estudos. Ela sabia apenas o básico de leitura e escrita e nos dizia encabulada: "A cabeça não serve mais para aprender".

Ela relatou que veio para São Paulo após conhecer a sra. Sônia por meio de uma rede social e estava morando em sua casa. Essa senhora, que era evangélica, compadeceu-se de sua situação e decidiu acolher a moça em sua pequena residência naquela favela. Quem solicitou com urgência aquela consulta à sua enfermeira foi a própria Sônia, que disse: "Sempre vi que ela não estava bem, mas agora parece ter momentos em que está piorando!".

Jane nos contou que vivia no interior do Pernambuco com os pais e mais dez irmãos, dos quais seis eram mulheres, e o pai tinha relações sexuais com *todas* as filhas desde a infância. Inclusive, teve um filho com uma delas e tornou-se assim pai de seu próprio neto.

Queríamos saber sobre algum apoio familiar e perguntamos sobre sua relação com a mãe. Ela referiu que não tinha bom relacionamento com ela; acanhada, revelou que não conseguia amá-la. Jane contou que a mãe mandava as filhas se deitarem com o pai. Quando precisavam de alguma coisa, a mãe dizia para elas: "Se precisa de um sapato, de uma calcinha, deita com seu pai". Nesse momento fez uma pausa, mirou-nos com os olhos inchados e questionou: "Isso não é coisa de mãe fazer, não é mesmo?". E acrescentou: "Eu fugi porque sabia que lá não tem lei e acho que aqui (São Paulo) deve ter mais justiça".

Contou-nos também que a sra. Sônia orientava que evitasse o contato com a família enquanto não estivesse bem, pois percebia que aquilo piorava seu estado. Ela disse que ainda se comunicava por telefone com os irmãos ou com a mãe ocasionalmente, e eles a recriminavam por haver saído de casa: "Você é muito desnaturada! Foi embora de casa e o pai está velho e sofrendo, ele agora está doente por sua causa! Volte logo para cá!". Todos em sua casa a criticavam, inclusive a irmã que teve um filho com o pai. Isso a perturbava ainda mais, mas ela não abandonava aquele contato com a família.

Ela referiu que, desde pequena, sofria com problemas para dormir, que pioraram muito após fugir de casa. Queixava-se de ter sono leve e muitos pesadelos. Sônia confirmou depois que Jane precisava dormir agarrada ao lençol e próximo a ela, e, quando Sônia se levantava, ela despertava assustada.

Jane nos revelou que tinha forte ideação suicida, pois recentemente começou a ouvir passos e a voz do pai que a chamava pela casa, e disse: "Sinto que a qualquer momento ele vai chegar para me levar de volta e continuar me abusando".

Fizemos o acolhimento da paciente e a prescrição de medicações, a orientamos e chamamos a sra. Sônia para entender melhor o relato e fazer outras observações sobre o cuidado com Jane.

Havia algo de insólito naquela história, pois todos em sua família conviviam com uma suposta normalidade em relação àquela situação, e Jane, que buscou sair daquele convívio, era a que se tornou doente. Mas quem eram de fato os verdadeiros enfermos naquelas circunstâncias?

Conversando com Natacha depois da consulta, eu tentava entender tudo aquilo que escutamos, pois aquela narrativa era demasiado chocante. Ela também era nordestina, nascida na Bahia e criada no Piauí; formou-se como dentista, antes de se tornar psicóloga, e estava há alguns anos trabalhando com saúde pública. Contou-me que já ouvira histórias similares às de Jane antes e explicou-me que o fato de algumas famílias viverem mais isoladas e distanciadas de grandes cidades era um fator que contribuía para esse tipo de situação incestuosa. Pois o pai acaba tendo uma posição de poder e domínio muito forte em relação aos demais membros da família, sobretudo as filhas, a quem vê como propriedades suas. E os demais acabam acatando a situação, por falta de referências sociais. Eu apenas pensava, indignada, que são pessoas que vivem em condições tão primitivas, quase animalizadas! Não conseguia conceber que aquilo ainda pudesse existir em meu país em pleno século XXI, no ano de 2018.

Alguns podem até questionar: sendo ela uma paciente psiquiátrica, não estaria inventando toda essa história? Será que não era psicótica ou teria uma imaginação muito fértil? Sinceramente, eu desejaria muito que assim fosse. Como gostaria que fossem "delírios" as diversas histórias de violência física, psicológica e sexual que acontecem todos os dias pelo imenso território brasileiro.

Gostaria de questionar aos profissionais de saúde do Brasil que já tenham trabalhado no serviço público com pessoas de grande vulnerabilidade socioeconômica: alguém pode dizer que nunca ouviu uma história parecida? Talvez não com todos esses matizes e agravantes. Mas alguém que tenha estudado medicina no Brasil pode dizer que nunca viu ou ouviu falar de uma criança estuprada, ou que nunca atendeu uma mulher já adulta que contou sobre seu passado de violência sexual na infância?

A experiência que vivenciei em Cuba sobre os cuidados com a infância e as mulheres é a que algum dia gostaria que pudéssemos alcançar todos como sociedade.

Ginecologia e obstetrícia (GO) – aprendendo sobre liberdade de escolhas

Na sequência, fui para o estágio de ginecologia-obstetrícia (GO). A Maternidade Ana Betancourt de Mora está localizada em região de fácil acesso na cidade de Camagüey, bem próximo da residência estudantil, na mesma Carretera Central-Oeste.

Segundo a ideologia cubana, a mulher é reconhecida como essencial em seu papel de instrumento de reprodução social. Logo, o Programa de Saúde da Mulher também é um dos mais importantes para o cuidado com o cidadão cubano. O conteúdo dessa política de saúde tem treze objetivos previstos, nove deles relacionados com a gestação e outros quatro relacionados com: contracepção, detecção precoce de câncer cérvico-uterino, infecções de transmissão sexual e outras patologias ginecológicas (11).

Na atenção médica à mulher, há um cuidado primordial com o Programa Materno-Infantil, que se inicia com a gestação, com o intuito de promover na gestante e na família hábitos de vida saudáveis e educação durante todo o processo da maternidade. E busca como resultado receber crianças saudáveis. Desde os primórdios da Revolução, o governo cubano tem como *slogan*: "Nada é mais importante do que uma criança" (11).

Na frente da maternidade está o chamado *hogar materno* (Lar Materno), onde moram as gestantes com alguma situação de vulnerabilidade social. Mulheres que vivem em regiões distantes na província de Camagüey têm o direito de residir na instituição com acompanhante, para aceder à assistência médica adequada em caso de qualquer intercorrência durante a gestação e também para realizar o parto na maternidade.

Em 1977, o Ministério da Saúde Pública estabeleceu uma série de normas a serem seguidas por todos os serviços de APS, visando garantir uma melhor saúde para as gerações futuras, que consistiam em: detecção precoce da gestação, conhecida como "captação", que deve ser realizada antes das doze semanas; realização mínima de nove consultas de pré-natal para mulheres de áreas urbanas e um mínimo de seis para mulheres de áreas rurais; educação sanitária e sobre higiene, com orientações sobre o parto e cuidados com o bebê, entre outros tópicos de educação em saúde; consultas de pré-natal específicas para mulheres com alto risco obstétrico; instruções para facilitar o exercício do parto normal e, finalmente, provisões para que todos os partos ocorressem dentro dos hospitais (11, 12).

Os críticos argumentam que a institucionalização do parto transforma um processo perfeitamente natural em algo patológico. Em contrapartida, tal medida foi criada com o pressuposto de garantir as condições higiênicas necessárias aos partos e aumentar a segurança do procedimento para a mulher e sua criança (11).

Investimentos como os mencionados podem parecer exagerados, mas a aplicação de recursos nesta etapa fundamental da vida garante grandes retornos em estágios posteriores, pois serão crianças que receberão melhores cuidados parentais e, em consequência, adoecerão pouco e necessitarão de menos atenção médica e menor gasto em saúde, além de possuírem melhor potencial de desenvolvimento e êxito educacional, por conseguinte se tornando trabalhadores mais capacitados e produtivos. São investimentos de longo prazo, que proporcionarão um desenvolvimento adequado para toda a sociedade (11).

Com a disponibilidade de recursos no início dos anos 1980, todas as mulheres realizavam exame de ultrassonografia entre a décima oitava e a vigésima semana de gestação para avaliar possíveis malformações graves. Desde 1984, o exame de alfa-fetoproteína (Elisa) é realizado em todas as crianças cubanas para detecção precoce de fenilcetonúria[12] (11).

***

Foi marcante observar o cuidado que os profissionais tinham com as pacientes. Uma vez gestantes, havia um empenho multiprofissional de acompanhamento e atenção durante toda gravidez e, depois, com as mães e seus bebês. Tinham preocupação permanente com a cap-

---

12. A fenilcetornúria é uma doença de causa genética, que ocorre por déficit ou ausência da enzima fenilalanina hidroxilase, ou de seu cofator, e impossibilita a degradação da fenilalanina (aminoácido essencial), produzindo um acúmulo deste no organismo e acarretando toxicidade no sistema nervoso central e consequente lesão cerebral; necessita de tratamento específico e precoce para evitar desfechos graves (6).

tação precoce da gestação, para a adequada realização de consultas de pré-natal. Em caso de descumprimento de algum protocolo, eram realizadas investigações para entender quem seria responsabilizado pela falta de cuidados – se o médico de família, a policlínica ou a maternidade.

Também percebi que, nas instituições de saúde nas quais estudei em Cuba, não havia nenhuma gestante com HIV, fosse no nível primário ou secundário de atendimento. As testagens eram obrigatórias durante todos os trimestres da gestação e, havendo casos, seriam acompanhadas pelo pré-natal de alto risco.

Esse fato tem relação direta com o programa realizado por Cuba para controle do HIV desde meados da década de 1980, o qual foi muito criticado por alguns e elogiado por outros, mas resultou na quase inexistência do HIV no país (11). Os casos eram escassos e apenas os hospitais terciários de infectologia ficavam responsáveis por seu acompanhamento.

*＊＊

Antes de estudar na ilha, eu não conhecia a estrutura de nenhuma maternidade e espantei-me ao perceber que a de Camagüey era quase "uma cidade de mulheres". Lá dentro havia diversas "regiões" para diferentes tipos de patologias e cuidados. A maioria das mulheres internadas eram gestantes, mas também havia algumas poucas com doenças ginecológicas.

No estágio de GO, tínhamos os plantões semanais obrigatórios, nos quais ficávamos com os respectivos professores do GBT para realizar as atividades práticas, como exame ginecológico, procedimentos ambulatoriais, cirúrgicos e até mesmo partos. Na maioria do tempo, nós, estudantes, ficávamos no plantão junto com os médicos e enfermeiros nas salas de pré-parto e parto.

Fiquei admirada ao conhecer o enorme setor, com a grande ala de pré-parto, junto das pequenas salas de parto. Em Cuba, a maioria dos nascimentos acontece por parto normal, e as intervenções cirúrgicas (cesarianas) são reservadas para as situações necessárias, quando há algum risco para a mãe ou a criança.

***

É engraçado como a experiência nos faz mudar de opinião. Como estudantes, a ideia de um "bom plantão" é um local movimentado, onde aconteçam muitas coisas ao mesmo tempo; ansiamos ver casos muito graves e vivenciar situações descritas apenas nos livros. Já como profissionais, um "bom plantão" é o que seja bastante tranquilo, com casos mais leves e sem nenhuma intercorrência séria.

Meu primeiro plantão de GO foi marcante para mim, e, como estudante, afirmo que foi um "excelente plantão". Na época, ainda não participávamos em plantões completos de 24 horas; a obrigação era acompanhar a equipe responsável das dezesseis horas até as 22 ou 23 horas.

Logo no início, nos disseram para ir observar uma médica que estava fazendo um parto. Explicaram-nos de antemão que era o caso de uma jovem mãe que daria à luz um natimorto. Como o bebê havia falecido em estágio avançado da gestação, com 32 semanas, era preciso expulsar a criança por via vaginal, pois não havia indicação de extração por cesárea. Estávamos em um grupo de quatro ou cinco estudantes e cautelosamente entramos na sala de parto.

Observamos todo o processo de forma muito respeitosa. A jovem paciente chorava na mesa ginecológica. A bolsa amniótica foi rompida pela médica e um líquido algo escurecido começou a sair enquanto a moça fazia o esforço de expulsão do bebê. Houve uma pausa e, após mais esforços da jovem, saiu a criança sem tônus muscular, toda molinha.

Era um bebê perfeito, mas ainda pequeno, que rapidamente foi embrulhado em um lençol pela enfermeira e levado à sala ao lado. De lá, seria transferido ao setor de anatomia patológica, onde realizariam as devidas análises e determinariam a causa da morte, que seria informada à família para que se preparassem nas futuras gestações.

Ao terminar o parto, a médica consolava a paciente enquanto terminava os procedimentos. Eu e minhas colegas também ficamos comovidas com a situação e saímos cabisbaixas, algumas com lágrimas nos olhos. Retiramo-nos da sala para deixar que entrasse a mãe da jovem para confortá-la.

Quando saí daquela sala, logo à frente (na área de pré-parto), havia uma paciente no leito em trabalho de parto sendo examinada pelo médico-professor, cercada por um pequeno grupo de alunos. Ele realizava o toque vaginal para determinar a evolução do processo e, enquanto fazia o exame, o professor explicava sobre o procedimento para os estudantes ali reunidos.

Meu grupo, que era mais jovem (sem muita noção), ficou ao redor e apenas tentava entender as explicações quando, de repente, o professor que estava fazendo o procedimento com uma cara muito sisuda subitamente gritou assustado: "Prolapso de cordão!"[13].

Os cubanos, em geral, são pessoas muito tranquilas e controladas. Ao notar aqueles profissionais agitados, percebi que acontecia algo bastante sério.

---

13. Prolapso de cordão é uma situação muito grave, uma emergência obstétrica. Ocorre quando, durante o parto, há o posicionamento da criança contra o cordão umbilical, na saída pelo canal vaginal. Quando o bebê está tranquilo, não há problema. Mas, durante o trabalho de parto, como a passagem é muito estreita, o bebê comprime o cordão umbilical, local dos principais vasos de comunicação entre ele e a mãe e sua única fonte de oxigênio dentro do ventre materno. Essa situação requer a realização emergencial de cesariana.

Nunca antes havia visto tantos profissionais mobilizados em um único caso com tamanha rapidez! Eram médicos e enfermeiros que apareciam "do nada", que abandonaram tudo que faziam para dar apoio àquela situação. De forma muito coordenada e efetiva, transferiram a paciente para a maca, e o professor ainda mantinha sua mão no canal vaginal impedindo que a criança pressionasse o cordão com a cabeça, pois, caso isso ocorresse, seria asfixiada e faleceria no canal de parto. Rapidamente todos os profissionais envolvidos no caso entraram com a paciente na sala de cirurgia para realizar uma cesariana de emergência.

No momento do ocorrido, algumas enfermeiras ajudavam na organização do procedimento e pediram que todos que não estivessem envolvidos se afastassem para que os médicos trabalhassem com calma e preservassem a privacidade da paciente.

Os profissionais estavam tão empenhados na intervenção que não perceberam quando, junto com uma colega cubana, "escorregamos" para dentro do quirófano e, assim, conseguimos ver a ação imediata deles: sedaram e intubaram a mãe e logo lhe abriram o útero, que já tinha líquido meconial (fezes do bebê, sinal de sofrimento fetal). De forma ágil, retiraram a criança do útero materno e a entregaram à equipe de neonatologia, que prontamente a reanimou. Para a felicidade da mãe e de seu bebê, eles estavam em um ambiente hospitalar, com profissionais preparados para a situação.

Não conseguimos questionar muito, pois logo se deram conta de nossa presença e tivemos que sair. Os profissionais já estavam mais aliviados, mas ainda precisavam concluir os procedimentos para estabilizar os pacientes. Felizmente, a mãe e o bebê sobreviveram.

Depois de assistir a um primeiro parto tão triste, foi emocionante presenciar uma situação muito grave com resultado exitoso.

Quando saímos do quirófano, os colegas de fora nos perguntavam com curiosidade sobre nossa experiência. Mal tivemos tempo para explicações, pois logo outro professor nos orientou que voltássemos à outra sala para observarmos um novo parto. Ao entrarmos ali, acompanhamos o passo a passo de um parto normal e também nos emocionamos com a mãe ao ver a criança chorar pela primeira vez; mas desta vez o choro de todas foi de alegria.

Ainda assistimos a outros procedimentos e algumas consultas ginecológicas. Quando terminei aquele primeiro plantão na GO, fiquei muito empolgada pela rica experiência.

***

Noutro plantão, numa data inesquecível, pois era o célebre 06/06/06, realizei meu primeiro parto. Fui auxiliada pelo professor e pela própria natureza, pois, num parto normal, os médicos apenas estamos lá para apoiar e observar se a evolução se dá conforme o esperado. Se tudo estiver bem, nós fazemos os procedimentos adequados e recebemos o bebê quando ele é literalmente "lançado para fora"; em geral nada muito complexo quando ocorre sem nenhuma intercorrência. Naquele dia, fiquei agradecida por realizar um parto tranquilo e participar no nascimento de um belo menino saudável.

Embora eu achasse que aquela área de obstetrícia parecia "mais fácil", pois os temas eram menores se comparados com outras grandes áreas, como medicina de família, pediatria, clínica médica e cirurgia geral, ali todos os assuntos eram muito importantes. Logo no início do estágio, assustei-me ao perceber a grande responsabilidade que o médico teria não apenas por uma, mas por duas vidas.

Mesmo muito emocionada com a GO, senti que não era "minha praia". Talvez aquele primeiro plantão tenha sido um vaticínio de como seria minha relação com a obstetrícia, pois, ao longo da carreira, não fiz muitos partos, mas a maioria foi com muita emoção e, felizmente, graças a Deus (e a Cuba), todos os bebês e mães saíram bem dos procedimentos.

***

Na maternidade de Camagüey passamos pelas diversas áreas relativas às patologias da gestação, desde o setor de hipertensão e de diabetes gestacional até o serviço de ginecologia, em que fica localizado o setor de abortos.

Em todas as áreas da maternidade, a participação nas atividades com os professores responsáveis era obrigatória, pois tudo que fazíamos era avaliado. Apesar de o setor de aborto estar dentro da área comum do hospital e termos acesso como a qualquer outro lugar de lá, e embora estudássemos a teoria do procedimento, não era uma prática obrigatória para concluir o estágio de GO, ao menos na faculdade de Camagüey.

Durante o estudo sobre o aborto, enfatizava-se muito que, apesar de o procedimento ser legal em Cuba, não deveria ser utilizado como método anticoncepcional, devido à diversidade de métodos anticoncepcionais existentes e à facilidade de acesso deles pela população, de forma gratuita. Constatamos ainda como o procedimento é bem-feito dentro do hospital, pois encontrávamos diversas mulheres que passaram por ele e depois puderam engravidar e ter filhos saudáveis, sem apresentar nenhum tipo de sequela.

Motivada pela curiosidade em conhecer mais sobre o tema, certo dia, quando estava num estágio de ginecologia com David, meu amigo argentino, percebi que a sala de aborto ficava ao lado e decidimos entrar. Havíamos recém-terminado nosso período de aulas da manhã, e o médico responsável iniciaria os procedimentos em alguns instantes. Perguntamos aos profissionais do serviço se poderíamos observar, e eles assentiram; apenas solicitaram que usássemos as roupas adequadas para a sala de cirurgia.

Logo na entrada, havia uma sala de espera, onde estava uma pequena fila de pacientes que aguardavam sentadas. Estavam vestidas com os trajes adequados, e era visível o clima de ansiedade e tensão que havia ao conversarem entre si enquanto esperavam serem chamadas.

Devidamente trajados, David e eu entramos em uma sala de procedimentos cirúrgicos, que ainda estava sendo preparada pela equipe de enfermagem. Em seguida, entrou o ginecologista responsável, que se apresentou e ratificou nossa presença ali. Ele preparava os instrumentos e estava concentrado para que tudo estivesse pronto quando chegasse o anestesista e os atendimentos ocorressem sem atrasos.

Logo mais o anestesista chegou e, de forma sucinta, a equipe nos esclareceu sobre a técnica, os diferentes métodos utilizados no processo e as condições necessárias para a realização do chamado *legrado* ou curetagem, um procedimento muito sério, que demandava uma atuação multiprofissional.

As pacientes que solicitavam a interrupção da gestação precisavam cumprir diversos critérios. Eram previamente avaliadas por seus médicos de família, e realizavam-se exames que comprovassem que estavam saudáveis e que o tempo de gestação estava dentro do permitido pela lei. Todas as interrupções eram feitas preferencialmente antes da décima semana. Para finalizar, antes de chegar à intervenção, as pacientes passavam por uma avaliação pré-operatória hospitalar, com uma equipe multidisciplinar que averiguava novamente os exames e confirmava a decisão pela intervenção.

Na sala de cirurgia, cada paciente era trazida preparada na maca. Todas elas tinham a face apreensiva, algumas inclusive entravam chorando. Em seguida, seus dados eram confirmados e o anestesista fazia-lhe alguns questionamentos, inclusive, mais uma vez, sobre seu desejo de realizar o procedimento e se estava ciente dos riscos.

Com tudo estando em conformidade, a enfermeira auxiliava a paciente na mesa ginecológica, e o anestesista aplicava a anestesia geral por via endovenosa e permanecia ao seu lado, observando a evolução da paciente durante todo o tempo.

Embora o procedimento fosse rápido e aparentemente simples, confesso que, para mim, como estudante e como mulher, foi uma cena forte de assistir, pois estava entremeada por juízo de valores. Em determinado momento, a enfermeira notou minha cara de tensão e disse, em tom de reprimenda jocosa: "Tomara que isso fique bem gravado para você, para que nunca se coloque na posição delas".

Ao terminar a atividade no setor, conversei com David, e ele concordou que também lhe pareceu uma cena marcante. Mesmo em seu caso, como homem e ateu, relatou-me que, se vivesse uma situação similar no futuro com sua parceira, pensaria com mais cautela sobre o tema. Porém, um tempo depois, disse-me que havia concluído que aquele ato era apenas mais uma intervenção médica, pois tudo era feito de acordo com protocolos bem delineados, algo que lhe deixava mais tranquilo a respeito do assunto.

Reflito que, como mulher, não gostaria de passar pelo procedimento e, como médica, não gostaria de realizá-lo em nenhuma paciente. Contudo, como ser humano, não julgo quem o faz, seja como paciente ou como médico. São complexos os motivos que levam cada mulher a essa situação, que nada tem de sadismo, pois não conheci nenhuma mulher que o fizesse para "se satisfazer em tirar uma vida" – como algumas pessoas fazem parecer quando advogam contra a causa.

No Brasil e em outros países do mundo onde o aborto é ilegal, o mesmo acontece de forma institucionalizada para quem pode pagar pela intervenção e cuidados; e isso não é muito questionado. Quem tem dinheiro o faz de forma segura e sigilosa. Logo, as mulheres pobres das periferias são as mais penalizadas, pois, sem recursos financeiros, muitas vezes falecem ou ficam sequeladas nas mãos de pessoas inescrupulosas que amiúde realizam essa prática sem as mínimas condições técnicas ou mesmo sanitárias.

Há uma grande hipocrisia que não é comentada no Brasil, pois muitas crianças são "abortadas" antes do nascimento pelos pais, homens que simplesmente desapareçam; ou mesmo após o nascimento, quando as crianças são maltratadas e sofrem todo tipo de violência ou negligência, tanto por parte de suas famílias disfuncionais como de nós como sociedade, ou do próprio Estado, que as ignora em seu sofrimento. Questiono: qual é o direito à vida dessas crianças que está sendo preservado?

Medicina general integral (MGI) – a medicina ao lado dos pacientes

Meu último estágio naquele ano foi em MGI, pois precisava repor as aulas que perdi por chegar mais tarde naquele ano. Na mesma situação estava Marcos, um colega venezuelano, e juntos frequentamos o consultório da dra. Gladys, uma excelente médica de família.

A dra. Gladys já tinha mais de vinte anos de graduada e vasta experiência na área. Era muito solícita durante os atendimentos aos pacientes, assim como com os estudantes. Também era especialista em medicina tradicional chinesa e aplicava acupuntura, formação cujo diploma exigia até cinco anos de estudo. Como acupunturista, ela atendia em seu consultório pacientes de sua área e também de outras áreas na policlínica da região, sem deixar de cumprir suas atividades como médica de família.

O trabalho do médico de família consiste na avaliação e seguimento periódico de toda a população adscrita, com ênfase nos principais programas do governo, que envolvem o cuidado das crianças, das gestantes e dos idosos.

Na avaliação periódica da criança, conhecida como puericultura, são realizadas as consultas de rotina. Em Cuba, a captação do recém-nascido (primeira consulta médica) deve acontecer antes de 72 horas após a criança chegar à casa; depois são feitas consultas semanais até o primeiro mês; consultas quinzenais até o terceiro mês; consultas mensais até o primeiro ano de vida; posteriormente, seguimento semestral até os cinco anos; e, depois dessa idade, o acompanhamento é anual, até os quinze anos. Essas são as avaliações básicas, que podem variar dependendo do risco do infante ou outras condições de saúde específicas.

O acompanhamento do pré-natal com as gestantes seguia também rigorosos protocolos para os médicos de família. A orientação era que a captação precoce deveria ocorrer antes das primeiras doze semanas, com consultas médicas mensais até as 32 semanas; a partir de então, quinzenais até as 37 semanas; e acompanhamento semanal até as quarenta semanas, quando as pacientes devem ser encaminhadas para avaliação na maternidade, se não ocorresse o parto até então.

Ao acompanhar o trabalho diário daquela equipe de medicina de família, inclusive durante as visitas domiciliares, percebia o impacto positivo daquela proximidade dos pacientes com os profissionais e a real importância da facilidade do acesso aos serviços de saúde.

***

Algo que todos os professores cubanos nos ensinaram – e na pediatria constituía uma exigência – era a terapêutica não medicamentosa. Orientavam que, ao final de todos os atendimentos, junto com a prescrição farmacológica, deveríamos entregar as orientações do tratamento não medicamentoso por escrito, e era importante ter certeza de que tudo que foi prescrito havia sido compreendido. Era preciso explicar verbalmente, entregar as prescrições e pedir que o acompanhante (no caso de uma criança) repetisse o que entendeu. Os professores sempre enfatizavam: "Mais importante do que apenas 'prescrever remédios' é ter certeza de que irão cumprir o tratamento corretamente".

Durante o atendimento aos pacientes, é notável a importância da educação em saúde, pois é preciso sempre tornar o paciente partícipe e corresponsável por sua saúde; ele deve perceber a necessidade de tomar atitudes, mudar situações e estilos de vida, a fim de contribuir para uma melhora breve e, inclusive, evitar que uma patologia passível de prevenção se torne grave ou recorrente. O conceito de educação em saúde enfatiza a prevenção de doenças, sua detecção e controle precoces, bem como a importância de saber usar os serviços de saúde (11).

Há alguns anos, eu trabalhava como plantonista clínica em um grande hospital em São Paulo e vivenciei uma situação curiosa nesse sentido. Foi no meio da madrugada, às duas da manhã, e reconheço que não estava com minha melhor aparência, porém trajada adequadamente, vestindo o jaleco e, mais importante, usava meu carimbo com o número de inscrição do colégio médico.

Atendi uma jovem, acompanhada do namorado, que tinha uma queixa simples de diarreia; um quadro leve com menos de 24 horas de evolução, sem nenhuma outra complicação. Após ouvir seu relato e realizar um exame físico focado, fiz a prescrição de sintomáticos e, como de costume, expliquei-lhe sobre os remédios e as recomendações não medicamentosas. Entreguei-lhe a receita e, após toda a "ladainha", ela me olhou algo espantada e disse: "Você pode me dizer quando vou ver um médico?".

Fiquei um pouco confusa, fiz uma pausa e lhe perguntei: "A senhora deseja que eu chame *outro* médico para atendê-la novamente?". Ela mostrou-se embaraçada pela situação e, ainda desconcertada, agradeceu brevemente e saiu do consultório. Após esse episódio, fiquei me perguntando se a situação ocorreu devido ao fato de poucos médicos brasileiros fazerem esse tipo de intervenção sobre cuidados em saúde. Ou seria por outros motivos?

Sobre a doença de Fidel

No final do quarto ano, tive férias mais curtas, de apenas um mês. Como havia ganhado os *vouchers* da companhia aérea no ano anterior, precisava viajar ao Brasil naquele ano para usá-los e/ou trocar por dinheiro, pois nos escritórios da empresa em Cuba não realizavam o trâmite de trocá-los por efetivo. Foram férias importantes, em que pude ver minhas duas cunhadas no início de suas gestações. Naquele momento, eu nem desconfiava que ainda tardaria alguns anos para conhecer meus queridos sobrinhos.

Algo memorável ocorreu no início daquela viagem, na noite do dia 31 de julho de 2006. Na rodoviária de Camagüey, aguardava o ônibus para Havana e percebi uma movimentação mais intensa que o normal. Havia muitas pessoas diante dos televisores acompanhando os informes realizados pelos repórteres.

Fui espiar e vi que a cada momento os canais paravam suas transmissões habituais para fazer atualizações de urgência. Eram relatos ainda imprecisos sobre a situação de saúde de Fidel Castro. Noticiavam que ele estava em uma viagem que precisou ser cancelada às pressas, para que fosse internado e recebesse diagnóstico e tratamento adequados. Nada mais específico foi veiculado, e os âncoras dos jornais trariam novas informações a qualquer momento.

Mesmo na rodoviária, vi muitos cubanos ao lado dos televisores esperando ansiosos pelos informes. Havia pessoas chorando nas ruas, e algumas diziam: "O que será de nós quando Fidel se for?".

Como brasileira, eu não tinha noção do que era ter tamanha veneração por uma figura política. No Brasil, acredito que uma comoção similar ocorreu após o chocante suicídio do então presidente Getúlio Vargas, em 1954; depois, talvez em 1985, com a morte inesperada de Tancredo Neves, o primeiro presidente eleito por eleições diretas após o fim da ditadura militar. Nenhuma dessas situações eu vivenciei.

Quando cheguei ao Brasil, dois dias depois, também havia um forte apelo midiático com aquela notícia. Mas era curioso como chegavam as informações em meu país. Enquanto meios de comunicação sérios apenas veiculavam os fatos, outros já comemoravam a morte de Fidel Castro. Eu percebia que, no Brasil, a situação não importava para a maioria; era apenas mais uma notícia.

Apenas um mês depois, em agosto de 2006, foi realizada a sucessão provisória do governo de Cuba, com Raúl Castro. De forma progressiva, Fidel se afastou das atividades políticas diretas – talvez com o intuito de evitar uma forte desestabilização política e social caso seu falecimento ocorresse sem o anúncio de um sucessor.

Em fevereiro de 2008, Fidel Castro anunciou que já não iria concorrer ao cargo de presidente de Cuba, para o qual foi eleito por 32 anos consecutivos (13). O período culminou em sua sucessão, sem uma modificação drástica na estrutura política cubana. Mesmo nos bastidores, Fidel ainda participou ativamente da vida política na ilha por muitos anos. Ele manteve uma coluna de reflexões sobre temas da atualidade no jornal *Granma* e recebia visitas de alguns poucos amigos e políticos estrangeiros.

Fidel Castro morreu em 25 de novembro de 2016. Ele chegou a entrar no *Guinness World Records* como a pessoa que mais sofreu atentados contra a vida; no entanto, faleceu em sua cama aos noventa anos, de causas naturais (14). Seu enterro foi acompanhado por multidões em toda Cuba. Durante toda uma semana, milhares de cubanos na ilha fizeram questão de mostrar seu carinho àquela figura histórica de seu país (15).

QUINTO ANO

> *Conheça todas as teorias, domine todas*
> *as técnicas, mas, ao tocar uma alma humana,*
> *seja apenas outra alma humana.*
> Carl G. Jung

No penúltimo ano, as disciplinas dividiam-se em dois grupos: os estágios curtos e os longos. Os estágios curtos tinham duração de poucas semanas em cada uma das disciplinas, período no qual eram realizadas as aulas teóricas e práticas e suas avaliações. Entre elas, vimos algumas subespecialidades cirúrgicas, como oftalmologia, otorrinolaringologia, urologia, mas também estavam medicina legal e MGI; havia ainda, ao longo do ano, aulas de inglês e de medicina de desastres, em que aprendemos um panorama geral sobre as situações de catástrofe. Nos estágios longos, estudávamos por dois meses cada disciplina, que eram dermatologia, ortopedia e psiquiatria.

Vou destacar o que mais me chamou a atenção em alguns desses estágios. Em medicina legal, pensava que seria como nos seriados de investigação criminal, e até tivemos aulas teóricas muito interessantes sobre análise forense. Mas na prática era bastante chata, pois na maioria das vezes nada acontecia nos plantões. Esporadicamente havia um chamado sobre um suicídio por enforcamento, mas, em geral, até o necrotério do hospital era vazio, salvo pelas mortes que ocorriam dentro da instituição, quando a autópsia se fazia necessária para determinar a causa da morte. Em resumo, a vida dos médicos forenses na ilha não era muito intensa.

Em oftalmologia havia muita prática, e o trabalho era feito de forma muito dedicada, sobretudo pela atuação do país e seus profissionais na famosa *Operación Milagro*, realizada em conjunto com a Venezuela e outros países latino-americanos. Foi muito interessante, o estágio, mas não o suficiente para prender minha atenção. Dediquei-me bastante para aprender todas as disciplinas daquele ano, mas o momento mais aguardado por mim era passar pela psiquiatria.

Psiquiatria e a saúde mental em Cuba

No primeiro dia do estágio, estávamos todos no anfiteatro principal da faculdade, aguardando para saber qual local seria designado para as aulas práticas da especialidade. Como de costume, dividiam os alunos em grupos menores. Cada grupo acompanhava um professor nos conhecidos *Centros Comunitarios de Salud Mental* (CCSM), localizados em regiões específicas da cidade. Cada CCSM atendia uma população correspondente à policlínica de seu distrito sanitário, que contava com cerca de trinta equipes de medicina de família – lembrando que cada equipe atende até cerca de 1.500 pessoas –, número que varia dependendo de fatores como vulnerabilidade social e área urbana ou rural.

O CCSM se assemelha ao formato do que conhecemos no Brasil como Centro de Atenção Psicossocial (CAPS), mas a diferença é gritante, pois, enquanto no exemplo cubano eles atendem populações de cerca de 45 mil habitantes, no modelo brasileiro muitas vezes temos um CAPS para populações com cerca de 300 mil pessoas.

Em Cuba, cada CCSM também é responsável pelas ações de saúde mental com sua população de referência. Nesse sentido, chamou-me bastante a atenção o fato de haver prontuários inclusive para pacientes com tentativa de suicídio. Os dados eram notificados ao CCSM pelo hospital que fazia o atendimento inicial ou pelo médico de família. A partir de então, os profissionais do serviço, junto com a equipe de medicina de família, se responsabilizavam pelo acompanhamento ambulatorial dos casos, com atendimentos individuais e visitas programadas.

No Brasil a tentativa de suicídio também é um evento que necessita de notificação compulsória, isto é, quando se atende um paciente nessa situação, é necessário preencher um formulário que deve ser encaminhado ao Ministério da Saúde. Essas informações deveriam servir não apenas para estatísticas, mas sobretudo para guiar políticas públicas de prevenção. Contudo, infelizmente, no Brasil muitas vezes as informações ficam apenas no papel e, se o paciente (ou familiares) não buscar ajuda, pouco (ou nada) será feito para o acompanhamento do caso. Entre outros fatores que explicam o descaso com esse agravo no Brasil está o pobre investimento feito na saúde mental, com marcada escassez de profissionais e a existência de poucos serviços para a grande demanda.

***

Na reunião inicial, fomos recebidos pelo dr. Pablo, chefe da psiquiatria em Camagüey. Ali ele informou que apenas um grupo teria aulas com o professor alocado no hospital psiquiátrico da província. Quando soube que não estaria nesse grupo, no final da aula inaugural, procurei o dr. Pablo, no intuito de sensibilizá-lo para que me permitisse mudar de grupo, e disse-lhe: "Professor, o senhor não sabe como é passar os cinco anos do curso esperando por conhecer uma disciplina como eu esperei pela psiquiatria. Tenho um grande interesse de estudá-la com profundidade. Por favor, deixe-me ficar no grupo que irá para o hospital psiquiátrico".

De nada adiantaram minhas ansiosas súplicas. O professor explicou a logística da divisão de alunos, disse que precisava ser respeitada para manter a ordem nos respectivos serviços etc. Porém cordialmente informou que, quando eu desejasse, poderia realizar plantões no hospital com ele ou com outros professores. Ao final da conversa, com um sorriso benevolente, vaticinou: "Você será psiquiatra! Pois neste momento eu estou vendo a mim mesmo em você!". Sorri algo desconcertada com a fala dele, agradeci e pensei que não era para tanto, pois apenas queria conhecer um pouco mais sobre o tema.

Nessa disciplina, não era obrigatório passar pelo hospital psiquiátrico, desde que fossem cumpridas as tarefas e atividades no CCSM. Infelizmente, grande parte dos estudantes passava pela psiquiatria sem o grande interesse que geralmente era despertado por algumas outras áreas da medicina. Alguns estudantes falavam abertamente de sua dificuldade em lidar com pacientes psiquiátricos e até mesmo do medo que sentiam ao interagir com eles.

No meu caso, além de participar das atividades no CCSM, também realizei alguns plantões no hospital com o dr. Pablo, e aliciava outras colegas que também se interessavam pelo tema para participarem daquela aventura, como a argentina Julieta e minha colega de quarto, Lupita.

O Hospital Psiquiátrico Docente Provincial Dr. René Vallejo Ortíz está localizado na Carretera Central de Cuba, próximo da saída da cidade, na direção leste da província. É um lugar relativamente isolado, bastante tranquilo e no meio do campo, longe do burburinho da cidade. Uma única linha de ônibus passava por lá e nunca a vi lotada, com um ponto de ônibus bem em frente ao hospital.

Admito que no princípio eu tive certo receio de entrar no local. A estrutura física, como quase tudo em Cuba, era muito simples e um tanto precária, mas me surpreendi ao observar o trabalho realizado lá. Mesmo com as limitações estruturais, o ambiente era bastante limpo e eram admiráveis os cuidados prestados com paciência e dedicação a todos os internados.

No primeiro plantão, o dr. Pablo nos levou para conhecer os setores de internação, que eram grandes alas de enfermaria. Notei que a ala masculina tinha maior número de pacientes. Ao entrarmos naquela ala, logo fomos rodeados por um pequeno grupo de internos, que provavelmente se surpreenderam com os visitantes diferentes no local.

Havia um paciente com um quadro evidente de aceleração psicomotora; tinha fala acelerada, estava inquieto, mas era bastante educado e colaborativo. Ele nos revelou que tinha sua casa, família e trabalho, e disse: "Quando sinto que não estou bem, pego um ônibus e venho ficar alguns dias aqui ajustando a medicação, para depois voltar melhor para casa e seguir o tratamento no CCSM".

Durante os plantões de que participei não havia grande movimentação; vez ou outra chegava um paciente agitado, em ambulância ou levado por familiares. Em geral eram plantões muito mais tranquilos se comparados aos outros serviços de saúde.

O que eu mais gostava na psiquiatria era a impressão de ser "outra medicina", com sua respectiva terminologia e forma própria de avaliar os pacientes através do exame do estado mental, que explora algo tão complexo como a mente humana. Por outro lado, cada vez que ia aos plantões no hospital, entristecia-me ao ver alguns pacientes muito graves. Eu ainda tinha um pensamento idealizado da medicina; pensava que naquela especialidade não ajudaria ninguém de verdade, pois a maioria deles nunca seria "curada"; pouco antes de acabar o estágio abandonei os plantões voluntários.

***

Alguns anos depois, comecei a refletir de modo diferente sobre a saúde mental, pois percebia que a medicina se baseia em uma ideia infundada de cura. Como médicos, somos treinados com os objetivos de "eliminar doenças" e "restabelecer qualquer pessoa idêntico ao que era antes de adoecer" – expectativas também depositadas na profissão pela sociedade ocidental atual. Se trabalharmos dentro desse conceito, não restará nada além de grave frustração pessoal e profissional.

É importante entender que as mudanças são inevitáveis. Desde o nível molecular, estamos mudando o tempo todo! Inclusive, quem se recusa às mudanças adoece, pois fica enrijecido e identificado com um passado que já não existe. Parece pura filosofia, mas é um fato científico: cada dia é único e nunca seremos iguais ao que fomos ontem. Porém chegar a uma reflexão serena a esse respeito faz parte de um grande trabalho de autoconhecimento e aceitação.

Anos depois, tive um primeiro *insight* sobre o tema da cura na medicina, quando já trabalhava como médica de família em São Paulo. Ao conversar com o psiquiatra da equipe multiprofissional que apoiava o posto de saúde onde eu trabalhava, contei-lhe sobre esse meu pensamento determinista de que "a psiquiatria não cura nada", e ele contestou, afirmando que na medicina curamos algumas doenças infecciosas, como amigdalite bacteriana, infecção de urina etc.; algumas patologias cirúrgicas, como apendicite, colecistite etc.; ou ainda alguns poucos tipos de câncer. Porém muitas patologias na medicina são crônicas, doenças nas quais se busca a melhora do sofrimento do paciente e ajudar no restabelecimento de sua qualidade de vida.

Desde então, reconheço melhor o meu papel como profissional e fico muito feliz quando vejo pacientes com qualquer patologia mental, desde um caso mais leve até casos muito graves, como pacientes psicóticos e até dependentes químicos graves, que, ao nos encontrarmos, dizem que estão melhores e seguindo seu tratamento de forma adequada, não apenas com as medicações, mas também com mudanças no estilo de vida que favorecem seu equilíbrio. Muitos comentam que a patologia não desapareceu, mas que estão aprendendo a conviver e lidar melhor com ela. E assim muitos deles conseguem ter sua vida laboral, familiar e social como qualquer outra pessoa dentro da sociedade.

***

Além do mais, tive a percepção de que o adoecimento mental em Cuba era muito distinto do que vi no Brasil ou em outros países. Acredito que isso possa ser resultado de toda uma construção diferente da sociedade cubana.

Começando pelo fato de que na ilha não existe o problema de drogadição na população, pois não há a obtenção fácil de substâncias ilícitas. Apenas o álcool, droga lícita, é causa de alguns casos graves de dependência química. Lá a população não conhece o impacto decorrente do problema das drogas – tráfico, sequestros, balas perdidas, milícias, marginalidade etc. –, situações que afetam não apenas o usuário, mas também sua família e toda a sociedade.

Em Cuba existem estressores diversos, mas de outros tipos, muito mais relativos às condições econômicas desafiadoras que enfrentam há anos, direta (ou indiretamente) relacionadas ao bloqueio econômico, que geram outras questões de sobrevivência. Há épocas de escassez de produtos de higiene e até racionamento de alimentos, que trazem marcado sofrimento ao povo na ilha.

É possível que outros países consigam voltar ao nível de controle que Cuba tem/teve sobre drogas ilícitas? Acho muito difícil, sobretudo porque lá isso foi o produto de uma construção histórica, com a implantação da Revolução Cubana, que, entre outras coisas, expulsou a máfia que atuava livremente no país, e até pela geografia do país, que, por ser uma ilha, tem outro tipo de controle de suas fronteiras.

Quanto ao tratamento das patologias mentais, também devido ao bloqueio eles têm um arsenal muito reduzido de medicações psicotrópicas. Além disso, sua terapêutica não tem um foco puramente medicamentoso, como é a prática em muitos lugares; valendo-se bastante do uso das práticas integrativas e complementares em saúde, como o uso da medicina tradicional chinesa, que também é uma especialidade da medicina no país, e utilizam há anos diversos recursos, como acupuntura e fitoterapia (12).

Em termos de hábitos medicamentosos da população cubana, lembro que era frequente o uso de relaxantes musculares por mulheres mais velhas com queixas álgicas recorrentes, mas não eram comuns casos de dependência química de benzodiazepinas, como no Brasil, onde é quase uma epidemia.

Sobre o racismo

Em meados daquele ano letivo, recebi um convite de Yanay e Yanelys, duas colegas cubanas, que prepararam um almoço para celebrar meu aniversário em sua casa. Ambas as irmãs eram estudantes destacadas de nosso grupo. Fiquei muito feliz com o carinho delas e tivemos uma tarde muito agradável.

O pai das meninas, dr. Victor, era um respeitado médico, chefe da angiologia do hospital provincial e um exímio profissional. Um detalhe sobre ele que me era indiferente enquanto morei na ilha: era negro. Diferente do Brasil, em Cuba era comum ver pessoas negras em qualquer profissão: médicos, advogados, engenheiros; inclusive os dois reitores que conheci na faculdade de medicina em Camagüey eram negros.

Quando morava em Havana, escutei histórias de que Cuba tinha forte passado racista, como todo país que teve a escravidão em sua história. Contavam-nos que na famosa 5ª Avenida, que fica no prestigiado bairro de Miramar – região da antiga aristocracia cubana, onde atualmente está localizada a maioria das embaixadas –, era proibido aos negros caminharem por suas calçadas. Diziam também que mesmo o antigo ditador cubano, Fulgencio Batista, era proibido de frequentar alguns locais da alta burguesia, como o Jockey Club de Havana, por ser mulato.

Seria falso dizer que na ilha já não existe nenhum preconceito de raças, pois ouvi piadas sobre negros de forma muito "natural", aceitas como "brincadeira" – como por muitos anos também o foi no Brasil. Mas uma diferença marcante que notei lá foi que a cor da pele não impedia ninguém de estudar ou trabalhar com o que tivesse aptidão. Lá convivíamos todas as raças, entre estrangeiros e cubanos, e como estudantes éramos tratados como iguais, tanto por nossos professores como pelos diversos pacientes com quem tive contato.

Infelizmente, no Brasil, um profissional negro precisa destacar-se muito além da média para ser verdadeiramente reconhecido em sua profissão; precisa ter "determinada aparência" para ser aprovado. E, ainda, quanto mais escura for a cor da pele e quanto mais crespo forem os cabelos, mais marcadas serão as adversidades enfrentadas.

Desde que retornei ao Brasil, quando eu falava minha profissão, por diversas vezes escutei de diferentes pacientes e outras pessoas que me olhavam e diziam: "Nossa! Você não tem cara de médica!". Em seguida gaguejavam dizendo que eu era muito jovem, bonita etc. Nunca fui tão jovem na profissão, nem tão bonita. De fato, à primeira vista, o que destoa em mim do "ideal do médico brasileiro" é basicamente minha aparência: a pele negra e o fato de que geralmente me visto de forma casual, sem muitos apetrechos. Chega a ser triste observar como é o racismo estrutural em meu país, que se reproduz de forma inconsciente, por exemplo, quando as pessoas não se dão conta da discriminação e tentam buscar justificativas para sua fala.

Em uma famosa instituição de saúde para a qual trabalhei (um dos mais célebres hospitais de São Paulo), os médicos têm um estacionamento privativo com manobristas. Quando eu ia até lá, sempre fazia questão de colocar o crachá de identificação no carro, para mostrar minha autorização de estacionar no local.

Certa ocasião, fui a uma reunião naquele hospital e até vesti-me um pouco melhor, mas, ao entregar o carro (popular) ao manobrista, ele, sem nem olhar o crachá pendurado, interpelou-me: "Moça, desculpa, mas você sabia que este é o estacionamento para médicos?". Apenas sorri e educadamente respondi: "Pois é, da última vez que olhei no meu crachá e no meu carimbo estava escrito 'médica'". Consegui forçar um sorriso, e o homem mostrou-se bastante constrangido. Percebeu que talvez pudesse sofrer sanções e advertências se eu chegasse a reclamar de sua atitude. Acredito que ele não faria essa pergunta se lhe entregasse o mesmo carro um homem branco, talvez usando um quipá (peça do vestuário judeu).

Por outro lado, refleti que aquele homem, provavelmente com baixa escolaridade, trabalhava em um subemprego necessário para sua subsistência e de sua família; e, com sua fala, apenas reproduzia o que está inculcado na mente da sociedade brasileira. É muito provável que, dos Mercedes e Porsches que ele estaciona todos os dias ali, não esteja acostumado a ver desembarcar muitas pessoas afrodescendentes.

* * *

A única vez que acertaram "de cara" minha profissão foi quando eu já tinha sete anos de formada e estava de férias em Jericoacoara. Conversava com um trabalhador da região e vestia apenas um biquíni branco (talvez por isso). Quando viajo, gosto de conhecer as pessoas que moram e trabalham no local para entender como é sua realidade; por isso, perguntava-lhe coisas sobre a população, os transportes, a estrutura de saúde da cidade etc. De repente, o homem me interrompeu dizendo: "Moça, você está perguntando tudo isso porque você é médica?".

Comentei, surpresa, que ele era a primeira pessoa que conheci no Brasil que acertou minha profissão sem eu precisar dizer. Depois, acrescentei que sou médica psiquiatra, e disse-lhe em tom de brincadeira que, muito provavelmente, eles não precisariam dessa especialidade, por viverem num lugar tão lindo como aquele. Após escutar a informação, mais entusiasmado, o homem falou: "Precisamos, sim! Ficaríamos muito felizes se a senhorita viesse para cá, porque carecemos de médicos de todos os tipos por aqui".

Naquele momento, refleti que num lugar belo e tranquilo, mas carente de recursos, sobretudo de saúde, alguns valores sobressaem, e para aquele povo pode não importar "a cara de médico". São capazes de ver além da aparência e desejam ser vistos tais como somos todos – como seres humanos.

Últimas férias em Cancún (não tão férias, não tão Cancún)

Aproximava-se o final do curso, e eu percebia a necessidade de comprar um computador, pois naquela época já havia muito material em formato digital e, muitas vezes, tinha de contar com o apoio de Lupita, que, de forma desprendida, emprestava-me seu computador. Porém eu não achava certo usar seu aparelho, pois, se algo acontecesse com ele, certamente precisaria restituí-lo.

Fiquei sabendo de alguns colegas estrangeiros em Camagüey que foram trabalhar em Cancún durante as férias de verão do ano anterior. Interessada, procurei a colega chilena Daniela, pois disseram que ela viajou com o grupo e saberia dar-me melhores orientações. Ela recebeu-me de forma solícita e encorajou-me a embarcar naquela aventura. Mas contou-me que viajaram com o objetivo de se divertir, e não de juntar dinheiro. Disse que haviam ficado em um lugar chamado Playa del Carmen, próximo a Cancún, que naquela época despontava como polo turístico da região de Quintana Roo. Ressaltou que lá havia menos controle com estrangeiros que buscavam emprego temporário.

Dani deu-me dicas importantes sobre a hospedagem inicial em um *hostel* e contou-me que fizeram amizade com dr. Josué, um médico cubano que residia lá, e ficaram hospedados em sua casa, porém já não tinha o contato dele. Ficaram poucos dias com ele, pois estiveram a maior parte do tempo passeando, mas me exortou a procurá-lo, dizendo que ele certamente me ajudaria se precisasse.

Ela também me aconselhou sobre como conseguir trabalho. Contou que trabalhavam em diversos lugares, juntavam dinheiro e saíam para passear por alguns dias; depois recomeçavam novamente em outros locais. Os trabalhos mais bem remunerados eram como *mesera* (garçonete), pois, mesmo não oferecendo bom salário fixo, ganhava-se muito mais com as *propinas* (gorjetas). E havia um restaurante argentino chamado Marguerita's, onde conseguiram trabalho rápido porque pagavam pouquíssimo e contratavam estrangeiros mais facilmente. Mas me alertou que fosse apenas em último caso, pois lá exploravam muito os trabalhadores.

Como boa aluna que era, anotei tudo em minha agenda e só lamentei não ter conseguido o contato do dr. Josué; não sabia nem seu sobrenome. Agradeci à Dani pela acolhida e as valiosas dicas e considerei seriamente a empreitada.

Era uma viagem muito barata, pela proximidade com a ilha, pois a passagem de Cuba a Cancún custava ao redor de 150 dólares, contra os seiscentos dólares que custava viajar de Cuba para o Brasil. Pesei os prós e contras e, como aquelas seriam minhas últimas férias antes de concluir a faculdade, logo me decidi pela viagem e comecei os preparativos.

***

Naquela época era exigido o visto dos brasileiros para entrar no México, pois estávamos na lista negra de imigrantes ilegais nos Estados Unidos. Imagino que o governo mexicano visava um maior controle contra pessoas que utilizavam o país apenas para cruzar a fronteira ao norte.

Era quase cômica a entrevista na embaixada do México, em Havana. Faziam perguntas como: "Você tem intenção de visitar a fronteira mexicana no norte?" ou "tem parentes que imigraram ilegalmente para os Estados Unidos?", e outras do tipo.

A forma mais simples para conseguir o visto mexicano foi através de uma *carta de invitación* (um convite), feita de forma benevolente por Lupita, que é natural de Vera Cruz. Ao saber das minhas intenções de ir trabalhar lá, ela me apoiou e deu o contato de um conhecido seu, um rapaz chamado Marcel. Contou-me que ele sempre viajava naquele período para trabalhar em Cancún e possivelmente me ajudaria a conseguir emprego lá. Consegui o visto, comprei a passagem e viajei na data marcada.

***

Ao iniciar as férias no início de julho de 2007, não tinha ideia de como seria aquela aventura. Levei apenas cem dólares e a esperança de trabalhar e trazer de volta comigo um computador.

Ao desembarcar no aeroporto, segui as coordenadas de Dani. Na rodoviária em Cancún, peguei um ônibus até Playa del Carmen e, após desembarcar na rodoviária local, procurava algum *hostel* para ficar até organizar-me melhor.

Arrastava minha mala enquanto caminhava pela rua algo distraída, olhando ao redor na busca por hospedagem, pois a tarde começava a cair, e de repente fui abordada por um homem mexicano, que provavelmente notou minha cara de perdida: "De onde vem a jovem que nos visita?". Respondi de forma inocente que era brasileira, mas vinha de Cuba. Pareceu-me surpreso e abriu um sorriso, tentando mostrar-se solidário, disse: "Se quiser pode ficar na minha casa; lá tem lugar". Fez uma pausa e completou a frase: "Também posso te dar algum dinheiro se você quiser". Percebi logo sua insinuação, fechei a cara e caminhei mais rápido. Foi suficiente para entender que ali não contava com a segurança da "mãe" Cuba.

Encontrei um *hostel* ali perto que cobrava vinte dólares a diária. Percebi que seria muito caro se precisasse ficar por um mês (seiscentos dólares o mês). Parecia um valor absurdo por um quartinho em que apenas cabia um colchão sobre um suporte de cimento, com um banheiro compartilhado todo alagado. Contudo, resignei-me pensando que era algo provisório.

Fiz alguns cálculos e concluí que, com o dinheiro que possuía, teria menos de uma semana para encontrar o dr. Josué e um trabalho, caso contrário precisaria pensar em retornar a Cuba muito antes do planejado e com meus planos frustrados. Além disso, até água era preciso comprar; não se podia beber da torneira, pois diziam que a água da região era *dura*, isto é, com muitos minerais, sobretudo cálcio.

Passei a primeira noite algo triste e apreensiva, porque estava diante do mundo real, com todas as suas responsabilidades e riscos. Porém, no dia seguinte, acordei motivada e, logo cedo, enquanto buscava por trabalho, também fui a um local de informações da cidade. Era uma situação que seria cômica, se não fosse desesperadora: eu caminhando pelo centro da pequena cidade perguntando se conheciam um médico cubano chamado Josué. Não tinha seu sobrenome nem um endereço. Mas, como sabiamente diziam os cubanos, "*¿Qué hacer? ¡Echa pa'lante!*": era preciso seguir adiante.

Logo que cheguei, pela internet fiz contato com Marcel, o amigo mexicano de Lupita que estaria em Cancún, para que me desse alguma orientação. O rapaz me respondeu em seguida, dizendo que naquele ano não iria para Cancún, pois estava trabalhando em Ciudad Juárez, no estado de Chihuahua, ao norte do país. Tentou me persuadir a encontrá-lo lá, dizendo: "Para você, que é brasileira e fala outros idiomas, será muito fácil trabalhar aqui. Venha para cá que te consigo trabalho muito rápido".

Pensei que a sorte me sorria, refiz meus cálculos e refleti que, se durante a semana não encontrasse o dr. Josué ou trabalho, talvez viajar até Juárez não seria um mau negócio.

Talvez tive sorte em não embarcar nessa outra aventura. Naquela época, eu era muito incauta, sobretudo por viver tanto tempo em um lugar tão tranquilo como Cuba, ainda mais no interior do país. Não me atentava do perigo mundo afora. Algumas semanas depois, tive conhecimento de que Ciudad Juárez, por estar na fronteira com os Estados Unidos, era muito usada pelos coiotes no atravessamento de imigrantes ilegais, local de forte atuação dos cartéis de droga e do tráfico de pessoas. No mesmo ano, 2007, devido à forte repercussão dos graves assassinatos de mulheres que ocorriam naquela cidade, foi proposta a criação da Lei de Feminicídio no país (16).

Logo que cheguei a Playa del Carmen, saí procurando trabalhos em alguns bares e restaurantes ali próximos, inclusive um local cubano muito famoso: La Bodeguita del Medio, onde fui recebida por alguns cubanos com sua comum hospitalidade, dizendo, no entanto, que não poderiam ajudar-me se eu não tivesse um visto de trabalho. Explicaram que eles poderiam sofrer sanções graves se contratassem funcionários sem a permissão legal e inclusive havia o risco de deportação para o trabalhador estrangeiro. Eu insisti, afirmando que aceitaria trabalhar em qualquer função, mesmo na cozinha ou na limpeza. Eles se desculparam dizendo que, infelizmente, não podiam correr aquele risco, mas reforçavam: "Se conseguir o visto de trabalho, volte aqui, e certamente te contratamos!".

Pensando pela lógica de que ficaria lá por apenas dois meses, não teria sequer tempo hábil para conseguir tais documentos. Logo notei que não seria tão fácil trabalhar como haviam dito os colegas que estiveram no ano anterior. Depois soube que, naquele ano (2007), após as autoridades perceberem que a região crescia em importância turística, passaram a ser mais firmes com as fiscalizações.

Como estava determinada a cumprir o objetivo que me levara até lá, saía no início do dia em busca de trabalho e de um lugar mais barato para morar, infelizmente sem muito sucesso. Os locais que encontrei para alugar eram quartos mais simples, completamente vazios, com apenas dois ganchos para pendurar uma rede.

Certo dia fui a um lugar que me indicaram para alugar, onde fui recebida por um mexicano de meia-idade, que dizia ter em sua propriedade um local onde dormiam alguns trabalhadores e cobrava trinta dólares por semana; pareceu-me um bom negócio. Porém me surpreendi muito ao conhecer o lugar – um grande galpão, ainda em construção, no qual havia apenas o teto e as paredes e com piso de terra; não tinha janelas nem portas. Havia placas de madeira sobre alguns blocos e que serviam de cama. Em um canto do recinto, vi uma jovem com um bebê pequeno nos braços e depois soube que era ali mesmo que moravam, enquanto o marido trabalhava.

Fiquei muito consternada em ver as condições a que, infelizmente, muitas pessoas precisam se submeter por precisar trabalhar e sobreviver. Não fosse aquele local, qual seria a alternativa para aquela moça e seu bebê? Provavelmente dormir pelas ruas.

O homem percebeu meu espanto com a situação e disse: "Posso te deixar ficar no outro quarto... comigo". Chegou a abrir a "casinha" dele, que era apenas um cômodo não muito grande e com forte odor, onde ficava tudo junto: quarto, sala e cozinha; várias coisas amontoadas e apenas uma cama de casal com lençóis que não deviam ser trocados há muito tempo. Não sei o que me espantou mais, se o "dormitório" dos trabalhadores ou do patrão!

Embaraçada, agradeci e comentei que também estava vendo outros lugares e, caso necessitasse, retornaria em outro momento. Mas, na verdade, não estava em meus planos passar por aquela situação. Caso nada desse certo, voltaria para Cuba para comer *chicharros*[14] com arroz, pois felizmente não era obrigada a passar por tamanha adversidade.

No terceiro dia de buscas malsucedidas, pensei que deveria perder o medo e buscar o restaurante argentino Marguerita's, desaconselhado por Dani. Percebia que não estava em posição de recusar trabalho e que talvez lá fosse minha última opção.

O Marguerita's ficava bem localizado, na famosa Quinta Avenida de Playa del Carmen. Era um local amplo, com teto de palha, clima

---

14. *Chicharros* são uma espécie de leguminosa parecida com a ervilha, muito comum na culinária cubana.

jovial e praiano. Havia um belo piano de cauda negro logo na entrada, com o qual um músico embalava os jantares à noite.

Estávamos umas oito pessoas aguardando por uma entrevista com Mateus, o dono do restaurante. A maioria era mexicana, de várias partes do país. O escritório de Mateus ficava em um canto ao fundo do grande restaurante; era amplo, com um imponente computador importado em sua bela mesa de mármore, que estava bastante desorganizada. O lugar se destacava por ter duas portas com pesadas fechaduras, nos extremos da sala.

Mateus era um argentino com forte sotaque *porteño*[15], jovem empresário com seus trinta e poucos anos, de porte atlético e boa aparência, mas chamava a atenção sua atitude impaciente e pouco cortês com seus funcionários. Afobado, nos reuniu em pé, lado a lado, e pediu que nos apresentássemos e relatássemos nossas aptidões.

Percebi que ele me deu um pouco mais de atenção quando contei que era brasileira, estudante do último ano de medicina em Cuba, com formação e experiência prévia como secretária e conhecimento em informática, além de falar inglês. Porém, acrescentei que meu desejo era poder trabalhar como garçonete. Após as apresentações, de forma apressada, ele disse quem seriam os contratados e dispensou os demais.

Ao saírem os outros candidatos, chamou-me em particular e ofereceu um pagamento de cem dólares por semana para ser sua secretária pessoal pela manhã e ajudar no caixa do restaurante à noite. Disse que eu entraria às nove horas e ficaria até fechar o restaurante, à uma da madrugada.

Também me questionou se eu tinha habilidades práticas na área de saúde e logo confidenciou-me que padecia de artrite psoriásica e fazia uso mensal de uma medicação injetável "muito, muito cara"; um imunossupressor que na época chegava a custar quase mil dólares

---

15. *Porteño* é o natural da cidade de Buenos Aires.

uma única dose mensal. Além do trabalho no restaurante, precisaria que eu lhe aplicasse sua medicação. Ou seja, ele queria uma médica-secretária que aceitasse suas condições.

Acrescentou que mais adiante talvez me deixasse trabalhar como garçonete para ganhar alguma gorjeta. Ao sair do escritório, mostrou-me a antessala, onde havia uma pequena recepção, vazia e empoeirada, sinal de que não havia ninguém ali há algum tempo. Sem poder de barganha, agradeci e fiquei feliz com a oportunidade que apareceu.

Ao sair do restaurante, novamente caminhei pela cidade, procurando por clínicas médicas que talvez me dessem alguma informação sobre o dr. Josué. Por sorte, naquela mesma tarde, consegui a indicação de uma clínica onde talvez trabalhasse um médico cubano nefrologista pediátrico chamado Josué. Eu não sabia a especialidade dele, mas pensei que, mesmo se não fosse o médico indicado por Dani, talvez me orientasse onde poderia encontrá-lo.

Para minha alegria, na clínica indicada encontrei o próprio dr. Josué que buscava. Era um cubano mulato, alto, com boa aparência e muito simpático, com cerca de quarenta anos. Com atitude muito cortês, recebeu-me em seu consultório e, após me apresentar a clínica, confirmou que se lembrava de meus colegas que estiveram lá no ano anterior.

Esclareci que Dani orientou-me que o buscasse, para que talvez me ajudasse com a hospedagem. Ele escutou tudo de forma cordial, e disse: "Moro em um pequeno apartamento, aqui próximo. Lá tem apenas um quarto, mas tenho um bom sofá, se você não se importar com a falta de comodidade, nem te cobrarei nada por isso e terei prazer em recebê-la!".

Em seguida, ficou sério e acrescentou: "Olha, preciso ser franco contigo, não sei se a Dani e os colegas te contaram o que aconteceu para que ficassem pouco tempo lá em casa". Respondi que ela não entrara em detalhes, apenas que eram muito agradecidos por seu apoio; e ele acrescentou: "Logo no primeiro final de semana deles em minha casa, saíram para trabalhar e não retornaram até dois dias depois. Saíram para curtir após o trabalho e sequer avisaram. Fiquei muito preocupado, não tenho filhos pequenos para ter esse tipo de preocupação. Por isso lhes avisei que, se a intenção deles era apenas diversão, que buscassem outro lugar para que pudéssemos manter a amizade". Relatou então que eles se desculparam, mas decidiram partir.

Algo que eu conhecia bastante dos cubanos é sua franqueza ao falar, então não me surpreendeu muito sua declaração. Ele completou dizendo: "Se você vem com essa intenção que está comentando, com desejo de trabalhar, juntar dinheiro e comprar seu computador, de forma tranquila e honesta, saiba que terei prazer em ajudar a cumprir seus objetivos, sem cobrar nada em troca. Mas, se estiver buscando festas e curtição, melhor conversarmos agora e posso te indicar outros lugares para ficar, porque, se esse for o caso, infelizmente não poderei te receber em minha casa".

Reafirmei então minhas intenções e revelei que acabara de conseguir trabalho e iniciaria no dia seguinte. Então, de forma amistosa, ele me ajudou a buscar meus pertences no *hostel* e mudar-me para sua casa.

O apartamento de Josué era confortável, bastante amplo e bem iluminado, composto de quarto, sala, cozinha, lavanderia e pequena varanda, mobiliado e decorado com sobriedade. Como fui recebida de forma tão acolhedora, me prontifiquei em fazer a limpeza da casa, para que ele não tivesse gastos com a diarista naquele período. Fiquei muito agradecida com a hospitalidade e solidariedade com a qual mais uma vez me brindava um cubano!

Josué tinha uma namorada mexicana chamada Julia, que trabalhava como representante farmacêutica. Ela tinha uma filha linda, de dois anos, de outro relacionamento. Julia o visitava frequentemente e chegamos a sair algumas vezes os quatro, para comer ou ir até a praia.

Eles formavam uma bonita família. Josué também me contou sobre sua história de vida e sobre sua família, a qual visitava em Cuba com frequência.

No trabalho do restaurante, percebi que Mateus tinha um tratamento diferenciado comigo em comparação com os demais funcionários, com os quais era muito grosseiro – gritava, insultava e o vi demiti-los com ou sem razão. Mesmo não me destratando, não me chamava pelo nome, e sim de "*grandota*", quando precisava de algo, mesmo eu pesando apenas uns cinquenta quilos na época.

Mateus tinha uma noiva argentina, Sabrina, que o ajudava na administração do local. Era uma jovem loira, muito bonita e simpática, com formação em direito e modos refinados que contrastavam com a truculência dele. Além da noiva, a outra pessoa de confiança de Mateus, e seu braço direito era Adriana, uma funcionária mexicana, com ar cansado e gênio parecido com o do chefe, que aparentava ser até mais velha do que realmente era.

Adriana trabalhava no restaurante praticamente desde o início e fazia um pouco de tudo, principalmente a complexa parte financeira. Estava sempre muito estressada, e entre ela e Mateus havia todo tipo de conflitos e insultos, mas eles se entendiam.

Passados poucos dias, Mateus me entregou a chave do escritório e disse que, como eu chegava sempre antes dele, deveria entrar em sua sala e ligar o ar-condicionado, para que quando ele chegasse o local estivesse fresco. Em tom confidencial, orientou-me que não deveria contar para ninguém a respeito, nem mesmo para sua noiva ou Adriana.

Como era notável o tratamento diferenciado que Mateus me dedicava, creio que isso indignava ainda mais Adriana, e ela descontava sua amargura em mim. Tratava-me com rispidez e arrogância. Em suas crises dissociativas, gritava comigo e com outros funcionários, e nada do que fizéssemos era bom o suficiente para ela.

***

Em Playa del Carmen, conheci diversas pessoas; havia muitos estrangeiros jovens que também trabalhavam por temporada com o mesmo objetivo de juntar algum dinheiro, mas também buscavam diversão. Trabalharam conosco um belo espanhol basco, uma bonita sueca e até um rapaz israelita que havia sido soldado; questionei-lhe sobre os conflitos entre Israel e Palestina, e ele respondeu que as histórias contadas eram exageradas, pois ele não havia vivido períodos de graves conflitos.

Também no restaurante conheci Javier, um menino franzino, muito diligente, que deveria ter pouco mais de doze anos, mas lá trabalhava pesado. Era um "faz-tudo", que insistia em dizer que tinha dezoito anos, mas era evidente sua falta de desenvolvimento até físico. Javier era muito acanhado e não contava muito sobre sua vida, mas era notável sua necessidade de trabalhar, pela disposição com que o fazia.

Certo dia, conversando com ele, perguntei-lhe sobre sua família e ele contou brevemente que era o filho mais velho de cinco irmãos, e precisava trabalhar para ajudar a mãe, pois o pai era falecido, mas não entrou em detalhes. Como ele insistia que tinha dezoito anos, pedi para ver seus dentes e, observando a arcada dentária, contei-lhe o número de dentes e notei que ainda estavam em erupção os segundos molares, o que correspondia a uma idade de provavelmente menos de catorze anos. Quando ele percebeu o que eu fazia, rapidamente fechou a boca e pôs as mãos sobre ela. Com um sorriso nervoso, olhou-me algo assustado e saiu, sem dizer mais nada.

De fato, eu não tinha a intenção de delatar o caso dele a ninguém. Além do mais, quem ali se importaria com mais uma criança trabalhando? Quem sabe alguma autoridade estivesse interessada em receber algo por aquilo (multando o dono do restaurante), mas talvez muitos não se importassem em cuidar do que realmente interessa, que é a grave situação de vulnerabilidade social em que Javier e milhares de crianças se encontram. Em meio a tudo aquilo, refleti que aquela era mais uma situação admirável que nunca vi em Cuba: o trabalho infantil.

***

Depois de duas semanas trabalhando como secretária, não recebi o salário de acordo com o combinado; Adriana pagou-me muito menos e disse que houve "deduções necessárias". Fiquei revoltada, reclamei da injustiça por estar lá trabalhando praticamente o dia inteiro, com uma folga ocasional, quase sem me alimentar ou dormir direito, para não receber sequer o que foi pactuado. No entanto, não adiantava reclamar, pois de fato não tinha nenhuma lei que me respaldasse.

Saí de lá e, dias depois, estava trabalhando tirando fotos de turistas. Na semana seguinte, Mateus me encontrou nas redondezas e pediu que eu voltasse para o restaurante, pois gostou muito do meu trabalho e confiava em mim. Prometeu que me deixaria trabalhar como garçonete a partir de então. Muito provavelmente não desejava perder a facilidade da médica particular.

Voltei a trabalhar no restaurante com afinco; dessa vez ganhava boas gorjetas da maioria dos fregueses, principalmente de turistas estadunidenses, com sua cultura de *tips* (gorjetas), o que, infelizmente, não era o caso da maioria dos turistas europeus nem dos poucos brasileiros com quem tive contato.

Alguns clientes se surpreendiam quando lhes atendia e me perguntavam: "Você, que é brasileira, o que prefere, Brasil ou México?", e eu rapidamente lhes respondia: "Prefiro Cuba!". Alguns me pediam para sentar e contar-lhes minha história, o que era impossível pelo grande movimento do lugar até altas horas da noite.

***

No Brasil, reclama-se do Sistema Único de Saúde (SUS), mas felizmente temos um sistema público de saúde. E em Cuba, mesmo com todas as dificuldades, o sistema de saúde funciona muito bem. Para mim foi um choque o período que passei no México, pois vi o grau de precariedade em que muitas pessoas vivem, sem acesso a serviços de saúde básicos.

Além de Mateus, que solicitava meu apoio como profissional de saúde, também era requisitada por outros colegas que trabalhavam comigo. Vez ou outra, alguém me pedia "uma ajudinha" e aplicava-lhes injeções de medicamentos diversos, como antibióticos, anticoncepcional etc., sem lhes cobrar nada por isso, pois não me custava nada fazê-lo. Eles contavam que, se não encontrassem alguém que os ajudasse, precisariam pagar nas farmácias ou na Cruz Vermelha.

Outra situação que me surpreendeu lá foi descobrir que nas farmácias havia médicos contratados que atendiam no próprio local, e os pacientes atendidos por eles ganhavam desconto nas medicações compradas ali.

***

Antes de viajar ao México, soube de um grupo de uruguaios que se reunia e frequentemente viajava para trabalhar em Cancún nas férias. Mas em Cuba eu não tinha contato com eles, pois a delegação dos uruguaios ficava na província de Matanzas, bem distante de Camagüey, a quase oito horas de ônibus.

Algumas semanas após a chegada à Playa del Carmen, encontrei-me com vários colegas desse grupo, a maioria uruguaios, mas também havia alguns colegas da Argentina e do Chile. Eles também preferiam viajar a Cancún para trabalhar e juntar algum dinheiro que lhes ajudasse durante os próximos meses em Cuba, visto que o valor da passagem para seus países era muito alto. Contaram que trabalhavam um ano e visitavam os familiares no ano seguinte.

Acabei ficando muito próxima de alguns deles, que também trabalhavam no Marguerita's, sobretudo de Robertito, um uruguaio que trabalhava em uma pequena pizzaria também de Mateus. E juntos partilhávamos nossas venturas e desventuras. Devido ao propósito do grupo de economizar, eles se alojavam em pequenos quartos e se revezavam nas camas – quando um saía para trabalhar, o outro que chegava ali se deitava. Como eram jovens com espírito de aventura, não havia muito drama, mesmo nas situações mais adversas.

Quando os visitei e constatei como viviam, amontoados e em condição bastante precária de moradia, tive outro choque de realidade, pois eu estava bem amparada, e novamente agradeci pela sorte de encontrar o dr. Josué e receber sua ajuda.

***

Outro cenário que me chocou foi ver a atuação da polícia mexicana, que me pareceu bastante corrupta e abusiva. Um amigo uruguaio que trabalhava em outro restaurante contou que, após trabalhar uma semana inteira, recebeu o pagamento e saiu para comemorar com o pessoal do trabalho. Como havia bebido muito, acabou adormecendo na porta do local onde trabalhava e foi despertado a golpes por policiais, que o levaram à delegacia e confiscaram seu dinheiro. De lá, só saiu após Robertito ir buscá-lo e pagar a fiança.

Conheci um turista australiano, loiro e com boas condições financeiras, que estava hospedado em um resort caro; um dia o encontrei com o olho roxo, e ele contou que também foi agredido por policiais. Era algo aparentemente comum por lá e, por sorte, não passei por experiências desse tipo, embora tivesse certo temor quando via policiais pelas ruas, sobretudo à noite.

É triste perceber que também no Brasil há uma polícia coercitiva e violenta principalmente com a população preta, pobre e da periferia. No México, o que me surpreendeu foi o fato de que lá não poupavam os estrangeiros, nem mesmo os turistas.

* * *

A Península de Yucatán, região onde está localizada Playa del Carmen, também é rota para os temíveis furacões. Mesmo ali me perseguia o grande temor de presenciar um daqueles eventos climáticos. E minha estadia não seria completa se não tivesse mais essa aventura.

Faltavam cerca de quinze dias para regressar à ilha, e eu estava com quase tudo pronto. Felizmente, graças ao trabalho e a todo o apoio recebido, consegui juntar o dinheiro necessário e comprei o desejado computador. Com a ajuda de Federico, outro colega uruguaio com quem estudei na ELAM, que tinha um irmão e parte de sua família morando em Cancún, pude comprar um ótimo *laptop* por um bom preço.

Poucos dias antes, o dr. Josué viajara a Cuba por um breve período e me havia encarregado de cuidar de seu apartamento até que ele voltasse, pouco antes de meu retorno à ilha. Logo após sua partida, começaram as notícias avisando da chegada de Dean, um grande furacão de categoria 5, um F-5[16], que tinha em sua rota a península de Yucatán. Havia previsão de que entraria na península justamente por Playa del Carmen. Aterrorizava-me ainda mais recordar que já não estava em Cuba, com todas as medidas de segurança que os cubanos têm.

Como estava sozinha no apartamento do dr. Josué, chamei Robertito e mais duas colegas uruguaias para enfrentarmos o temido furacão juntos. Conforme aprendemos em Cuba, fizemos vários preparativos para aguardar sua chegada. Protegemos as janelas de vidro com fita adesiva, compramos velas para a falta de eletricidade, conseguimos um grande tambor para armazenar água para os próximos dias etc. Torcíamos pelo melhor, mas nos preparamos para o pior cenário, que era o noticiado pela TV à medida que o furacão se aproximava.

---

16. Furacão de categoria 5 é a categoria máxima na escala Saffir-Simpson, que pode chegar a ter ventos superiores a 250 quilômetros por hora.

Os telejornais não paravam de anunciar os movimentos de Dean. Todos sabiam que, se um furacão como aquele passasse por ali, seria o fim de nossas férias e, consequentemente, dos últimos dias de trabalho, pois a reconstrução da cidade após um desastre natural daquelas proporções demoraria vários dias (para restabelecer serviços básicos de infraestrutura, como luz, água e transportes). Além disso, talvez atrasasse até nossos voos de regresso. Mas o pior mesmo seria para os moradores locais, pois poderia levar até meses para uma recuperação adequada dos níveis de vida; sem contar as mortes e outras mazelas.

Novamente me entristeci por não estar em Cuba, pois percebi que, em situações como aquela, podia aflorar o pior das pessoas, privilegiando interesses econômicos e pessoais sobre o bem comum. Acompanhamos o desespero de nosso chefe, Mateus, que, enfurecido, exigia que cumpríssemos o expediente no dia da chegada do furacão para vendermos tudo que fosse possível. Dizia que não importava o horário do toque de recolher estipulado pelas autoridades mexicanas, que aquilo era um "exagero". Ele somente concordou com a saída dos trabalhadores um pouco antes, após o protesto de vários funcionários, pois precisávamos voltar mais cedo a nossas casas, fazer contato com familiares e terminar os preparativos, enquanto acompanhávamos as notícias.

Naquela noite, dormimos os quatro, todos juntos, na grande cama de casal de Josué (que até hoje não sabia desse fato!). Tarde da noite, cortaram as luzes e apenas escutamos os ventos e a chuva forte que se aproximava e piorava progressivamente. Adormecemos juntos entre risos e sobressaltos, imaginando como estaria o mundo lá fora no dia seguinte.

Pela manhã, estranhamos a calmaria. Olhei pela janela do apartamento e observei uma estranha normalidade. Fazia sol e a eletricidade já havia sido restabelecida. Ligamos a TV e, para nossa sorte, tivemos notícia de que o furacão Dean havia desviado sua rota mais ao sul, entrara em solo mexicano pela cidade de Chetumal, na fronteira com Belize, a mais de trezentos quilômetros de Playa del Carmen. Posteriormente foi relatado que aquele foi o primeiro F-5 em quinze anos a atingir a costa na bacia do Atlântico (17).

Na semana seguinte, com Mariano, um colega argentino, havíamos programado ir até Belize, que é um pequeno país centro-americano de língua inglesa, onde há uma zona franca. Sabíamos que lá poderíamos comprar itens de uso pessoal muito mais baratos do que dentro do México e ainda aproveitaríamos para finalmente passear um pouco.

No caminho para Chetumal, pelas estradas recém-reabertas, avistamos os impactos do Dean. Postes arrancados e grandes árvores antigas partidas à beira da estrada, como se fossem simples palitos de fósforo, davam-nos uma ideia da fúria da natureza e da terrível experiência da qual, felizmente, fomos poupados.

No início da viagem, Mariano e eu nos demos conta de que eu tinha apenas o visto mexicano; não sabíamos se precisaria de outro para Belize. Mas, como Mariano era argentino, não precisava de visto. Pensamos que, se chegássemos à fronteira mexicana e não me deixassem passar até Belize, ele poderia ir sozinho e eu o esperaria. Porém, no meio da viagem, ele se deu conta de que esquecera o passaporte. Como diriam os argentinos: "¡Qué garrón, Che!" (que desgraça!).

Continuamos, então, confiantes de que, dentro do ônibus, misturados com os demais passageiros, não seríamos notados. Ledo engano, pois ele, com sua aparência de argentino caucasiano e típica "cara de estrangeiro", e eu, com cabelos crespos e forte sotaque brasileiro, em nada nos assemelhávamos aos nossos companheiros de viagem, com traços marcadamente indígenas.

Depois de quase quatro horas de uma cansativa viagem, nos fizeram descer do ônibus para enfrentar a autoridade policial da fronteira. Fomos levados até um policial que parecia retirado de filmes estereotipados sobre o México. Era um homem de compleição robusta, baixa estatura e grosso bigode, muito sério, que questionava reiteradas vezes: "Contem-me o que vocês 'realmente' estão fazendo aqui?". Eu, exasperada, repetia nossos objetivos de comprar artigos pessoais e de conhecer o lugar, mas percebia que não o convencíamos, pois ele seguia nos interrogando.

Naquele momento, ainda com a mentalidade da vida em Cuba, eu não entendia o motivo de tanto questionamento, não me lembrava da grave situação do tráfico de drogas, entre outros graves delitos tão comuns no México.

De alguma forma o policial percebeu que era evidente nossa ignorância e explicou que, no meu caso, eu tinha apenas um visto de entrada no país; se chegasse a sair, precisaria de um novo visto para voltar ao México. No caso de Mariano seria ainda pior, pois, sem documentação, poderiam deportá-lo ao seu país.

Parecia-me surreal que em menos de duzentos metros já não estaríamos em território mexicano e poderíamos ter tantos problemas, conforme afirmava o policial. Lembrava que tinha todas as minhas coisas na casa de Josué, e a partida para Cuba seria em menos de uma semana. Mesmo contrariados, compreendemos a situação periclitante e optamos pela redução de danos; pegamos o próximo ônibus de regresso a Playa del Carmen. Um dia inteiro perdido, quase dez horas de viagem, apenas para "avistar" a fronteira com Belize.

***

No final das férias, por fim, cumpri a missão proposta com a empreitada. Não consegui comprar nada mais, pois em Cancún tudo era caríssimo, mas ainda ganhei uma nova mala de viagem de Josué, que insistiu que eu deixasse a mala velha, quase quebrada, e levasse a sua nova. De forma benevolente, disse: "Em outro momento compro outra, não vai fazer falta. Penso que a você ela será mais útil".

No dia do meu retorno a Cuba, Josué deixou-me no aeroporto de Cancún e despachou comigo uma bicicleta para que eu entregasse a um primo seu, que me esperaria em Havana e que, para minha alegria, também me deu uma carona até a rodoviária, onde peguei um ônibus de volta a Camagüey, concluindo assim mais essa aventura. Estava cansada, mas agradecida por também cumprir esse propósito de forma exitosa.

SEXTO ANO

> *Ajudar a quem necessite não é apenas parte do dever, e sim da felicidade.*
> José Martí

O derradeiro ano chegou. Tinha a estranha sensação de que os últimos quatro anos, em Camagüey, haviam sido o período que passou mais rápido na ilha. Talvez porque houvesse um grande incremento nas responsabilidades e já não existisse a sensação de novidade.

O último ano do curso é a preparação para a vida real na profissão; seria a prova de fogo, pois já trabalharíamos como médicos, com todo o comprometimento profissional, e começaríamos a fazer plantões completos de 24 horas com o GBT; junto com os médicos residentes de cada especialidade, éramos os responsáveis pelo atendimento do pronto-socorro.

Compreendia que, dali em diante, vidas estariam literalmente em nossas mãos. Porém ainda havia um consolo, pois tínhamos o respaldo dos diligentes professores. Com frequência questionava-me, com certa ansiedade, como seria quando não tivéssemos um professor ou um colega ao lado que nos orientasse e então uma vida dependesse de nossas únicas decisões. Também percebia uma crescente insegurança sobre minhas aptidões. Tinha medo de que as boas notas não refletissem de verdade o conhecimento necessário de tão importante profissão. Volta e meia pensava: "Será que até agora não tive apenas sorte nas avaliações?".

* * *

No sexto ano percorremos novamente as principais áreas da medicina: MGI, medicina interna, ginecologia-obstetrícia, pediatria e cirurgia. Em cada disciplina, éramos responsáveis por assistir a determinado número de leitos e, inclusive, supervisionar e orientar os alunos do terceiro e do quarto ano, que estavam iniciando nos estágios.

Os jovens estudantes se espelhariam em nós como os exemplos mais próximos do que deveriam (ou não) ser no futuro. Durante as visitas, havia um escalonamento na complexidade das avaliações – se o aluno do terceiro ou do quarto ano não soubesse alguma resposta, nós deveríamos saber.

Naquele ano, houve uma conformação distinta dos GBTs, pois o numeroso grupo de venezuelanos que estava Camagüey retornou na metade do ano ao seu país, para lá concluir o curso com as disciplinas de medicina interna e MGI. Era esse o acordo entre ambos os governos, para que os alunos tivessem contato com seu sistema de saúde e se preparassem para assumir seus postos de trabalho em suas comunidades de origem, cumprindo assim o verdadeiro ideal do projeto ELAM.

Também havia rumores de que os argentinos teriam destino semelhante naquele ano. Por isso, foram separados em um grupo específico, para que não houvesse mudanças súbitas nas turmas conformados caso eles precisassem partir repentinamente.

Dessa maneira, durante o estágio de medicina interna, éramos apenas dois internos por GBT; no caso, cursei com Gustavo, um colega colombiano.

Medicina interna e os plantões

Gustavo e eu tínhamos a responsabilidade de avaliar cerca de vinte leitos de nosso GBT, além de supervisionar e orientar o trabalho dos jovens estudantes do terceiro ano. Para minha sorte, ele era um exímio estudante e também muito comprometido com as responsabilidades.

Empenhávamo-nos em cumprir corretamente as tarefas, pois, além do desejo de não desapontar os professores ao demonstrar conhecimento durante as visitas, também almejávamos ganhar sua confiança para que nos permitissem fazer o máximo de procedimentos que houvesse: paracenteses, abordagem venosa central, intubação orotraqueal etc.

Como havia cinco GBTs, tínhamos os plantões programados de 24 horas a cada cinco dias e, no dia seguinte, ainda havia a rotina de avaliação dos leitos. Ou seja, depois de concluir um plantão de 24 horas, tínhamos mais um período pela manhã para avaliar nossos pacientes e éramos liberados apenas após acompanharmos as visitas do professor titular. Dependendo do dia e das atividades, às vezes totalizavam de trinta a 36 horas de trabalho direto.

Tivemos a felicidade de receber em nosso GBT de medicina interna a presença do ilustre dr. Aquiles, que havia acabado de assumir a reitoria da faculdade de medicina e era uma lenda viva nessa especialidade em Camagüey.

Fomos informados que o dr. Alexei, nosso docente titular, teve um problema familiar que o obrigou a se afastar, e o dr. Aquiles revezava-se com outros docentes para não deixar nosso grupo desamparado.

Foi uma agradável surpresa para nosso GBT, e apareciam grupos enormes de estudantes para presenciar as visitas do famoso professor.

Porém eu tinha um sentimento paradoxal com aquela situação. Ao mesmo tempo que amávamos vê-lo dissertando sobre os casos durante as visitas, havia certo temor, pois Gustavo e eu éramos os alvos das perguntas mais complexas, e quase sempre sua visita coincidia com o pós-plantão de nosso GBT.

Afortunadamente, o dr. Aquiles era um profissional iluminado, pois possuía um enorme conhecimento, mas tinha uma atitude extremamente humana e cordial; nunca usava sua autoridade para rir de qualquer erro que um aluno cometesse. Fiquei muito feliz de ter a chance de estudar e aprender com tão importante figura.

Cirurgia – lidando com expectativas

No estágio de cirurgia, solicitei permanecer no GBT do dr. Flores. Como havia sido sua aluna no quarto ano, tinha meus resumos anteriores e, por conhecer seu estilo de docência, conseguia passar com certa facilidade por suas visitas.

Conforme já mencionado, em Camagüey a cirurgia era uma área bastante masculina, embora nos últimos anos víssemos o ingresso de mais mulheres. No entanto, poucas eram levadas a sério de fato. Presenciei algumas vezes mulheres residentes sofrendo exclusão e até tratamento depreciativo por seus colegas.

De fato, na ilha conheci poucas colegas com interesse franco por essa área. Ainda no quarto ano, em diversas ocasiões vi algumas internas que se dividiam com seus colegas homens e pediam que as deixassem fazer a parte mais burocrática; assim, apenas entravam no quirófano e faziam suturas, entre outros procedimentos, quando lhes era exigido.

***

As cirurgias realizadas fora dos plantões eram todas programadas, com pacientes estáveis e compensados de outras patologias. Em Cuba, naquela época, a maioria dos procedimentos ainda eram "cirurgias abertas", que demandavam maior intervenção direta do cirurgião e grande habilidade prática dos profissionais. Havia poucas cirurgias de mínimo acesso, como as por via laparoscópica, pela escassez desses recursos em grande escala, sobretudo devido à questão do bloqueio econômico. Talvez essas cirurgias fossem mais frequentes nos grandes hospitais de referência nacional, em Havana, mas não em nosso hospital provincial.

Naquele ano, também fazia parte de nosso GBT o dr. Román, um renomado cirurgião responsável pela equipe de transplantes de Camagüey. Ele não ficava o tempo todo conosco na docência; fazia apenas algumas intervenções cirúrgicas ambulatoriais, pois estava sempre de prontidão a qualquer hora do dia ou da noite, para realizar a captação de órgãos em pacientes da região. Os órgãos captados nas províncias eram direcionados a Havana, onde os transplantes eram realizados nos hospitais terciários.

Durante a semana, havia um dia de atendimento no ambulatório com o dr. Flores para avaliação de novos casos ou seguimento dos antigos. Certa ocasião, conhecemos uma senhora com cerca de sessenta anos, e o professor revelou que ela foi um dos primeiros pacientes a receber um transplante renal no país, havia quase quarenta anos. Quando a conhecemos, ela passava anualmente com os especialistas e mantinha o uso de medicação imunossupressora. Quem apenas a olhasse pensaria que era uma paciente com qualquer outra patologia mais simples, pois tinha uma aparência jovial e tranquila e não apresentava nenhuma queixa.

Como o dr. Flores percebia meu grande interesse pelos procedimentos e meu empenho também nas atividades teóricas, ele me permitia realizar tarefas que eram apenas dos residentes de cirurgia. Notei que alguns desses colegas não gostavam do tratamento diferenciado que o professor me dispensava, pois ele tinha uma personalidade impassível e em geral não se mostrava partidário de nenhum aluno em especial.

Em certa ocasião, o dr. Flores solicitou meu auxílio para instrumentar uma intervenção de grande porte e bastante complexa, uma cirurgia de amputação abdominoperineal na qual ele participaria como cirurgião principal.

O caso era da paciente Eva, uma mulher jovem, de pouco mais de cinquenta anos, com um câncer retal. Como a lesão estava localizada muito próxima do ânus, foi muito debatido nas discussões de caso da especialidade. Todos concordaram que não havia outra solução, senão realizar a amputação do reto e ânus e deixá-la com uma colostomia permanente.

Eva era uma mulher franzina, mas com atitude muito enérgica, e era tabagista inveterada. Durante sua estadia conosco, quando a avaliamos para o pré-operatório, ela disse: "Sei o que essa cirurgia representa no meu futuro, mas prefiro ficar com a bolsinha (colostomia) para o resto da vida do que seguir com as dores que tenho diariamente ou morrer ainda jovem".

Foi uma cirurgia de grandes proporções, na qual a paciente quase faleceu algumas vezes e precisou ser reanimada pela excelente equipe de anestesistas. A intervenção teve duração de mais de cinco horas, mas ao final (graças a Deus e à equipe) foi um êxito. Eva recuperou-se muito bem e logo recebeu alta.

Meses depois, voltei a vê-la a distância, caminhando tranquilamente pela rua, e era pouco perceptível a colostomia. Notei que seguia acompanhada de seu velho parceiro: o cigarro.

Outra paciente que me marcou naquele estágio foi a sra. Onélida, que deu entrada no nosso setor para investigar uma dor abdominal. Após a realização dos exames, teve o diagnóstico de um pseudocisto pancreático, o qual, em geral, precisa ser tratado de forma cirúrgica para evitar complicações mais graves. Ela foi minha paciente no setor durante os dois meses em que estive lá.

Onélida era uma mulher idosa, com cerca de setenta anos, com sobrepeso e ainda forte. No início da internação, era bastante comunicativa, mas, com o avançar das semanas, percebemos que já tinha alterações cognitivas significativas, talvez produzidas (ou agravadas) pela internação.

Como já tinha idade avançada, era um caso mais delicado para uma intervenção cirúrgica ambulatorial. Precisava estar muito bem compensada de suas patologias de base, como a hipertensão e a diabetes. Durante a internação, ela tinha episódios de descompensações que contraindicavam a cirurgia. Houve momentos em que se complicaram os parâmetros vitais e precisou subir para o setor intensivo. Mesmo quando não estava em nosso setor, por vezes eu ia até a UTI e conversava com os profissionais de lá para ter notícias. Em alguns momentos, eu podia falar com ela ou com algum familiar para acompanhar o caso. Quando estabilizava, ela voltava para nosso setor e aguardava alguma novidade sobre a conduta da equipe de cirurgia.

Em Cuba, é obrigatória a presença de acompanhantes para crianças e idosos internados. Era muito bonito observar a união das famílias. Onélida sempre estava cercada por seus filhos e netos, e todos eram muito obedientes com as recomendações e diligentes em seu cuidado.

Como mencionado, no internato "vivíamos" no hospital. Eu chegava muito cedo, às sete horas da manhã, e às vezes só saía no final da tarde ou, se tivesse plantão, no dia seguinte. Com esse ritmo, era comum estar muito presente com meus pacientes, mas, devido à grande quantidade de tarefas, não tínhamos muito tempo para dispensar-lhes individualmente várias vezes ao dia.

Certo dia, cheguei cedo ao hospital e vi que o neto dela era quem estava ajudando em seus cuidados. Era um rapaz com cerca de trinta anos, bonito e de porte atlético. Percebia que a tratava com carinho e tentava convencê-la a comer. Porém quase não conseguia disfarçar sua frustração, pois, apesar de seus esforços, a sra. Onélida estava irascível e se recusava a receber os cuidados do neto. Fui surpreendida pela atitude dela quando, ao me ver, apontou em minha direção e disse: "Só vou comer se ela me der", atitude que deixou o rapaz ainda mais contrariado.

Fiquei indecisa se deveria tomar a frente e atender o desejo da pobre senhora, mas pensei que, se o fizesse apenas nesse episódio, geraria uma expectativa que eu não poderia cumprir em todos os outros momentos que ela me necessitasse. Além do que, temia tirar a autoridade dos familiares, que sempre se mostravam muito atenciosos em seus cuidados.

Com cautela, aproximei-me do leito e disse a ela que necessitava alimentar-se para que se fortalecesse e logo tivesse alta. Ela mantinha a negativa e começou a chorar, dizendo: "Eu quero ir embora daqui contigo, me leva com você, por favor!". Aquela situação causou-me grande consternação, mas pedi que se acalmasse para que não piorasse seu quadro. Após muita insistência de minha parte, ela se acalmou e aceitou receber os cuidados do neto.

Depois daquele episódio, fui até o dr. Flores, que sempre tinha uma postura muito sóbria com o trabalho, e perguntei-lhe o que deveria fazer para não me envolver tanto com cada paciente e que eles também não o fizessem comigo. Afinal, dessa forma muito pouco os ajudaria objetivamente, além do desgaste que eu sentia com as situações graves que vivenciava.

A realidade da profissão não é como nos seriados televisivos, no estilo *Grey's Anatomy*. A prática exige que tenhamos algum sangue-frio e direcionamento para a tomada de decisões importantes. É claro que tampouco devemos nos tornar robôs sem sentimentos ou empatia, mas um envolvimento pessoal com cada paciente não é saudável nem para eles, nem para o profissional.

O dr. Flores observou-me com seu olhar sério por alguns minutos e disse-me: "Nesses casos, o tempo é o melhor professor"; explicou que gradualmente conseguiria dosar como orientar os pacientes sem precisar me consumir tanto.

E de fato assim foi. Demorou alguns anos ainda, sobretudo quando retornei a São Paulo e trabalhava com casos muito graves na periferia da cidade. Aos poucos aprendi que não precisava me tornar insensível ao sofrimento alheio para ter um raciocínio eficiente diante das necessidades dos pacientes.

Trabalhando na psiquiatria, tento sempre incentivar os pacientes a desenvolver sua autonomia e a corresponsabilidade com a saúde, principalmente quando os percebo muito apegados comigo. Ouvi muitos pacientes relatarem situações nas quais criaram grande vínculo com alguns profissionais e se sentiram abandonados quando estes se desligaram do serviço. Alguns até disseram: "Quando ele [o profissional] foi embora, parei o acompanhamento, porque já não havia *ninguém* para dar continuidade no meu tratamento".

Quando notava que faziam esse tipo de vinculação comigo, eu os alertava de que o tratamento era sempre do paciente, independentemente de onde ele fosse e do profissional que o acompanhasse.

Insisto em dizer que nós, profissionais de saúde, quem quer que sejamos – médico, enfermeiro, psicólogos, assistentes sociais etc. –, somos como ferramentas (colocadas por "Deus/espiritualidade") para uso dos pacientes. Alguns irão usar bem, outros não. Quanto melhor aproveitarem o que cada profissional trouxer para sua vida e mantiverem a continuidade de seu tratamento, melhor será o desfecho. Pois cada pessoa que cruza nosso caminho traz coisas positivas e únicas, mas é preciso estar aberto para aproveitá-las.

Percebo que os pacientes que recebem essa orientação retornam nas consultas seguintes um pouco mais fortalecidos e autônomos para seguir o tratamento. Reflito que o mais importante não é o que você faz diretamente pelas pessoas, mas o que você as ajuda a fazerem por si mesmas.

No caso da sra. Onélida, pouco depois, os professores se convenceram de que não lhe traria proveitos permanecer na internação, aguardando uma possível cirurgia que teria mais riscos do que benefícios. Ela recebeu alta com orientações para os parentes e sua equipe de medicina de família sobre a manutenção dos cuidados domiciliares.

***

Naquele ano, fui exonerada no estágio de cirurgia e, em consequência, fui dispensada da prova final. Foi uma situação inesperada, pois nunca soube de alguém que houvesse exonerado com o dr. Flores antes. Senti marcada satisfação em ser reconhecida pelo empenho nesse estágio. Percebi que talvez pudesse ser bem-sucedida nessa área também. Porém tal feito não foi o suficiente para reacender meu desejo de seguir nessa especialidade.

Algum tempo depois, reencontrei o dr. Flores caminhando pelo setor de UTI no hospital provincial. Carregava alguns pertences com seu costumeiro jeito taciturno, porém cabisbaixo. Cumprimentou-me de forma amável, mas tinha um semblante triste e o olhar resignado. Em seguida vi que se sentou ao lado de um leito (como acompanhante) onde estava uma paciente intubada e com aparência grave. Depois soube que aquela era sua esposa, que havia sido operada de um grave tumor cerebral e, pouco tempo depois, faleceu.

Outra importante lição que aprendi com o dr. Flores é que, mesmo que sejamos exímios profissionais, precisamos manter a humildade, pois somos humanos e não temos poder de decisão sobre a vida e a morte, mesmo nos casos que nos são mais preciosos.

MGI – uma nova oportunidade para os estudantes estrangeiros

No final de 2005, depois da graduação da primeira turma da ELAM, o governo cubano deu continuidade ao programa de formação médica para os estudantes estrangeiros. Ao concluírem a graduação de seis anos em medicina, os alunos poderiam optar por especializar-se em uma das quatro áreas principais da medicina (medicina interna, ginecologia-obstetrícia, pediatria ou cirurgia). Porém antes precisariam realizar a residência em medicina de família (MGI), com duração de dois anos, assim como todos os médicos cubanos.

A formação como médico de família antes de outra especialização é uma realidade que não acontece apenas em Cuba, mas também em alguns outros países, como o Japão (18). A importância dessa formação deve-se ao fato de que o médico generalista (recém-formado) poderá obter ferramentas importantes que lhe permitirão desenvolver atividades essenciais que vão além dos muros dos hospitais que o formaram, através de um contato mais próximo e amplo com a população.

A proposta da APS é ter resolutividade superior a 80% de todas as queixas de saúde (19). Ao favorecer a promoção em saúde e a prevenção de doenças, auxilia os pacientes a desenvolver autonomia em relação à sua própria vida.

O conhecimento e a prática da medicina de família antes de cursar outras especialidades também se fazem necessários para o profissional adquirir experiência clínica, pois em outras áreas da medicina o conhecimento é muito mais específico. Dessa forma, possibilita ampliar o olhar do profissional para obter melhores diagnósticos.

Em Cuba, durante o curso de MGI, é dada ênfase ao estudo dos determinantes sociais de saúde (DSS), que são os diversos elementos diretamente ligados ao adoecimento, como os fatores de risco, fatores socioeconômicos, comportamentais, psicológicos etc. Eles têm fundamental importância para aprimorar o conhecimento e a manutenção dos principais programas de saúde pública relacionados com a infância, a saúde da mulher, os idosos, as pessoas com deficiência e as principais doenças crônicas.

O contato direto do médico recém-formado com sua comunidade proporciona a este um aprendizado mais profundo e prático sobre como funciona o sistema de saúde em sua base. Na medicina de família, o profissional atende os pacientes de forma longitudinal, e não apenas em aspectos relativos a uma patologia, como comumente acontece no atendimento de pronto-socorro, que se baseia na avaliação momentânea e simplificada de queixa-conduta.

* * *

No último ano, tive uma noção maior da relevância desse estágio em minha formação como médica. Também reencontrei o dr. Victor, um colega peruano que voltou para realizar a especialização em pediatria e naquele período cursava a formação de MGI. Era motivador ver a dedicação que ele demonstrava em seu ofício, ensinando-nos com entusiasmo a parte clínica e prática da especialidade.

Além disso, era notável a estima dos pacientes pelo dr. Vitor; várias vezes alguns deles insistiam em nos relatar a importância da atuação de Victor naquela comunidade. Também era bonito observar a sinergia dele com sua enfermeira, quando juntos realizavam o trabalho de forma efetiva. A partir de então, passei a considerar a possibilidade de ficar em Cuba para cursar alguma especialização em medicina.

Nessa disciplina, fazíamos plantões semanais nas policlínicas, que em geral funcionavam até as dezessete horas. Algumas que estivessem localizadas em regiões mais afastadas da cidade funcionavam 24 horas. A policlínica também é um serviço da APS, de complexidade intermediária entre o hospital e o consultório do médico de família, e aquela que frequentei servia como referência para cerca de 29 equipes de médicos de família de um distrito sanitário.

A GO e seus desafios

No estágio de GO, os internos tinham mais autonomia para realizar procedimentos tanto ginecológicos como obstétricos, mas ainda sob supervisão. Pude, então, fazer mais alguns partos, os quais eram disputados, pois infelizmente o período de nosso estágio não foi de grande natalidade.

No último ano, ficamos durante duas semanas nos diversos setores da maternidade, onde éramos responsáveis pela avaliação de determinado número de leitos e também pela supervisão do trabalho dos alunos do quarto ano. Era muito interessante observar o funcionamento de cada setor, como se fosse uma orquestra, na qual cada instrumento deveria ter a afinação adequada para que ocorresse o desempenho correto de todo o conjunto.

No setor de diabetes, junto com os residentes, fazíamos a avaliação diária da glicemia das pacientes em diversos horários para o ajuste da dose de insulina e semanalmente avaliávamos o peso para calcular-lhes a dieta. Aquelas que atingissem a estabilização do quadro recebiam alta com recomendações para o seguimento adequado junto com seus médicos de família. Porém as pacientes que mantivessem marcada descompensação permaneciam internadas o tempo que fosse necessário; algumas inclusive ficavam praticamente durante toda a gestação, até o parto.

Havia uma ala chamada de "miscelânea", com variados casos de gestantes que, por terem alto risco obstétrico, permaneciam ali em observação. Era o caso de algumas gestantes de gemelares, com risco de abortamento. Com isso, os profissionais tentavam melhorar a evolução da gestação e evitar ao máximo o risco de prematuridade.

Nesse ano, fiquei consternada quando soube do caso de Odalys, uma jovem paciente de apenas 21 anos que esperava seu primeiro filho e foi paciente de meu ex-namorado Alejandro. Ela passou grande parte do final da gestação internada no setor de hipertensão, pois teve diagnóstico de doença hipertensiva específica da gravidez.

Certo dia, Alejandro levou sua câmera para fotografar a maternidade e perguntou a Odalys se ela permitiria que os fotografassem, com ele examinando-lhe a barriga, e ela, feliz, assentiu. Logo em seguida, ele mudou de setor e não teve mais contato com ela. Dias depois, a mãe dela, chamada Mirtha, encontrou com ele pelos corredores e, chorosa, perguntou-lhe se ainda tinha consigo a foto de Odalys e se poderia dar-lhe uma cópia, pois seria a última bela lembrança que guardaria da gestação da filha.

Em seguida, contou que o parto de Odalys ocorreu satisfatoriamente, sem intercorrências, e que nascera um belo menino, com peso adequado e saudável. Disse que a filha já havia passado pelo setor de observação do pós-parto, recuperava-se bem e fora transferida de volta à enfermaria do setor de hipertensão, com excelente ânimo. Seguia com as medicações e cuidados apropriados e apenas aguardava para receber alta; e sua mãe estava sempre ao seu lado como acompanhante.

Mirtha relatou que, no dia anterior à alta, despertou na madrugada com o choro do neto, que estava no bercinho ao lado da filha, e achou estranho que Odalys, tão cuidadosa, não tivesse acordado com o choro de seu bebê. Então decidiu pegar a criança para ajudá-la a amamentar. Chamou a filha, mas ela não respondeu. E foi tomada de surpresa quando, ao tocar-lhe o rosto, percebeu que estava fria; havia falecido enquanto dormia.

Posteriormente, após investigação ostensiva do caso, foi diagnosticado que teve um infarto fulminante, sem responsáveis diretos por seu falecimento. Mirtha, sua mãe, ficou responsável pelos cuidados do neto com a família do genro. Logo depois, Alejandro fez a impressão da foto e entregou-lhe em uma pequena moldura, para que guardasse a lembrança dos últimos dias da filha, quando estava cheia de amor e esperança.

Casos fatais como esse infelizmente podem acontecer em qualquer lugar, mas era admirável ver como a vida é considerada valiosa em Cuba.

A pediatria e a preparação para a vida real

A pediatria foi minha última disciplina, e a "ficha começava a cair", pois aquele seria nosso último estágio como estudantes. Dali a poucos meses, já seríamos profissionais graduados. Aliviados pela conclusão do curso, porém com todas as responsabilidades inerentes ao ofício.

Aproveitei o estágio para realizar diversos procedimentos, desde curativos, suturas, punções lombares, punções venosas etc. Pensei que, ali, havia encontrado a especialidade na qual desejava trabalhar pelo resto da vida. Toda aquela prática foi essencial para minha preparação e me ajudou muito nos anos seguintes, quando trabalhei algumas vezes sozinha em um ambulatório, atendendo inclusive casos de crianças graves, dia e noite.

Como internos, éramos os responsáveis pelos atendimentos iniciais no pronto-socorro. Se houvesse alguma dúvida ou casos mais complexos, nos apoiávamos nos residentes que trabalhavam conosco; e eles, se necessário, se apoiavam no professor-chefe do plantão.

Um episódio marcante naquele ano aconteceu com Martin, um amigo argentino, que durante um plantão com seu GBT atendeu uma jovem adolescente de treze anos. Ela chegou com a mãe, que se queixou do aparecimento súbito e progressivo de manchas na pele da menina. A mãe relatou que a menina estava com uma infecção de garganta havia poucos dias e, naquela manhã, havia sido atendida no hospital; como a garota pediu para não ser medicada com injeção, foi prescrita amoxicilina de oito em oito horas por sete dias, além de outras recomendações, como mandava o protocolo.

Contudo, voltaram no meio da noite pela mudança em seu quadro, pois a menina permanecia febril e não melhorava com dipirona; estava abatida e apareceram "manchinhas", que não coçavam, nas pernas. A mãe pensava que era apenas uma alergia medicamentosa e decidiu voltar ao hospital para que a medicassem com algum antialérgico e remédio para febre.

Martin avaliou a menina, que disse sentir-se "um pouco cansada", mas parecia bem. Porém, ao observar melhor as lesões de pele, ele achou estranho, pois não lhe pareceram "manchas de alergia". Ele chamou o residente responsável, que parou outro atendimento para orientar-lhe; mesmo tarde da noite, o PS ainda estava bem movimentado. O residente observou rapidamente as lesões e orientou que mudasse o antibiótico, prescrevesse medicações antialérgicas e marcasse reavaliação da paciente em uma semana, conforme manda o protocolo.

Ainda incomodado com o quadro e sem desejar confrontar o residente, Martin chamou o professor-chefe do plantão e explicou-lhe o caso. Ao avaliar a jovem, o professor concordou com a preocupação dele, de que aquelas manchas eram na realidade petéquias (sangramentos de pequenos vasos subcutâneos).

Imediatamente, o professor solicitou exames de urgência, que mostraram graves alterações de origem infecciosa bacteriana, e a paciente foi rapidamente internada no setor da UTI pediátrica. Um exame mais detalhado daquela lesão (o raspado de petéquias) revelou a presença da temível bactéria *Neisseria meningitidis*, responsável pela doença meningocócica.

A doença meningocócica é uma enfermidade que pode apresentar diferentes quadros, entre os quais a bacteremia (bactérias no sangue) sem sepse (infecção generalizada), a meningococcemia (sepse) sem meningite e a meningite com ou sem meningococcemia. É um quadro infeccioso que pode ser extremamente grave e letal; aproximadamente 5% a 10% dos indivíduos evoluem para óbito, mesmo com tratamento adequado, e, dos sobreviventes, de 9% a 11% permanecem com algum tipo de sequela, como surdez, convulsões, paralisias ou amputação de extremidades (6, 20).

A jovem paciente apresentou o início de um quadro grave e recebeu altas doses de penicilina cristalina endovenosa. Esteve internada por alguns dias e felizmente recuperou-se muito bem e sem sequelas, como se nada tivesse acontecido.

* * *

Em outra ocasião, era uma manhã tranquila no pronto-socorro; junto com um colega do internato, assistíamos um médico residente quando chegou uma mãe com um bebê recém-nascido, com cerca de quinze dias. A mãe disse que estava estranho, "muito quietinho" e sem alimentar-se bem; o médico de família o havia visto e feito um encaminhamento para ser avaliado melhor pelo especialista no hospital.

Uma das coisas que o dr. Espinosita sempre enfatizava era que escutássemos com atenção as queixas das mães, pois nosso contato com os pequenos era em geral muito curto, e eram elas quem verdadeiramente conheciam as crianças, pois as acompanhavam todos os dias.

O médico residente era jovem e novo na pediatria, um peruano muito amável e atencioso que avaliou o bebê e pediu para a mãe nos mostrar como o estava amamentando. Ela o fez, e o bebê mamava pouco e voltava a dormir. A criança não tinha febre nem outros sinais de gravidade.

Enquanto o residente dava orientações à mãe relativas aos cuidados com o bebê em casa, fiquei algo curiosa e, com meu colega, pedi para ver o bebê de novo. Preocupou-me o fato de que o estimulávamos, mas ele não despertava completamente. Notei que tinha certa redução do tônus muscular, ficava "muito molinho" quando tentávamos despertá-lo. Então perguntei ao residente se poderíamos chamar a professora-chefe do plantão, e ele assentiu. Quando a médica avaliou o pequeno com atenção, em poucos minutos percebeu que algo realmente não estava bem. Solicitou exames de urgência, que mostraram alteração compatível com um quadro infeccioso bacteriano. No fim, o bebê precisou ser internado, mas foi outro caso que se resolveu sem problemas em poucos dias.

É comum que pacientes em extremos de idade, tanto crianças muito pequenas quanto idosos, apresentem rápido agravamento, mesmo no início de uma pequena infecção, e até antes de apresentar febre ou sintomas de maior gravidade. Por isso é imprescindível uma avaliação clínica ainda mais acurada com esses pacientes.

Mesmo fazendo nosso melhor, nenhum profissional está isento de um desfecho grave e fatal. Lembro-me com tristeza de uma professora da neurologia pediátrica, uma excelente médica, que na época em que estive lá dava poucas aulas, pois nem sempre estava bem. Quando a conhecemos, muitos estudantes achavam estranho um tique facial que ela tinha: falava algumas frases e ao final dava um sorriso inusitado. Só depois soubemos de sua história.

Seus colegas de trabalho contaram que, alguns anos antes, sua única filha falecera pouco antes de completar quinze anos (o aniversário mais celebrado em Cuba). A família já estava com a festa organizada quando a garota apresentou uma forte dor de cabeça e precisou ser internada rapidamente. Teve um quadro de meningite fulminante, e a professora, mesmo sendo uma experiente neurologista, nada pôde fazer para salvar a própria filha. Seus colegas disseram que ela permaneceu muito tempo afastada do trabalho e, quando voltou, tinha esse tique.

***

Os eventos que presenciei foram contundentes e paradoxais. Ao mesmo tempo que fiquei muito feliz ao perceber que nossa atuação poderia ser decisiva para salvar vidas, por outro lado, era atemorizante pensar que uma decisão errada também poderia custar a vida de alguém. Interrogava-me como me sentiria se um dia, exausta ou sobrecarregada, também deixasse passar despercebida alguma grave alteração que colocasse alguma vida em risco.

PROVA ESTATAL

Ao finalizar o ciclo de seis anos de estudos do curso de medicina em Cuba, para conseguir o diploma médico, é realizado um exame nacional de medicina, lá chamado Prova Estatal. Consiste em uma avaliação, oral e prática, realizada em uma das principais disciplinas cursadas no último ano (MGI, medicina interna, GO, pediatria ou cirurgia). A disciplina pela qual seríamos avaliados era selecionada através de sorteio.

A grande diferença em relação às avaliações costumeiras é que o aluno precisa saber não apenas sobre patologias relativas à disciplina avaliada, mas inclusive lhe é cobrado conhecimento de toda a propedêutica[17] da medicina. Nessa prova é preciso realizar o exame físico completo de todos os órgãos e sistemas, com ênfase na especialidade

---

17. Propedêutica, na medicina, é o conjunto de técnicas (entrevista, exame físico, sem o apoio de exames complementares) usadas para a elaboração de uma base pela qual o médico se orienta para chegar a um diagnóstico.

avaliada. No exame os professores observam desde nossa aparência e atitudes até a execução da entrevista e do exame físico, a relação médico-paciente e, posteriormente, a discussão clínica sobre o caso estudado.

Toda a avaliação é feita sem que o aluno tenha acesso ao histórico ou outros documentos sobre o paciente. Ao final, realizam uma discussão clínica com uma bancada de especialistas da área, em que é necessário dizer a hipótese diagnóstica e outras condições possíveis para o caso, explicando o motivo das conclusões. E é necessário ainda discorrer sobre o tratamento indicado em suas distintas formas (se medicamentoso, cirúrgico e também as medidas não medicamentosas), bem como o prognóstico e as orientações pertinentes ao paciente e aos familiares.

* * *

Minha prova foi na disciplina de GO. Além de realizar um exame clínico completo de todos os sistemas (respiratório, cardiovascular, neurológico etc.), no exame relativo à gestação nós utilizávamos um instrumento antigo chamado estetoscópio de Pinard para ouvir o foco cardíaco fetal, e era preciso que o professor comprovasse que o havíamos detectado.

Yusney foi a paciente que me designaram e, para minha sorte, era uma moça extremamente amável, que aceitou participar da avaliação e colaborou muito. Ela tinha 25 anos, era sua primeira gestação e estava internada por hipertensão gestacional. Como esse era um tema de grande relevância na disciplina, eu o havia estudado bastante.

A Prova Estatal era um exame exaustivo para alunos, professores e pacientes, pois durava todo um período (manhã ou tarde). Foi bastante estressante, não apenas pelo cansaço físico e mental, mas sobretudo porque era a prova que decidiria nosso futuro e a conquista do diploma e do registro médico.

Mesmo com a fadiga do exame, senti que me saí bem e tive a felicidade de ser elogiada pela professora-chefe do serviço ao finalizar a prova. Saí com a sensação de mais um importante dever cumprido. Concluí, assim, um extenso ciclo de estudos, dedicação e aprendizados.

Terminada a prova, agradeci internamente a todos que me permitiram chegar àquele momento de realização, desde os generosos pacientes e os dedicados e admiráveis professores até os colegas todos, que apoiavam uns aos outros. Também agradeci à espiritualidade, que me deu forças para concretizar tão extraordinária jornada.

Fiquei muito feliz ao passar pela "prova de fogo" do sexto ano e concluir de forma exitosa minha formação, o que no início questionava se seria possível. Refleti sobre quantas pessoas estariam pelo mundo, talvez com muito mais capacidade intelectual ou mesmo mais interesse e disposição do que eu, com grande desejo em estudar medicina, mas talvez jamais tenham a oportunidade que eu tive. Gostaria de viver em um mundo onde houvesse o acesso à educação de qualidade para todos, e que qualquer pessoa pudesse se desenvolver dentro de suas aptidões, independentemente de condições financeiras.

***

Ao terminarem os exames eram somadas as notas de todo o curso, e aos estudantes com nota final acima da média era concedido um reconhecimento chamado *título de oro*. Por ter alcançado a segunda maior média de nota da turma de estudantes estrangeiros em Camagüey, fui contemplada com essa condecoração – a qual recebi com humildade, pois sentia que estudar com afinco era o mínimo que poderia fazer para agradecer a todo o povo cubano pela possibilidade que me deram de estudar uma profissão tão nobre, sem nada cobrar-me, ainda que eles mesmos enfrentassem tantas adversidades.

Sempre considerei que aquela conquista não era apenas minha, pois simbolizava a vitória de muitos.

FORMATURA – *VENI, VIDI, VICI!*

No dia 2 de agosto de 2008, na *Plaza de la Revolución* em Camagüey, foi realizada a graduação da minha turma. Foi diferente das formaturas tradicionais que vi em outros países; não havia *togas o birretes*, isto é, não usávamos becas. Vestíamos os uniformes que usávamos nas aulas: a calça ou saia azul-marinho comuns, com o jaleco branco por cima; simples e direto, como era tudo em Cuba.

Havia muitos protocolos antes da entrega dos diplomas. Alguns alunos foram selecionados para um discurso breve, como Rafael, um boliviano muito ligado às atividades de relações internacionais da escola, e Gabriel, um colega brasileiro que, além de ser o representante da nossa delegação, era exímio jogador de futebol e também bastante envolvido com outras atividades extracurriculares propostas pela escola.

Algo interessante é que em Cuba não celebravam apenas o desempenho acadêmico dos alunos, mas também sua integralidade. Rafael e Gabriel, por exemplo, não eram academicamente os melhores estudantes do grupo, mas destacavam-se na disposição em cumprir com diversas outras atividades. Seguindo a lógica que sempre nos mencionava o famoso dr. Pila: "Quem só de medicina sabe nem de medicina sabe". Essa frase ressalta a importância de um aprimoramento para além das salas de aula, não apenas como profissionais da medicina, mas como seres humanos no mundo.

Outra diferença marcante era que lá não se faz o juramento de Hipócrates e sim o *juramento de la graduación*, segundo o qual os formandos se comprometem com os valores éticos da medicina e em honrar o povo que, com tantos sacrifícios, nos deu a oportunidade de sermos agentes de transformação pelo mundo.

DEPOIS DA FORMATURA, A REALIDADE

Quando me graduei, sabia que ainda ocorriam discussões políticas sobre a homologação de nossos diplomas no Brasil, porém sem nenhuma notícia positiva. Não era possível regressar ao país e trabalhar imediatamente. Mantinha-se a decisão da necessidade de realização de provas para a revalidação do diploma.

Na época, a revalidação dos diplomas médicos no Brasil era um tema bastante penoso. Ainda hoje escuto pessoas que desconhecem o assunto e comentam ser apenas um medo dos estudantes em realizar uma prova. Porém até para conseguir realizar essa prova havia um íngreme processo pelo caminho.

Até o final de 2010, as provas de revalidação não eram unificadas. Eram realizadas apenas por algumas universidades públicas que tivessem interesse e disponibilidade para realizar o processo. Não era barato, e cada universidade estipulava valores diferentes para a inscrição. Não havia homogeneidade no sistema nem na metodologia dos exames. A grande maioria das instituições realizava a prova uma única vez ao ano, e havia até algumas que a faziam apenas a cada dois anos.

Desde o princípio do curso, ao saber da existência desse processo, nunca o temi, pois até aquele momento jamais havia falhado no âmbito acadêmico e, durante minha formação, sentia que estava sendo bem preparada para a profissão, mesmo entendendo que a realidade no Brasil seria muitíssimo distinta do que aprendi na ilha.

Sabia que a maioria das coisas que aprendi em minha formação era apenas "na teoria", pois, como mencionei, em Cuba nunca atendi nenhum paciente com tuberculose, hanseníase, doença de Chagas, leishmaniose, entre outras doenças infectocontagiosas tão comuns em países subdesenvolvidos. Sem falar nos graves transtornos mentais e outras enfermidades relacionadas a questões socioculturais, como a drogadição e a violência em todas as suas formas. Infelizmente, tudo isso é muito comum em qualquer região do Brasil, desde pequenos municípios até grandes capitais como Fortaleza e São Paulo, onde viria a trabalhar.

Compreendia que voltar ao Brasil sem condições financeiras não era uma opção, pois meus familiares não tinham como apoiar-me durante o processo de homologação do meu diploma, que não é rápido nem barato.

***

Como exemplo, cito a prova de revalidação que fiz em 2010, em uma conceituada universidade pública da Região Centro-Oeste do país. Eu voltara ao Brasil em janeiro daquele ano e aguardara a abertura das inscrições, que só ocorreram em março; realizei a prova em outubro e só tive meu diploma homologado em janeiro do ano seguinte.

Todo o processo custava cerca de 6 mil reais, se levados em conta todos os gastos relativos a documentação, pagamento de taxas, viagens até o local para levar documentações em diferentes momentos, deslocamento e hospedagem para fazer prova etc. Com outros colegas, consegui reduzir um pouco esse valor, pois nos dividimos nas várias viagens para levar os documentos. Contudo, eram custos bem altos, ainda mais para estudantes recém-formados. Quem não fosse aprovado, deveria aguardar mais um ano para recomeçar todo o processo.

Entendo que as provas são importantes para analisar o conhecimento dos futuros profissionais, pois se trata de uma profissão que trabalha com vidas humanas. Mas questiono por que o Conselho Federal de Medicina brasileiro não avalia com a mesma severidade os estudantes de medicina que estudam no país. Por que será que apenas os profissionais que estudaram fora precisam provar que têm os conhecimentos necessários? Ainda aguardo por respostas.

* * *

Além da questão financeira, eu tampouco tinha um grande anseio de regressar ao Brasil logo após a formatura. Ainda carregava uma grande mágoa no coração contra meu país; refletia sobre como poderia amar um lugar que nada me deu e onde inclusive me tiraram o que de mais importante eu tinha na vida, que era minha mãe. Depois de formada, senti que minha dívida seria para sempre com Cuba.

Por outro lado, uma parte de mim também pensava na necessidade de voltar ao país para ajudar meu pai, que já estava idoso e dependia unicamente do apoio de meus irmãos, ambos já com suas respectivas famílias. Sabia que chegaria o momento em que eu também precisaria assistir meu pai.

Com a falta de perspectiva em retornar de imediato ao Brasil, considerei permanecer em Cuba para realizar a residência de MGI por dois anos, e depois a de pediatria por mais três. Espelhava-me nos colegas colombianos e peruanos, que voltaram para realizar esse novo programa; e assim ao menos seguiria estudando com apoio na ilha.

Naquela época, Cuba já tinha diversos programas de cooperação com a Venezuela, como o Barrio Adentro, no qual médicos cubanos trabalhavam nas periferias e em zonas intricadas do país vizinho. Sempre em regiões de grande vulnerabilidade socioeconômica e carentes desses profissionais.

Dentro do acordo entre ambos os países, também havia a possibilidade de realizar o curso de MGI na Venezuela e, posteriormente, voltar a Cuba para a segunda especialidade médica.

Em 2005, o governo venezuelano criou o grupo Batalhão 51, que representava os primeiros 51 venezuelanos graduados na ELAM. Mais tarde recebeu também a alcunha de Migdelis Campos, em homenagem à médica venezuelana da ELAM que perdeu a vida na queda de um helicóptero em março de 2006, ao cumprir seu trabalho em região indígena, no estado venezuelano de Apure (21). E era nesse grupo que os estudantes formados em Cuba eram incorporados para trabalhar no país vizinho.

* * *

Ao terminar as aulas da faculdade, eu ainda estava meio atordoada, sem saber ao certo qual seria meu futuro. Vivia um grande duelo interno, pois não desejava retornar ao Brasil e ficar parada esperando como e quando seria possível realizar alguma prova de revalidação. A única certeza que tinha era minha nova afirmação de que era uma profissional formada e iria trabalhar como médica, onde fosse possível.

Considerei a possibilidade de realizar a formação em medicina de família e trabalhar na Venezuela para depois cursar uma segunda residência em Cuba. Refleti que a experiência na Venezuela me traria outras experiências profissionais e pessoais.

Em meio a tantas dúvidas, me consultava com alguns amigos, e muitos me apoiavam para que fosse à Venezuela. Outros colegas estrangeiros, ao ouvirem sobre meus planos, também se animaram e se inscreveram no programa do Batalhão 51, inclusive colegas que tinham garantida a homologação do diploma em seus respectivos países, como alguns do México, Argentina e Guatemala, que desejavam progredir com uma nova vivência.

Logo após a graduação, enquanto a maioria de meus colegas se preparava para retornar aos seus países, eu não deixava de frequentar o hospital quase diariamente e passava visitas com alguns professores. Um dia tomei a coragem de solicitar a opinião do dr. Pila sobre minha dúvida em juntar-me ao grupo do Batalhão 51 ou continuar o curso de MGI em Cuba, e sem delongas ele me disse: "Oras, para que você vai se meter em um lugar que não conhece e até correr o risco de cair de um helicóptero? Você não precisa disso!".

Lembrei que, antes de inscrever-me para tentar a bolsa de medicina em Cuba, eu já pesquisava como seria trabalhar com ajuda humanitária, pois tinha um forte desejo de ir a lugares desconhecidos e poder auxiliar pessoas carentes com meu trabalho. Então, pesei os prós e contras e, na semana seguinte, fui até a embaixada da Venezuela em Havana, decidida a participar naquela nova aventura. Em poucos dias, resolvi meus papéis e comprei minha passagem apenas de ida a Caracas, em meados de setembro de 2008. A partir de então, meu destino seguiria um novo curso.

＊＊

Quando me questionam: "Você teria ficado morando em Cuba?", respondo que se, houvesse constituído família lá, provavelmente sim, como o fizeram alguns colegas estrangeiros. Porém hoje reflito que, mais importante do que estar fixado fisicamente em um lugar, é levar um pouco dele para onde formos. Onde quer que eu vá, como profissional e como pessoa, levarei comigo os ideais que me foram ensinados: de solidariedade e de respeito à vida.

O que mais aprendi com minha formação é que nós, médicos, formados em qualquer parte do mundo, devemos antes de tudo zelar pelo aspecto humano de nossa profissão. Gradativamente, a tecnologia também se aproxima de forma mais eficiente desse ofício. Há técnicas capazes de realizar diagnósticos diversos e inclusive procedimentos e intervenções cirúrgicas, com mais precisão que do qualquer homem seria capaz. Contudo, algo que nenhuma tecnologia será capaz de substituir, e precisamos aprimorar cada vez mais, é a empatia por nosso semelhante.

A *LUCHA* (LUTA) CUBANA

Como mencionado no primeiro capítulo, após a forte crise que atingiu o país durante o Período Especial, no início da década de 1990 – época de grande sofrimento para os cubanos na ilha –, o governo de Cuba realizou mudanças radicais na economia que alteraram de forma abrupta a forma de viver de sua sociedade.

É importante ressaltar que, com a queda da URSS, que era a principal parceira econômica de Cuba, e com o sistema econômico cubano colapsado, as ações implementadas foram maneiras encontradas pelo governo para tentar reviver a economia e manter os pilares fundamentais da Revolução, que são a saúde e a educação gratuitas de qualidade.

Infelizmente, com as deliberações, houve uma forte alteração de paradigmas da vida na ilha, que acabou por criar certa desigualdade entre aqueles que começaram a ter acesso a divisas (dólar cubano) e aqueles que não têm. Como mencionou Aviva Chomsky: "O sistema colocava o governo na posição paradoxal de alimentar a desigualdade a fim de subsidiar a igualdade" (22).

Durante minha vivência na ilha, pude experimentar algumas situações decorrentes da grave crise econômica, já não tão acentuada como dez anos antes, no auge do Período Especial. Entre alguns impactos marcantes estava a limitação de gasolina, que dificultava muito o transporte público.

A única linha de ônibus que passava em frente da ELAM era a 420, que já saía lotada do ponto final, perto do Club Náutico, com destino ao município de Bauta, a cerca de vinte quilômetros. Os ônibus sempre iam abarrotados em ambos os sentidos; muitas vezes passava apenas um veículo a cada hora e era um salve-se quem puder para entrar. Presenciei algumas vezes a triste situação em que algum cubano, no meio daquele empurra-empurra, reclamava em voz alta: "Vem gente de outros países para lotar nossos ônibus". Não era algo corrente, mas me fazia refletir como aquela população também se sacrificava para que pudéssemos estar ali.

Era notável que, no período em que cheguei, na ilha ainda viviam uma economia de sobrevivência, que refletia a impiedosa escassez sofrida na década passada. Os cubanos chamavam de "*luchar*" o novo princípio informal pelo qual se mantinha a subsistência. O governo mantinha o abastecimento de alguns alimentos e produtos básicos através da *libreta*, uma ficha que todas as famílias possuem para conseguirem os mantimentos básicos fortemente subsidiados. Porém, para adquirir algo diferente, como proteína animal na comida diária, muitas vezes era preciso *luchar*.

Naquele período, eram comuns os famosos *paladares*, que são pequenos restaurantes particulares abertos pelos cubanos em suas próprias casas. Vi exemplos muito marcantes, como a mãe da nossa querida dra. Yamilet. Ambas moravam próximo ao hospital pediátrico e a mãe da professora, com ajuda da família, cozinhava para vender; diariamente tinham a casa repleta de estudantes, pois a comida era deliciosa. O trabalho não era fácil, pois praticamente todos os dias (e o dia inteiro) estavam envolvidos nesse labor. Esse tipo de atividade aumentou em quantidade, sobretudo com a presença dos estudantes estrangeiros e do turismo.

Os cubanos aproveitavam o que pudessem para ter acesso a alguma divisa. Aqueles que podiam alugavam quartos em suas casas; outros ofereciam serviços de lavar e passar roupas, entre muitas outras atividades. Não tinham medo nem vergonha de trabalhar no que fosse preciso para obter um pouco mais de comodidade.

Pela grande escassez, também crescia um mercado paralelo de itens que não eram tão acessíveis, e era notável como isso, infelizmente, alimentava as pequenas corrupções do dia a dia. Por exemplo, quem trabalhava na padaria (estatal) conseguia um pouco de farinha que sobrava e levava para sua casa ou vendia para outros colegas que vendiam pizzas ou outras guloseimas. Os únicos profissionais que, com seu trabalho, não tinham como vender nada eram os médicos e outros profissionais da saúde.

Talvez por esse motivo, e pela medicina não ter um *status* diferenciado dentro da sociedade cubana, os médicos eram tratados com muito respeito e carinho pelos pacientes. Lembro-me das diversas vezes em que estava em um plantão quase na hora do almoço, já cansada, e recebia algum paciente que havia atendido mais cedo, levando-me algum *bocadillo* (sanduíche) ou mesmo um refresco, e dizia: "Isso é para você, doutora, pois nesse horário creio que a senhorita já deve estar com fome". Atitudes como essa me faziam perceber que lá os pacientes conseguiam nos ver como semelhantes, alguém que também tem sede e fome. Muito diferente do que algumas vezes vivenciei fazendo plantões no Brasil.

Também presenciei ocasiões em que alguns professores receberam os mais variados presentes, em retribuição ao atendimento prestado. Vi alguns pacientes presentearem aos médicos desde sacos de arroz até uma galinha viva! Notava que os profissionais ficavam sem graça de receber o agrado, mas tampouco estavam em condições de recusar.

No refeitório da faculdade, havia algumas ocasiões nas quais a comida era simplesmente arroz, com sopa de arroz e doce de arroz. Era o que tinham para compartilhar, e era preciso aceitar o que nos era oferecido.

* * *

Testemunhei várias atitudes no cotidiano da população cubana, que, mesmo com todas as dificuldades financeiras (e certo "descenso moral"), demonstrava que o povo não permanecia inerte diante de suas carências. Eram pessoas que buscavam uma maneira de alcançar uma sobrevivência menos sofrida para si e para o próximo; em sua maioria, eram indivíduos fortemente imbuídos de solidariedade.

Contudo, claro que existem pessoas que, devido à situação de limitação econômica, se aproveitam para tirar vantagens, sobretudo em locais turísticos e na capital. Como em todo o mundo, em Cuba há pessoas com personalidade antissocial, que se manifestam mais facilmente nas situações de graves carências, evidenciando que a própria sobrevivência é o que mais importa. Assim, em algumas ocasiões havia furtos e outros delitos no país.

Reflito, no entanto, como seria a vida dos cubanos na ilha se o terrível bloqueio econômico que sofrem há mais de sessenta anos nunca tivesse existido.

COISA DE CRIANÇAS...

Enquanto eu estava arrumando os papéis e autorizações para minha viagem à Venezuela, fui algumas vezes a Havana. Em uma dessas idas à capital, caminhava junto com um amigo argentino por ruas próximas de La Habana Vieja, bairro antigo no centro da cidade. Ele, com sua "cara de gringo", chamava a atenção, pois era caucasiano e carregava sempre seu equipamento de mate. Logo mais, se aproximaram de nós um casal de crianças cubanas, com aproximadamente nove ou dez anos, aparência nutrida e saudável, limpos e vestidos adequadamente. Ambos traziam um sorriso maroto no rosto, típico de quem faz alguma travessura.

As crianças nos interpelaram, fazendo certo esforço para esconder os risinhos, pois tentavam dar credibilidade à sua história. Dirigindo-se diretamente ao meu colega, perguntaram-lhe de onde éramos. Quando lhes dissemos que éramos do Brasil e da Argentina, os olhinhos deles brilharam ansiosos, e foram logo dizendo: "Vocês têm um dólar ou algum dinheiro para nos dar? Pois vocês sabiam que aqui, em nosso país, as crianças são tratadas muito, *muito* mal? Aqui fazem coisas terríveis com a gente!". Estenderam-nos as pequenas mãozinhas enquanto se entreolhavam e davam pequenas risadas.

Ainda tentamos questionar-lhes quais eram as "coisas horríveis" de que eles falavam. Porém, mostraram-se desconcertados e não sabiam o que responder. Então meu colega revelou que éramos de fato estrangeiros, mas que morávamos na ilha há mais de seis anos. Ao escutarem isso, as crianças saíram correndo sem conter as risadas, percebendo que tinham sido pegas em sua travessura, e que aqueles estrangeiros não cairiam naquele "conto das crianças de rua". E refletimos que essa situação tão grave, de existir crianças abandonadas à própria sorte, em nossos países de origem infelizmente não era um conto, e sim uma triste realidade tratada com cruel indiferença.

Não me pareceu que aquela situação fosse como vejo no Brasil ou em outros países, onde alguns adultos instruem as crianças e as exploram. Imagino que aquelas crianças cubanas, com aquela "cena", conseguiam algum dinheiro por conta própria a fim de comprar alguma comida ou guloseima diferente. Penso que aqueles garotos (nascidos após o Período Especial) cresceram convivendo apenas com as graves limitações da ilha. Provavelmente apenas viam as faltas de seu país e notavam o contraste de suas vidas em relação aos visitantes estrangeiros. Talvez escutassem os adultos reclamando de suas carências diárias, faltas de coisas necessárias, mas também daquilo que é prescindível, coisas que veem nas novelas (brasileiras) e filmes que assistem de todas as partes do mundo.

Após esse episódio, refleti: como seria para um turista que estivesse há poucos dias na ilha e se deparasse com uma cena como aquela?

Condoeu-me pensar como uma "simples brincadeira" como essa poderia confundir e deturpar ainda mais a imagem do país. Situação que aqueles pequenos, preocupados com sua recompensa imediata e sem verdadeira maldade, ainda não tinham a capacidade de compreender.

VIVENDO UM FURACÃO NA ILHA

É curioso que minha história com Cuba tenha se iniciado "graças" a um furacão – o que resultou na criação da ELAM – e, como não poderia deixar de ser, terminado com outro.

Desde que chegamos à ilha e recebemos aquela palestra da defesa civil cubana no início do pré-médico, eu tinha grande pavor do tema. Durante todo o tempo que lá vivi, agradecia por nunca ter passado por um evento dramático desses.

O "corredor dos furacões do Caribe", que cruza Cuba, tem sua rota quase sempre pela capital ou pelas províncias ocidentais, ou seja, no sentido oposto a Camagüey. Como morei em Havana apenas nos dois primeiros anos da faculdade, não convivia com esse medo diretamente. Na província apenas escutávamos notícias sobre os furacões que ocasionalmente acometiam sobretudo a capital e deixavam graves prejuízos econômicos.

O mais próximo que vivenciei de um furacão na ilha foi justamente pouco antes do translado para Camagüey, no início do terceiro ano, quando houve uma ameaça de furacão de categoria 4 que entraria por Havana. Por medida de segurança, transladaram todos os estudantes da ELAM para um ginásio esportivo no centro da cidade (local com estrutura física capaz de suportar esse tipo de fenômeno), e ali estivemos por cerca de 24 horas, mas felizmente o furacão desviou sua rota.

Depois de resolver os trâmites legais para minha viagem a Caracas, regressei a Camagüey motivada com a organização de meus pertences para a nova partida. Mas logo começaram as notícias sobre o aparecimento do ciclone tropical Ike, que ia ganhando intensidade no mar e, segundo as previsões, viraria um forte furacão, com grande possibilidade de entrar na ilha por Camagüey nos próximos dias.

Mesmo com as notícias sobre a gravidade do furacão, o clima na cidade era quase calmo; os moradores estavam muito tranquilos, e alguns diziam: "Todos sabemos que furacões quase nunca passam por aqui. Verão que isso é apenas um alarme!".

Como as aulas para novos alunos da faculdade haviam começado no início de setembro, precisei sair do alojamento estudantil. Sabendo de minha situação, a sra. Marisia, uma querida amiga cubana, convidou-me para ficar em sua casa até o dia de minha viagem, dali a onze dias.

Marisia era uma mulher já idosa, com cerca de sessenta anos, mas não aparentava a idade, pois era forte e jovial. Trabalhou na área de comunicação por vinte anos, numa rádio local, mas já estava aposentada havia alguns anos. Tinha dois filhos já casados, e apenas o mais novo, "Don" Omar, morava próximo e a visitava com frequência, junto com Maria, sua esposa.

Quando escutei os primeiros rumores sobre o furacão, entrei em pânico e logo tracei um plano com Marisia, dizendo-lhe que precisávamos nos apressar em comprar alguns mantimentos não perecíveis, estocar água, preparar as portas e janelas da casa etc. Porém ela, muito tranquilamente, dizia que não me preocupasse tanto, que deveriam ser apenas rumores, pois em Camagüey não passavam furacões havia mais de setenta anos.

Mesmo não tendo grande experiência em termos de furacões, desde que cheguei a Cuba eu sabia do trabalho notável da defesa civil no país e entendia que eles preferiam pecar pelo excesso, como aconteceu no episódio na ELAM.

Pelo grande temor às notícias, comecei a atuar em modo automático de sobrevivência. Como sempre fui muito ansiosa, em momentos assim conseguia usar a "ansiedade boa" a meu favor e, por minha conta, comecei a preparar algumas coisas. Ficamos praticamente sozinhas para enfrentar a possível tempestade, pois os filhos de Marisia deviam estar envolvidos com os preparativos em suas residências ou talvez, como a maioria dos moradores da cidade, não estivessem muito crédulos daquela previsão meteorológica.

A casa de Marisia tem estilo colonial, é bastante ampla, com pé-direito alto e grandes persianas de madeiras, que ventilam bastante a casa. Conseguimos tábuas de madeiras e, conforme aprendi com os próprios cubanos, eu as preguei por todas as janelas. Tamanha era minha apreensão que rapidamente vedei todas as janelas e algumas portas.

Era uma cena quase cômica: eu acelerada e pendurada em escadas, e Marisia, muito calma, me passando os pregos e os pedaços de madeira; ela agradecia pelo meu apoio, mas insistia que tudo era um grande exagero e que todo aquele trabalho seria em vão. Internamente eu rezava para que suas palavras estivessem certas, mas isso não me dissuadia de realizar os cuidados preventivos que nos haviam sido orientados.

Os furacões são eventos climáticos bastante imprevisíveis, mesmo com os avanços tecnológicos dos sistemas que acompanham seu desenvolvimento. Pois podem mudar sua intensidade e rota rapidamente de acordo com diversas influências, como a pressão atmosférica e a temperatura das massas de ar do oceano.

São necessários muitos profissionais envolvidos para o monitoramento dos "passos" de um furacão, e é imprescindível a conscientização e o apoio de toda a população para proporcionar um melhor trabalho da defesa civil durante esses fenômenos climáticos.

As notícias informavam que aquele seria o segundo furacão a atingir Cuba em apenas duas semanas. Pouco antes, o furacão Gustav causara grandes prejuízos e estragos em quase 100 mil casas na região ocidental da ilha. De acordo com o chefe do serviço meteorológico cubano, Jose Rubiera, "o país jamais havia sido atingido por dois furacões em tão curto espaço de tempo" (23).

Em Cuba, todas as informações eram televisionadas e repassadas diretamente à população a cada momento. Nos dias prévios à chegada do Ike, acompanhávamos diariamente os informes televisivos que às vezes interrompiam a programação e notificavam sua rota. Assistíamos como o monstro crescia e seguia implacável, deixando um rastro de sofrimento ao longo de sua trajetória pelo Caribe.

Antes de entrar no território cubano, Ike causou graves prejuízos por onde passou. Foram reportadas pelas autoridades das ilhas caribenhas de Turks e Caicos que cerca de 80% dos edifícios foram danificados. No Haiti a destruição foi ainda pior, provocando ao menos 61 mortes (24).

No dia da chegada do furacão em Cuba, era uma manhã quente de final de verão. Havia sol, e acompanhamos o céu escurecer aos poucos ao longo do dia, como num dia normal de chuva. Naquela manhã ainda fazíamos alguns preparativos; deixamos a casa com uma porta aberta para que ventilasse, pois as janelas já estavam todas vedadas. Com o passar das horas, a incredulidade de minha amiga foi substituída por uma progressiva apreensão sobre como estariam os filhos e sua família.

No final da tarde, o tempo mudou completamente, com uma chuva que gradativamente aumentava em intensidade. Pela TV acompanhávamos os passos do Ike, que continuava em seu caminho com a mesma determinação. Tornou-se um furacão muito poderoso, de categoria 4. Esperavam que pudesse perder força ao tocar o solo cubano, mas ainda havia a possibilidade de que aumentasse em intensidade a qualquer momento e chegasse à categoria 5, a máxima na escala Saffir-Simpson.

A defesa civil trabalhava incansavelmente, desde muitos dias antes, evacuando casas e locais de maiores risco, mesmo sob protestos de pessoas que não desejavam abandonar suas residências. Mas na ilha o lema principal é: "A vida está sempre em primeiro lugar, por cima de qualquer bem material".

Notícias contavam que milhares de pessoas deixaram suas casas nas províncias orientais, tanto em Camagüey como em Santiago de Cuba, Holguín e Guantánamo. A defesa civil também ampliou o aviso de furacão para Ciego de Ávila, Las Tunas e Granma. Na província de Matanzas, mais a oeste do país, e também em Havana foi emitido aviso de "vigilância de furacão", indicando por onde o Ike possivelmente passaria em seu último dia na ilha; estimavam que sua passagem pelo país se desse em dois dias (24).

Marisia e eu ficamos todo o dia grudadas na TV aguardando os informes. Tinha a impressão de que tudo parecia um filme. Enquanto noticiavam passo a passo a chegada do furacão, os repórteres alertavam a população sobre sua magnitude e insistiam nas recomendações de segurança.

À noite, a chuva se fortalecia e já não era possível ter dúvidas do que estaria por vir. Em determinado momento, o âncora do jornal anunciou: "Dentro de instantes as luzes serão cortadas por medidas de segurança, mas informações por rádio ainda serão transmitidas. Permaneçam seguros e muito atentos às orientações [...]" – nesse momento sua fala foi cortada, e, à escuridão, somou-se o ruidoso vento que soprava cada vez mais estrondoso no exterior da casa.

Não sei se eram lendas, mas diziam que havia pessoas já acostumadas com os furacões que, às vezes, aguardavam chegar o olho (centro do vórtice) e saíam de casa para arrumar alguma coisa. Se for verdade, trata-se de uma situação extremamente perigosa e imprudente, pois o olho do furacão pode ocupar uma área de trinta a sessenta quilômetros de diâmetro, quando há um período de aparente calmaria, mas depois a parede de vento continua em seu percurso destruidor (25). Considerando que eu não tinha o menor interesse de presenciar sua chegada, tive sorte, pois a passagem do temível visitante por Camagüey aconteceu na madrugada do dia 8 de setembro.

Já era tarde da noite quando se foi a luz. Horas antes havíamos pregado a última porta e tínhamos tudo arrumado. Acendemos velas para nos localizar pela casa e preparamos o quarto de hóspedes com duas camas para estarmos próximas se precisássemos de algo. Em seguida nos deitamos escutando a ventania. Decidida a não testemunhar o evento, já deitada, tomei dois comprimidos de medicação antialérgica, torcendo para adormecer rápido. Também os ofereci à Marisia, que recusou, dizendo que preferia permanecer desperta e em oração por sua família.

Sob o efeito da medicação, eu escutava cada vez mais distante a chuva e as orações de Marisia e, pouco a pouco, adormeci. Dormi um sono profundo e só acordei no meio da manhã seguinte. Afortunadamente a única coisa que presenciei da passagem do Ike foi uma forte tormenta.

No dia seguinte, nos levantamos da cama algumas vezes, apenas para ver como estavam as portas e janelas, que haviam suportado bem a noite inicial. Havia muitas goteiras por toda a casa. Tratamos de arrumar os móveis e eletrodomésticos para que não se molhassem. Não tendo mais o que fazer, contávamos uma à outra as anedotas da vida, entremeadas com as lamentações de Marisia, que sofria sem saber notícias da família, pois até as linhas telefônicas estavam cortadas.

Passamos o dia observando o temporal, parecido às tempestades de verão, com a diferença de que permanecia com força durante todo o dia, sem arrefecer. Apenas pela noite a chuva foi diminuindo de intensidade aos poucos.

E assim o Ike seguiu seu curso praticamente por toda a ilha. Deixou grande devastação e prejuízos econômicos, mas, afortunadamente, e pelo exemplar trabalho realizado pela defesa civil cubana, deixou um saldo de apenas quatro mortos na ilha (23). Foi impressionante ver a preparação e o envolvimento de todo o país para que o impacto sobre as pessoas fosse o menor possível.

Durante a passagem do furacão, permaneci muito apreensiva, pois estava atenta para minha viagem e tinha passagem marcada para

Caracas dali a três dias. Ficamos sem sair da casa por quase dois dias, sem luz e comunicação; por sorte, ficamos bem amparadas com nossas provisões. Preocupava-me também como estaria o mundo lá fora. Minha viagem de ônibus de Camagüey para Havana seria no dia 11 de setembro, e eu não sabia como estariam os transportes, as estradas etc. Como tudo até ali havia sido com muita emoção, minha partida não poderia ser diferente.

No dia 10 pela manhã, o sol voltou a sair e decidi ir até a rodoviária para averiguar a viagem para Havana. Ao sair de casa pela primeira vez, foi impactante observar as ruas; dava a impressão de que uma horda de vândalos titãs tivesse brincado pela cidade naqueles poucos dias. Havia postes de luz derrubados, fios de eletricidade cortados e enormes árvores destroçadas por todos os lados. Como os cubanos são muito precavidos com a ordem e a segurança, em geral não havia muitos materiais na rua nem lixo. Mas inevitavelmente muitas coisas, mesmo guardadas, foram reviradas e muitas casas foram destelhadas; era um cenário catastrófico e triste de presenciar.

Penso que, nesses momentos de tragédias, é quando melhor reconhecemos o que nos faz humanos. No percurso até a rodoviária, vi muitas pessoas nas ruas ajudando na limpeza e organização. Por todos os lados havia exemplos de solidariedade e resignação. Inclusive vi o reitor da faculdade, dr. Aquiles, trabalhando pelas ruas, igual a todas as outras pessoas. Naquele momento não importavam seus títulos; ele era simplesmente mais um cidadão cuidando do bem-estar comum. Ali se iniciavam dias de trabalho árduo até a volta à calmaria da cidade.

Quando cheguei na rodoviária, não havia sinal dos ônibus executivos. Informaram que as viagens estavam suspensas até segunda ordem. Mesmo chateada com a situação, não havia espaço para "choros nem velas". Eu tinha a consciência de que, diante de uma situação de tanta destruição e tristeza, seria uma tremenda insensibilidade reclamar pela passagem de ônibus perdida.

Contudo, felizmente consegui o contato de um motorista particular, que faria a viagem para Havana no dia seguinte. Embora fosse bem mais caro do que ele cobraria na semana anterior, precisei aceitar o trato para não perder meu voo.

Pude colaborar muito pouco nas horas que se seguiram. Os filhos de Marisia apareceram para ajudar, e ela se tranquilizou ao ver que todos estavam bem, apesar dos estragos sofridos e das dificuldades que ainda viriam.

No dia seguinte me despedi do país que me acolheu de forma tão significativa por todos aqueles anos. Como uma mãe, às vezes na figura da impetuosa Kali, em outros momentos como a compassiva Parvati[18], mas, em todo o tempo nele vivido, gestou-me, amparou-me e, posso dizer, me trouxe à vida; não apenas no sentido profissional, mas também no pessoal, pois abriu meus olhos para realidades que eu nunca conheceria não fosse a experiência única que Cuba me proporcionou.

PARA FINALIZAR: FALANDO SOBRE LIBERDADES

Somente quando a dor do meu semelhante
doer como se fosse a minha é que seremos
capazes de viver em perfeita harmonia.
Autocitação

Quando me perguntam se as pessoas em Cuba têm ou não liberdade, antes de responder, questiono: "O que é liberdade?".

De acordo com a ética, a liberdade está relacionada com a responsabilidade, uma vez que o indivíduo tem todo o direito de ter liberdade,

---

18. Na mitologia hinduísta, Parvarti é a consorte do deus Shiva; é uma divindade piedosa e benevolente, e Kali é sua outra representação, onde aparece como deusa implacável da morte do ego.

desde que essa atitude não desrespeite ninguém, não passe por cima de princípios éticos e legais (26).

O pensamento de Santo Agostinho reflete que liberdade também é fazer o que não se quer, pois fazer o que se quer o tempo todo é o conceito hedonista ou infantil de liberdade (27).

Quando me questionam "por que uma pessoa em Cuba não pode sair do país?", eu lhes devolvo a pergunta: "Alguém pode sair do Brasil se não tiver *dinheiro*?". Em Cuba, as permissões para saída também estão relacionadas com a precaução em averiguar se o cidadão cubano terá respaldo inclusive de cuidados de saúde aonde for.

Questiono também: "Qual liberdade teve minha avó materna, que era analfabeta, trabalhou por muitos anos na lavoura e a única viagem que fez (em toda sua vida) foi sair da vida miserável no sertão da Bahia para viver uma carência igual, ou até pior, em uma favela em São Paulo?".

Nunca vi as pessoas que reclamam da "falta de liberdade em Cuba" brigando pela liberdade de gente como minha avó e de milhões de pessoas que vivem como ela no Brasil e em outras regiões carentes do mundo. Qual liberdade têm as mães que vivem em favelas, onde os filhos crescem vendo no crime talvez a única "oportunidade de vida"? Mães que os veem crescer e morrer assassinados em seus braços, graças a essa chamada "liberdade".

Ou ainda pessoas como minha mãe, que são atingidas pelo efeito colateral de uma guerra informal vivida no Brasil há muitos anos, produto da marcada desigualdade social e da guerra às drogas. Que liberdade teve minha mãe ao ser assassinada em plena luz do dia, no meio da cidade mais rica do país? Morta por "crianças de rua", que nada mais são que os filhos indesejados de uma pátria.

Recentemente vi a entrevista de um famoso jornalista estadunidense com um jovem político brasileiro, na qual o político se gabou de "ajudar a livrar o Brasil de 'ser socialista' novamente". Por acaso alguma vez o Brasil o foi? Não que conste em nenhum registro histórico!

Em seguida o entrevistador fez uma pergunta retórica: "E alguém já viu algum país socialista que deu certo?", finalizando com um riso cúmplice entre ambos. Eu lhes responderia com outra questão: "Vocês querem saber de um país socialista que deu certo, mas para quem?".

Será que, se não houvesse o implacável bloqueio econômico que sufoca Cuba há mais de sessenta anos, a história desse país poderia ter sido escrita de forma diferente? Nunca desvendaremos essa incógnita, pois é importante que Cuba não sobreviva de forma digna para que o mundo capitalista ocidental prove sua teoria, repetida em frases como a desse jornalista.

Eu desafiaria o jornalista inclusive a ir a lugares esquecidos de seu próprio país. Nem precisaria ir muito longe. Ali mesmo, em Los Angeles, no bairro de Skid Row, que ousasse interrogar os milhares de habitantes que vivem em suas ruas (28); ou em qualquer local de seu país onde se encontram os imigrantes desumanizados; que questione as milhares de crianças que sofrem violência sexual e são vítimas da exploração por psicopatas; os não brancos que vivem nos Estados Unidos e diariamente perdem a vida apenas por sua aparência; os chamados "*white trash*" (brancos pobres) e quaisquer outros indivíduos sem dinheiro, para quem até a justiça vira as costas; que interrogue as milhares de pessoas pobres que lutam pela sobrevivência diária, e pergunte a elas: "Vocês conhecem um país *verdadeiramente* capitalista que deu certo?".

Martin Ravallion, ex-economista do Banco Mundial, em entrevista a um famoso jornal espanhol, ressaltou que a marcada desigualdade é bastante custosa não apenas por fatores éticos, mas também por limitar o crescimento econômico, pois tudo está conectado. Enfatizou a importância da adoção de políticas públicas que corrijam a iniquidade, investindo sobretudo na infância de crianças carentes, e destacou: "É preciso apagar a ideia de que almejar reduzir a desigualdade é coisa de comunista. Eu gostaria que o capitalismo funcionasse para todo mundo. E não vejo isso acontecer" (29).

Ressalto que o mais perigoso de Cuba não é sua ideologia, e sim seu exemplo. Se aquela "experiência" tivesse "dado certo", com todas as conquistas sociais, e ainda por cima tivessem um adequado nível econômico, será que outros povos não iriam desejar algo semelhante? Se um país tão pequeno e pobre de recursos naturais, enfrentando tantas limitações, foi capaz, por que não muitos outros?

***

Posso dizer que vi um tipo de liberdade em Cuba diferente de outras partes do mundo onde estive; liberdade que não vejo em meu próprio país, onde muitas crianças nem sequer conseguem brincar na rua de casa sem correr o risco de "encontrar" uma bala perdida.

Em Cuba vi pessoas que, mesmo com muitas dificuldades, têm onde viver, alimentação básica, direito garantido à educação e à saúde. Vi mulheres que têm liberdade sobre seus corpos e sobre sua concepção, pessoas que têm acesso à saúde e educação de qualidade, não pelo que possuem monetariamente, mas pelo simples fato de serem humanos.

Tive um professor de filosofia no colégio técnico que nos dizia: "O mundo viveu todos os tipos de revoluções (industrial, sociais, religiosas etc.), mas de fato a próxima revolução que precisa acontecer é a revolução da consciência". Entendo que apenas através dela cada um perceberá que não somos seres isolados, e sim um grande sistema biológico complexo em que, se uma parte não está bem e sofre, o organismo como um todo padecerá. Não importa em qual sistema econômico ou social vivamos.

CONSIDERAÇÕES FINAIS

*Quando se conhece tudo como o Eu,
nem mesmo um átomo
é visto como algo diferente do Eu.*
Paramahansa Yogananda

É triste notar como tanta mágoa e ódio ao pensamento contrário seguem trazendo tamanho sofrimento aos cubanos na ilha após todos esses anos. A gravidade da situação que vive o povo na ilha, se não foi criada pelos próprios cubanos dissidentes de Miami, é de fato muito intensificado por eles, tendo em vista que são parte do importante colégio eleitoral da Flórida e seguem as orientações de alguns dos mais implacáveis políticos dos Estados Unidos, que agem contra o bem-estar e o desenvolvimento econômico-social de Cuba.

Também é lastimoso pensar que uma grande parte das pessoas que escolheram emigrar de Cuba ao país vizinho atualmente está em situação econômica confortável, mas criaram seus filhos nutrindo forte ódio contra seu país de origem, muitos dos quais nem sequer estiveram na ilha e reivindicam recuperar casas nas quais hoje vivem muitas outras famílias.

Em visita a Cuba em 2002, o ex-presidente Jimmy Carter, em um de seus discursos, disse:

> Em muitos casos eles (cubanos dissidentes) estão reclamando sobre engenhos açucareiros decrépitos, empresas de telefonia que são uma antiguidade e muitos outros pertences obsoletos. A maior parte das companhias estadunidenses já absorveram suas perdas, mas ainda há aquelas que querem ser recompensadas, e existem muitos cubanos que fugiram da Revolução e mantêm um apego sentimental por suas casas (1).

Ele inclusive mencionou seu desejo de que os Estados Unidos pudessem resolver com alguma criatividade as disputas pelos direitos de propriedades antigas, que duram mais de sessenta anos (1).

O sistema político cubano desenvolveu ao longo desses anos graves problemas que precisam ser solucionados. Mas questiono: não seria mais justo que deixassem que eles mesmos os resolvessem? Críticos ao sistema da ilha afirmam que o governo cubano utiliza a situação do bloqueio como desculpa para suas falhas; mas, devido a essa determinação política, são patentes as consequências socioeconômicas devastadoras que trazem grande sofrimento aos cubanos na ilha.

Fidel Castro entrou para o *Guinness World Records* em duas categorias: com o discurso mais longo da história, de quatro horas e 29 minutos, na Assembleia Geral da ONU, em setembro de 1960, e por ser a pessoa que mais vezes foi vítima de tentativas de assassinato (638 vezes no total) (2). Tanta cólera contra ele não foi suficiente para retirá-lo do governo da ilha e impedir-lhe de enfrentar intensos conflitos com dez presidentes estadunidenses diferentes. Contudo, ele faleceu de causas naturais em sua cama aos noventa anos de idade, em 2016.

Percebo que ainda há muito rancor nos cubanos que residem fora do país contra sua figura e suas ideias. Porém quem mais sofre, infelizmente, são seus compatriotas na ilha, pois todos esses anos de sufocamento têm demonstrado que o sistema em Cuba sofre e agoniza, mas não se rende.

Para mim, o que de mais importante viemos fazer nesta Terra é aprender o difícil trabalho da convivência, inclusive compreendendo a ilusão da posse. Pois de fato tudo aqui é temporário, nada de verdade nos pertence. Quem se vai nada mais leva do que aquilo que carrega dentro de si. Por que não aproveitarmos esse tempo que nos foi dado para construir sociedades mais justas e inclusivas para todos?

Gostaria de imaginar um mundo no qual essa grave polaridade não precisasse existir, onde cada indivíduo tivesse seu direito de pensar e conviver segundo suas visões.

Claro está que no mundo também existem pessoas que são indiferentes ao sofrimento alheio. Os maiores representantes desse grupo são os psicopatas; pessoas egocêntricas, sem empatia e com o pensamento maquiavélico de que nada mais importa senão cumprir seus desejos.

Também é lastimável o fato de que há muitas pessoas que afirmam lutar contra a materialização de um mundo ideal da psicopatia, mas fazem justamente o contrário. Nas sociedades atuais, cada vez mais se propagam pensamentos tribais, baseados em ideais individualistas. É nesse contexto, infelizmente, que os psicopatas têm maiores possibilidades de atuação, e muitas vezes matam com apenas uma caneta.

Percebo que muitos dos que têm uma visão contrária a Cuba nem sequer se dão ao trabalho de pesquisar sobre a realidade do lugar, sua história e suas lutas. E outros ainda preferem não se imbricar diretamente, mantendo um pensamento indiferente: "Isso não é um problema meu". Porém, cada vez que fechamos os olhos e nos tornamos inertes ao sofrimento alheio, somos cúmplices, e nos tornamos um pouco menos humanos, sem empatia com a dor do outro.

É importante compreender que Cuba e seus projetos não foram criados e materializados apenas por Fidel Castro ou por uma dúzia de barbudos que desceram a Sierra Maestra. Foram projetos colocados em prática após muitos anos de luta e doação pessoal de cada cidadão cubano que acreditou, desde o início da Revolução, que um novo modo de organização social e de vida seria possível.

Começaram com a solidariedade interna, nas massivas campanhas de alfabetização e vacinação no início do processo. A elas, seguiram-se pela intensa capacitação, formação acadêmica e transformação de todo o povo e da sociedade, através de muito suor e lágrimas.

Deve-se compreender todo o esforço que realizam e tantos benefícios que alcançaram em sua luta, sobretudo no aspecto de educação e saúde, os quais pude vivenciar. Assim como testemunho no Brasil o enorme sofrimento de grande parte da população pela ausência de investimentos sérios nesses mesmos setores. Por esses motivos é que insisto: deixem que os cubanos na ilha sigam seu caminho e aprendam com seus acertos e erros.

Acredito que os cubanos que saíram da ilha tiveram seus motivos em fazê-lo, mas, em sua grande maioria, mesmo os que discordam do sistema político de Cuba não podem negar o grande desenvolvimento social conquistado no país. Isso muito embora enfrentem graves adversidades, sobretudo de ordem financeira.

Os cubanos que se foram para Miami tiveram benefícios que nenhum outro povo no mundo jamais teve, mediante as diversas manobras políticas que transformaram o tema da migração cubana em trunfo político. Contudo, tais deliberações atentam contra a vida de milhares de concidadãos. Por isso, insisto: quem decidiu sair do país que siga com a vida que escolheu e deixe viver aqueles que desejam permanecer na ilha.

Somente o diálogo e a reflexão serão capazes de libertar a ambos (governistas e dissidentes), trazer paz e, quem sabe, uma nova história poderá ser escrita, não a partir de um lugar de falta e mágoas, mas de aprendizado e crescimento.

POSFÁCIO

*Debemos emplear todas nuestras energías,
todos nuestros esfuerzos, todo nuestro tiempo
para poder decir en la voz de millones o en miles de millones*

¡Vale la pena haber nacido!
¡Vale la pena haber vivido!
Fidel Castro

Eu tinha vinte anos quando cheguei a Cuba para estudar medicina, e lá estávamos um bando de jovens, todos no mesmo barco, buscando encontrar uma nova maneira de viver.

Um dia estava em um passeio por Playas del Este, e, por não saber nadar, minha amiga Érica me ensinava a flutuar, pois lá as praias são como piscinas, muito calmas e transparentes.

Com o corpo flutuando em um paraíso de mar tranquilo e morno, sem escutar mais nada, contemplei o céu azul e, naquele momento, pela primeira vez na vida, agradeci a Deus e à espiritualidade por terem me dado uma nova oportunidade, e a Cuba, por aquela sensação indescritível e pela possibilidade de uma nova vida.

Pela primeira vez apreciei ter sobrevivido à tentativa de suicídio; do contrário, não viveria experiências como aquela e tantas outras que vieram. Hoje reconheço que Cuba me salvou de muitas maneiras!

Depois de todos esses anos de experiências e aprendizados, consigo dizer a todos que estejam em um momento de ambivalência sobre a vida, vivendo um episódio difícil de sofrimento, que vale a pena respirar fundo e esperar. Muitas vezes, não será rápido nem fácil, mas, sim, senhores, vale a pena *viver*!

Vão existir dias melhores e dias muito piores, mas cada pedra onde tropeçamos nos fará mais fortes, até o dia em que conseguiremos ver os obstáculos antes de tropiçar; e, ao olhar para trás, poderemos observar nosso passado e nossas lutas com compaixão.

Aprendi com minha história de vida que não sou mais forte ou mais corajosa que ninguém. É como diz o ditado: "Você só conhece a força que tem quando é obrigado a usá-la". E aprendi também que às vezes é preciso sentar e chorar o necessário, mas então enxugar as lágrimas, pedir e aceitar ajuda, e acreditar que existe uma saída, que é preciso seguir lutando, pois, mesmo havendo tempestades, em algum momento o sol e novas oportunidades irão brilhar. Contudo, é preciso estar preparado para reconhecê-las e aceitá-las em nossas vidas.

BIBLIOGRAFIA

Capítulo 1 – Resumo histórico de Cuba

(1) AYERBE, L. F. *A Revolução Cubana*. São Paulo: Editora Unesp, 2004.

(2) MORRONE, P. *A Fundação Nacional Cubano-americana (FNCA) na política externa dos Estados Unidos para Cuba*. São Paulo: Unesp/Unicamp/PUC-SP, 2008. Dissertação (Mestrado em Relações Internacionais). Disponível em: <http://livros01.livrosgratis.com.br/cp061066.pdf>. Acesso em: abr. 2019.

(3) CHOMSKY, A. *História da revolução cubana*. Tradução de Guilherme Miranda. Apresentação de Rogério de Campos. São Paulo: Veneta, 2015.

(4) RAMONET, I. *Cien horas con Fidel*. 3. ed. La Habana: Oficina de Publicaciones del Consejo de Estado (OPCE), 2006.

(5) ENGLISH, T. J. *Havana nocturne: How the mob owned Cuba... and then lost it to the Revolution*. New York: HarperCollins Publisher, 2007-2008.

(6) LAMRANI, S. "O embargo mais longo da história". *Le Monde Diplomatique Brasil*, 6 jan. 2015. Disponível em: <https://diplomatique.org.br/o--embargo-mais-longo-da-historia/>. Acesso em: abr. 2019.

(7) NELSON, L. *Cuba: the measure of a revolution*. Minneapolis: University of Minnesota Press and O.U.P., 1972. pp. 44-45.

(8) PRADO, G. S. *Guerrilhas da memória: estratégias de legitimação da Revolução Cubana (1959-2009)*. Brasília: Universidade de Brasília, 2013. Tese (Doutorado).

(9) MORAIS, F. *A ilha: um repórter brasileiro no país de Fidel Castro*. São Paulo: Companhia das Letras, 2001.

(10) LAZO, M. *American policy failures in Cuba: Dagger in the heart*. New York: Twin Circle Publishing Co., 1968. p. 94.

(11) SANTOS, F. L. B.; VASCONCELOS, J. S.; DESSOTI, F. R. (Orgs.). *Cuba no século XXI: dilemas da Revolução*. São Paulo: Editora Elefante, 2017.

(12) ÁLVARES SINTES, R. et al. *Temas de Medicina General Integral. Vol. I – Saúde e Medicina*. La Habana: Editorial Ciencias Médicas, 2001.

(13) ALZUGARAY TRETO, C. *El eventual levantamiento del bloqueo norteamericano y su impacto en las relaciones internacionales de Cuba*. Santo Domingo: FLACSO Dominicana, 2005. Disponível em: <https://www.academia.edu/9846527/Las_relaciones_exteriores_de_Cuba_en_un_escenario_post_bloqueo>. Acesso em: ago. 2019

(14) *Rules of international humanitarian law and other rules relating to the conduct of hostilities*. Geneva: International Committee of the Red Cross, 1989 (Edição revisada e atualizada, 2005). p. 140. Disponível em: < https://www.icrc.org/en/publication/0467-rules-international-humanitarian-law-and-other-rules-relating-conduct-hostilities >. Acesso em: ago. 2019.

(15) FEINSILVER, J. M. "La diplomacia médica cubana recibe una pequeña ayuda de sus amigos". *Nueva Sociedad (NUSO)*, n. 216, jul.-ago. 2008. Disponível em: <https://nuso.org/articulo/la-diplomacia-medica-cubana-recibe-una-pequena-ayuda-de-sus-amigos/>. Acesso em: maio 2020.

(16) NICHOLS, M. "Brazil for first time votes against U.N. call for end to U.S. embargo on Cuba". *Reuters*, 7 nov. 2019. Disponível em: <https://www.reuters.com/article/us-usa-cuba-un/brazil-for-first-time-votes-against-u-n-call-for-end-to-u-s-embargo-on-cuba-idUSKBN1XH2DV>. Acesso em: jul. 2020.

(17) KIRK, J. M.; ERISMAN, H. M. *Cuban medical internationalism: origins, evolution, and goals*. New York: Palgrave Macmillian, 2009.

(18) MEUCCI, I. D. P. "Estados Unidos e América Latina: o caso de Cuba no pós-guerra fria". In: V Simpósio Internacional Lutas Sociais na América Latina "Revoluções nas Américas: passado, presente e futuro", 10 a 13 set. 2013. *Anais...* Grupo de Estudos de Política da América Latina (GEPAL), 2013.

(19) BASSETS, M. "Nova era entre dois históricos adversários". *El País Brasil*, 17 dez. 2014. Disponível em: <https://brasil.elpais.com/brasil/2014/12/17/internacional/1418825186_663350.html>. Acesso em: ago. 2019.

(20) ALMOND, K.; MOORE, J. "Inside the border crisis: photos from the front lines". *CNN International*, 2018. Disponível em: <https://edition.cnn.com/interactive/2018/03/world/us-mexico-border-cnnphotos/>. Acesso em: mar. 2020.

(21) ORLANDO, G. "Veja o drama dos imigrantes na fronteira entre México e EUA". *R7*, 27 jun. 2019. Disponível em: <https://noticias.r7.com/internacional/fotos/veja-o-drama-dos-imigrantes-na-fronteira-entre-mexico-e-eua-27062019#!/foto/1]>. Acesso em: mar. 2020.

(22) MARTÍNEZ, M. R. *Las relaciones Cuba-Estados Unidos: migración y conflicto*. Habana: CEMI, ago. 2003. Disponível em: <http://bibliotecavirtual.clacso.org.ar/ar/libros/cuba/cemi/cuba_eeuu.pdf>. Acesso em: nov. 2019.

(23) AJA DÍAZ, A.; *La emigración cubana hacia Estados Unidos a la luz de su política inmigratoria*; Centro de Estudios de Migraciones Internacionales (CEMI), Habana, Cuba; 2000.

Capítulo 2 – Minha vida antes de Cuba

(1) MACHADO, L.; SENRA, R. "'Roubou, fez... e enfim foi preso', promotor relembra estratégias de Maluf para se safar da Justiça". *BBC Brasil*. 20 dez. 2017. Disponível em: <https://www.bbc.com/portuguese/brasil-42361459>. Acesso em: nov. 2019.

Capítulo 3 – O curso de pré-médico

(1) *Bula da cloroquina*. Disponível em: <http://www.anvisa.gov.br/datavisa/fila_bula/frmVisualizarBula.asp?pNuTransacao=9097152015&pIdAnexo=2895239>. Acesso em: mar. 2019.

(2) AZNÁREZ, J. J. *Carter defiende la democracia en Cuba en un discurso televisado*. El País, La Habana, 14 maio 2002. Disponível em: <https://elpais.com/diario/2002/05/15/internacional/1021413601_850215.html>. Acesso em: nov. 2019.

(3) CARTER, J. "Declaraciones de Jimmy Carter en la Universidad de la Habana, Cuba". *The Carter Center*, 13 maio 2002. Disponível em: <https://www.cartercenter.org/news/documents/doc518.html>. Acesso em: nov. 2019.

(4) ORAMAS LEÓN, O. "La generosidad de Cuba es muy grande". *Diario Granma*, 14 maio 2002. Disponível em: <http://www.granma.cu/granmad/2002/05/14/nacional/articulo08.html>. Acesso em: nov. 2019.

(5) *Discurso del Presidente de la República de Cuba, Fidel Castro Ruz, con motivo de la visita del expresidente norteamericano, James Carter, a la Escuela Latinoamericana de Ciencias Médicas*. Versiones Taquigráficas, Consejo de Estado, 13 maio 2002. Disponível em: <http://www.cuba.cu/gobierno/discursos/2002/esp/f130502e.html>. Acesso em: nov. 2019.

(6) AYERBE, L. F. *A Revolução Cubana*. São Paulo: Editora Unesp, 2004.

(7) RAMONET, I. *Cien horas com Fidel*. 3. ed. La Habana: Oficina de Publicaciones del Consejo de Estado (OPCE), 2006.

(8) CANALS, T. D; OLMEDO, G. G. "Cultura y prostitución: una solución posible". *Papers*, n. 52, 1997.

(9) CHOMSKY, A. *História da revolução cubana*. Tradução de Guilherme Miranda. Apresentação de Rogério de Campos. São Paulo: Veneta, 2015.

(10) MORAIS, F. *A ilha: um repórter brasileiro no país de Fidel Castro*. São Paulo: Companhia das Letras, 2001.

Capítulo 4 – A Escuela Latinoamericana de Medicina (ELAM)

(1) FEINSILVER, J. M. *Healing the masses: cuban health politics at home and abroad*. California: University of California Press Berkley and Los Angeles, 1993.

(2) GRENON, M. M. "Cuban internationalism and contemporary humanitarianism: history, comparison and perspectives". *International Journal of Cuban Studies (IJCS)*, 2016. Disponível em: <www.plutojournals.com/ijcs/>. Acesso em: nov. 2019.

(3) CHOMSKY, A. *História da revolução cubana*. Tradução de Guilherme Miranda. Apresentação de Rogério de Campos. São Paulo: Veneta, 2015.

(4) KIRK, J. M.; ERISMAN, H. M. *Cuban medical internationalism: origins, evolution, and goals*. New York: Palgrave Macmillian, 2009.

(5) FEINSILVER, J. M. "La diplomacia médica cubana recibe una pequeña ayuda de sus amigos". *Nueva Sociedad (NUSO)*, n. 216, jul.-ago. 2008. Disponível em: <https://nuso.org/articulo/la-diplomacia-medica-cubana-recibe-una-pequena-ayuda-de-sus-amigos/>. Acesso em: maio 2020.

(6) "Propostas paliativas são rejeitadas". *Jornal Medicina*, ano XXVII, n. 208, maio 2012. Disponível em: <http://www.crm-ms.org.br/images/stories/JornalMedicina/2012/jornal208.pdf>. Acesso em: maio 2020.

(7) ALMEIDA FILHO, N. "Reconhecer Flexner: inquérito sobre produção de mitos na educação médica no Brasil contemporâneo". *Cadernos de Saúde Pública*, Rio de Janeiro, v. 26, n. 12, p. 2234-2249, dez. 2010. Disponível em: <https://www.scielosp.org/article/csp/2010.v26n12/2234-2249/>. Acesso em: out. 2019.

(8) AYERBE, L. F. *A Revolução Cubana*. São Paulo: Editora Unesp, 2004.

(9) "Relatório do Banco Mundial afirma que Brasil praticamente conseguiu erradicar a extrema pobreza". *Nações Unidas*, 22 abr. 2015. Disponível

em: <https://nacoesunidas.org/relatorio-banco-mundial-afirma-que-brasil-conseguiu-praticamente-erradicar-extrema-pobreza/>. Acesso em: fev. 2020.

(10) "Em 10 anos, redução da extrema pobreza foi de ao menos 63%". *Instituto de Pesquisas Econômica Aplicada (IPEA)*, 30 dez. 2015. Disponível em: <https://www.ipea.gov.br/portal/index.php?option=com_content&view=article&id=27000>. Acesso em: fev. 2020.

(11) SCHREIBER, M. "Terras indígenas no arredor de Belo Monte sofrem com roubo milionário de madeira". *BBC*, Brasília, 11 maio 2015. Disponível em: <https://www.bbc.com/portuguese/noticias/2015/05/150508_belo_monte_funai_ms_lgb>. Acesso em: fev. 2020.

(12) BRUM, E. "Belo Monte, a obra que une os polos políticos". *El País*, 5 dez. 2019. Disponível em: <https://brasil.elpais.com/eliane_brum/2019-12-05/belo-monte-a-obra-que-une-os-polos-politicos.html>. Acesso em: fev. 2020.

(13) ANDRADE, E. O. "O mito da medicina cubana". *Portal do CFM*, 21 mar. 2004. Disponível em: <https://portal.cfm.org.br/index.php?option=com_content&view=article&id=20112:o-mito-da-medicina-cubana&catid=46:artigos&Itemid=18>. Acesso em: maio 2020.

(14) FERREIRA, R. A. "O sistema de cotas étnico-raciais adotado pela USP". *Jornal da USP*, 5 jan. 2018. Disponível em: <https://jornal.usp.br/artigos/o-sistema-de-cotas-etno-raciais-adotado-pela-usp/>. Acesso em: maio 2020.

Capítulo 5 – Sobre o sistema de saúde em Cuba

(1) FERTONANI, H. P. et al. "Modelo assistencial em saúde: conceitos e desafios para a atenção básica brasileira". *Ciência & Saúde Coletiva*, v. 20, n. 6, p. 1869-1878, 2015.

(2) KIRK, J. M.; ERISMAN, H. M. *Cuban medical internationalism: origins, evolution, and goals*. New York: Palgrave Macmillian, 2009.

(3) FEINSILVER, J. M. *Healing the Masses: cuban health politics at home and abroad*. California: University of California Press Berkley and Los Angeles, 1993.

(4) KUSCHNIR, R. *Desafios à organização de redes de atenção à saúde*. [S.l.]: Escola Nacional de Saúde Pública, Fundação Oswaldo Cruz, [s.d.]. Disponível em: <http://www5.ensp.fiocruz.br/biblioteca/dados/txt_230104412.ppt>. Acesso em: set. 2019.

(5) KUSCHNIR, R.; CHORNY, A. H. "Redes de atenção à saúde: contextualizando o debate". *Ciência & Saúde Coletiva*, v. 15, n. 5, 2010.

(6) ÁLVARES SINTES, R. et al. *Temas de Medicina General Integral. Vol I – Saúde e Medicina*. La Habana: Editorial Ciencias Médicas, 2001.

(7) MENDES E. V. "As redes de atenção à saúde". *Ciência & Saúde Coletiva*, v. 15, n. 5, 2010.

(8) BRASIL. Conselho Nacional de Secretários de Saúde. *A atenção Primária e as Redes de Atenção à Saúde*. Brasília: CONASS, 2015.

(9) *Estrategia para el acceso universal a la salud y la cobertura universal de salud*. Organización Panamericana de la Salud (OPS). Washington, D.C., out. 2014. Disponível em: <https://www.paho.org/hq/dmdocuments/2014/CD53-5-s.pdf>. Acesso em: set. 2019.

(10) *Atenção primária integral à saúde: Indicadores para avaliação*. Rio de Janeiro, abr. 2011. Disponível em: <http://andromeda.ensp.fiocruz.br/teias/sites/default/files/biblioteca_home/Atencao%20Primaria%20Integral%20a%20Saude.pdf>. Acesso em: 27 jul. 2020.

(11) BUSS, P. M.; PELLEGRINI FILHO, A. "A saúde e seus determinantes sociais". *Physis: Revista de Saúde Coletiva*, Rio de Janeiro, 2007. Disponível em: <https://www.scielo.br/pdf/physis/v17n1/v17n1a06.pdf>. Acesso em: jan. 2020.

(12) CASTRO RUZ, F. *La Historia me absolverá*. 5. reimpr. La Habana: Editorial de Ciencias Sociales, 2007. Disponível em: <http://www.cubadebate.cu/libros-libres/2007/05/25/la-historia-me-absolvera-fidel-castro-pdf/#.XviakG1Kg-Y>. Acesso em: nov. 2019.

(13) ORAMAS LEÓN, O. "La generosidad de Cuba es muy grande". *Diario Granma*, 14 maio 2002. Disponível em: <http://www.granma.cu/granmad/2002/05/14/nacional/articulo08.html>. Acesso em: nov. 2019.

(14) "Relação da população brasileira x médicos". *Portal médico*. Disponível em: <http://www.portalmedico.org.br/include/biblioteca_virtual/abertura_escolas_medicina/007.htm>. Acesso em: nov. 2019.

(15) GUARESEMIN C.; NEUMAN C. "Para socióloga americana, médico brasileiro teme concorrência com cubano". *Portal UOL*, São Paulo, 21 set. 2013. Disponível em: <https://noticias.uol.com.br/saude/ultimas-noticias/redacao/2013/09/21/cubanos-gostam-de-ajudar-mas-tambem-querem-ganhar-dinheiro-diz-sociologa.htm>. Acesso em: jul. 2019.

(16) FEINSILVER, J. M. "La diplomacia médica cubana recibe una pequeña ayuda de sus amigos". *Nueva Sociedad (NUSO)*, n. 216, jul.-ago. 2008. Disponível em: <https://nuso.org/articulo/la-diplomacia-medica-cubana-recibe-una-pequena-ayuda-de-sus-amigos/>. Acesso em: maio 2020.

Capítulo 6 – Vivendo em Camagüey

(1) SERRA DÍAZ, A. A.; TREVISOL, A.; PEIXOTO, C. A. B.; SERRA, N. M. (Orgs.). *Projeto de apoio à declaração do patrimônio geológico e mineiro da República de Cuba*. 2. ed. São Paulo: CPRM/Serviço Geológico do Brasil/ Agência Brasileira de Cooperação (ABC), 2013.

(2) "Dengue, epidemiologia e situación mundial". *Asociación de Médicos de Sanidad Exterior (AMSE)*, Espanha, 2016. Disponível em: <https://www.amse.es/informacion-epidemiologica/71-dengue-epidemiologia-y-situacion-mundial> Acesso em: maio 2020.

(3) LOPEZ ESPINOSA, J. A. "La prioridad de Carlos J. Finlay en el descubrimiento del vector amarílico". *ACIMED*, La Habana, v. 12, n. 1, fev. 2004. Disponível em: <http://scielo.sld.cu/scielo.php?script=sci_arttext&pid=S1024-94352004000100007&lng=es&nrm=iso>. Acesso em: maio 2020.

(4) LAGO, E. R. L.; DELGADO, H. C. "Cambio climático y dengue en Cuba". *Revista Cubana de Medicina General Integral*, 2009.

(5) KOURÍ, G. P; GUZMÁN, M. G; BRAVO, J. R. "Dengue hemorrágico en Cuba: crónica de una epidemia". *Boletín de la Oficina Sanitaria Panamericana (OSP)*, v. 100, n. 3, mar. 1986. Disponível em: <https://iris.paho.org/handle/10665.2/15825>. Acesso em: maio 2019.

(6) KLIEGMAN, R. M. et al. *Nelson: Tratado de Pediatria*. 18. ed. España: Elsevier, 2011.

(7) "Dengue y dengue grave: datos y cifras". *Organización Mundial de la Salud (OMS)*, 2 mar. 2020. Disponível em: <https://www.who.int/es/news-room/fact-sheets/detail/dengue-and-severe-dengue f>. Acesso em: maio 2020.

(8) *Revista Matea*, Caracas, ano 2, n. 3, abr. 2007.

(9) SINGH, M. M.; PARSEKAR, S. S.; NAIR, S. N. "An epidemiological overview of child sexual abuse". *Journal of Family Medicine and Primary Care*, v. 3, n. 4, pp. 430-435, out.-dez. 2014.

(10) SHETH, K. "Countries that have produced the most serial killers". *World Atlas*, 28 fev. 2018. Disponível em: <https://www.worldatlas.com/articles/countries-that-have-produced-the-most-serial-killers.html>. Acesso em: nov. 2019.

(11) FEINSILVER, J. M. *Healing the Masses: cuban health politics at home and abroad*. California: University of California Press Berkley and Los Angeles, 1993.

(12) ÁLVARES SINTES, R. et al. *Temas de Medicina General Integral. Vol I – Saúde e Medicina*. La Habana: Editorial Ciencias Médicas, 2001.

(13) SANTOS, F. L. B.; VASCONCELOS, J. S.; DESSOTI, F. R. (Orgs.). *Cuba no século XXI – Dilemas da Revolução*. São Paulo: Ed. Elefante, 2017.

(14) "Fidel Castro conta com duas menções no Guiness, o livro dos recordes". *O Estado de S. Paulo*, 27 nov. 2016. Disponível em: <https://internacional.estadao.com.br/noticias/geral,fidel-castro-conta-com-duas-mencoes-no-guinness-o-livro-dos-recordes,10000090939>. Acesso em: nov. 2019.

(15) GRANT, W. "Fidel Castro funeral: mourning Cubans ponder post-Castro era". *BBC News*, 4 dez. 2016. Disponível em: <https://www.bbc.com/news/world-latin-america-38181204>. Acesso em: 5 nov. 2019.

(16) MODELLI, L. "Feminicídio: como uma cidade mexicana ajudou a batizar a violência contra mulheres". *BBC Brasil*, 12 dez. 2016. Disponível em: <https://www.bbc.com/portuguese/internacional-38183545>. Acesso em: maio 2020.

(17) "Hurricane Dean". *National Hurricane Center and Central Pacific Hurricane Center*, 21 ago. 2007. Disponível em: <https://www.nhc.noaa.gov/archive/2007/al04/al042007.discus.033.shtml?>. Acesso em: jul. 2019.

(18) TANIGAWA, R. "Universal e equânime, de verdade". *Revista SER Médico*, v. 58, jan.-fev.-mar. 2012. Disponível em: <https://www.cremesp.org.br/?siteAcao=Revista&id=588>. Acesso em: ago. 2019.

(19) *Atenção primária integral à saúde: Indicadores para avaliação*. Rio de Janeiro, abr. 2011. Disponível em: <http://andromeda.ensp.fiocruz.br/teias/sites/default/files/biblioteca_home/Atencao%20Primaria%20Integral%20a%20Saude.pdf>. Acesso em: 27 jul. 2020.

(20) *Meningites; doença meningocócica; doenças infecciosas e parasitárias; Aspectos clínicos e epidemiológicos*. Secretaria da Saúde, Brasil, [s.d.]. Disponível em: <http://www.saude.pr.gov.br/modules/conteudo/conteudo.php?conteudo=3451>. Acesso em: ago. 2019.

(21) *Intervención del comandante presidente Hugo Chávez, en el homenaje al "Batallón 51" de médicas y médicos*. Palacio de Miraflores, Caracas, 12 jun. 2006. Disponível em: <http://todochavez.gob.ve/todochavez/3134-intervencion-del-comandante-presidente-hugo-chavez-en-el-homenaje-al-batallon-51-de-medicas-y-medicos>. Acesso em: ago. 2019.

(22) CHOMSKY, A. *História da revolução cubana*. Tradução de Guilherme Miranda. Apresentação de Rogério de Campos. São Paulo: Veneta, 2015.

(23) "Furacão Ike mata 4 em Cuba e avança sobre Havana". *BBC Brasil*, 9 set. 2008. Disponível em: <https://www.bbc.com/portuguese/reporterbbc/story/2008/09/080909_furacao_ikeatualiza1rg.shtml>. Acesso em: jul. 2019.

(24) "Cuba retira 800 mil da rota de furacão". *Folha de S.Paulo*, São Paulo,

8 set. 2008. Disponível em: <https://www1.folha.uol.com.br/fsp/mundo/ft0809200804.htm>. Acesso em: jul. 2019.

(25) "Afinal, o que há no olho do furacão?" *BBC News Brasil*, 7 set. 2017. Disponível em: <https://www.bbc.com/portuguese/geral-41190257>. Acesso em: out. 2019.

(26) SERGIO, G. "O conceito de liberdade segundo a filosofia". *Socientifica*, 22 fev. 2018. Disponível em: <https://socientifica.com.br/2018/02/22/o-conceito-de-liberdade-segundo-filosofia/>. Acesso em: jul. 2019.

(27) KARNAL, L.; COEN M. *O inferno somos nós: do ódio à cultura de paz*. Campinas: Editora Papirus 7 Mares, 2018. p. 36.

(28) MONTERO, M. "Skid Row, el barrio de Los Ángeles que Naciones Unidas compara con un campamento de refugiados". *El País*, 20 jul. 2019. Disponível em: <https://elpais.com/elpais/2019/07/18/eps/1563465699_723712.html>. Acesso em: out. 2019.

(29) FARIZA, I. "Martin Ravallion: 'Hay que borrar la idea de que eres comunista si quieres reducir la desigualdad'". *El País*, Ciudad de México, 4 ago. 2019. Disponível em: <https://elpais.com/economia/2019/08/02/actualidad/1564739067_996880.html>. Acesso em: out. 2019.

Considerações finais

(1) CARTER, J. "Declaraciones de Jimmy Carter en la Universidad de la Habana, Cuba-Los Estados Unidos y Cuba: Una Visión Para El Siglo 21". *The Carter Center*, 13 maio 2002. Disponível em: <https://www.cartercenter.org/news/documents/doc518.html>. Acesso em: nov. 2019.

(2) "Fidel Castro conta com duas menções no Guinness: o livro dos recordes". *O Estado de S. Paulo*, 27 nov. 2016. Disponível em: <https://internacional.estadao.com.br/noticias/geral,fidel-castro-conta-com-duas-mencoes-no-guinness-o-livro-dos-recordes,10000090939>. Acesso em: nov. 2019.

Esta obra foi composta em Minion Pro 12 pt e impressa em
papel Pólen 80 g/m² pela gráfica Paym.